자원순환(재제조) 산업의 글로벌 성장전략과 과제

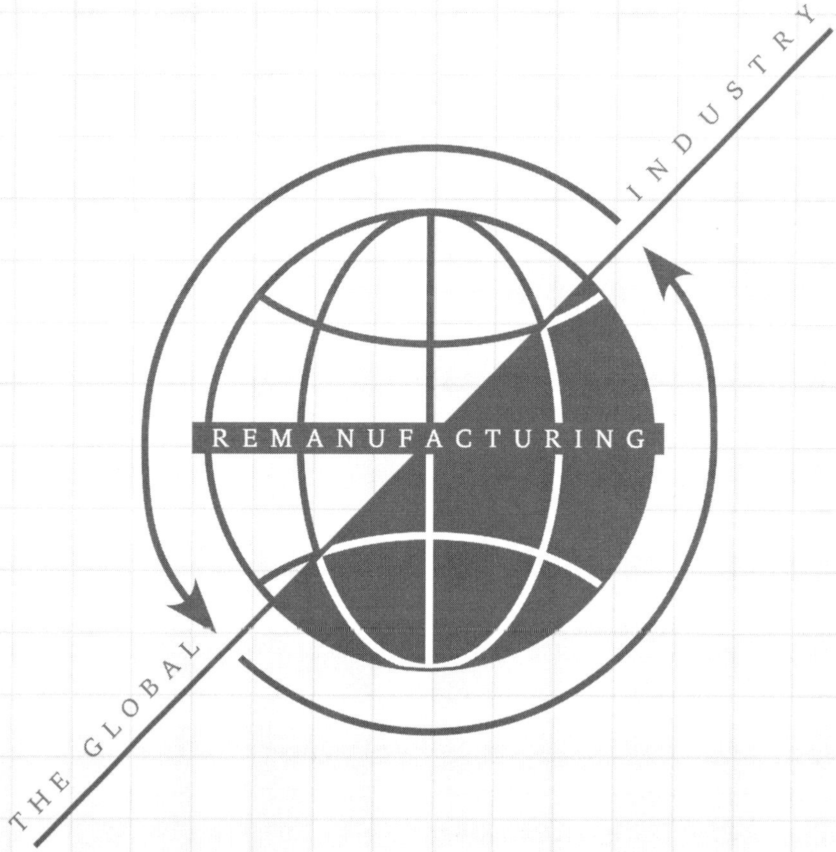

저자

김연규 | 목학수 | 강수진 | 잔타루트 찬데크 | 나와르 빈티 닉 파 | 조흐테트 | 자야봉 자이반디스
하에라 아데 | 폰세 델가도 베아트리스 에스테파니아 | 플로레스 바이세르 알레한드로 세바스티안

다해

자원순환(재제조)산업의 글로벌 성장전략과 과제

인 쇄 일 2025. 11. 14
발 행 일 2025. 11. 20

저 자 김연규, 목학수, 강수진, 잔타루트 찬데크,
나와르 빈티 닉 파, 조흐테트, 자야봉 자이반디스,
하에라 아데, 폰세 델가도 베아트리스 에스테파니아,
플로레스 바이세르 알레한드로 세바스티안
발 행 처 다해 (서울특별시 중구 충무로29 703호)
대표전화 02)2266-9247
등록번호 제 301-2011-069
등록일자 2011. 4. 26

정가 25,000원
ISBN 979-11-5556-299-4 93530

본 도서는 산업통상자원부의 에너지 인력양성사업 '자원순환(재제조)산업 고도화 인력양성'의 지원을 받아 제작되었습니다. (20214000000520)

자원순환(재제조)산업의 글로벌 성장전략과 과제

김연규
목학수
강수진
잔타루트 찬데크
나와르 빈티 닉 파
조호테트
자야봉 자이반디스
하에라 아데
폰세 델가도 베아트리스 에스테파니아
플로레스 바이세르 알레한드로 세바스티안

서 문

순환경제는 산업적 측면에서 재제조와 재활용으로 분류한다. 재제조는 사용단계의 부품이나 제품 또는 사용 후 부품이나 제품을 수집하여 분해하고 세척한 후, 진단하고 고장난 부품은 복구 및 재조립하여 신품의 90% 이상 성능을 복원하거나 디지털 기술을 융합하여 타용도 부품으로 전환하는 기술이다. 일반적으로 재제조는 신품대비 탄소저감 효과는 90%, 고용창출 효과는 제조업의 3배, 가격 경쟁력은 30~60% 수준이고, 역설계 및 고장부품 복구 등 첨단엔지니어링 기술 등의 활용으로 제조업 역량 강화가 가능하다.

재활용 기술은 사용 후 부품이 재제조할 수 없게 될 경우 이 폐기물로부터 유가금속이나 석유화학 재생원료 및 연료 등으로 재생하는 것을 말한다. 재활용에 의한 탄소저감 효과는 신품대비 약 20~30% 내외인 것으로 알려져 있다.

재제조 산업의 특징은 제품의 제조단계에서 재제조 부품을 재투입하여 새로운 제품을 생산함으로써 신제품 대신 에너지자원 절약은 약 97%에 이르고, 탄소저감은 96%에 이르며, 일자리 창출은 신제품 대비 3배에 이르며, 경제적으로는 신제품 대비 약 2/3 정도에 이른다는 것이다. 재제조 산업의 활성화는 탄소중립은 물론 가격 경쟁력이 있어 중소기업 중심의 신규일자리 창출을 가능하게 한다.

전 세계적으로 재제조는 자원순환 전략의 고도화 수단으로 부상하고 있다. 특히 주요국들은 재제조를 단순한 환경 보호를 위한 수단을 넘어, 제조업 경쟁력 제고, 일자리 창출, 탄소중립 달성을 위한 국가 전략 산업으로 간주하며 다양한 정책을 전개하고 있다. 이러한 움직임은 글로벌 공급망 재편, 핵심 광물 확보, 기술 내재화라는 거시적 맥락 속에서 더욱 가속화되고 있다.

본 저서는 동남아시아(말레이시아, 인도네시아, 태국, 라오스, 미얀마)와 중남미(칠레, 에콰도르)를 중심으로 국가별 현황을 바탕으로 한 종합적인 시사점을 도출한다. 동남아시아 및 중남미 지역은 자원 집약적 산업구조, 비공식 경제 비중, 정책 미성숙 등으로 인해 재제조 산업 발전이 초기 단계에 머물러 있다. 그러나 이들 국가는 인구 규모, 소비시장 성장성, 글로벌 공급망 내 전략적 위치를 고려할 때, 재제조 산업을 새로운 순환경제 모델로 전환할 수 있는 잠재력이 높다. 특히 글로벌 재제조 선도국의 사례와 비교해 볼 때, 제도적 기반 정비와 산업 특화 전략을 조기에 마련하는 것이 장기적인 경쟁력 확보의 핵심으로 작용할 수 있다.

칠레는 자국의 주력 산업인 광업 및 전자기기를 중심으로 타이어, 중장비 부품, 프린터 등의 재제조 가능성이 높으며, 에콰도르도 폐가전 및 OA기기 중심의 민간 재제조 사례가 등장하고 있다. 동남아시아에서는 말레이시아가 항공기 및 기계 부품 분야에서 재제조 관련 정책이 일부 추진 중이며, 인도네시아는 자동차 부품과 중장비, 태국은 전자기기 및 냉방기기 등의 영역에서 시장 잠재력을 보인다.

칠레는 CORFO, Chilenter 등 민관 협력체계를 기반으로 한 실증 사업을 통해 타이어 리트레드, 전자기기 재제조 등의 사례를 만들어내고 있다. 반면 다수 동남아 국가들은 실증 기반의 정책 사례가 부족하며, 기술력·자본·품질 기준 부족으로 인해 정책의 실행력이 낮은 편이다. 국제개발협력기구(UNDP, ADB 등)와 연계하여 민관협력형 시범사업을 기획하고, 이를 바탕으로 기술 검증과 시장 수요를 동시에 확보할 수 있도록 해야 한다. 실증 모델이 작동하면 이후 지역 내 확산과 민간 참여 유도에 결정적 역할을 할 수 있다.

ASEAN 등 지역공동체는 역내 재제조 산업 확산을 위한 협력 구조를 구축할 수 있는 좋은 기반이 된다. 특히 국가마다 재제조에 대한 정의, 품질 기준, 통관 요건이 상이한 상황에서는 상호인정협정(MRA)이나 공통 인증 체계 구축이 필수적이다.

이를 통해 중고·재제조 제품의 역내 교역을 활성화할 수 있으며, 품질 기준이 통일되면 소비자 신뢰 역시 확대될 수 있다. 향후 역내 공동 인증 마크 제도, 공동 시험소 운영 등의 방안도 중장기적으로 검토할 수 있다.

본 저서가 동남아시아 및 중남미 지역이 현재는 재제조 산업에서 후발주자이지만, 적절한 제도화와 정책적 방향 설정을 통해 향후 자원순환과 산업고도화를 동시에 달성할 수 있는 방안을 모색할 수 있는 기초 연구가 되기를 바란다.

2025년 8월 25일

김 연 규

한양대학교 국제대학원장

한양대학교 글로벌기후환경학과 학과장

목 차

부 록

01

전 세계 자원순환 및 재제조 산업 동향

Chapter

01

전 세계 자원순환 및 재제조 산업 동향

김연규
한양대학교 국제대학원장 및 글로벌기후환경학과 학과장

강수진
글로벌순환경제센터 연구원

1. 자원순환의 세계적 흐름

1) 자원 고갈과 기후위기에 따른 순환경제 필요성

전 세계적으로 자원 고갈과 기후위기의 위험성이 증가하면서, 이에 효과적으로 대응하기 위한 자원순환 전략의 중요성이 날로 커지고 있다. 기존의 선형경제 시스템은 자원을 채취하고 사용한 뒤 폐기하는 일방향 구조로 자원의 고갈과 환경오염을 동시에 야기한다. 이러한 한계를 인식한 국제사회는 지속 가능한 성장과 탄소중립 목표 달성을 위해 순환경제로의 구조 전환을 적극 모색하고 있다.

OECD에 따르면 세계 경제의 성장에 따른 자원 수요의 급증은 앞으로 더욱 심화될 전망이다. 2011년 기준 약 79 Gt에 이르던 전 세계 자원 소비량은 2060년까지 약 167 Gt에 이를 것으로 예측되어 두 배 이상 증가할 것으로 전망된다(OECD, 2019). 생물자원, 화석연료, 금속, 비금속 광물 등 다양한 자원군의 소비가 확대될 것으로 보이며 특히 신흥국의 도시화, 인프라 확대, 산업 고도화 등은 자원 수요를 견인하는 주요한 요인으로 작용할 것으로 예상된다.

이러한 자원 사용의 증가는 기후변화와도 직결된다는 점에서 심각한 문제이다. 자원은 현대 산업과 사회 전반에 걸쳐 필수적으로 사용되는 요소이지만 생산 과정은 온실가스 배출의 주된 원인 중 하나로 작용한다. UNEP에 따르면 자원 생산으로 인한 온실가스 배출량은 1995년 약 5 Gt에서 2015년 약 11.5 Gt으로 두 배 이상 증가하였고 온실가스 총 배출량 대비 자원 생산 부문의 비중도 15%에서 23%로 상승한 것으로 나타났다(UNEP, 2020).

〈그림 1-1〉 1995년 대비 2015년의 자원 생산에 따른 온실가스 배출량 변화

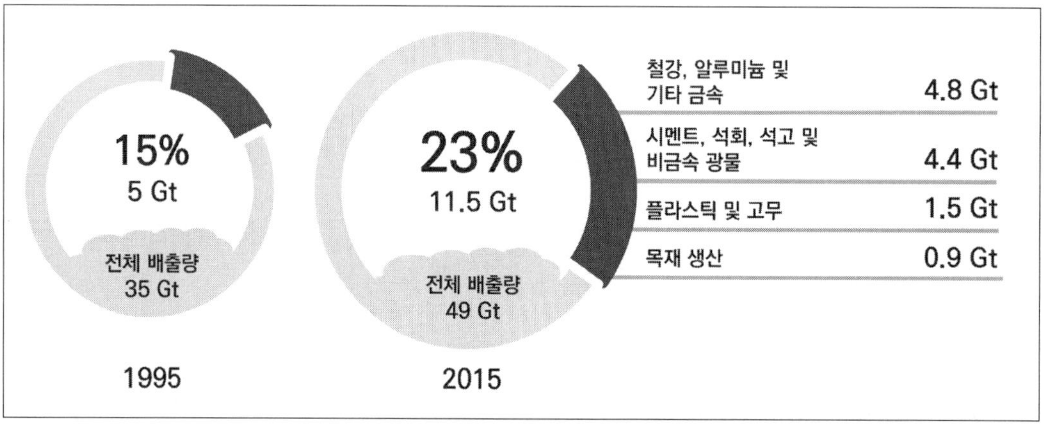

자료: UNEP(2020)를 참조해 필자 재구성

특히 철강, 알루미늄, 시멘트, 플라스틱, 목재 등의 자원은 제조 과정에서 많은 에너지를 소비하고 대량의 이산화탄소를 배출하기 때문에 자원의 생산·소비 구조를 혁신하지 않고서는 탄소중립 달성은 현실적으로 어렵다. 이에 따라 UNEP는 기후위기에 대응하기 위한 핵심 수단으로 자원 효율성 향상과 순환경제 전환을 제안하며 순환경제는 온실가스 감축뿐 아니라 자원 안보, 산업 지속 가능성 확보 등의 측면에서도 필수적인 대안으로 떠오르고 있다.

요컨대 자원의 과잉 소비는 고갈 문제를 넘어 기후 시스템에 대한 직접적인 위협으로 작용하여 자원 사용 방식 전반에 대한 구조적 전환이 필요하다는 것을 시사한다. 따라서 제품 설계에서부터 생산, 소비, 폐기, 재활용까지 자원 흐름 전반을 고려하는 순환경제적 접근이 요구되며 이는 친환경 전략을 넘어 사회·경제 전반의 지속가능성을 확보하기 위한 필수 조건이 되고 있다.

2) 순환경제의 정의 및 개념적 확장

현재 우리의 경제활동은 선형경제(Linear Economy) 구조를 기반으로 이루어지고 있다. 선형경제는 자원의 흐름이 '채취(Take)-생산(Make)-폐기(Dispose)'로 이어지는 일방향적 구조로 자원을 한번 사용한 뒤 폐기하는 방식의 경제 모형으로 정의된다(Sariatli, 2017). 이러한 구조는 막대한 자원 손실과 외부비용에 대한 미흡한 반영, 환경오염과 폐기물에 대한 구조화된 책임 회피 등 다양한 문제를 초래한다. 그 결과, 자원 가격의 변동성, 채굴지 고갈, 환경오염 등이 발생하여 기업의 수익성과 산업 전반의 회복 탄력성 저하로 이어지고 있다.

이러한 문제에 대응하기 위해 국제사회와 전문가들은 순환경제(Circular Economy)를 대안을 넘어, 지속가능한 사회로의 필수적인 전환 목표로 제시한다. 순환경제는 설계 단계부터 폐기물 발생을 억제하고 자원의 재사용, 재제조, 재활용을 통해 자원의 투입과 환경적 부담을 최소화한다. 이를 통해 경제 구조의 지속가능성과 효율성, 기업 경쟁력 제고를 도모할 수 있는 수단이 될 수 있다.

대한민국 「순환경제사회 전환 촉진법」에서는 순환경제를 '제품의 지속가능성을 높이고 버려지는 자원의 순환망을 구축하여 투입되는 자원과 에너지를 최소화하는 친환경 경제체계'로 정의하고 있다(환경부, 2023). 이는 단순히 폐기물을 줄이는 것에 그치지 않고 자원의 효율적인 사용과 가치의 순환적 활용을 통한 경제 구조의 전환을 의미한다.

〈그림 1-2〉 선형경제와 순환경제의 개념

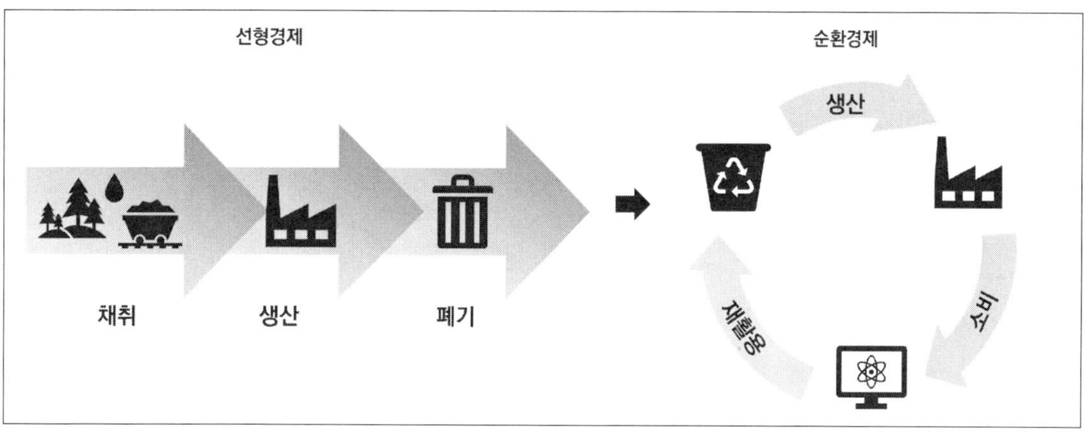

자료: 관계부처 합동(2023)을 참고해 필자 재구성

순환경제는 이러한 정의를 바탕으로 세 가지 핵심 원칙에 기반을 두고 있다(Ellen MacArthur Foundation, n.d.).

첫 번째 원칙은 폐기물과 오염의 제거(Eliminate waste and pollution)이다. 제품과 자원, 인프라를 처음부터 순환이 가능하도록 설계하여 폐기물과 오염이 애초에 발생하지 않도록 예방하는 것을 목표로 한다. 재활용은 분명히 유용한 수단이지만 순환경제는 제품 설계 단계에서부터 폐기물을 발생시키지 않도록 설계하는 것을 목표로 한다.

두 번째 원칙은 제품과 자원의 순환(Circulate products and materials)이다. 이 원칙은 제품과 자원을 유지보수(maintaining), 재사용(reusing), 리퍼비시(refurbishing)를 통해 가능한 한 오래 사용하도록 한다. 더 이상 사용이 불가능할 경우에는 분해하여 재제조(remanufacturing)하거나, 최후의 수단으로 재활용을 선택한다. 또한, 생물학적 제품은 퇴비화(composting)를 통해 자연으로 되돌려 환경 내 자원 흐름을 유지할 수 있다.

세 번째 원칙은 자연의 재생(Regenerate nature)이다. 이는 자연으로부터 자원을 얼마나 가져올 수 있는가에 초점을 둔 방식에서 벗어나 생태계를 회복하고 생물다양성을 증진시키는 방향으로 접근하는 것을 의미한다. 예를 들어, 토양을 회복시키고 생물다양성을 높이는 농법이나 유기성 폐기물을 토양에 환원시키는 방식 등이 이에 해당한다. 이때 자연계에는 '폐기물'이 존재하지 않는다. 폐기물은 인간이 만든 개념이기 때문이다.

이처럼 순환경제는 선형경제의 한계를 극복하고 자원의 순환적 활용을 통해 지속가능성과 생태 회복을 도모하는 새롭고 선도적인 경제적 모델로 자리매김하고 있으며 현실의 제도와 정책 결정에 실질적인 영향을 미치는 방향으로 전환되고 있다.

순환경제는 제품의 전 생애주기 전반에서 경제적·환경적 가치를 창출할 수 있는 새로운 산업 전략으로 주목받고 있다. 이에 따라 엑센츄어(Accenture)는 기업의 순환경제 이행을 촉진하기 위한 대표적 비즈니스 모델로 다섯 가지 유형을 제시하였다. 이는 기존 선형경제 시스템에서 벗어나 자원의 순환성을 강화하고 장기적 수익 창출 구조를 도입하기 위한 전략적 틀로 기능한다.

첫째, 순환형 공급(Circular Supplies) 모델은 제품의 생산 단계부터 환경적 영향을 최소화하기 위해 재생 가능하거나 생분해 가능한 자원을 사용하는 방식이다. 화석연료, 희귀금속, 비재생 소재 중심의 기존 공급 구조를 대체하여 자원 고갈에 따른 리스크를 줄이고 원가 안정성을 확보할 수 있다는 점에서 중요하다. 예컨대 바이오매스 기반의 플라스틱 대체재, 재활용 금속을 활용한 전자부품, 생분해성 포장재 등은 대표적인 적용 사례이다. 또한, 이러한 모델은 글로벌 공급망의 ESG 규제 강화의 대응에도 효과적인 대안으로 평가받고 있다.

둘째, 자원 회수(Resource Recovery) 모델은 제품 사용 이후에도 유용한 자원이 남아있다는 점에 착안하여 이를 효과적으로 회수하고 재활용하여 새로운 생산 공정에 재투입하는 방식이다. 이 모델은 폐기물 관리와 동시에 자원의 가치를 극대화하는 '도시광산' 전략과도 맞닿아 있으며, 배터리 내 희소금속 회수, 폐플라스틱 열분해 유화, 식품 부산물의 바이오가스화 등 다양한 산업 분야에서 실제로 적용되고 있다. 자원 회수는 특히 에너지 집약적 산업에서 탄소저감과 비용절감을 동시에 달성할 수 있는 핵심 요소로 주목된다.

셋째, 제품 수명 연장(Product Life Extension) 모델은 제품의 내구성과 유지 관리를 기반으로, 수리, 업그레이드, 리퍼비시, 중고 거래 등을 통해 제품의 사용 기간을 최대화하는 것을 목표로 한다. 이를 위해서는 제품 설계 단계부터 분해 용이성, 부품 표준화, 모듈화 등의 조건이 함께 고려되어야 한다. 예를 들어, 건설기계, 의료기기, 가전제품 분야의 리퍼비시 제품 판매 , 소프트웨어 업데이트를 통한 전자제품 성능 개선 등이 이에 해당한다. 이 모델은 폐기물 발생을 줄이는 동시에 소비자 신뢰를 강화하고 애프터마켓 서비스 기반의 새로운 수익원을 창출할 수 있다는 점에서 산업 전반의 지속 가능성을 제고하는 방식이다.

넷째, 공유 플랫폼(Sharing Platforms) 모델은 특정 자산을 개별 소유하기보다 여러 사용자가 공동으로 활용할 수 있는 플랫폼을 구축하는 방식이다. 차량 공유, 숙박 공유, 사무 공간 공유 등 디지털 기반의 다양한 공유 서비스는 자산의 활용도를 극대화하고 자원 소비를 줄이면서도 이용자에게는 경제적 편익을 제공한다. 특히 이 모델은 고정 자산에 대한 투자 비용을 절감하고 이용률이 낮은 자산에 대한 효율성을 높일 수 있다는 점에서 유휴 자산이 많은 도시 인프라, 모빌리티 산업, 문화공간 운영 등과의 결합 가능성이 높다.

다섯째, 서비스형 제품(Product-as-a-Service) 모델은 소비자에게 제품을 판매하는 대신, 일정 기간 동안 사용 권한과 지속적인 서비스를 함께 제공하는 방식이다. 이는 제품 소유에서 사용 중심으로 전환하는 개념으로 제조업체는 정기적인 유지보수, 업그레이드, 성능 보장 등을 통해 장기적인 고객 관계를 유지할 수 있으며 소비자는 초기 구매 비용 부담 없이 높은 품질의 제품을 사용할 수 있다는 장점이 있다. 대표적으로 산업용 장비의 렌탈, 구독형 가전, SaaS 기반 솔루션 등이 이에 속한다. 이 모델은 제조업체의 비즈니스 모델 전환을 유도하며 제품 수명 전반에 대한 책임성과 품질관리를 강화하게 만드는 중요한 구조적 변화이다.

이와 같은 다섯 가지 모델은 각각 독립적으로 운영될 수 있으나 기업의 여건과 산업 특성에 따라 융합적으로 적용될 경우 더욱 효과적인 순환경제 시스템 구축이 가능하다. 예를 들어, 제품 수명 연장 모델과 서비스형 제품 모델을 결합하면 지속적인 수익을 창출하면서도 자원의 효율적 활용을 극대화할 수 있다. 따라서 이러한 모델은 자원순환의 실질적 실현뿐만 아니라 기업의 ESG 전략, 탄소중립 정책, 지속가능 경영 체계와도 직결되는 핵심적 프레임워크로서의 의의가 크다.

〈그림 1-3〉 순환경제를 위한 5가지 주요 비즈니스 모델

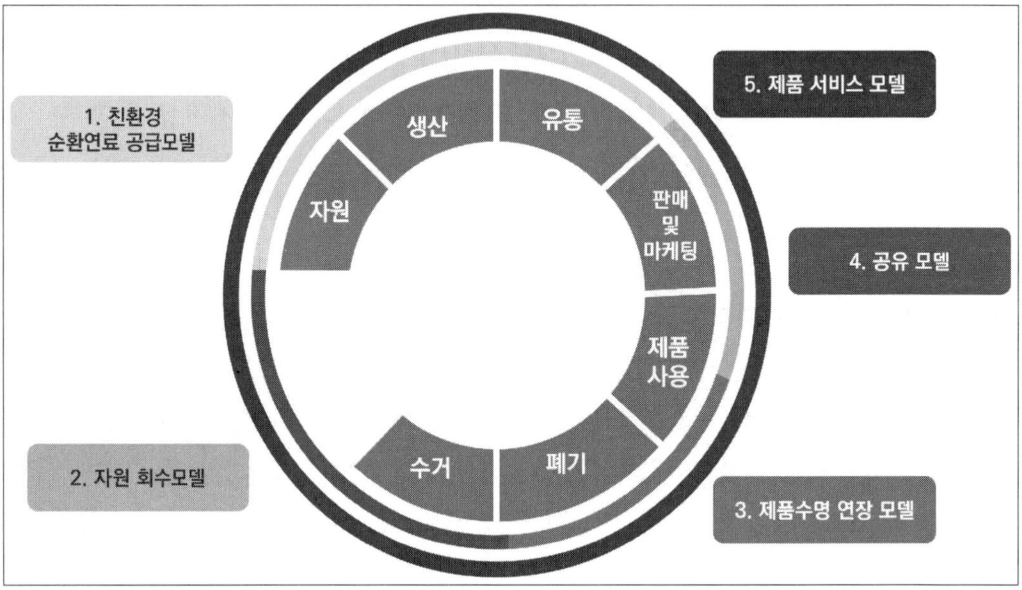

자료: Accenture(2015)을 참고해 필자 재구성

3) 전 세계의 순환경제 흐름

이렇듯 순환경제는 전 세계적으로 산업과 정책의 핵심 전략으로 자리매김하고 있다. 이상적인 순환경제 사회를 실현하기 위한 움직임 속에서 세계 각국은 자원의 채굴과 소비를 최소화하고 가능한 많은 자원을 재활용하는 체계로 전환 중이다. 산업계 또한 재활용 재료의 활용과 순환형 설계 도입을 확대하고 있으며 건물과 인프라 등 장기적인 자산으로부터 자원을 회수하는 구조도 점차 최적화되고 있다. 특히, 많은 국가들이 폐기물 수거·처리·재활용 시스템을 전면 개편하고 자원 채굴 과정의 낭비를 줄이기 위해 정책적 노력을 기울이고 있다는 점은 순환경제가 실질적 실행단계에 접어들었음을 나타낸다.

이러한 흐름은 시장에서도 뚜렷하게 나타나고 있다. 순환 경제의 전체 시장 규모는

2024년 4,630억 7,000만 달러에서 2025년 5,177억 9,000만 달러, 2029년 7,983억 달러로 성장할 것으로 전망된다(The Business Research Company, 2024). 해당 기간 동안 순환경제 시장의 연평균 성장률(CAGR)은 11.4%에 달할 것으로 예상되며, 순환경제가 정책을 넘어 실질적인 산업 동력으로 자리잡았음을 보여준다. 특히 제조업, 건설업, 소비재 산업 등 다양한 분야에서 순환경제가 시행되며 산업 전반의 구조 전환이 가속화되는 추세이다.

〈그림 1-4〉 순환경제 시장 규모 전망

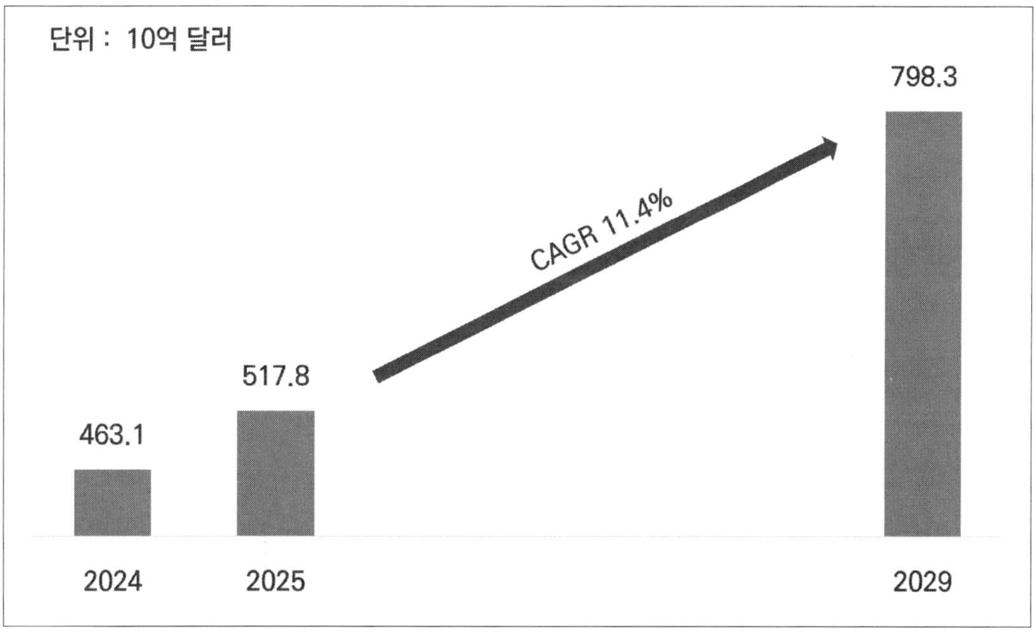

자료: The Business Research Company(2024)를 참조해 필자 재구성

그러나 이러한 순환경제의 확산은 전 세계적으로 균등하게 이루어지고 있지 않다. 이는 순환경제 추진 전략을 보유한 국가의 비율에서 선진국과 비선진국 간 현격한 격차로 나타난다. 전 세계의 선진국 41개국 중 33개국(약 80%)이 순환경제 추진 전략을 도입한 반면, 신흥국과 개발도상국 156개국 중에서는 단 25개국(약 16%)만이 추진 전략을 보유하고 있다(Haswell, Edelenbosch, Piscicelli, & van Vuuren, 2024).

〈그림 1-5〉 선진국-개발도상국 순환경제 추진 전략 보유 현황

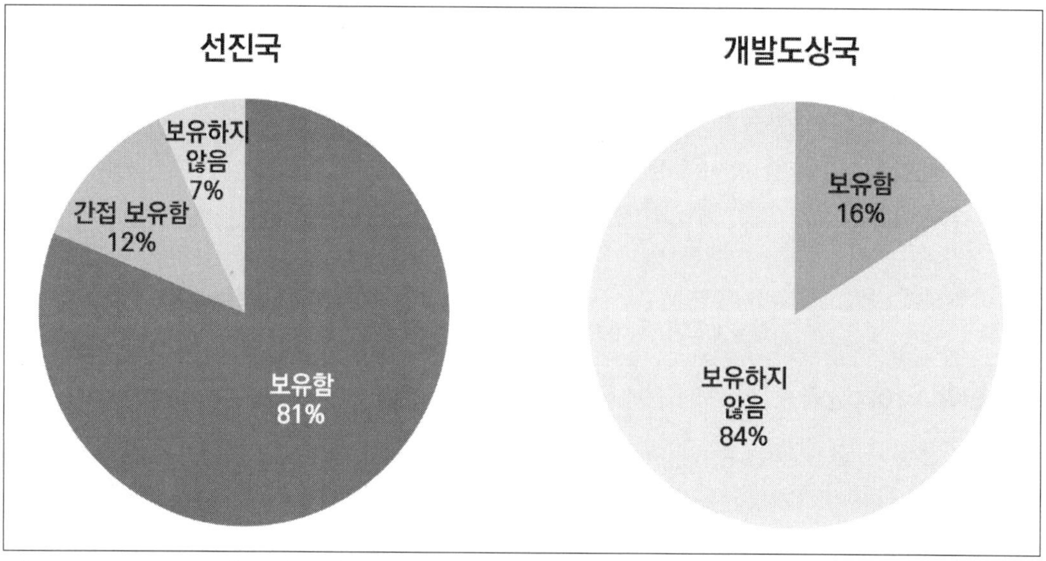

자료: Haswell et al.(2024)를 참조해 필자 재구성

〈그림 1-6〉 전세계 순환경제 추진 전략 도입 현황

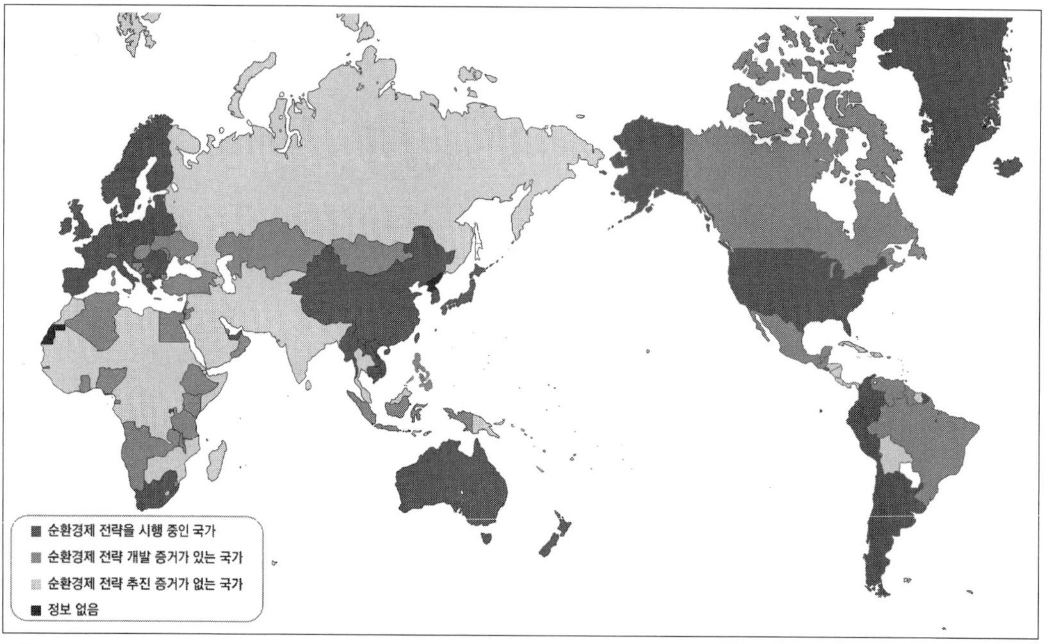

자료: Haswell et al.(2024)를 참조해 필자 재구성

실제로 순환경제 전략을 도입한 국가들은 각기 다른 산업·환경 여건에 따라 고유한 정책 방향과 실행 체계를 구축하고 있으며 특히 선진국을 중심으로 법·제도 정비와 민관 협력이 활발히 이루어지고 있다. 아래 표는 주요 국가 및 국제기구의 순환경제 추진 전략과 그 특징을 정리한 것이다.

〈표 1-1〉 국제사회의 순환경제 추진 특징

국가/기관	세부 내용
UNEP (국제자원패널, IRP)	• UNEP 산하 국제자원패널(IRP)은 전 세계 자원 이용의 비효율성과 환경영향 증가에 주목하면서 탈동조화(decoupling)의 미실현 문제를 제기함 • 선진국들은 자원 이용 효율성(물질생산성)은 높지만 1인당 자원 소비량은 훨씬 크기 때문에, 실질적인 자원 절약을 위해서는 소비 구조 전반의 혁신이 필요하다고 강조 • 지속 가능한 자원 이용을 위해 순환경제는 반드시 전 지구적 전략으로 채택되어야 한다고 제안
EU (유럽연합)	• EU는 순환경제를 산업 경쟁력 강화와 환경보호를 동시에 달성하는 핵심 전략으로 삼고 법제화 및 모니터링 체계를 갖춤 • 에코디자인 지침 등을 통해 제품 설계 단계부터 수리 용이성, 재사용성, 재활용성을 고려하도록 규정하고 소비자에게는 에너지 효율 및 제품 수명 정보를 제공 • 「신순환경제 행동계획(New Circular Economy Action Plan, 2020)」은 디지털·녹색 전환과 연계되어 있으며 모든 회원국에 정책 실행과 성과 모니터링을 요구하고 있음
일본	• 일본은 2000년 제정된 「순환형 사회 형성 추진 기본법」을 중심으로 각종 개별법(「폐기물관리법」, 「제품별 리사이클법」 등)을 정비 • 2018년 수립된 「제4차 기본계획」에서는 재자원화 촉진, 바이오매스 활용, 국제 순환자원의 이동 관리, 플라스틱 순환 체계 강화 등 구체적인 정책 방향이 제시됨 • 중앙정부뿐 아니라 지자체와 기업의 역할도 제도적으로 명시되어 있는 점이 특징
영국	• 공식적으로 순환경제를 다루는 법은 없지만 민관협력 기반의 실천 중심 전략이 강점 • 「5개년 환경계획(2018~2023)」과 「자원 및 폐기물 전략(Resources and Waste Strategy, 2018)」을 통해 플라스틱 감축, 식품 폐기 저감, 생산자책임 확대 등을 추진 • 민간 비영리단체 WRAP이 중심이 되어 기업·지자체 간 자발적 협약을 체결하고 실질 성과를 도출한 것이 특징이며 시민 참여 기반의 거버넌스가 활발함

국가/기관	세부 내용
대한민국	• 2016년 「자원순환기본법」 제정 이후 2018년 「제1차 자원순환기본계획」을 수립하고, 자원순환사회 실현을 위한 목표지표(순환이용률, 재활용률 등)를 설정 • 2020년 이후 '2050 탄소중립'과 연계되어 순환경제는 탈탄소 산업전환의 핵심 전략으로 부상 • 다만 EU, 일본과 비교해 소재 기술 개발, 이차자원 거래, 국제협력, 인증 체계 등은 미흡하다는 평가도 존재
다자협력	• (G7) '자원효율성 이니셔티브(G7 Alliance on Resource Efficiency)'를 통해 정책, 모범사례, 기술을 공유 중 • (G20) 'G20 자원효율성 대화(G20 Resource Efficiency Dialogue)'를 통해 국가 간 협력 채널을 정례화하였고, 특히 개도국의 역량 강화 지원도 병행하고 있음 • (ISO) TC323(순환경제 기술위원회)를 설치하여 재사용, 수명 연장, 공유경제 등 순환경제 관련 국제표준을 제정 중

자료: 강홍준 외(2022)

이는 순환경제가 전 세계적으로 확산되고 있음에도 불구하고 국가 간 정책화의 속도와 깊이에서 지역 간 격차가 여전히 큰 과제로 남아있음을 시사한다. 특히, 지금까지의 연구는 미국, 유럽, 중국 등의 일부 주요국 중심으로 편중되어 있어 동남아시아 및 중남미 국가들의 순환경제 정책과 재제조 산업에 대한 정보는 상대적으로 부족한 실정이다. 이에 본 저서에서는 이러한 정보의 공백을 보완하고자 동남아시아 및 중남미 지역 국가들의 순환경제와 재제조 산업의 현황과 전략, 그리고 발전을 위한 전략에 집중하여 기존 발간 도서들과의 차별성을 확보하고 보다 균형잡힌 국제적 시각을 제공하고자 한다.

이에 따라 다음 장에서는 순환경제 실현을 위한 핵심 실행 수단 중 하나인 재제조 산업에 대한 개념과 구조를 우선적으로 살펴본다.

2. 재제조 산업의 이해

1) 재제조의 정의

재제조(Remanufacturing)는 사용 후 제품을 체계적으로 회수하여 분해, 세척, 검사, 보수·조정, 재조립 등 일련의 과정을 거쳐 기존의 성능을 유지할 수 있도록 만드는 산업 공정을 의미한다(국가청정생산지원센터, 2007). 이는 수리나 외형 복구에 그치지 않고 제품을 구성하는 부품을 정밀하게 검토하여 필요시 새 부품으로 교체하거나 정밀 가공을 통해 신제품에 준하는 품질을 확보하는 방식이다. 이러한 방식은 적은 비용과 자원, 에너지를 투입하면서도 제품의 형태 변형 없이 반복적인 순환을 가능하게 한다는 점에서 높은 효율성을 지닌다.

재제조는 '제품의 가치를 최대한 유지하고 자원 투입과 에너지 소비를 최소화하는 전략'이라는 점에서 재활용이나 재사용과는 명확히 구분된다(순환경제정보센터, n.d.). 재활용은 폐제품 또는 부품을 수거하여 분해, 파쇄, 용해 등의 물리·화학적 가공을 통해 원재료 수준으로 되돌린 뒤 제품의 원료로 재사용하는 과정이다. 이 과정은 에너지의 소모가 크고 원료의 품질이 신품 대비 저하될 수 있으며 다수의 공정이 추가로 요구된다. 또한, 재이용은 단순 세척, 수리 등의 최소한의 작업만을 거친 후 수명이 남은 부품이나 제품을 동일한 용도로 반복하여 사용하는 방식이다. 이는 초기 제품의 성능이나 수명을 유지할 수는 있지만 품질 보증과 기능 회복 측면에서 한계가 있으며 주로 개인이나 소비자 차원에서 이루어진다. 반면 재제조는 제품의 형태와 기능을 신품 수준으로 회복시키는 데 초점을 두며 체계적인 품질관리와 성능검사 과정을 수반하기 때문에 에너지 절감, 온실가스 감축, 폐기물 최소화라는 환경적 이점과 함께 생산비 절감이라는 경제적 효과까지 동시에 실현할 수 있다는 차별점을 가진다.

〈그림 1-7〉 재제조·재활용·재이용

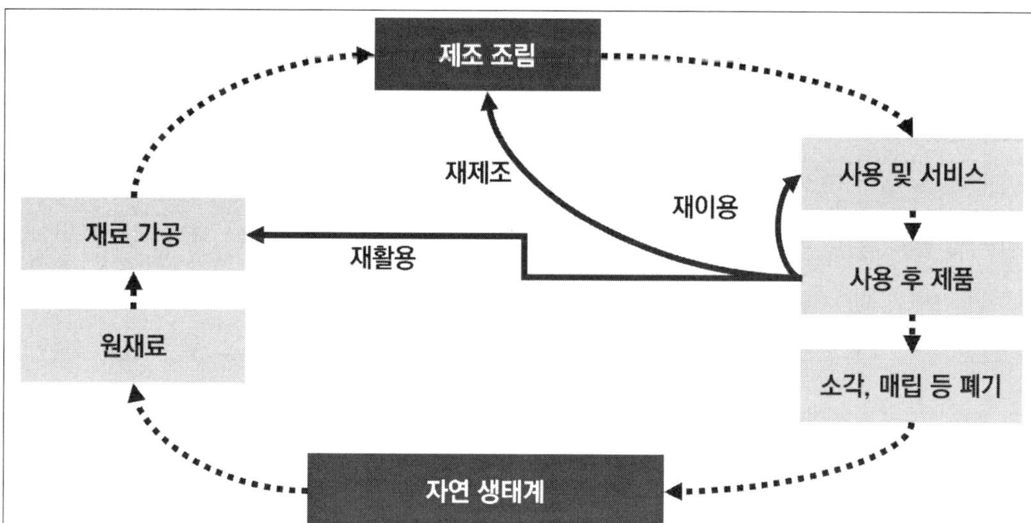

자료: 국가청정생산지원센터(2007)를 참조해 필자 재구성

일반적으로 재제조 공정은 아래와 같은 여섯 가지 단계로 구성된다.

- 1. 코어* 수거 : 폐기 단계에 있는 제품이나 부품을 수거
- 2. 분해 : 제품을 구성 부품 단위로 정밀하게 분해
- 3. 세척 : 오염물과 이물질 제거
- 4. 검사 및 분류 : 세척된 부품의 상태를 검사하고 재사용 가능한 부품과 교체가 필요한 부품으로 분류
- 5. 보수·조정 : 결함이 있는 부품을 수리하거나 필요시 신품으로 교체하고 정밀 조정을 수행
- 6. 재조립 및 성능검사 : 복원된 부품을 조립한 후 제품의 기능과 성능이 신제품 수준에 부합하는지 최종적으로 검증

각 공정은 작업 단계를 넘어 제품의 성능을 신품 수준으로 복원하기 위한 정밀한 기술적 처리 과정을 포함한다. 아래는 각 공정에서 적용되는 핵심 기술과 그 기능적 역할에 대한 설명이다.

〈표 1-2〉 재제조 주요 공정별 기술

구분	주요 내용
해체 공정	• 부품을 단일부품 수준으로 완전히 해체하는 단계로 부품을 훼손 또는 파손하지 않고 접합부를 풀 수 있는 수준까지 해체함
세척 공정	• 해체 단계에서 나온 모든 부품을 재사용 가능한 상태로 세척하는 단계로 세척 공정의 변수로는 화학물질의 영향, 세척 과정에서 온도의 영향, 그리고 물 분사와 같은 기계적 활동 및 공정 지속시간 등이 있음
검사 및 분류 공정	• 해체와 세척을 거친 후에는 부품의 재사용 여부와 수리 조정이 가능한지 상태를 판단함 • 부품의 분류는 수리 없이 재사용 가능한 부품과 재사용 불가능한 부품, 수리가 가능한 부품으로 분류함
수리, 조정, 교체 공정	• 제품을 다시 새 것 수준으로 만드는 단계로 선반, 밀링, 드릴링 머신, 그라인더 또는 머시닝센터와 같은 제조 장비를 사용하거나 새로운 부품을 만들어 교체함
재조립 공정	• 신제품 조립라인과 동일한 방식으로 조립하며 동일한 기능검사와 시험 운전을 통해 품질을 검사함

자료: 안재현(2024)

* 코어 : 사용 후 제품 가운데 재생이 가능하여 재제조 대상이 되는 부품/제품

2) 재제조의 비용-편익

재제조는 제품의 생애주기를 연장하고 자원 사용량을 줄이며 동시에 제조 비용을 절감할 수 있는 대표적인 순환경제 전략으로 평가받는다. 특히 에너지와 자재 투입량이 많은 제조업 분야에서는 재제조가 기업과 소비자 모두에게 실질적인 경제적 이점을 제공하는 대안으로 작용하고 있으며 자원 효율성과 원가 절감이라는 측면에서 재제조의 전략적 가치가 지속적으로 부각되고 있다.

우선, 경제적 측면에서 재제조는 신제품 생산과 비교할 때 상당한 수준의 비용 절감 효과를 가진다. 기존 보고서에 따르면, 재제조는 신품 대비 원자재와 에너지 투입량을 80~90% 수준까지 줄일 수 있으며 실제로 재제조 제품의 생산 단가는 신품의 20~40% 수준에 불과하다. 선진국에서는 재제조 제품이 신품의 40~70% 가격으로 유통되고 있으며 이를 통해 기업은 생산비를 낮추고 소비자는 보다 경제적인 선택이 가능하다.

또한 재제조는 비용 절감을 넘어서 시장 경쟁력을 높이고 판로를 다양화할 수 있다는 장점을 가진다. 가격 경쟁력을 기반으로 재제조 제품은 공공조달 시장이나 대체부품 시장에서 안정적인 수요 기반을 확보할 수 있으며 이는 기업의 매출 기반을 넓히고 산업 전체의 지속 가능성을 높이는 데 기여한다. 특히 토너 카트리지, 휴대전화, 산업용 기기 등과 같이 반복 사용이 가능한 부품군에서는 재제조 제품의 수익성과 시장성이 높게 평가되고 있다. 더불어 의료기기, 공작기계 부품, 유압모터 등 고가 산업재는 높은 기술력과 부품 단위 수익률을 기반으로 재제조의 경제적 효과가 더욱 뚜렷하게 나타나는 품목군으로 꼽힌다. 이처럼 재제조는 소비재부터 산업재에 이르기까지 다양한 제품군에서 적용 가능성이 크며 산업 전반에 걸친 비용 절감과 기술 축적의 기회를 제공하고 있다.

고용 측면에서도 재제조는 중요한 역할을 한다. 재제조 공정은 정밀한 분해, 세척, 보수, 조립 등의 과정이 포함되기 때문에 자동화가 어려워 숙련 인력의 참여가 필수적인 노동집약형 산업 구조를 보인다. 미국의 경우 재제조 산업 종사자 가운데 약 70%가 자동차 부문에 집중되어 있는 것으로 조사되었으며 이는 산업별로도 고용창출의 파급력이 높다는 점을 시사한다. 국내에서도 이러한 공정 특성을 기반으로 재제조가 지역 기반 중소기업에 새로운 고용 기회를 제공할 수 있는 산업 기반으로 주목받고 있다.

환경적 측면에서도 재제조는 자원순환의 실질적 수단으로 기능한다. 사용을 마친 제품이나 부품을 회수하여 분해, 세척, 보수 및 재조립함으로써 폐기물 발생을 최소화하고 매립과 소각으로 인한 환경부하도 줄일 수 있다. 이와 함께 생산 과정에서의 에너지 소비 또한 줄어들기 때문에, 온실가스 배출 및 대기오염물질의 발생량 역시 신제품 생산에 비해 현저히 낮다. 이는 재제조가 단지 경제 전략이 아닌 기후변화 대응과 환경보호를 위한 실질적 대안이 될 수 있음을 보여준다.

더불어 재제조는 해외 의존도가 높은 원자재와 부품 수입 구조를 보완하는 역할도 수행한다. 귀금속, 전자부품, 촉매 소재 등 고가 부품을 재제조를 통해 국내에서 회수·활용할 경우 수입 의존도를 낮추고 외화 절감 효과를 실현할 수 있다. 예를 들어 휴대전화의 칩 재제조만으로도 연간 수십억 원의 외화를 절감할 수 있다는 분석도 존재한다. 이러한 수입대체 효과는 국가 차원의 자원 자립도를 높이고 국제 원자재 가격의 급변에 따른 산업 리스크를 줄이는 데에도 기여한다.

〈표 1-3〉 재제조 품목별 편익

품목	신품 대비 재제조품 가격	시장 규모/주요 효과
자동차 부품	20~40%	연간 1,000~2,000억 원 시장, 고용 창출, 수입대체
토너 카트리지	24% 내외	연간 134만 개 생산, 에너지·자원 절감 80% 이상
휴대전화기	13~22% (부품별)	칩 재사용 시 연간 수십억 원 외화 절감
화학촉매	-	귀금속 회수, 고가 자원 절감, 환경부하 저감

자료: 국가청정생산지원센터(2007)를 참조해 필자 재구성

이러한 재제조의 편익은 몇 가지 핵심 조건들이 동시에 충족될 때에만 실질적으로 구현될 수 있다는 점에서 전략적 접근이 요구된다(Geyer & Van Wassenhove, 2003). 재제조의 경제성 확보를 위한 필수 요소로는 다음과 같은 다섯 가지가 제시된다.

- 수거율(Collection rate, c): 전체 제품 중 회수되는 비율
- 재제조 수율(Remanufacturing yield, r): 회수된 제품 중 실제 재제조 가능한 비율
- 부품 내구성(Component durability, n): 동일 부품이 사용 가능한 횟수
- 제품 수명(Product life cycle, T): 제품 모델이 시장에 머무는 시간
- 시장 수요(Market demand, Q): 재제조 제품에 대한 실제 소비자 수요

이 다섯 변수 간의 균형이 맞춰질 때에만 재제조가 제조비 절감의 효과를 실현할 수 있다. 조건 중 하나라도 미흡할 경우 재제조는 오히려 손실로 이어질 수 있다. 예를 들어, 회수율이 높더라도 부품의 내구성이 낮으면 수리·재조립에 추가 비용이 발생해 경제성이 떨어지며, 반대로 부품의 내구성이 높더라도 제품 수명이 짧아 회수 시점에 시장

수요가 존재하지 않으면 판매 자체가 어렵게 된다. 결국 재제조는 기술적 프로세스가 아니라 물류, 제품 설계, 수요, 품질 관리 등이 유기적으로 결합된 복합 시스템으로 이해되어야 한다.

재제조의 비용-편익 구조를 안정적으로 확보하기 위해서는 제품의 설계 단계에서부터 사전적인 개입이 필수적으로 요구된다. 재제조는 단순히 기존 제품을 회수해 수리·재조립하는 기술적 공정이 아니라, 제품이 처음부터 '되살릴 수 있는 구조'로 설계되어 있어야만 그 가능성과 효율성이 극대화된다. 이를 위해 분해와 조립이 용이한 모듈화된 설계, 부품 간의 규격 통일을 통한 표준화, 반복 사용이 가능한 고내구성 소재의 적용 등은 재제조 친화적인 설계 전략의 핵심 요소로 꼽힌다. 이러한 설계는 단순히 재제조 공정을 용이하게 할 뿐 아니라, 불필요한 폐기와 자원 낭비를 사전에 줄이는 효과도 지닌다.

더불어 회수와 유통의 전 과정에서 효율을 높이기 위한 역물류 시스템도 함께 구축되어야 한다. 아무리 재제조가 기술적으로 가능하더라도 제품 회수율이 낮거나 체계적으로 코어가 회수되지 않으면 재제조는 경제성을 확보하기 어렵다. 따라서 중고 제품의 회수를 위한 법적 근거 마련과 인센티브 제공이 병행되어야 하며 소비자 참여를 유도할 수 있는 반환 보상제도나 정기적인 회수 캠페인도 고려할 수 있다. 또한, 회수된 제품의 상태에 따라 재제조 가능성을 선별하는 검사 및 품질 판정 체계 역시 정교하게 마련되어야 하며 이를 통해 수율을 높이는 것이 무엇보다 중요하다.

이와 함께, 재제조 제품에 대한 소비자 신뢰 형성을 위한 품질 인증 체계 마련 또한 필수적이다. 신제품과 동등한 수준의 성능과 안전성이 보장되지 않으면 시장 수용성이 낮아지고 이는 곧 재제조의 수요 기반을 위협하게 된다. 따라서 성능기반 인증제도, 품질 보증 기간 확대, 제조사 책임 강화 등을 통해 소비자 인식 제고와 시장 활성화를 병행해야 한다. 여기에 세제 감면, 재제조 설비 투자비 지원, 녹색금융 연계 등 정책적·재정적 지원이 더해진다면 재제조 산업은 진입 장벽을 낮추고 본격적인 확산 기반을 확보할 수 있다. 특히 공공조달 분야에서의 재제조 제품 우선 구매 정책은 초기 수요를 창출하고 민간 확산의 마중물 역할을 할 수 있다.

결론적으로 재제조는 환경을 보호하기 위한 수단으로 작용할 뿐만 아니라 자원 절감, 수입 대체, 고용 창출, 산업 경쟁력 확보 등 경제적·환경적·사회적 가치를 통합적으로 실현할 수 있는 전략 산업으로 평가된다. 그러나 이러한 다층적 효과는 자연적으로 발생하지 않으며 기술적 설계 혁신, 체계적인 회수 시스템, 품질 인증 기반, 정책적 지원이라는 네 축이 유기적으로 연계되어야만 안정적인 비용-편익 구조가 구축된다. 앞으로 순환경제가 세계 산업의 표준으로 자리 잡을수록 재제조는 필수적 요소로 부상할 것이다. 이에 따라 기업, 정부, 소비자 모두의 역할과 책임이 확대되는 가운데, 재제조에 대한 인식과 제도, 시장 메커니즘의 선순환 구조 정착이 더욱 중요해지고 있다.

3) 재제조 산업

재제조는 이론적으로 거의 모든 산업에 적용될 수 있으나 실제 산업화는 고부가가치와 부품 단위 수명이 긴 분야를 중심으로 이루어지고 있다. 특히 경제성과 기술성, 안전성과 품질 신뢰성이 확보된 분야에서 재제조가 활발히 이루어지며 해당 산업의 구조와 제도적 기반에 따라 발전 양상도 달라진다.

현재까지 전 세계적으로 재제조가 가장 활발하게 이루어지는 분야는 자동차 부품, 산업용 기계, 전기·전자기기, 의료기기, 프린터, 토너 카트리지 등이며 최근에는 배터리, 반도체 장비, 항공기 부품 등 첨단 분야로 확대되는 추세다. 아래의 표는 주요 국가와 산업별로 재제조가 적용되고 있는 대표 품목을 정리한 것이다.

〈표 1-4〉 재제조 주요 산업 분야 및 제품

<table>
<tr><th>산업 분야</th><th>주요 제품</th></tr>
<tr><td>자동차 부품</td><td>• 자동차 엔진, 변속기, 제동기
• (EU) ELV 규제와 연계해 재제조 주요 분야로 육성
• (미국, EU) 원제조업체가 재제조에 적극 참여</td></tr>
<tr><td>전기·전자제품</td><td rowspan="2">• 휴대폰, 카메라, TV, 세탁기, 냉장고 등
• (EU) WEEE 등 관련 규제와 연계해 재제조 산업을 주요 분야로 육성
• 컴퓨터 HW, 통신장비, 프린터, 토너 카트리지 등의 재제조</td></tr>
<tr><td>IT 장비
(토너·카트리지)</td></tr>
<tr><td>중장비</td><td>• 엔진, 터빈(자동차, 항공기용 제외), 건설장비, 임업 및 농기계, 광업 및 채석장비
• (EU) 산업용 장비 재제조가 OEM에 집중되어 있음</td></tr>
<tr><td>산업용 기기</td><td>• 산업용 밸브, 터빈, 공구, 컴프레셔 재제조</td></tr>
<tr><td>철도부품</td><td>• 기관차 모터 및 부품의 재제조</td></tr>
<tr><td>화학촉매</td><td>• SCR 탈질촉매의 재생, 탈황촉매 등 공정촉매에 대한 재제조</td></tr>
<tr><td>의료기기</td><td>• 영상기기 및 일회용 기기
• (일본) 약사법에 따라 재제조되거나 리퍼된 의료장비를 판매하기 위해 OEM의 사전 승인을 받고 있으며, 재제조 시장은 작은 규모로 형성됨</td></tr>
<tr><td>가구</td><td>• 가구, 라미네이터 바닥, 천갈이 의자의 재제조</td></tr>
</table>

산업 분야	주요 제품
항공	• 엔진, 기체, 기타 부품 • (일본) 엔진부품 제조업체, 항공기 이용업체들이 부품 수리, 재제조 시도 • (일본) 항공운항법상 비OEM이 부품 일부에 대한 수리를 실행하지 않도록 제한 → OEM 업체들과 OEM 업체로부터 허가 받은 일부 업체만 수리 가능 • (싱가포르) 항공우주산업의 아태지역 MRO 거점으로 발전시키기 위해 정부 차원의 연구 프로젝트를 수행하고 있음. 일부 부속을 수리·제조할 수 있는 수준

자료: 김연규 외(2024); 산업통상자원부(2021)

2) 재제조 산업의 글로벌 정책 동향

전 세계적으로 재제조는 자원순환 전략의 고도화 수단으로 부상하고 있다. 특히 주요국들은 재제조를 단순한 환경 보호를 위한 수단을 넘어, 제조업 경쟁력 제고, 일자리 창출, 탄소중립 달성을 위한 국가 전략 산업으로 간주하며 다양한 정책을 시행 중이다. 이러한 움직임은 글로벌 공급망 재편, 핵심 광물 확보, 기술 내재화라는 거시적 맥락 속에서 더욱 가속화되고 있다(김연규 외, 2022).

미국은 세계 최대의 재제조 시장을 보유하고 있으며 항공, 자동차, 농기계, 가전 등 다양한 산업군에서 민간 주도의 재제조가 활발하게 이뤄지고 있다. 과거에는 민간 기업들이 자율적으로 시장을 형성해 왔으나 최근 들어 연방정부 차원의 적극적인 지원이 강화되고 있다. 특히 「인플레이션 감축법(IRA)」을 통해 전기차 배터리 재제조와 핵심 광물의 회수·재활용을 전략 산업으로 명시하였고 이를 통해 미국 내 재제조 공급망 구축을 촉진하고 있다. 또한, 소비자의 수리권을 보장하는 법률이 여러 주에서 통과되며 제품의 수리 가능성과 재사용 가능성을 높이는 방향으로 제도적 기반이 정비되고 있다. 연방 조달 시장에서도 재제조 제품의 우선 구매 정책이 시범적으로 추진되고 있으며 미국국제무역위원회(USITC)는 이미 재제조 산업의 경제적 파급효과를 분석한 바 있다. 향후에는 디지털 제품의 재제조 표준 마련, 연방 차원의 산업별 기술 지침서 발간 등이 이어질 전망이다.

유럽연합은 순환경제 전환의 핵심 전략으로 재제조를 채택하고 이를 법제화하여 회원국 전반에 걸쳐 강력한 정책 추진력을 확보하고 있다. 특히 에코디자인 지침은 제품의 설계 단계부터 수리, 분해, 재제조를 용이하게 하는 방향으로 규정하였으며 전기전자제품 폐기물 지침(WEEE Directive), 폐자동차 지침(ELV Directive) 등과 함께 재제조 산업의 제도적 기반을 구축하였다. 또한, EU는 공공조달 시 재제조 제품 우선 구매, 기업 대상 인센티브, 제품 여권(Digital Product Passport) 도입 등을 통해 재제조의 시장 접근성을 높이고 있다. 유럽표준화위원회(CEN)와 유럽표준화기구(CENELEC)는 재제조 프로세스, 품질관리, 안전성에 대한 표준화를 선도하였으며 ISO와의 연계를 통해 국제표준 마련에도 기여하고 있다. EU의 재제조 정책은 개별 국가 차원에서도 강화되고 있다. 예를 들어, 독일은 '자원효율성 프로그램(PROGRESS)'을 통해 재제조를 포함한 고부가가치 자원순환 활동을 산업정책의 일환으로 다루고 있으며 프랑스는 2021년 「반(反) 폐기물법」에서 일부 제품군에 대해 수리 가능 지수 표시를 의무화했다.

한국은 2000년대 초반부터 재제조를 환경정책의 일환으로 다루어 왔으며 「자원의 절약과 재활용 촉진에 관한 법률」을 통해 재제조 개념을 제도화하였다. 특히 정수기 필터, 토너 카트리지 등 일부 품목에 대해 인증제를 운영하며 품질 기준을 확보하고자 노력해 왔다. 그러나 시장 규모가 제한적이고 소비자 인식이 낮았기 때문에 민간 참여가 활발히 이루어지지 못하는 한계가 있었다. 최근에는 탄소중립, 순환경제 전환, 산업 경쟁력 확보를 목표로 재제조를 다시 산업정책과 연계하려는 시도가 이어지고 있다. 환경부는 '순환경제 전환 로드맵'을 통해 재제조를 포함한 고부가가치 자원순환 산업 육성 방향을 제시하였고 산업통상자원부도 재제조 기술개발 및 시범사업을 확대하였다. 다만 여전히 법·제도 간의 중복, 재제조 정의의 불명확성, 품질인증·표준화 부족 등의 구조적 과제가 존재하며 중장기적 관점에서 민관 협력 기반의 제도 정비가 요구된다.

일본은 오랜 기간 축적된 3R(감량, 재사용, 재활용) 정책의 틀 안에서 재제조 산업을 제도권에 포함하여 운영해왔다. 「자원유효이용촉진법」은 특정 품목에 대해 재제조를 유도하는 법적 근거를 제공하며 특히 자동차 부품(스타터, 제너레이터), 의료기기, OA기기(복사기, 프린터 등) 분야에서 재제조가 활발하게 이루어지고 있다. 일본의 특징은 고품질 중심의 OEM 재제조 체계다. 제조사들이 직접 재제조 제품을 생산하고 있으며 이 과정에서 일본산업표준(JIS)과 각종 인증제도가 품질 확보의 수단으로 활용되고 있다. 특히 의료기기의 경우 「약사법」에 따라 재제조 제품도 신규 의료기기와 동일한 수준의 안전성 인증을 받아야 한다. 또한, 일본은 재제조 산업과 관련된 정보 공개, 통계 구축, 소비자 인식 개선 캠페인을 병행하고 있으며 공공 부문 조달 시 재제조 제품 사용도 점차 확대하고 있다. 산업-정부 간 협력을 기반으로 한 기술 매뉴얼 공유와 자발적 품질관리 프로그램도 일본식 모델의 특징이다.

중국은 「순환경제 촉진법」과 각종 5개년 계획을 통해 재제조 산업을 국가 전략으로 채택하였다. 「14차 5개년 순환경제 발전 계획」에서는 재제조를 포함한 10대 중점 산업군을 선정하고, 정책적·재정적 지원을 강화하고 있다. 자동차 부품, 공작기계, 토너 카트리지 등 특정 품목에 대해 재제조 인증제도를 운영하고 있으며 재제조 시범지구(industrial park) 지정 정책을 통해 지역별 산업집적화를 촉진하고 있다. 세제 감면, 보조금 지원, 폐기물 수입 규제 완화 등은 중국의 대표적인 정책 수단이다. 중국은 특히 정책과 기술 개발을 병행하여 국유기업을 중심으로 대규모 재제조 설비를 설치하고 있으며 일부 품목에서는 세계 시장에 수출까지 진행 중이다. 최근에는 디지털 전환과 연계하여 AI 기반 불량품 검수 시스템, 데이터 기반 공정 최적화 등이 시범 운영되고 있다.

재제조 산업의 세계적 확장을 위해 국제표준화 기구(ISO, IEC)는 주요 품목에 대한 재제조 정의, 품질 기준, 공정 단계 등에 대한 논의를 진행 중이다. 특히 ISO TC323(순환경제 기술위원회)은 재제조를 독립된 표준항목으로 구분하고 있으며 향후 국가 간 상호인증 체계 구축의 기반이 될 수 있다. 또한, UNEP, OECD 등은 재제조의 환경·경제적 효과를 지속적으로 평가하고 있으며 개도국 지원 프로그램, 기술 이전 가이드라인 등을 통해 글로벌 협력을 촉진하고 있다. 이러한 흐름은 재제조 산업을 하나의 국제적 산업 생태계로 정착시키는 데 기여하고 있다.

〈표 1-5〉 재제조 산업의 글로벌 정책 동향 비교

국가/지역	정책 접근 방식	법제도 및 주요 정책	산업 적용 분야	특징
미국	민간 주도 → 연방 주도 강화	IRA, 수리권 법안, 연방 조달 우선구매	배터리, 자동차, 항공, 농기계	공급망 확보와 소비자 권리 중심
EU	법제도 기반의 강력한 정책 추진	에코디자인지침, WEEE, ELV, DPP	전자기기, 자동차, 의료기기	표준화 주도 및 공공조달 연계
일본	고품질 OEM 기반 체계	자원유효이용촉진법, JIS 인증제	자동차 부품, 의료기기, OA기기	인증 중심 품질관리 및 기술 매뉴얼 공유
중국	정부 주도 산업 전략	순환경제촉진법, 5개년 계획, 시범지구 운영	자동차, 공작기계, 토너 등	정책-기술 병행 및 지역집적화 모델
한국	환경정책 중심 → 산업정책 연계 강화	자원재활용법, 재제조 인증제, 순환경제 로드맵	정수기 필터, 토너, 일부 자동차 부품	법·제도 중복, 품질표준 미비 등 구조적 과제 존재
국제기구	국제표준화 및 협력 강화	ISO TC323, UNEP·OECD 정책 가이드	전 분야 간접 지원	국제표준 마련 및 개도국 기술이전 지원 확대

자료: 김연규 외(2024)를 참조해 필자 재구성

앞서 살펴본 주요국의 재제조 정책은 그 접근 방식과 도입 목적, 산업과의 연계 수준에 있어 차이가 있으나 공통된 특징도 존재한다. 각국은 재제조를 환경정책의 하위 개념이 아닌 제조업 혁신과 자원 전략, 탄소중립을 통합적으로 아우르는 구조 전환 전략으로 인식하고 있으며, 이에 따라 다양한 정책 수단을 조합하여 산업 육성을 시도하고 있다.

정책 수단을 유형별로 분류하면 크게 직접규제(법률·기준), 인센티브(세제·보조금), 공공조달 우대, 인식개선 및 역량강화로 나눌 수 있다.

첫째, 직접 규제 측면에서는 EU가 대표적인 정책을 시행중이다. 에코디자인 지침, ELV/WEEE 지침 등을 통해 재제조 가능성이 높은 제품군을 법적으로 관리하고 수리·분해·재조립이 용이한 설계 기준을 명시적으로 제시하고 있다. 일본 또한 「자원유효이용촉진법」을 통해 품목별 재제조를 유도하고 있으며 의료기기의 경우 「약사법」 등의 엄격한 법률을 통해 품질과 안전성을 제도적으로 확보한다. 이러한 접근은 산업 전반의 재제조 기반 형성을 가능하게 하지만 법 적용 범위나 행정비용 측면에서 조율이 필요한 한계도 존재한다.

둘째, 인센티브 제공은 미국과 중국에서 활발하다. 미국은 IRA(「인플레이션 감축법」) 내에서 핵심 광물 회수·배터리 재제조를 국가 전략으로 격상하고 일부 주는 재제조 제품의 소비자 권리 보장을 통해 시장 접근성을 확대하고 있다. 중국은 재제조 시범지구 지정, 세제 감면, 국유기업 중심 보조금 지급 등을 통해 지역 산업의 집적화를 유도한다. 이러한 재정적 유인은 시장 진입장벽을 낮추고 초기 수요 창출에 효과적이나 장기적인 자생력 확보를 위해서는 기술개발과 연계된 전략이 병행되어야 한다.

셋째, 공공조달과의 연계는 정책 효과성을 강화하는 수단으로 부상하고 있다. 미국과 EU는 연방·지방정부 차원의 조달 과정에서 재제조 제품의 우선 구매를 명시하고 있으며 일부 품목에 대해서는 인증 조건을 만족할 경우에만 입찰 자격을 부여한다. 이는 시장 초기 단계에서 품질과 신뢰를 확보하고 수요 기반을 조성하는 데 있어 핵심적인 전략이다. 한국도 이에 착안하여 정수기 필터, 토너 카트리지 등 인증 품목을 중심으로 공공조달 연계를 시도하고 있으나 제도적 적용 범위는 제한적이다.

넷째, 인식 개선 및 역량 강화도 재제조 확산을 위한 기반 조성의 핵심 축이다. 일본은 산업계 주도로 기술 매뉴얼을 공유하고 자발적 품질관리 체계를 운영하고 있으며 정부는 소비자 대상 캠페인을 병행함으로써 재제조 제품에 대한 신뢰를 확보해왔다. EU 역시 재제조 제품의 라벨링, 제품 여권 제도 등을 통해 정보 접근성을 높이고 있다. 한국과 일부 개도국에서는 이러한 사회적 기반이 미흡하여 재제조에 대한 부정적 인식이 확산되기도 하므로 품질 기준 확보와 커뮤니케이션 전략을 병행할 필요가 있다.

이러한 글로벌 정책 수단 비교를 바탕으로 한국 및 동남아시아·중남미 국가에 적용 가능한 정책 전략을 다음과 같이 제언할 수 있다.

첫째, 재제조 정의의 명확화 및 법률 정비를 통해 제도적 불확실성을 해소해야 한다. 재제조와 수리·재활용의 경계를 구체적으로 규정하고 인증 및 품질기준과 연계된 법률 체계를 구축함으로써 시장의 신뢰를 확보할 수 있다.

둘째, 산업 특화형 인센티브 정책을 추진해야 한다. 고부가가치 산업군(자동차 부품, 산업기계 등)에 대한 시범사업과 세제혜택을 제공하고 재제조에 특화된 중소기업 대상 기술지원 및 설비투자를 병행하여 초기 산업 생태계를 조성할 수 있다.

셋째, 공공조달 연계 확대를 통해 선도 수요를 창출해야 한다. 정부와 공공기관이 인증된 재제조 제품을 우선 구매하도록 하는 기준을 마련하고 제품별 품질인증제도와 연계하여 민간 수요로의 확산을 유도할 수 있다.

넷째, 소비자 수용성 제고 및 통계 기반 정책 설계가 병행되어야 한다. 소비자 조사, 제품 만족도 분석, 시장 모니터링 체계를 통해 제도 효과를 지속적으로 검증하고 국제적으로 비교 가능한 재제조 통계를 구축하여 전략적 정책 결정을 지원해야 한다.

이와 같은 정책 수단은 국가별 제도 여건과 산업 구조에 따라 그 적용 방식이 달라지며 각국의 정책 모델은 재제조 산업의 제도화 수준, 시장 활성화 방식, 소비자 신뢰 확보 전략 등에서 뚜렷한 차이를 보인다. 유럽은 법제화 중심의 설계 기반 접근, 미국은 민간 주도와 인센티브 중심의 시장 확대, 일본은 OEM 기반의 고품질 인증체계, 중국은 계획경제 기반의 집적지구 운영 등으로 구분된다. 이러한 글로벌 정책 유형의 비교는 향후 개도국들이 상황에 맞는 정책 수단을 선택하고 조합하는 데 참고가 될 수 있다.

3. 순환경제 전환 속 재제조 산업

1) 순환경제에서의 재제조 역할

순환경제는 자원 채취-생산-폐기의 일방향적 선형 경제 모델에서 벗어나 자원의 순환과 가치 보존을 통해 환경적 부담을 최소화하고 경제적 지속가능성을 극대화하는 패러다임이다. 이는 폐기물 발생을 줄이는 데 그치지 않고, 자원의 전체 생애주기를 고려한 구조적 전환을 지향한다. 특히 최근의 순환경제는 제품 설계 단계부터 재사용, 수리, 재제조, 재활용 가능성을 내재화하는 방향으로 발전 중이며 이에 따라 제품 수준의 순환

가능성을 제고하는 재제조의 전략적 가치가 새롭게 부각되고 있다.

재제조는 일반적으로 사용이 완료되었거나 성능이 저하된 제품 또는 부품을 회수한 후 이를 분해, 세척, 검사, 보수·조정, 재조립 등의 공정을 거쳐 제조 당시의 성능과 품질 수준으로 복원하는 활동을 말한다. 이 과정은 수리나 부품 교체와는 명확히 구분되며 제품 또는 부품 단위의 가치를 최대한 유지한다는 점에서 재활용과도 구분되며 순환경제의 핵심 원리에 부합한다. 특히 재제조는 제품의 외형이 아닌 기능과 성능 중심의 복원을 통해 품질 보증까지 가능하게 하며 이는 소비자 신뢰를 확보하는 데 있어 결정적인 역할을 한다.

순환경제 전략에서 재제조는 다음과 같은 측면에서 중요한 역할을 수행한다. 첫째, 자원 효율성(Resource Efficiency) 측면에서 재제조는 신제품 생산에 비해 평균적으로 원자재 소비를 85%까지 절감하고 에너지 사용 60~80% 감소, 온실가스 배출 최대 90% 저감의 효과를 가진다. 단순한 환경적 편익을 넘어 원자재 가격 상승과 공급망 리스크가 심화되는 글로벌 경제 환경에서 재제조의 경제적 효율성까지 입증하는 근거가 된다. 둘째, 폐기물 저감(Waste Reduction)과 자원 순환성 강화 측면에서 재제조는 기존 제품의 고장 부위를 교체하거나 기능을 복원하여 제품 전체의 폐기를 방지하고 궁극적으로 매립 및 소각으로 인한 폐기물의 양을 줄인다. 셋째, 제품 수명 연장(Product Life Extension) 관점에서 재제조는 단종된 제품이나 구형 설비의 유지보수를 가능하게 하며 특히 기계류·자동차·의료기기 등 고가 제품의 경우 재제조가 제품 수명의 경제적 연장을 실현할 수 있는 거의 유일한 수단으로 작동한다. 이로 인해 재제조는 소비자에게는 품질이 보장된 합리적 가격의 대체재를 제공하고 기업에게는 신제품 제조 외의 수익 모델을 제공하는 전후방 통합형 전략으로 활용될 수 있다. 넷째, 재제조는 디지털 기술 기반의 스마트 제조 전환과도 연관이 있다. 최근에는 IoT, AI, 센서 기반 기술을 활용하여 재제조 전 품질 진단, 부품 예측 교환, 공정 최적화 등을 가능하게 하며 이는 스마트 재제조의 방향성과도 일치한다.

국제적으로는 유럽연합, 미국, 일본 등을 중심으로 재제조의 제도화와 산업화가 빠르게 추진되고 있다. 예를 들어 EU는 재제조를 순환경제 행동계획의 주요 이행 수단으로 삼고 있으며 에코디자인 지침, 제품 여권, 생산자책임제도 등을 통해 재제조 가능성이 높은 제품군을 제도적으로 지원하고 있다. 미국은 연방정부 차원의 조달 과정에서 재제조 제품을 우선적으로 구매하도록 규정하고 있으며 일부 주에서는 소비자 수리권을 통해 재제조 시장 접근성을 확대하고 있다. 일본은 JIS 인증을 기반으로 OEM 중심의 고품질 재제조 생태계를 형성하였고 싱가포르와 중국 등도 기술연구센터 및 산업단지를 기반으로 재제조 산업을 전략적으로 육성하고 있다.

이처럼 재제조는 순환경제의 실현을 위한 기술적·제도적·산업적 인프라로서 작동하고 있다. 특히 재제조는 역물류 시스템 구축과 밀접하게 연계되며 회수–분해–품질진단–복원–재공급의 전체 순환 주기를 완결하는 역할을 수행한다. 이는 단순한 폐기물 처리의 차원을 넘어, 제품 기반 순환경제(Product-oriented CE)의 가장 고도화된 형태라 할 수 있다(조지혜 외, 2022).

그러나 이러한 효과에도 불구하고, 재제조 산업은 여전히 소비자 인식 부족, 표준화 미비, 법제도 간 불일치, 인증 제도의 부재 등의 구조적 한계를 안고 있다. 특히 개발도상국이나 중소 제조기업의 경우, 재제조 설비 확보, 기술인력 양성, 인증 비용 부담 등으로 인해 시장 진입에 제약을 받고 있다. 따라서 순환경제의 정책적 정합성을 확보하기 위해서는 재제조에 대한 명확한 정의, 기술표준 정비, 공공조달 연계, 인센티브 설계 등의 다층적 전략이 필요하다.

결론적으로 순환경제에서의 재제조는 단지 자원 절감 기술이 아닌 지속가능한 경제로의 구조 전환을 촉진하는 핵심 산업 전략으로 이해되어야 한다. 재제조는 제품 중심의 순환구조를 완성하는 데 결정적 역할을 하며 이에 대한 국가 차원의 법·제도적 뒷받침과 산업 육성 정책이 선제적으로 마련되어야 순환경제 전환이 실질적으로 작동할 수 있다.

2) 동남아시아 및 중남미 국가를 위한 시사점

동남아시아와 중남미 지역은 자원 집약적 산업구조, 비공식 경제 비중, 정책 미성숙 등으로 인해 재제조 산업 발전이 조기 단계에 머물러 있다. 그러나 이들 국가는 인구 규모, 소비시장 성장성, 글로벌 공급망 내 전략적 위치를 고려할 때 재제조 산업을 새로운 순환경제 모델로 전환할 수 있는 잠재력이 높다. 특히 글로벌 재제조 선도국의 사례와 비교해 볼 때 제도적 기반 정비와 산업 특화 전략을 조기에 마련하는 것이 장기적인 경쟁력 확보의 핵심으로 작용할 수 있다. 본 장에서는 동남아시아(말레이시아, 인도네시아, 태국, 라오스, 미얀마)와 중남미(칠레, 에콰도르)를 중심으로 국가별 현황을 바탕으로 한 종합적인 시사점을 도출한다.

2-1) 제도 기반 정비와 정의의 명확화 필요

재제조 산업의 성장은 법적 정의와 제도적 인정 여부에 큰 영향을 받는다. 칠레는 「확장생산자책임법(EPR)」을 기반으로 재제조 개념을 정책에 통합하려는 노력이 있으나 법적 정의와 인증 기준이 여전히 모호하여 시장 확대에 제약이 존재한다. 동남아시아 국가 중에서는 말레이시아가 산업부 주도로 재제조 개념을 일부 정책에 포함하고 있지만 전반적으로 라오스, 미얀마, 인도네시아 등의 국가에서는 재제조의 법제화 자체가 이루어지지 않고 있다. 이는 재제조와 단순 수리, 재사용의 구분을 어렵게 하고 품질에 대한 신뢰 형성을 어렵게 만든다.

따라서 재제조 산업 활성화를 위해서 국가 차원에서 명확한 재제조의 정의와 공정 기준과 품질 인증 체계를 마련해야 한다. 아울러 재제조 제품에 대한 라벨링, 보증 제도 도입 등을 통해 소비자 신뢰를 확보하는 것도 병행되어야 한다.

2-2) 비공식 부문과의 연계 전략

재제조의 전제 조건 중 하나는 사용 후 제품의 회수 및 품질 기반 처리 시스템이다. 하지만 동남아시아와 중남미 국가들에서는 대다수의 재사용·수리·중고 부품 유통이 비공식적 영역에서 이루어지고 있으며 이는 품질관리와 안전성 확보의 한계를 초래한다. 특히 인도네시아, 태국, 미얀마 등에서는 중고 전자기기, 자동차 부품, 가전제품 등이 수리를 거쳐 유통되지만, 법적 기준이나 인증 절차는 존재하지 않는다.

이에 따라 각국 정부는 비공식 수리업체를 재제조 인증 프로그램 안으로 흡수할 수 있는 제도적 장치를 마련할 필요가 있다. 예를 들어 정부가 주관하는 재제조 기술 교육, 인증 기반 창업 지원, 품질 시험소 연계 등이 포함된 전환 프로그램을 마련함으로써 비공식 부문을 점진적으로 제도권으로 편입시킬 수 있다.

2-3) 산업 특화형 재제조 전략 수립

국가별 산업 구조와 기술 수준에 따라 재제조의 진입 가능 품목은 상이하다. 예를 들어 칠레는 자국의 주력 산업인 광업과 전자기기를 중심으로 타이어, 중장비 부품, 프린터 등의 재제조 가능성이 높으며 에콰도르도 폐가전과 OA기기 중심의 민간 재제조 사례가 등장하고 있다. 동남아시아에서는 말레이시아가 항공기 및 기계 부품 분야에서 재제조 관련 정책이 일부 추진 중이며 인도네시아는 자동차 부품과 중장비, 태국은 전자기기 및 냉방기기 등의 영역에서 시장 잠재력을 보인다.

이러한 산업별 가능성을 기반으로 각국은 재제조 우선 육성 품목을 선정하고 해당 분야의 기술 역량 확보, 품질 시험 체계 구축, 기업 지원을 패키지 형태로 제공해야 한다. 이 때 특히 초기 시장 형성을 위한 공공조달 연계 전략이 효과적이다.

2-4) 실증 기반 민관협력 모델 확산

칠레는 CORFO, Chilenter 등 민관 협력체계를 기반으로 한 실증 사업을 통해 타이어 리트레드, 전자기기 재제조 등의 사례를 만들어내고 있다. 반면 다수 동남아 국가들은 실증 기반의 정책 사례가 부족하며 기술력·자본·품질 기준 부족으로 인해 정책의 실행력이 낮은 편이다.

따라서 국제개발협력기구(UNDP, ADB 등)와 연계하여 민관협력형 시범사업을 기획하고 이를 바탕으로 기술 검증과 시장 수요를 동시에 확보할 수 있도록 해야 한다. 실증 모델이 작동하면 이후 지역 내 확산과 민간 참여 유도에 결정적 역할을 할 수 있다.

2-5) 역내 협력 및 품질인증 상호인정 기반 마련

ASEAN이나 태평양동맹 등 지역공동체는 역내 재제조 산업 확산을 위한 협력 구조를 구축할 수 있는 좋은 기반이 된다. 특히 국가마다 재제조에 대한 정의, 품질 기준, 통관 요건이 상이한 상황에서는 상호인정협정(MRA)이나 공통 인증 체계 구축이 필수적이다.

이를 통해 중고·재제조 제품의 역내 교역을 활성화할 수 있으며 품질 기준이 통일되면 소비자 신뢰 역시 확대될 수 있다. 향후 역내 공동 인증 마크 제도, 공동 시험소 운영 등의 방안도 중장기적으로 검토할 수 있다.

2-6) 종합 제언

동남아시아 및 중남미 지역은 재제조 산업에서 후발주자이지만 적절한 제도화와 정책적 방향 설정이 이루어진다면 자원순환과 산업고도화를 동시에 달성할 수 있는 기회를 확보할 수 있다. 이를 위해 다음의 세 가지 전략이 권고된다:

- 제도적 기반 정비 : 재제조 정의 명확화, 인증·라벨링 체계 구축, 품질 기준 정비
- 산업별 특화 육성 : 국가별 주력 산업을 기준으로 품목 지정 및 기술 지원 집중
- 역내 및 국제 협력 강화 : MRA, 국제 인증 연계, 국제기구 협력 통한 기술 이전 및 시범사업 추진

이러한 전략을 통해 재제조 산업은 환경보호 수단으로 기능함과 동시에 지속가능한 산업 성장과 자원안보, 고용 창출을 동시에 견인하는 핵심 수단으로 작동할 수 있을 것이다.

참고문헌

Accenture. (2015, September 28). *The circular economy could unlock $4.5 trillion of economic growth, finds new book by Accenture.* Accenture Newsroom.
https://newsroom.accenture.com/news/2015/the-circular-economy-could-unlock-4-5-trillion-of-economic-growth-finds-new-book-by-accenture

Ellen MacArthur Foundation. (n.d.). *Circular economy principles.* Retrieved April 23, 2025, from
https://www.ellenmacarthurfoundation.org/circular-economy-principles

Geyer, R., & Van Wassenhove, L. N. (2003). *Remanufacturing products with limited component durability and finite life cycles* (Working Paper No. 2003/54/TM). INSEAD.

Haswell, F., Edelenbosch, O. Y., Piscicelli, L., & van Vuuren, D. P. (2024). The geography of circularity missions: A cross-country comparison of circular economy policy approaches in the Global North and Global South. *Environmental Innovation and Societal Transitions,* 52, 100883. https://doi.org/10.1016/j.eist.2024.100883

Organisation for Economic Co-operation and Development. (2019). *Global material resources outlook to 2060: Economic drivers and environmental consequences.* OECD Publishing.
https://doi.org/10.1787/9789264307452

Sariatli, F. (2017). Linear economy versus circular economy: A comparative and analyzer study for optimization of economy for sustainability. *Visegrad Journal on Bioeconomy and Sustainable Development,* 6(1), 31–34.

The Business Research Company. (2024). *Circular economy global market report 2024.*
https://www.thebusinessresearchcompany.com/report/circular-economy-global-market-report

United Nations Environment Programme. (2020). *Resource efficiency and climate change: Material efficiency strategies for a low-carbon future.* International Resource Panel. https://www.resourcepanel.org/reports/resource-efficiency-and-climate-change

강홍준, 이지언, 장윤정, & 유승직. (2022). *국제사회의 순환경제 확산과 한국의 과제* (정책연구브리핑 22-14). 한국환경연구원.

김연규, 외. (2022). *글로벌 자원순환(재제조) 동향과 쟁점.* 한울아카데미.

국가청정생산지원센터. (2007). *재제조산업 동향 및 발전전략* (RE-1 연구기획보고서). 한국산업환경기술원.

순환경제정보센터. (n.d.). *재제조의 정의 및 개요*. Retrieved May 29, 2025, from https://www.circular-economy.or.kr/site/siteRemanuf/info-reman

안재현. (2024). 우리나라의 재제조 산업과 정책 동향. *지속가능기술,* 1(2), 66–73. 한국생산기술연구원.

조지혜, 김영희, & 신동원. (2022). *순환경제를 위한 '지속가능한 제품 설계' 활성화 연구* (KEI 연구보고서 2022-05). 한국환경연구원.

환경부. (2023). 순환경제사회 전환 촉진법 [Framework Act on Transition to a Circular Economy Society]. 국가법령정보센터. https://www.law.go.kr/lsInfoP.do?lsId=012567

02

한국의 재제조 산업을 위한 새로운 재제조시스템

Chapter

02

한국의 재제조 산업을 위한 새로운 재제조시스템

목학수

부산대학교 산업공학과 명예교수

한국의 재제조 산업 활성화를 위해서는 가장 우선적으로 수행해야 하는 과제는 재제조 산업에서의 문제점과 재제조 단위 공정에서의 문제점을 파악하는 일이다. 세부적인 문제점들이 파악되고 난 후, 재제조 산업의 활성화를 위한 전략을 수립해야 한다. 이를 위해서는 재제조를 통해 얻을 수 있는 경제적인 효과의 크기를 극대화하기 위해서는 재제조 대상에 관한 결정과 재제조 제품의 판매 시장의 규모를 확대할 수 있는 방법을 찾아야 하며, 이를 위해서는 국제적인 재제조 Networking System의 구축이 필요하다. 따라서, 이를 기초로 〈그림2-1〉과 같은 단계를 거쳐 한국의 재제조 산업의 활성화를 위한 새로운 재제조시스템을 구축할 수 있다.

〈그림 2-1〉 한국 재제조 산업 활성화를 위한 새로운 재제조시스템 구축 단계

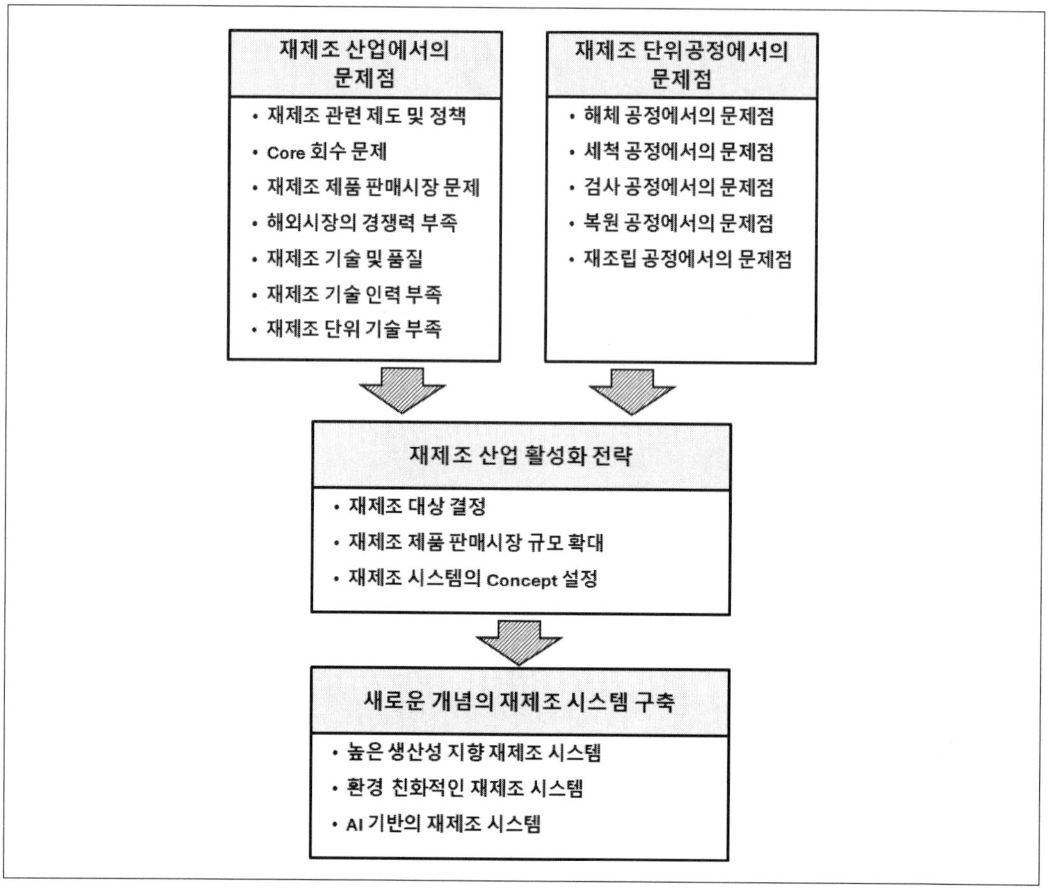

1. 한국의 재제조 산업의 문제점

한국에 적합한 재제조시스템을 설계하기 위해서는 현재 재제조시스템에서의 문제점을 찾아내고, 이러한 문제점들이 어떤 이유로 생겨난 것인지를 분석해야 한다(김연규 등, 2024). 이와 같은 분석 과정을 거치면서 한국의 실정에 맞는 새로운 형태의 재제조시스템을 찾을 수 있을 것이다.

한국의 재제조 산업이 활성화되는 데에는 여러 가지 어려움이 있다. 재제조 제품의 품질 균일화를 이루지 못하는 것부터 재제조 업체들의 영세성까지 쉽게 해결할 수 없는 부분이 많다.

재제조 산업이 활성화되기 위해서는 재제조 제품의 품질이 재제조 제품을 사용하는 소비자들에게 만족을 줄 수 있어야 한다. 재제조 제품의 가격에 대비한 제품의 성능, 즉,

가성비가 높아야 한다. 이를 위해서는 재제조 제품을 생산하는 공정에서의 모든 과정이 재제조 제품의 품질을 발휘할 수 있는 수준이 되어야 한다.

우리나라의 재제조 제품에 대한 품질 상태는 소비자의 기대에 못 미치는 경우가 많다. 이를 해결하기 위해서는 재제조에 필요한 단위 공정 수행 기술과 재제조 공정의 표준화 작업이 우선 되어야 한다.

이와 함께, 우리나라 재제조 산업의 문제점은 재제조에 필요한 Core의 구입에 어려움이 있다. 구입되는 Core의 품질 상태를 신속하게 평가하여, 재제조의 가치가 많고 적음을 판단할 수 있는 자료가 부족한 경우가 많다.

재제조 산업의 큰 문제점 중 하나는 재제조된 제품의 판매 시장에 대한 불안정을 들 수 있다. 재제조된 제품의 가격이 재제조 업체에 따라 많은 차이를 보이고 있으며, 재제조된 제품의 품질 검사 방법 및 검사 장비의 성능을 일정하게 유지하는 데 어려움이 있다.

재제조 산업의 활성화를 막고 있는 또 다른 문제점은 재제조 관련 제도의 정비 및 재제조 지원을 위한 정책의 미비를 들 수 있다(강홍윤, 이상국, 2014). 이와 함께 재제조의 기술 개발을 위한 R&D의 연구 방향 및 연구비 지원이 한정적인 경우가 많다.

이러한 여러 가지 문제들은 크게 나누어 보면, 재제조 산업을 둘러싸고 있는 '사회적인 문제'와 '재제조 기술적인 문제'로 나눌 수 있다.

재제조 산업에 영향을 미치는 여러 가지 문제점 중에서 우리 사회가 가지고 있는 특성, 즉, 재제조 산업의 활성화를 위해 얼마나 제도나 지원 체계가 잘 되어 있는지에 따라 재제조 시스템도 영향을 받을 수 있는데, 이것은 '사회적인 문제점'이라 볼 수 있다.

이와 함께, 재제조 공정이 수행되는 특성, 즉, 재제조 작업장에서의 기술 수준이나 작업 환경 등에 좌우되는 특성에 의해 재제조 시스템이 영향을 받을 수 있는데, 이것을 '재제조 기술적인 문제점'이라 볼 수 있다.

따라서, 이러한 사회적인 문제점과 재제조 기술적인 문제점에 대한 세부 문제점은 다음과 같다.

[사회적인 문제점]

- 재제조 활성화를 위한 제도 및 정책의 미비
- 재제조를 위한 Core 회수의 어려움
- 재제조 제품의 판매 시장에서의 어려움
- 해외(재제조) 시장에서의 경쟁력 약화

[재제조 기술적인 문제점]

- 재제조 기술 및 재제조 제품의 품질 관리 부족
- 재제조 기술 인력의 부족
- 재제조 단위 기술 축적의 미비

재제조 산업에서의 문제점들은 여러 가지 원인 들에 의해 발생한다. 한국의 재제조 산업의 조건에 맞는 새로운 재제조시스템의 형태를 찾기 위해서는 발생한 문제의 원인을 찾는 것은 중요하다. 여러 가지 문제를 일으키는 원인 들을 해결할 수 있는 방법을 찾는 과정을 거쳐 새로운 재제조시스템의 형태를 찾을 수 있다.

우리나라 재제조 산업의 활성화에 어려움을 주는 문제점을 일으키는 원인들을 정리하면 〈그림 2-2〉와 같다.

1) 재제조 활성화를 위한 제도 및 정책의 문제점

재제조 산업의 활성화를 위해서는 반드시 재제조와 관련된 제도의 정비가 필요하며, 재제조 산업의 활성화를 위한 정책 및 재정적인 지원 전략이 세워져야 한다.

재제조 사업을 하는 업체들이 안정적으로 재제조 사업을 할 수 있는 제도적인 뒷받침은 재제조 사업을 열심히 할 수 있는 동기를 부여할 수 있다. 재제조 산업을 지속 함으로써, 재제조 제품에 사용되는 자원을 절감하고, 재제조 제품을 사용함으로써 CO_2 절감할 수 있는 효과를 얻을 수 있으며, 이를 통해 지구의 환경 개선에 기여하고 있음을 느낄 수 있다.

우리나라 현재의 재제조 활성화를 위한 제도 및 국가 정책의 문제점에는 다음과 같은 것이 있을 수 있다(목학수 외, 2013).

〈그림 2-2〉 우리나라 재제조 산업의 어려움과 원인

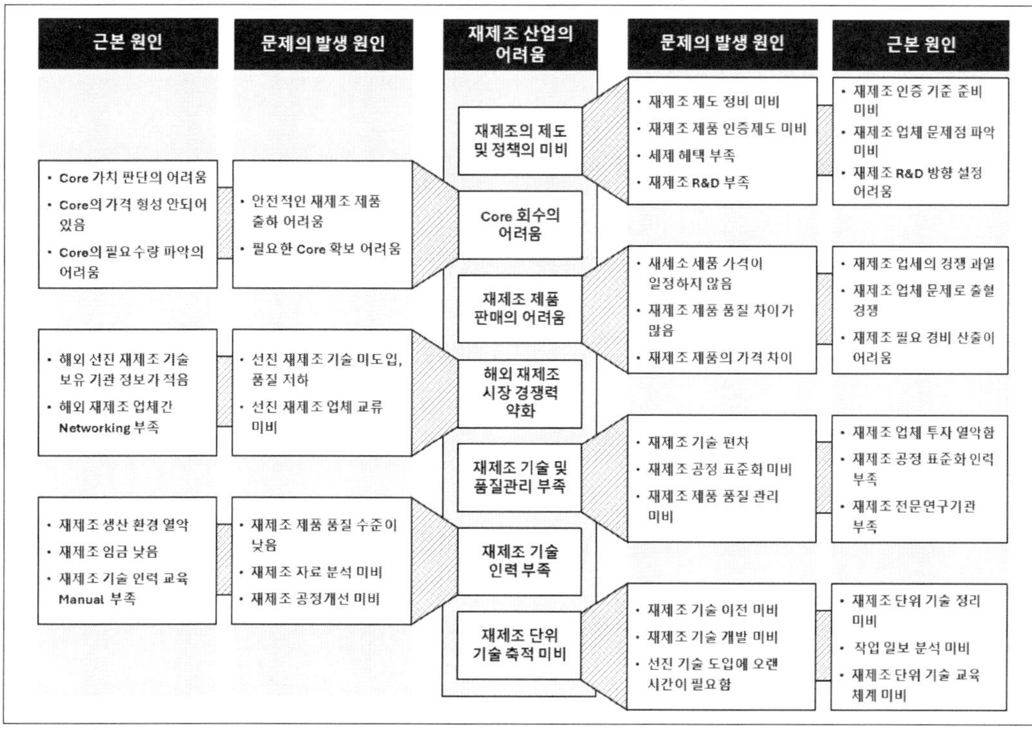

- 재제조 활성화를 위한 제도 정비의 미비
- 재제조 활성화를 위한 재제조 제품의 인증 제도 미비
- 정부와 지자체의 재제조 산업에 대한 세제 혜택을 포함함 경제적인 지원 정책의 부족
- 재제조 기술 지원을 위한 재제조 R&D 과제 수 및 연구비 부족
- 신품 제조업체들과 재제조 업체 간의 기술 협업이 이루어질 수 있게 하는 제도 정비의 미비
  (신품 제조업체들이 재제조 제품이 자사 브랜드에 나쁜 영향을 준다는 인식으로 재제조 사업에 적극 참여를 꺼림)

따라서, 재제조 활성화를 위한 제도 및 정책의 문제점 들은 다음과 같은 이유로 발생할 수 있다.

- 재제조 제품의 인증 기준 작성의 어려움
- 재제조 제품의 인증을 받아야 하는 제품이 너무 많음
- 재제조 업체에 대한 정확한 진단이 시행되지 못함

- 재제조 업체의 문제점 파악이 안 되어 있기에 지원 정책 방향 설정이 어려움
- 재제조 업체를 위한 세제 혜택의 방향 설정이 어려움
- 재제조 업체의 R&D 인력에 대한 파악이 안 되어 있음
- 다양한 재제조 업체의 연구 방향 설정이 어려움
- 재제조 세부 공정에 따른 지원 방향 설정이 어려움
- 정부와 지자체에서는 재제조 업체와 원제품 생산 업체와의 협업 관계 유도에 소극적임
- 신품 제조업체에서 재제조 업체에 기술 지원할 때 신품 제조업체에 혜택을 줄 수 있는 방향 설정이 어려움

2) 재제조를 위한 Core 회수의 문제점

재제조 산업이 활성화하기 위해서는 안정적인 Core의 확보가 필요하다. 재제조의 출발은 Core로부터 시작된다. Core 수급에 어려움이 있을 때, 재제조 생산 계획에서의 어려움과 재제조 제품의 공급 시점을 정확히 예측하기가 어렵다.

Core를 회수할 수 있는 Networking의 구축은 재제조 산업의 성패를 좌우하는 것이다. 체계적인 Core 회수시스템은 구축하는 것은 재제조 산업을 활성화하는 지름길이다.

재제조를 위한 Core 회수의 문제점에는 다음과 같은 것이 있을 수 있다.

- 안정적인 재제조 제품의 출하에 어려움이 있음
- 독립된 재제조 업체에서 필요한 Core 확보가 어려움
- 독립된 재제조 업체에서는 대기업과 계약 관계에 있는 부품업체로부터 재제조에 필요한 부품의 구매가 힘들 수가 있음

따라서, 재제조를 위한 Core 회수의 문제점을 일으키는 이유는 다음과 같다.

- 영세한 Core 회수 업체가 많음
- 재제조에 사용될 Core 결정이 어려움
- Core에 대한 중요도 분석이 어려움
- Core의 가격 형성이 잘 안되어 있음
- 필요한 Core를 가진 업체의 위치 파악이 어려움

- Core의 수량에 대한 파악이 어려움
- 재제조에 필요한 부품 공급의 SCM 구축이 어려움
- 대기업과 계약을 맺고 있는 부품 생산업체들이 독립 재제조업체에 부품 공급에 제약이 있음
- 재제조에 사용되는 Core의 품질 상태 파악이 어려움
- Core의 이력을 잘 알 수 없음

3) 재제조 제품의 판매 시장에서의 문제점

우리나라 재제조 업체에서 생산된 재제조 제품들의 판매 시장에서는 여러 가지 어려움이 있다. 재제조 업체에서 생산된 재제조 제품이 재제조 판매 시장에서 올바른 가격을 받고, 재제조 업체는 그에 따른 이윤을 창출할 수 있을 때, 재제조 산업이 활성화될 수 있다.

재제조 제품의 판매 시장에는 다음과 같은 문제가 있을 수 있다.

- 많은 재제조 업체에서 제공되는 재제조 제품의 가격이 일정하지 않음
- 재제조 제품의 품질 수준에 차이가 큼
- 재제조 제품에 대한 체계적인 AS가 미비함

따라서, 재제조 제품의 판매 시장에서의 문제점들은 다음과 같은 이유로 발생할 수 있다.

- 재제조 제품의 출하 시점을 정확히 알지 못함
- 재제조 업체들의 과열 경쟁
- 재제조 업체의 경제적인 문제로 인한 출혈 경쟁
- 재제조 공정의 표준화 미비로 실제 재제조 공정에 투입된 경비 산출이 어려움
- 재제조 인력의 기술 차이로 재제조 인건비 산출이 힘듦

4) 해외 시장에서의 경쟁력 부족

우리나라 재제조 업체들이 가장 어렵게 생각하는 것이 재제조 선진국과의 기술 협력

관계를 맺는 것이다. 이에 따라 새로운 재제조 기술을 습득할 수 있는 기회를 얻지 못하는 것이다.

선진 재제조 기술을 우리나라 재제조 생산에 적용함으로써, 재제조 제품의 해외에서의 재제조 제품 품질 경쟁력을 확보함과 동시에 재제조 제품의 가격 경쟁력을 가질 수 있다.

우리나라 재제조 업체들이 갖는 해외 재제조 시장에 관한 어려움은 다음과 같다.

- 선진 재제조 기술의 미도입으로 제품의 품질 향상에 어려움이 있음
- 선진국(미국, 독일, 일본 등)의 재제조 업체들의 기술 수준 파악이 어려움
- 재제조 제품의 국제 인증 시스템에 대한 대응 체계 구축이 어려움
- 재제조 제품의 유통 체계 구축에 어려움이 있음

따라서, 해외 시장에서의 경쟁력 부족의 문제점을 일으키는 이유는 다음과 같다.

- 해외 재제조 신기술의 수준에 대한 파악이 안 되어 있음
- 재제조 신기술을 가지고 있는 대학과 연구소에 대한 정보가 미비함
- 해외 재제조 제품과 부품에 대한 Networking System이 약함
- 재제조 제품에 대한 국제 품질 인증을 받기 위한 준비가 부족함

5) 재제조 기술 및 재제조 제품의 품질 관리 부족

우리나라 재제조 산업에서의 기술적인 문제 중 가장 큰 것은 재제조 공정을 수행하는 단위 기술이 낮은 편이다. 또한 재제조 단위 기술에 대한 표준화가 잘 되어 있지 못한 편이다. 재제조 관련 기술의 표준화가 안 되어 있기에, 재제조 제품의 품질 수준이 낮으며, 재제조 제품의 품질 균일성을 확보하기가 어려운 실정이다.

따라서, 우리나라 재제조의 기술 및 재제조 제품의 품질 수준이 낮은 이유는 다음과 같다.

- 우리나라 재제조 업체의 영세성
- 우리나라 재제조 업체들의 기술 개발에 투자 여력이 낮음

- 재제조 기술 개발을 위한 정부 지원이 약함
- 재제조 제품의 품질 검사를 위한 검사 장비가 부족함
- 재제조 업체들이 보유하고 있는 재제조 기술 수준의 편차가 큼
- 재제조 제품의 품질 향상을 위한 기술 지원 기관이 적음
- 재제조 신기술을 위한 지도자 양성에 어려움이 있음
- 재제조 단위 공정의 표준화를 위한 Manual 수준이 낮음
- 재제조 기술 개발을 위한 전문 연구기관이 부족

6) 재제조 기술 인력의 부족

우리나라 재제조 산업을 활성화하기 위해서는 재제조 공정을 수행할 수 있는 인력에 대한 교육 체계를 갖추는 일이다. 현재까지 우리나라 재제조 공정의 자동화 수준이 낮기 때문에, 재제조 공정은 작업자에 의해 이루어지는 경우가 많다(목학수, 2021).

재제조 제품의 품질 수준을 올리는 것은 재제조 공정을 수행하는 장비의 수준도 중요하겠지만, 재제조 공정을 수행하는 작업자의 기술 수준이 매우 중요하다.

재제조의 기술 인력이 부족함으로써 생겨날 수 있는 문제는 다음과 같다.

- 재제조 제품의 품질 수준이 낮음
- 재제조 공정 작업 일보에 들어 있는 자료에 대한 분석이 잘 안됨
- 재제조 기술 발전에 관한 아이디어 창출에 어려움이 있음
- 재제조 공정 개선 및 재제조 생산성을 높이는 데 어려움이 있음

따라서, 우리나라 재제조 기술 인력이 부족한 이유는 다음과 같다.

- 재제조 작업 환경이 열악함
- 재제조 기업에 종사하는 작업자의 임금이 낮음
- 재제조 기술 교육을 위한 전문 기관이 없음
- 재제조 제품, 업체 재제조 관련 행사에 대한 홍보 부족(목학수, 2016)
- 재제조 기술 인력 교육 Manual이 없음
- 재제조 단위 기술을 교육받을 작업장/실습 공간이 부족함

- 재제조 기술을 시험할 공간 부족
- 재제조 전문가에 의한 체계적인 교육 과정이 없음
- 재제조 기술의 전수에 대한 자료집이 부족함

7) 재제조 단위 기술 축적 미비

재제조 단위 기술로는 Core의 상태를 보고 재제조할 가치가 있는지를 평가할 수 있는 기술, Core의 해체 기술, 해체된 부품의 세척 기술, 세척된 부품들의 품질 검사 기술, 마모되고 손상된 부품들의 복원 기술, 재제조 제품의 조립 및 제품의 품질 검사 기술이다.

우리나라 재제조시스템에 필요한 단위 기술에 대한 축적이 잘 안되어있는 상태다. 이와 함께, 현재까지 재제조 관련 기술의 이전(Technology Transfer)에 대한 체계적인 연수 및 교육 체계가 잘 안되어있다. 재제조 공정을 수행하는 작업자들이 재제조 작업을 수행하면서 생겨나는 여러 문제점 들을 정리하는 습관이나 정리하는 방법에 대해 덜 익숙 되어 있기에 재제조의 단위 기술에 대한 축적이 어려운 상태다.

재제조 단위 기술에 대한 축적이 안 되어 있기에 생겨나는 문제는 다음과 같다.

- 재제조 단위 기술에 대한 이전이 힘듦
- 재제조 작업장에 투입된 인력에게 기술 전수가 어려움
- 새로운 재제조 기술 개발이 어려움
- 선진 재제조 기술을 받아들이는 시간이 많이 필요함
- 선진 재제조 기술과 우리나라 재제조 기술 수준의 비교가 어려움

따라서, 재제조 단위 기술의 축적이 잘 안된 이유는 다음과 같다.

- 재제조 단위 공정 수행에 따른 지침서 미비
- 재제조 공정의 작업 지시서 미비
- 재제조 공정 수행 후 작업 일보 정리 미비
- 재제조 단위 기술 정리 및 분석 인력의 부족
- 재제조 단위 기술 교육을 위한 교육 기관 미비
- 재제조 단위 기술에 대한 전문가가 적음

2. 재제조 단위 공정에서의 문제점

1장에서는 우리나라의 재제조 산업 및 재제조시스템에서의 문제점을 제시하고 있는데, 2장에서는 재제조의 단위 공정을 수행하는 작업장에서의 문제점들에 대해 정리하고자 한다. 여기서 얻어지는 자료를 바탕으로 새로운 재제조시스템을 구축하는 방향을 찾을 수 있다. 재제조시스템을 구성하는 5가지 단위 공정은 재제조 대상의 해체, 세척, 검사, 복원, 그리고 재조립 공정으로 이루어진다(목학수 등, 2009). 각 단위 공정에서의 문제점들을 파악하기 위해서는 단위 공정을 설계하는 사람들과 실제 재제조 단위 공정을 수행하는 작업자들의 공동 노력으로 얻을 수 있다.

1) 해체 공정에서의 문제점

재제조를 위해 필요한 Core를 얻기 위한 첫 번째 공정은 사용한 제품을 해체하는 것인데, 재제조할 제품을 조립군별로 해체하는 '제품 해체'와, 해체된 조립군 중 재제조할 가치가 있는 대상인 Core를 해체하는 '부품 해체'로 이루어진다.

재제조에 사용될 Core를 얻기 위해 실행하는 고품의 해체 공정에 요구되는 조건은 다음과 같다.

- 해체 공정 중 Core에 손상을 주면 안 됨
- 해체 공정 중 가해지는 힘에 의해 Core의 기하학적 특성과 재질적 특성에 손상이 생기면 안 됨
- 해체 공정 중 Core 속에 있는 체결 요소에 대한 손상이 없어야 함

해체 공정 중 발생하는 Core 손상의 종류는 다음과 같다.

- 기술적인 손상: Core의 치수 변형/ Core 표면의 Scratch/Core 표면 거칠기가 나빠짐, Core에 생기는 미세 Crack 등
- 재질의 손상: Core의 표면 변색/ Core 표면 재질의 변형 등

적절한 해체 방법을 결정하기 위해서는 다음과 같은 요소들을 분석해야 한다.

- Core의 구조적인 특성
- Core를 구성하는 부품의 기하학적 특성: 부품의 형상, 크기, Tolerance, 부품의 구조, 부품의 수
- Core를 구성하는 부품의 재질 특성
- Core를 구성하는 부품의 소재 변형의 정도
- Core 구성 부품 간 사용된 체결 방법

여기서 중요한 것은 해체 방법을 결정할 때, 고품에 사용했던 체결 방법의 Mechanism을 분석하여 적절한 해체 방법을 찾아야 한다.

Core를 구성하고 있는 부품들의 해체 방법은 다음과 같이 나눌 수 있다.

- 강제 해체(Forced Removal, Forced Disassembly):
  해체할 때 일정한 크기의 해체 동력(Disassembly Force)이 필요한 경우
  예: 회전력(Driving Force), 망치로 내려침(Hitting with a Hammer), 전단(Shearing), End-Mill에 의한 해체(Disassembly by End-Mill) 등
- 자유 해체(Free Forced Removal, Free Deconstruction):
  해체할 때 어떠한 동력도 필요 하지 않는 해체
  예: 자중에 의한 해체, 부품을 아무 방해되는 것 없이 들어냄(Lifting), 붓기(Pouring), 굴러내기(Rolling on Slope), 미끄러지기(Sliding) 등

그러나, 재제조에 사용될 Core를 얻기 위한 해체 작업에서는 여러 가지 제약이 있을 수 있다.

재제조를 필요한 Core를 얻기 위한 제품 해체 및 부품 해체 공정을 수행하는 작업장에서의 문제점은 〈그림 2-3〉과 같다. 재제조에 필요한 Core를 얻기 위한 해체 공정에서 발생할 수 있는 문제점을 크게 해체 공정의 조직적인 특성과 기술적인 특성에 의해 발생할 수 있다.

[1] 해체 공정의 조직적인 문제점

- 해체 공정에 사용되는 작업 Manual이 준비되지 않은 상태에서 해체 공정이 이루어지고 있는 경우가 많기에, 해체된 부품의 품질 상태가 서로 다름

- 해체 공정의 표준화가 이루어지지 않아, 해체 공정이 수행될 때마다, 품질 수준이 다른 Core를 얻는 경우가 있음
- 해체 부품의 분류 체계가 미비하여, 해체 후 부품의 관리가 잘 안되고 있음
- 해체 공정에 투입되는 제품의 사용 이력에 대한 기록이 없는 경우가 많기에, 해체 후 Core의 품질 상태를 예측하기 힘듦
- 해체될 제품의 구조 및 부품의 재질 특성을 알 수 없는 경우가 많아, 해체 공정 수행을 위한 작업 계획을 세울 수 있는 체계가 미비한 경우가 많음
- 해체될 제품의 회수되는 개수가 일정하지 않고, 동시에 동일 제품의 해체가 잘 이루어지지 않음. 즉, 재제조에 사용될 해체 제품의 Lot Size가 작은 경우가 많음

[2] 해체 공정의 기술적인 문제

- 해체될 대상의 구조 및 재질 특성, 그리고 사용 후 변형된 제품의 상태를 정확하게 알 수 없기에, 재제조에 필요한 Core에 손상을 주지 않는 적절한 해체 공정 Mechanism을 결정하기에 어려움이 있음

〈그림 2-3〉 재제조를 위한 해체 공정에서의 문제점

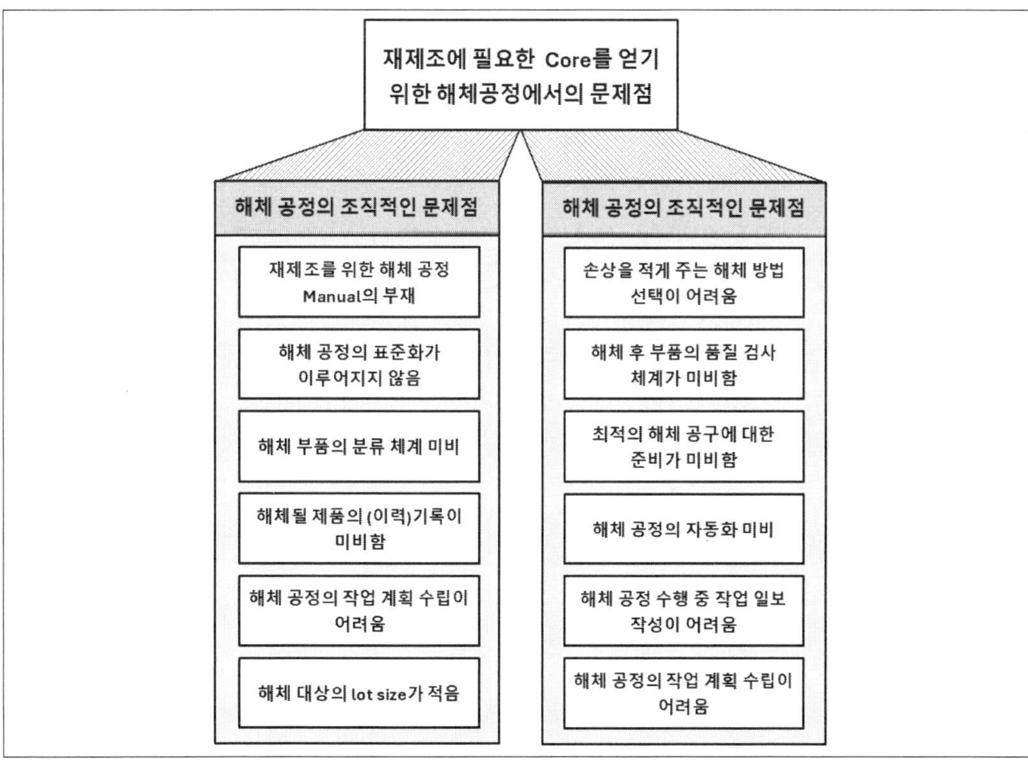

- 해체 공정이 이루어지고 난 후, 재제조에 사용될 수 있는지에 대한 품질에 대한 평가 기준 및 평가 체계가 잘 구축되어 있지 않음
- 해체된 부품의 품질 상태를 결정할 수 있는 기준 및 품질 측정 방법에 대한 표준화 작업이 안 되어 있기에, 해체된 부품의 재제조 가치를 결정하기가 어려운 경우가 많음
- 사용한 제품의 해체 공정에 필요한 적절한 공구에 대한 연구가 안 되어 있는 경우, 해체 공정에 필요한 공구의 공급이 어려움
- 대부분 해체 공정은 수동으로 이루어지고 있기에 작업자의 숙달 정도에 따라 Core 및 부품의 품질 수준이 달라짐
- 제품의 해체 공정이 일어나는 동안, 해체 공정을 수행하는 작업자에 의한 작업 일보 작성을 위한 지침이 잘 안 되어 있기에, 재제조 작업 일보의 정리가 미비함
- 우리나라의 일반적인 재제조를 위한 해체 공정의 작업 환경이 대체로 열악함

이런 문제점들을 개선하기 위해서는 다음과 같은 재제조에 사용될 Core 및 부품을 얻기 위한 적합한 해체시스템을 구축해야 한다(손우현, 박상진, 목학수, 2019).

- 해체될 제품의 해체를 위한 Manual이 작성되어야 함
- 해체 공정이 수행되는 동안 해체 공정에 대한 작업 일보 작성을 위한 체계가 구축되어야 함
- 해체 공정이 수행되고 난 후, 부품의 품질 수준에 따른 분류 체계의 구축
- 해체의 생산성을 높일 수 있는 표준 해체 공정의 구축
- 해체 공정에 사용되는 장비 및 공구의 표준화에 관한 연구
- 해체 공정이 수행됨과 동시에, 재제조할 가치가 있는지에 대한 평가 체계 구축
- Core 및 해체 부품의 품질 검사 장비에 대한 준비

2) 세척 공정에서의 문제점

제품 해체로부터 나온 Core와 재제조 대상인 Core의 해체로부터 나온 부품들의 세척은 재제조 제품의 품질을 결정하는 중요한 단계이다. 적절한 세척시스템을 구축하고자 할 때는 다음과 같은 요소를 고려해야 한다.

- 세척 대상의 재질적인 특성

- 세척 대상에 묻어있는 이물질의 특성
- 세척 대상의 구조적인 특성
- 세척 대상의 수량
- 세척에 사용되는 세척제의 특성
- 세척시스템의 자동화 정도

현재 우리나라 재제조시스템에 사용되는 일반적인 세척시스템에서는 다음과 같은 문제점이 있다.

[1] 세척 공정의 조직적인 문제점

- 세척 공정의 표준화 미비
- 세척제 특성에 따른 세척 작업장의 구조 분리되어 있지 못함
- 세척 부품의 형상 및 재질에 적합한 세척 방법 선택의 어려움
- 세척 공정에 대한 기록 및 정리가 잘 안됨

[2] 세척 공정의 기술적인 문제

- 세척 시간을 줄이기 위해, 간혹 인체에 유해한 세척제가 사용되기도 함
- 세척에 사용되는 도구가 일정하지 않음(세척 공정의 표준화가 안되어 있음)
- 환경친화적인 세척제 처리 시스템의 미비
- 세척시스템의 자동화 미비
- 세척 후 건조시스템의 자동화 정도가 낮음

재제조시스템의 세척 공정은 사용한 제품 혹은 부품에 묻어있는 이물질을 제거하는 것인데, 부품의 세척 상태는 재제조 제품의 품질에 많은 영향을 미친다.

3) 검사 공정에서의 문제점

재제조에 사용될 부품의 품질 상태를 파악하기 위해 여러 가지 검사를 실시한다. 부품의 품질 상태를 검사하기 위한 시스템을 구축할 때는 다음과 같은 요소들을 검토해야 한다.

- 검사 대상의 품질 검사 항목 및 표준검사 수치

==>재제조 제품의 품질을 유지할 수 있는 검사치

==>원 제조업체로부터 품질 검사에 대한 협력 체계

- 검사 대상의 기하학적 특성:
  부품의 치수, 부품의 마모 정도, 부품의 형태 변화, 부품의 Crack 유무 등
- 검사 대상의 재질적인 특성:
  부품의 경화, 부품의 표면 변화, 부품의 내부 재질 변화 등
- 검사 대상의 수량
- 검사에 사용되는 검사 장비의 특성
- 검사시스템의 자동화 정도

현재 우리나라 재제조시스템에 사용되는 검사시스템의 문제점은 다음과 같다.

[1] 검사 공정의 조직적인 문제점

- 원 제조사로부터 검사 기준의 취득이 어려움
- 품질 검사를 위한 검사 장비의 구입이 어려움
- 검사 공정의 표준화 미비
- 체계적인 검사 방법에 대한 검토 미비
- 검사 후 재제조 가치를 평가하는 체계 미비
- 검사 후 부품 품질에 따른 분류 체계 미비
- 검사 공정 후 검사기록 체계의 미비
- 표준검사 시간에 대한 자료가 적음

[2] 검사 공정의 기술적인 문제

- 품질 검사시스템의 자동화 정도가 낮음
- 품질 검사 인력의 교육 및 연수 체계 미비
- 품질 검사 작업장의 독립된 구조 분리가 어려움
- 품질 검사 인력의 숙련도가 낮은 경우가 있음
- 부품 품질 검사 후 분류된 부품 창고 시스템의 미비

재제조시스템에서의 검사 공정은 재제조 제품의 품질 수준을 결정할 수 있는 주요한 단계이다. 이 단계를 통해 얻은 정보는 재제조 제품의 기능을 원활히 수행할 수 있는지

를 판단할 수 있는 자료를 제공한다.

4) 복원 공정에서의 문제점

재제조에 사용될 부품의 형태를 본래의 형태로 복원하는 것은 재제조된 제품의 기능을 확보하는 것이다. 예를 들어, 제품의 사용으로 생겨난 부품들의 마모된 것만큼 복원한다든지, 제품의 사용 중 힘에 의한 변형된 것을 도면에 주어진 정보로 복원한다든지, 힘이나 열에 의해 생겨난 틈(Crack)을 제거하는 작업은 매우 중요하다.

부품의 원래 형태로 만들어주는 복원시스템을 설계할 때는 다음과 같은 요소들에 대한 검토가 필요하다.

- 복원하고자 하는 대상의 특징 요소
- 복원하고자 하는 방법의 선택
- 부품 복원에 사용되는 소재의 특징
- 복원시스템의 자동화 정도
- 복원 후 부품 품질 검사 체계

현재 우리나라 재제조할 부품의 복원에 사용되는 복원시스템의 문제점은 다음과 같다.

[1] 복원 공정의 조직적인 문제점

- 다양한 복원 방법에 대한 연구의 부족
- 부품 복원 공정의 표준화 미비
- 부품 복원 Manual 준비가 미비한 경우가 있음
- 복원해야 할 부품의 특성에 맞는 복원 방법의 결정에 관한 연구 부족
- 부품 복원 공정 후 기록 및 정리가 잘 안됨

[2] 복원 공정의 기술적인 문제

- 복원해야 할 부품의 특성 파악이 힘든 경우가 있음
- 새로운 부품 복원 기술 개발에 관한 연구 능력이 약함
- 부품 복원에 필요한 장비 부족함
- 부품 복원 인력에 대한 교육 및 연수 부족

제품의 재제조를 위해서는 필요한 부품이 반드시 있어야 한다. 재제조 산업의 어려운 문제 중 하나는 오래된 부품(Core)을 확보하는 것이다.

생산된 시점이 오래된 부품들을 구입하기가 쉽지 않을 경우, 고품 속에 있는 부품을 취득하여, 본래 형태로 복원해서 사용하는 것은 매우 중요한 문제이다. 도면이 없는 상태에서도 마모된 부품의 원래 형상을 추적해서 부품의 형상을 복원해야 할 때도 있다.

5) 재조립 공정에서의 문제점

재제조에서의 조립 공정은 재제조 제품이 되는 마지막 단계이다. 재제조의 조립 단계를 위해서는 세 가지 부품, 즉, 세척 후 재사용이 가능한 부품, 복원된 부품, 그리고 재제조 제품의 품질을 위해 사용되는 신품이 조립 작업장에 투입되는데, 이들에 대한 입고 시 품질 검사 체계를 구축하는 것이 쉽지 않은 상태이다.

재제조 제품을 위한 재조립시스템을 구축할 때는 다음과 같은 요소들을 고려해야 한다.

- 완성된 재제조 제품의 특성 및 기능의 품질 상태의 정보
- 재조립 단위 공정의 종류
- 재조립 공정 중 필요한 검사 공정의 종류 및 수
- 재조립시스템에 투입되는 부품들의 검사 방법
- 재조립 제품의 수량
- 재조립 제품의 최종 품질 검사 방법
- 재조립시스템의 자동화 정도
- 재조립 제품의 품질 인증 획득

현재 우리나라 재제조 제품의 조립시스템에서의 문제점은 다음과 같다.

[1] 재조립 공정의 조직적인 문제점

- 재조립 공정의 표준화 미비
- 최종 재제조 제품의 품질 기준의 취득에 어려움이 있음
  (원제조사의 협력 체계를 구축하는 것이 필요함)
- 최적의 조립 순서 결정이 힘듦
- 재조립 제품의 최적 재고량 결정이 어려움

- 재제조 제품의 수요량 예측이 어려움
- 재조립 시행 시점의 결정이 어려움
- 재제조 제품의 품질 인증 절차에 대한 표준화 미비

[2] 재조립 공정의 기술적인 문제

- 재조립 공정에 입고되는 부품의 품질 상태 파악이 어려움
- 재조립 후 품질 검사 체계의 미비
- 정확한 재조립 공차 결정이 힘듦
- 다양한 재조립 방법에 대한 숙련 작업자가 부족함
- 재조립된 재제조 제품의 창고 시스템의 체계화 미비

재제조의 조립 단계에서는 다양한 부품들의 체결 공정이 일어나는 단계이다. 재제조 제품의 품질 및 기능의 완성도가 결정되는 단계로, 재조립 공정의 표준화가 반드시 구축되어야 한다.

재제조의 조립시스템을 구축할 때는 반드시 재제조 상품 시장에서의 재제조 제품의 시장수요에 대한 분석이 반드시 선행되어야 한다.

3. 재제조 산업의 활성화를 위한 전략

우리나라 재제조 산업의 문제점과 이들의 원인들을 분석하면, 새로운 재제조시스템의 특징을 알 수 있으며, 이를 바탕으로 〈그림 2-4〉와 같은 우리나라 재제조 산업을 활성화하기 위해서는 다음과 같은 네 가지 핵심 전략을 세울 수 있다.

〈그림 2-4〉 우리나라 재제조 산업의 활성화를 위한 세부 전략

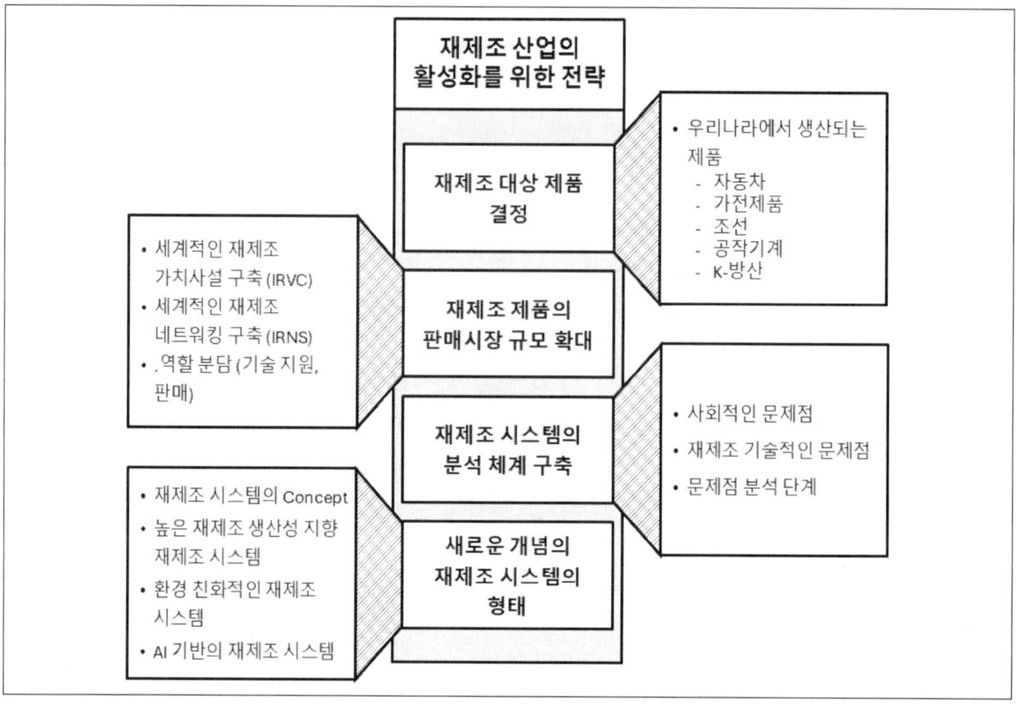

[전략1] 재제조 대상의 제품

우리나라에서 재제조 산업이 성공하기 위해서는 현재 우리나라에서 생산되는 제품에 대한 재제조 산업을 집중적으로 육성하는 것이 필요할 것이다. 이것은 우리나라 재제조 산업이 성공하기 위해서는 재제조 제품의 품질 수준을 유지하는 데 필요한 재제조 공정 기술 및 품질 관리 기술을 원제품 생산 업체로부터 전해 받을 수 있기 때문이다. 예를 들어, 자동차, 공작기계, 가전제품, 조선, K-방산 등이 이에 해당한다.

우리나라에서 생산되지 않고 수입되는 제품, 예를 들어, 의료 장비, 헬리곱터, 항공기 등에 대해서는 제품의 본래 기술을 가지고 있는 외국 업체들과의 생산 기술 관련 계약을 맺음으로써 해당 제품의 재제조 산업에 성공을 얻을 수 있다.

[전략2] 재제조 제품의 판매 시장 규모 확대

우리나라에서 생산되는 재제조 제품을 팔 수 있는 시장의 규모가 작으므로, 재제조 제품의 판매 시장을 확대할 필요가 있으며, 이를 통해 재제조 산업의 활성화를 기대할 수 있다. 이를 극복하기 위해서는 동남아 지역의 국가들과 재제조 제품의 생산 및 판매 시장 확대를 위한 국제적인 Networking System을 구축해야 한다.

[전략3] 재제조시스템 분석 체계 구축

우리나라에서 현재 운영되고 있는 재제조시스템에 영향을 미치는 요소들에 대한 체계적인 분석 체계를 구축한다.

- 우리나라 재제조 산업을 어렵게 만드는 사회적인 문제점 및 재제조 기술적인 문제점에 관한 조사를 실시한다.
- 재제조 산업의 활성화를 위한 세부 전략으로 재제조 기술의 향상, 재제조 작업자에 대한 교육, 유연성 높은 재제조시스템의 설계, 재제조 제품의 품질 수준 향상, 재제조 기업 간 협력 관계의 구축으로 재제조시스템의 새로운 형태를 제시할 수 있어야 한다.

[전략4] 재제조시스템의 Concept 설정

시장 경쟁력이 있는 재제조 제품을 생산하기 위해서는 새로운 재제조시스템을 위한 새로운 Concept 설정이 되어야 한다.

- Concept1: 재제조시스템을 구축할 때는 우선적으로 재제조시스템의 높은 생산성을 고려하여 설계함
- Concept2: 재제조의 시작은 사용한 제품의 회수 및 해체 작업으로부터 출발하여 재조립 공정으로 이루어지는데, 이러한 재제조시스템의 환경친화성을 고려해야 함
- Concept3: AI 기술을 활용한 새로운 형태의 재제조시스템 구축을 모색함

따라서, 새로운 개념의 재제조시스템을 구축하기 위해서는 설정된 3가지 Concept를 기초로 다음과 같은 재제조시스템을 제안할 수 있다.

- 높은 생산성 지향적인 재제조시스템
- 환경친화적인 재제조시스템
- AI 기반의 재제조시스템

'높은 생산성 지향적인 재제조시스템': 재제조의 생산성은 재제조 공정을 수행하는 데 필요한 구성 요소들의 효율적인 활용을 통해 얻을 수 있다. 재제조의 생산성은 재제조 제품의 설계를 통해서, 재제조의 공정 개선을 통해서, 그리고 재제조 공정에 사용될 수 있는 치공구를 개발하여 사용함으로써 얻을 수 있다. 높은 재제조 생산성을 통해 재제조

기업의 높은 이윤 창출에 도움을 줄 수 있을 것이다.

'환경친화적인 재제조시스템': 현재 우리나라 재제조 시스템의 특징 중 하나는 재제조 공정이 수행되는 작업 환경이 환경친화적이지 못한 경우가 많다. 정부에서는 중소기업의 생산 환경을 평가하기 위해 ESG 경영 평가를 도입하고 있다. 이 같은 움직임과 재제조 작업 환경을 개선하고자 하는 활동을 통해 친환경적인 작업 환경을 구축할 수 있다.

'AI 기반의 재제조시스템': 재제조시스템에 AI 기법을 적용함으로써 재제조 시스템의 새로운 좋은 결과를 도출할 수 있다. AI 기반의 재제조시스템이 되기 위해서는 재제조 시스템에서 얻을 수 있는 재제조 공정 수행에서 발생하는 생산 경험 정보를 체계적으로 습득해야 한다. 재제조 전문가에 의해 도출된 재제조 경험 정보를 바탕으로 AI 전문가와의 협업을 통해 재제조시스템의 새로운 형태를 제시할 수 있을 것이다.

4. 새로운 개념의 재제조시스템

3장에서 언급된 우리나라 재제조 산업의 향상을 위한 전략의 수립으로 〈그림2-5〉와 같이 새로운 개념의 재제조시스템을 제안할 수 있다.

- 높은 생산성 지향적인 재제조시스템
  (High Productivity-oriented Remanufacturing System)
- 환경친화적인 재제조시스템
  (Eco-friendly Remanufacturing System)
- AI 기반의 재제조시스템
  (AI-based Remanufacturing System)

〈그림 2-5〉 새로운 개념의 재제조 시스템

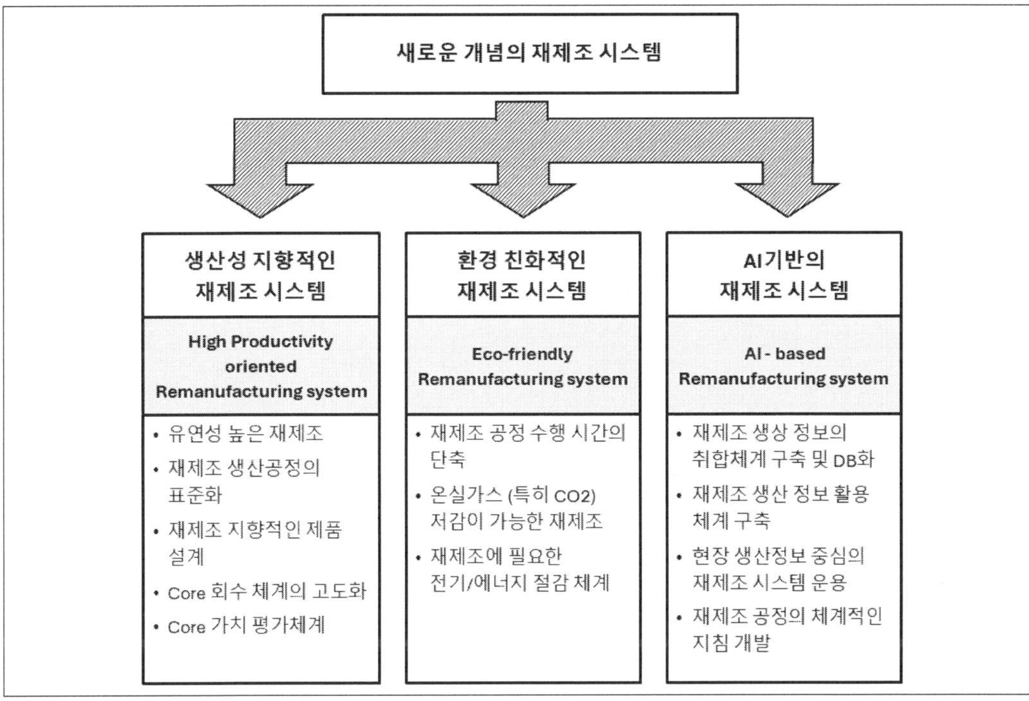

1) 높은 생산성 지향적인 재제조시스템 (High Productivity-oriented Remanufacturing System)

재제조 생산성은 일반적인 제조에서의 생산성과 다른 분석이 필요하다. 재제조시스템은 회수된 사용한 제품(Used Product)의 품질 상태와 Core의 회수 수량에 대한 불확실성에 따라 많은 영향을 받는다.

재제조시스템의 생산성을 결정하는 요소들은 〈그림2-6〉과 같이 조직적인 결정 요소와 기술적인 결정 요소로 나눌 수 있다.

〈그림 2-6〉 재제조시스템의 생산성을 결정하는 요소

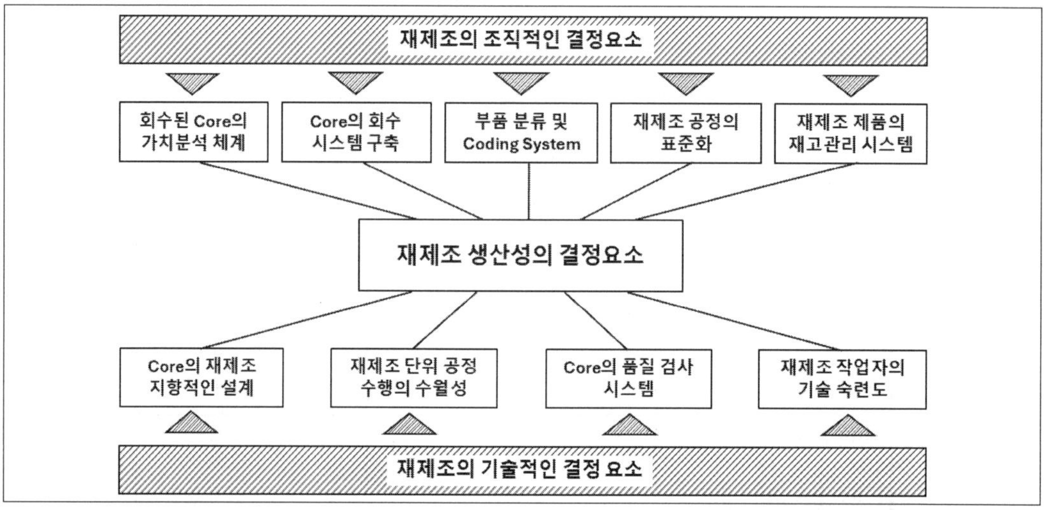

[1] 재제조 생산성의 조직적인 결정 요소

- 회수된 Core의 가치 분석 체계
  ==〉 회수된 고품의 품질 상태
  ==〉 Core의 재제조 가능성 결정 기준
  ==〉 회수된 고품이 가진 품질의 편차
- Core의 회수시스템
  ==〉 Core의 회수되는 지역의 분포 및 수량
  ==〉 Core 회수를 위한 물류 체계
  ==〉 Core 회수 업체들간의 Networking System
- Core 및 재제조에 사용될 부품의 분류 및 Coding System
  ==〉 Core의 분류 시스템 구축
  ==〉 Core 관리를 위한 Coding System
  ==〉 재제조 부품의 분류 시스템 및 Coding System
- 재제조 공정의 표준화
  ==〉 재제조 단위 공정의 Mechanism의 정의
  ==〉 재제조 단위 공정 수행을 위한 표준화
  ==〉 재제조 표준작업서
- 재제조 제품의 재고 관리시스템
  ==〉 재제조 제품의 품질 상태

==〉 재제조 제품에 대한 수요 예측 시스템

==〉 재제조 부품의 안전 재고 확보

[2] 재제조 생산성의 기술적인 결정 요소

- Core의 재제조 지향적인 설계(Design for Remanufacturing) 정도
  ==〉 재제조 지향적인 Core 설계 특성
  ==〉 재제조 지향적인 설계 정도 평가
- 재제조 단위 공정 수행의 수월성
  ==〉 재제조 단위 공정의 표준화 정도
  ==〉 재제조 단위 공정에 사용되는 장비의 적합성
- Core의 품질 검사 시스템
  ==〉 회수된 Core의 품질 상태 검사 시스템
  ==〉 Core의 재제조 가능성 결정 체계
  ==〉 재제조된 제품의 품질 검사 시스템
  ==〉 재제조된 제품의 품질 검사 장비 구축 정도
- 재제조 작업자의 기술 숙련도
  ==〉 재제조 작업자의 기술 교육 체계
  ==〉 숙련된 재제조 작업자의 수

이 같은 재제조시스템의 생산성을 결정하는 요소들을 고려하여, 재제조 생산성을 높일 수 있게 하기 위해서는 다음과 같은 활동을 해야 한다.

- 회수된 Core의 품질 진단을 위한 Data 수집과 검사 장비의 도입
  ==〉 Core의 품질 상태에 대한 현장 Data 수집
  ==〉 Core의 재제조 가능성에 대한 평가 기준 작성
- Core 회수 시스템의 고도화
  ==〉 안정적인 Core를 확보하기 위한 업체 간의 Networking System 구축
  ==〉 Core 회수에 대한 Incentive 제공
  ==〉 Core 회수를 위한 물류 추적시스템 개발
- 제품의 재제조 지향적인 설계 원칙 구축
  ==〉 재제조 제품의 설계 시 재제조용이성을 고려할 것

==〉 제품의 재제조성: 제품의 해체성, 부품의 세척성, 부품의 검사성, 부품의 복원성, 재제조 제품의 재조립성

==〉 재제조 단위 공정 수행의 수월성을 향상할 수 있는 설계 원칙

- 재제조 공정의 표준화

==〉 재제조 단위 공정에 대한 정의

==〉 재제조 공정 수행의 Mechanism 분석

==〉 재제조 표준 공정 설정을 위한 단계의 정의

==〉 재제조 제품의 품질 균일성을 위한 재제조 공정의 표준화 구축

- 재제조 Data 기반 고장 예측 및 Maintenance 체계 구축

==〉 재제조 제품의 고장 사례 수집과 분석

==〉 재제조 제품의 고장 Pattern 구축

==〉 재제조 제품의 고장 원인 분석 체계(FMEA 분석)

==〉 재제조 제품의 적절한 Maintenance 방법 제시

- 재제조 작업자의 교육 체계 구축

==〉 정기적인 재제조 기술 교육 실시

==〉 재제조 작업자의 교육 체계 개발

==〉 재제조 전문가의 초청 세미나 개최

==〉 새로운 재제조 기술 교육을 위한 연수 프로그램 개발

따라서, 재제조시스템의 생산성은 단순히 재제조 공정의 수행 속도보다 재제조 공정의 수행에 대한 불확실성을 어떻게 통제하고, 재제조 공정의 표준화 및 재제조 제품의 시장 예측 가능성을 확보하는지에 따라 좌우된다. 이와 함께, 재제조의 기술 및 조직에 관한 개선 대책이 병행되어야 지속적인 생산성 향상을 기대할 수 있다.

2) 환경친화적인 재제조시스템 (Eco-friendly Remanufacturing System)

환경친화적인 재제조시스템은 재제조 공정의 전과정에서 발생하는 환경에 미치는 영향을 최소화하고, 재제조에 필요한 자원의 순환을 최대화하는 방향으로 설계해야 한다.

새로운 재제조시스템을 설계할 때는 지구 환경에 미치는 영향을 고려해야 한다. 재제조시스템을 운영하는 중에 발생할 수 있는 여러 가지 물질들에 대한 분석이 필요하다. 예를 들어, 재제조 제품을 생산함으로써 얻을 수 있는 소재 및 사용 에너지의 절감과

오염 물질의 생성을 줄일 수 있는 효과들을 분석해야 한다.

환경친화적인 재제조시스템이 가져야 할 특징은 다음과 같다.

- 재제조 공정 중 발생하는 폐기물 최소화 및 자원의 극대화
  - 재제조 가능한 부품들의 최대한 활용
  - 재제조 공정 중 발생하는 폐기물의 재활용/재사용 체계를 확보함
- 재제조 제품 생산에 필요한 에너지의 효율적인 공정 설계
  - 재제조 공정 중 필요한 에너지 소비를 최소화할 것
  - 재제조 단위 공정 간 물류 이동을 원활히 함으로써 에너지 손실을 적게 할 것
  - Core의 재활용률을 높여 부품 생산에 필요한 에너지를 최소화할 것
- 재제조 대상에 사용되는 소재의 친환경성
  - 친환경성이 높은 소재의 부품들을 사용할 수 있도록 할 것
  - 소재의 물성이 다를 경우, 함께 사용되는 경우를 줄일 것
  - 소재의 재활용률이 높은 소재를 선택할 것
  - 소재의 물성이 자연환경에 나쁜 영향을 주지 않는 것을 사용할 것
- 재제조 지향적인 제품의 설계를 할 것
  - 재제조 제품에 사용되는 소재 및 재제조 생산에 들어가는 생산 시간을 최소화할 수 있는 제품을 설계할 것
  - 재제조 단위 공정을 수월하게 실행할 수 있는 제품의 구조를 갖도록 할 것
- AI를 활용하여, 환경친화적인 재제조시스템을 설계할 것
  - 재제조 전문가의 경험 정보를 체계적으로 획득할 수 있도록 할 것
  - 재제조 작업 환경을 개선할 수 있는 방법을 찾아야 함

따라서, 환경친화적인 재제조시스템은 단순히 재제조 대상의 구성 요소를 재활용하는 것만이 아니라, 재제조 대상의 자원을 선순환이 가능하게 하여, 재제조 제품에 사용된 물질의 폐기물, 재제조 제품의 생산에 필요한 에너지, 그리고 재제조 공정에서 발생하는 유해 물질을 종합적으로 줄이고자 하는 시스템을 구축하고자 하는 것이다.

〈그림 2-7〉에서는 환경친화적인 재제조 단위 공정을 설계하기 위해 고려해야 할 요소들을 보여 주고 있다.

〈그림 2-7〉 환경친화적인 재제조 단위 공정의 설계 시 고려해야 할 요소

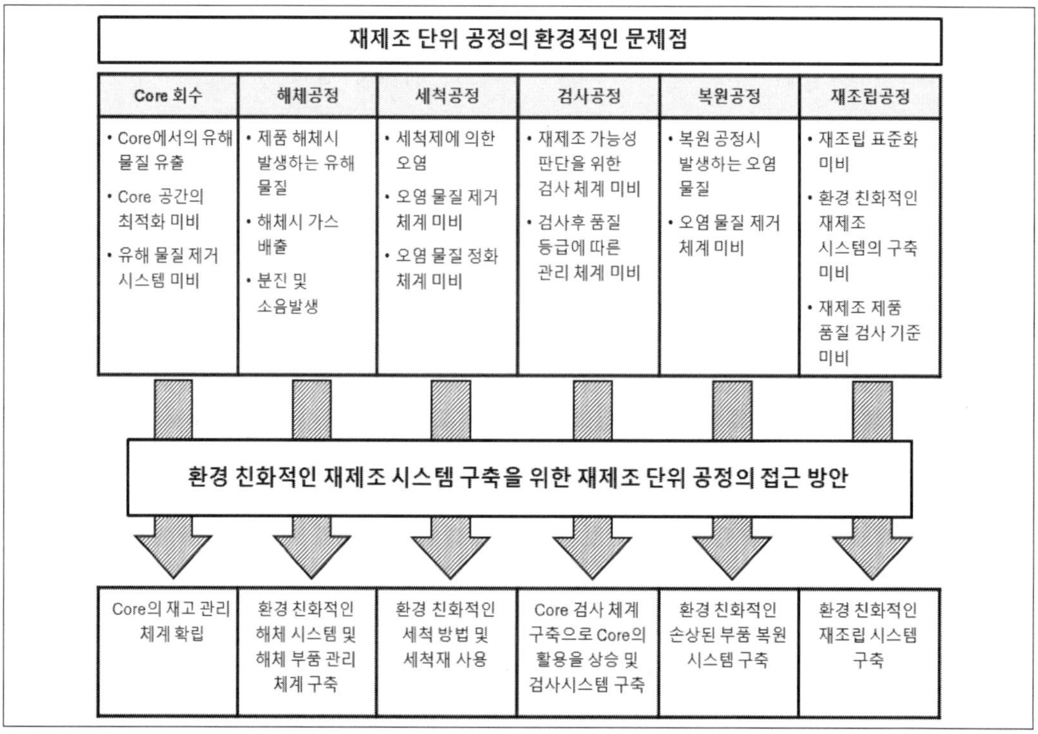

재제조의 단위 공정에서 발생할 수 있는 환경적인 문제점을 파악하여, 이런 문제점을 해결할 수 있는 접근 방법을 찾아야 한다. 현재 우리나라 재제조시스템에서 생길 수 있는 환경적인 문제점은 다양하다.

재제조에 필요한 Core 회수부터 재제조의 마지막 공정인 재조립 공정까지 생겨날 수 있는 환경적인 문제점들을 다음과 같다.

- Core 회수
  - 회수된 Core에서 나올 수 있는 유해 물질의 종류를 알 수 없음
  - 회수된 Core에서 나올 수 있는 유해 물질의 양을 미리 알 수 없음
  - 유해 물질의 종류에 따라 처리할 수 있는 체계가 미비함
- 해체 공정
  - 고품의 구조의 특성이 파악되지 않았을 때, 정확한 해체 방법을 알기 힘듦
  - 해체 공정에서 발생할 수 있는 유해 물질의 종류 및 유출 양을 알 수 없음

- 유해 물질의 환경친화적인 처리 방법의 미비

- 세척 공정
  - 오랫동안 사용한 제품의 세척에는 세척의 효과를 높이기 위한 세척제를 사용함
  - 세척제의 유해성에 대한 검토 및 세척 방법의 선택에 어려움이 있음
- 검사 공정
  - 재제조 가능성을 쉽고 빠르게 판단할 수 있는 검사 체계의 미비
  - 검사 후 부품의 품질 등급에 따른 관리 체계 미비
- 복원 공정
  - 복원 공정에서 발생할 수 있는 오염 물질의 발생
  - 발생된 오염 물질의 처리 체계 미비
  - 복원 공정에서 발생하는 환경 오염 정도를 예측하기 힘듦
- 재조립 공정
  - 재조립 공정에서 발생하는 환경 오염 물질의 종류 및 정도 예측이 힘듦
  - 재제조 제품의 환경에 미치는 영향을 검사할 수 있는 품질 검사 체계 미비

3) AI 기반의 재제조시스템 (AI-based Remanufacturing System)

AI 기반의 재제조시스템을 구축하기 위해서는 다음과 같은 세부 과제들을 수행해야 한다. 현재 AI의 활용이 여러 분야에 적용되고 있음을 많은 기사에서 볼 수 있는데, 특히 재제조 공정에 쓰이는 인공지능에 대한 기사가 있다(AI 타임스, 2025). 재제조 공정에서의 현장 생산 정보를 바탕으로 재제조시스템의 합리적인 운용을 위해 AI의 장점을 살릴 수 있다.

재제조시스템의 운용에 AI를 적용하기 위해서는 다음과 같은 준비가 필요하다.

(1) AI 기반 구축을 위한 재제조의 경험 정보 도출을 위한 전문가 육성

재제조에 AI를 활용하기 위해 가장 우선적으로 필요한 과제는 재제조의 경험 정보를 뽑아낼 수 있는 전문가, 즉, AI를 학습시키기 위한 재제조 관련 정보를 모을 수 있는 전문가를 육성해야 한다. 이를 위해서는 재제조업체 단독으로 재제조의 학습 Data를 모을 수 있는 전문가를 육성하기 어렵기 때문에, 재제조 협회나 정부 기관 혹은 대학에서 해야 한다.

즉, 재제조의 5개 공정(해체, 세척, 검사, 복원, 재조립)에서의 전문 기술자가 가지고 있는 경험 정보를 체계적으로 뽑아낼 수 있는 전문가가 필요한 것이다.

재제조 관련 학습 Data를 뽑아낼 수 있는 전문가를 육성할 때는, AI의 학습을 위한 Data를 뽑아내는 Process를 정립해야 한다. 재제조 기술자가 가지고 있는 경험을 AI에게 학습을 시켜주어야 한다. 이를 위해서는 학습 Data를 효과적으로 모을 수 있는 방법을 찾아야 한다. 이러한 준비 단계를 거쳐, 학습된 Data의 추론을 통해 재제조 현장에서 활용될 수 있게 해야 한다.

(2) AI에 활용할 재제조 정보의 검증 체계

AI에 의해 제시된 내용(예를 들어, 재제조 공정 수행 순서, 재제조 가치가 있는지에 대한 결정, 재제조 단위 공정에 적합하다고 선택된 방법, 재제조 인력에 의해 놓칠 수 있는 재제조 가능한 부품 등)에 대해서는 반드시 재제조 전문가의 검증을 받아야 한다.

==〉 재제조시스템에 AI가 도입되더라도, 재제조 전문가의 도움을 받아야 함

==〉 재제조 전문가의 검토 및 검증을 받아서, 부족함이 없는지를 검토해야 하며, 필요한 경우 재제조 정보가 추가 보완되어야 함

(3) 재제조 학습 Data 수집

재제조에 관련된 학습 Data를 수집할 수 있는 곳은 다음과 같다.

- 재제조 업체가 보유하고 있는 특허
- 재제조 업체의 연구 과제 수행 보고서
- 재제조 관련 논문
- 재제조 업체 방문 Report 및 회의 자료

3-1) AI 기반의 재제조시스템의 효과

재제조 산업에 AI가 적용된다면, 재제조시스템에서 얻을 수 있는 효과는 〈그림 2-8〉과 같다(목학수, 2025).

〈그림 2-8〉 재제조시스템에 AI 기술의 적용 효과

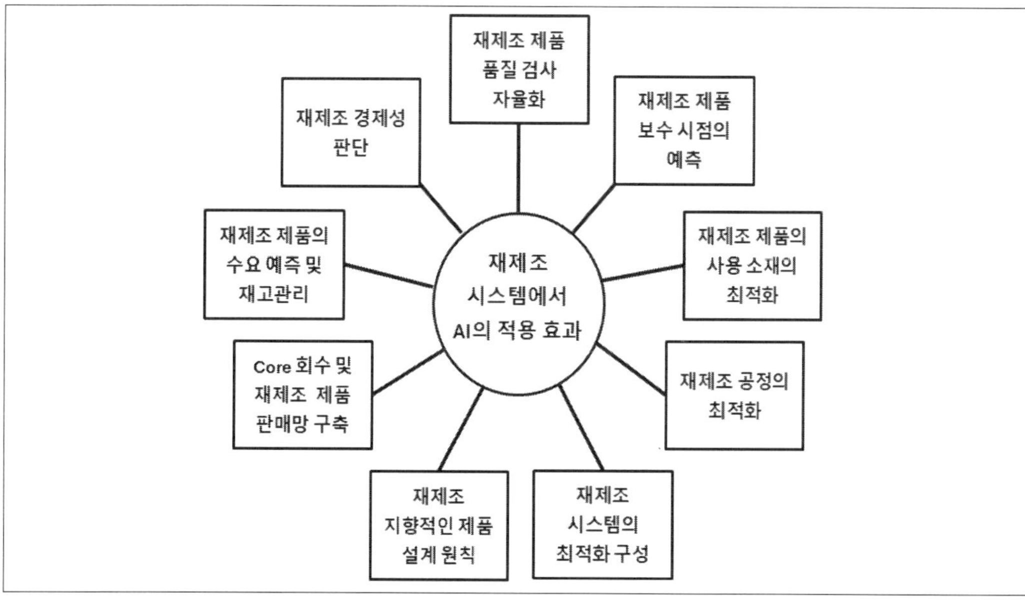

재제조시스템에 AI 기술을 적용할 경우, '재제조 제품 생산에 대한 효과'와 '재제조 제품의 시장에서의 효과'로 나누어 생각할 수 있다.

[재제조 제품의 생산에 대한 효과]

1) 재제조 제품의 품질 검사를 자율에 맡길 수 있음

==〉 재제조 제품의 결함이나 부족함이 무엇인지, 이미 파악한 재제조 정보와 비교해서, 원하는 품질 수준을 만족하지 못하면 불량으로 결정

==〉 재제조 제품에서 생긴 미세한 결함으로 재제조 제품의 불량 여부를 판단할 수 있음

2) 재제조 제품의 유지 및 보수 시점을 예측할 수 있음

==〉 재제조 시스템에 사용하고 있는 공작 기계의 작업 데이터를 분석하여,

==〉 재제조된 제품이나 기계의 상태에 대한 정보를 분석하여,

==〉 공작 기계나 재제조 제품의 유지 보수 시점을 예측할 수 있게 함

3) 재제조 제품에 사용된 재료의 최적화를 이룰 수 있음

==〉 AI를 활용하여, 다양한 재료의 특성을 분석하고, 취합할 수 있기에, 최적의 재료를, 최소한으로 사용할 수 있는 Guideline을 줄 수 있음

==〉 부품의 노후화를 예측할 수 있음

==〉 재제조 가능한 부품을 추가로 찾을 수 있음

4) 재제조 공정의 최적화를 이룰 수 있게 함

==〉 AI는 재제조 공정을 자동화하고 최적화하는 방법을 알려줄 수 있음

==〉 재제조된 부품을 처리하는 과정에서 AI를 통해 최적의 작업 순서를 제시해 줄 수 있음

==〉 최적의 해체 순서 제시

==〉 부품의 특성에 따른 최적의 세척 방법을 제안할 수 있음

==〉 최적의 검사 방법을 제안할 수 있음

==〉 손상된 부품의 특성을 고려한 최적의 복원 방법을 제안할 수 있음

==〉 최적의 조립 방법 및 조립 순서를 제안할 수 있음

5) AI에 있는 정보를 활용하여, 최적의 자동화된 재제조시스템을 설계할 수 있음

==〉 다양한 재제조 제품의 특성과 재제조시스템과의 특징을 파악 및 분석할 수 있음

==〉 다양한 재제조 제품과 다양한 재제조시스템과의 관계 분석을 할 수 있음

==〉 재제조시스템의 최적화에 대한 개념이 정리할 수 있음

6) AI를 활용한다면, 재제조 지향적인 제품 설계가 가능함

==〉 재제조 단위 공정의 수행을 방해하는 요소 발견이 가능함

==〉 재제조를 위해서는 사용한 제품을 어떻게 해체하는 것이 최적인지를 알 수 있음

==〉 세척 공정이 수월하게 이루어질 수 있는 부품 구조를 제시할 수 있음

==〉 부품의 특성에 따른 검사 방법을 수월하게 할 수 있는 부품의 구조를 제시할 수 있음

[재제조 제품의 판매 시장에 대한 효과]

7) AI를 활용하여 재제조에 사용될 Core 회수를 위한 업체 간의 Networking System을 갖출 수 있음:

==〉 재제조 부품/Core의 가치 판단에 대한 정보의 교류가 가능함

==〉 사용한 부품 속에 들어있는 Core를 어떻게 하면 필요한 수량만큼, 필요한 때에 얻을 수 있게 함

==〉 Core에 대한 정보 파악(Core의 상태, 가격, 수량 등)을 할 수 있게 함

==〉 Core를 보유한 업체 파악을 할 수 있게 함

8) AI는 재제조 제품 시장의 Trend와 재제조 제품을 사용하는 소비자의 소비자의 예측 Pattern을 분석하여, 재제조 제품의 수요 예측과 재고 관리를 할 수 있게 함:

==〉 재제조 상품에 대한 시장의 경향을 분석할 수 있음

==〉 재제조 제품을 사용하는, 재제조 제품을 사용할 수 있는 소비자의 상태를 파악 및 분석할 수 있음

==〉 소비자 분석에 따라 재제조 제품의 수요 예측이 가능함

9) AI를 활용한 재제조 제품의 판매망을 확대할 수 있음

==〉 재제조 제품의 상태 정보(재제조된 제품의 품질, 가격, 등)를 제공할 수 있게 함

==〉 재제조된 제품의 위치와 수량 정보를 알 수 있게 함

==〉 재제조된 제품의 배달 방법을 제시할 수 있음

10) 재제조의 경제성 판단이 가능함

==〉 재제조 할 수 있으나 경제성이 있는지를 판단할 수 있게 함

==〉 재제조할 가치가 있는지와 재제조를 시행했을 때 얻을 수 있는 경제성에 대한 분석 결과를 제공함

따라서, 재제조 산업에 AI(Artificial Intelligence, 인공지능)을 활용할 경우, 재제조시스템의 생산성에 많은 기여를 할 것이다〈그림 2-9〉.

〈그림 2-9〉 AI 기반 재제조시스템의 특징

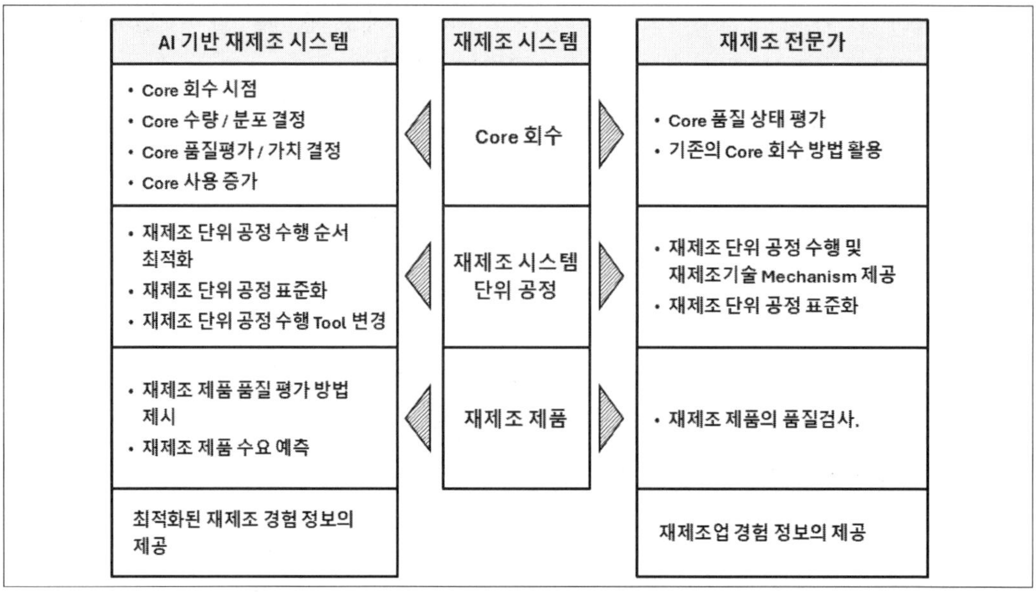

AI 기반의 재제조시스템에서 얻을 수 있는 효과를 기대하기 위해서는 다음과 같은 과제들을 사전에 수행해야 한다.

- 재제조에 관련된 수많은 재제조 제품 및 재제조 공정 정보들에 대한 취합
- 취합된 재제조 관련 정보의 분석 체계를 갖추어야 함
- 취합되고 분석된 정보를 활용한 AI 단위 모듈에 관한 연구

3-2) AI 기반의 재제조시스템을 위한 경험 정보 취득

재제조 시스템에서 얻을 수 있는 현장 경험 정보는 〈그림 2-10〉과 같이 5단계(Cycle)를 거쳐 활용 가치가 높은 정보가 된다.

1) 1단계: 재제조 단위 공정 기술자 활용
  ==〉 재제조 단위 공정의 종류
  ==〉 재제조 단위 공정 Mechanism 특성

2) 2단계: 재제조 기술자의 경험 정보 도출
  ==〉 재제조 공정의 최적화

==〉 재제조 제품의 품질 유지

==〉 재제조 공정의 표준화

〈그림 2-10〉 AI 적용을 위한 재제조시스템에서의 경험 정보 Cycle

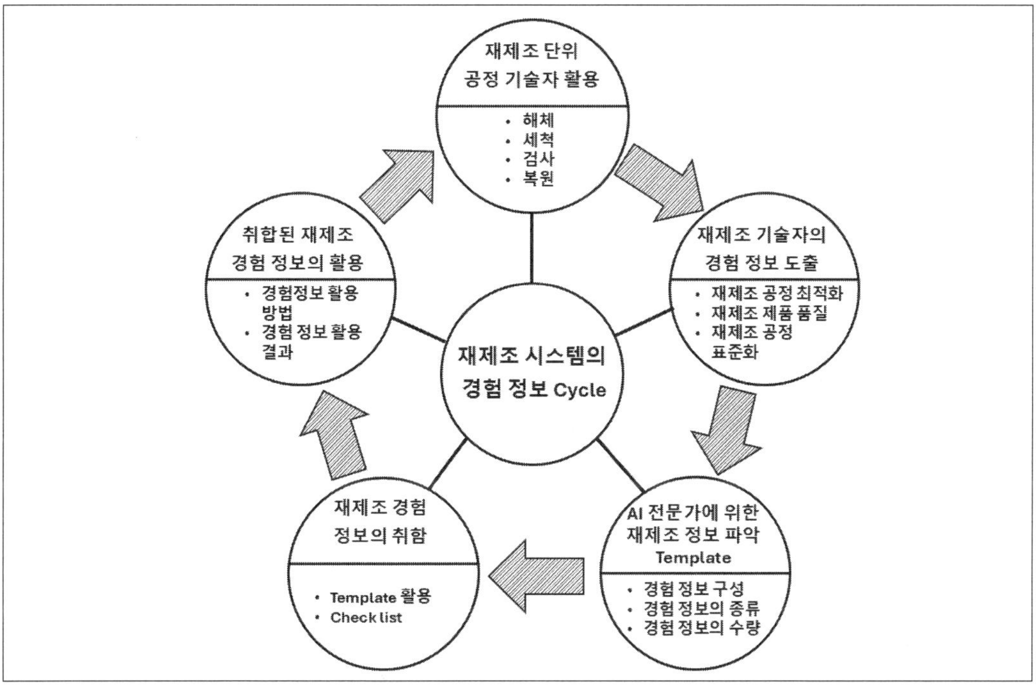

3) 3단계: AI 전문가에 의한 재제조 경험 정보 파악을 위한 Template 작성

==〉 경험 정보의 구성

==〉 경험 정보의 종류와 수

4) 4단계: 재제조 경험 정보의 취합

==〉 재제조 경험 정보 도출을 위한 Template 활용

==〉 재제조 경험 정보 파악을 위한 Check List 활용

5) 5단계: 취합된 재제조 경험 정보의 활용

==〉 재제조 경험 정보의 활용 방법

==〉 재제조 경험 정보의 평가 및 활용 결과 분석

==〉 활용 가치가 높은 재제조 정보

재제조 작업장에서의 경험 정보를 취득하는 것은 재제조시스템의 기술을 한 단계 높일 수 있는 새로운 길을 보여 주기 위한 과제이다. 재제조시스템에서 재제조 공정을 수행하는 작업자뿐만 아니라 재제조시스템의 운용 전문가들이 가지고 있는 경험은 매우 중요하다. 이러한 재제조시스템의 현장 경험을 활용할 경우, 재제조의 생산성과 환경성이 높은 재제조시스템을 구축할 수 있는 기회를 가지게 된다.

재제조 단위 공정을 수행하는 기술자들이 가지고 있는 경험 정보는 단시간에 얻을 수 있는 것이 아니다. 재제조 생산 현장의 경험 정보를 얻기 위해서는 체계적인 접근이 필요하다.

재제조에 대한 경험 정보를 취득하기 위해서는 〈그림 2-11〉과 같은 과정을 거쳐야 한다.

〈그림 2-11〉 재제조 경험 정보의 취득을 위한 체계

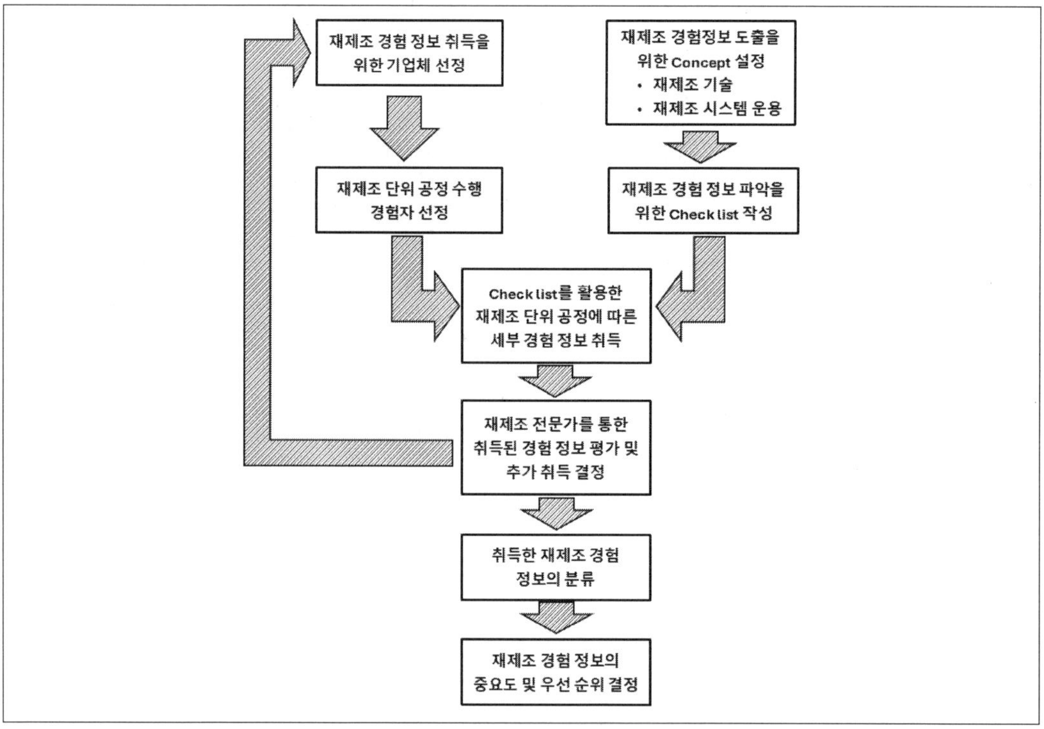

1단계: 재제조 단위 공정(해체, 세척, 검사, 복원, 재조립)에 따른 재제조 업체 선정

- 다년간 재제조 사업을 수행한 기업체
- 재제조 제품의 품질 수준이 높은 기업체

2단계: 각 단위 공정을 수행하는 전문 경험자 선정

- 재제조 단위 공정을 수년간 수행한 경험자
- 재제조 기술 교육 및 연수 과정을 수료한 자

3단계: 재제조 경험 정보 도출을 위한 Concept 설정

1) 재제조 기술 관련 경험 정보의 취득:

- 재제조 단위 공정 수행에서의 기술적인 내용

2) 재제조 시스템의 운용 경험에 대한 취득:

- 재제조 시스템의 운용 경험에 관한 내용

4단계: 재제조 단위 공정의 기술 파악을 위한 Check List 작성

- 재제조 단위 공정 기술 파악을 위한 Check List 구성
- 재제조 단위 공정 Mechanism에 대한 이해도

5단계: Check List를 활용한 재제조 단위 공정에 따른 세부 경험 정보 취득

- 재제조 단위 공정에 대한 세부 경험 파악

6단계: 재제조 경험 정보 추가 취득의 필요성 결정

- 재제조 전문가에 의한 취득된 경험 정보의 평가
- 재제조 경험 정보의 추가 취득

7단계: 재제조 경험 정보의 분류

- 재제조시스템의 기술 관련한 경험 정보 Group
- 재제조시스템의 운용 관련한 경험 정보 Group

8단계: 재제조 경험 정보의 중요도 평가 및 우선순위(Priority) 결정

- 재제조 전문가 선정
- 취득된 재제조 경험 정보의 중요도 평가
- 취득된 재제조 경험 정보의 우선순위 결정
- 우선순위 결정을 위한 기준 작성

  -재제조시스템의 생산성

-재제조시스템의 기술 우수성

-재제조 제품의 시장 안정성

-재제조 제품 생산의 환경성

이러한 8단계를 거쳐 취득한 재제조시스템에서의 작업장 경험 정보는 새로운 재제조시스템을 구축하는데 기초 자료로 활용할 수 있다.

취득된 재제조시스템에 대한 정보의 수량과 재제조 정보의 신뢰성 확보를 위해서는 '재제조 전문가'와 'AI 전문가'의 협업이 반드시 필요하다. 이를 통해 취득된 재제조 관련 AI 정보의 활용 가치는 높아질 것이다.

5. 국제적인 재제조 가치 체인의 필요성

우리나라 재제조 산업을 활성화하기 위해서는 무엇보다 먼저 1) 재제조 제품의 품질을 결정하는 재제조 관련 기술을 확보하는 것과 2) 재제조를 통해 경제적인 이윤 창출이 될 수 있는 재제조 시장의 규모를 확보하는 일이다. 즉, 재제조 기업의 이윤 창출과 재제조 제품을 사용하는 소비자의 확보를 통해서만이 재제조 사업의 성공 여부가 결정된다.

이와 함께 재제조 제품이 시장에서의 경제성을 분석하기 위해서는

- 국내·외에서 재제조에 필요한 Core의 확보는 되는지,
- 재제조 작업에 필요한 기술 인력은 충분한지,
- 재제조 공정을 수행하는 데 필요한 기술 수준은 충분한지,
- 재제조 제품을 사용할 수 있는 소비자가 국내·외 어디에 있는지,
- 재제조 제품의 품질 수준은 소비자 요구를 만족하는지,
- 필요한 재제조 제품의 종류와 수량은 어느 수준이 되어야 하는지에 대한 조사가 이루어져야 한다.

재제조 상품 시장의 경제성을 확보하기 위해서는 국내뿐만 아니라 해외 시장까지 재제조 제품의 생산 및 판매를 위한 연결망이 구축되어야 한다. 이를 위해서는 '국제적인 재제조 가치 사슬(International Remanufacturing Value Chain: IRVC)'의 구축을 위한

국제적인 재제조 Networking System(International Remanufacturing Networking System: IRNS)이 필요하다〈그림 2-12〉.

〈그림 2-12〉 국제적인 재제조 가치 체인을 위한 재제조 Networking System 구축

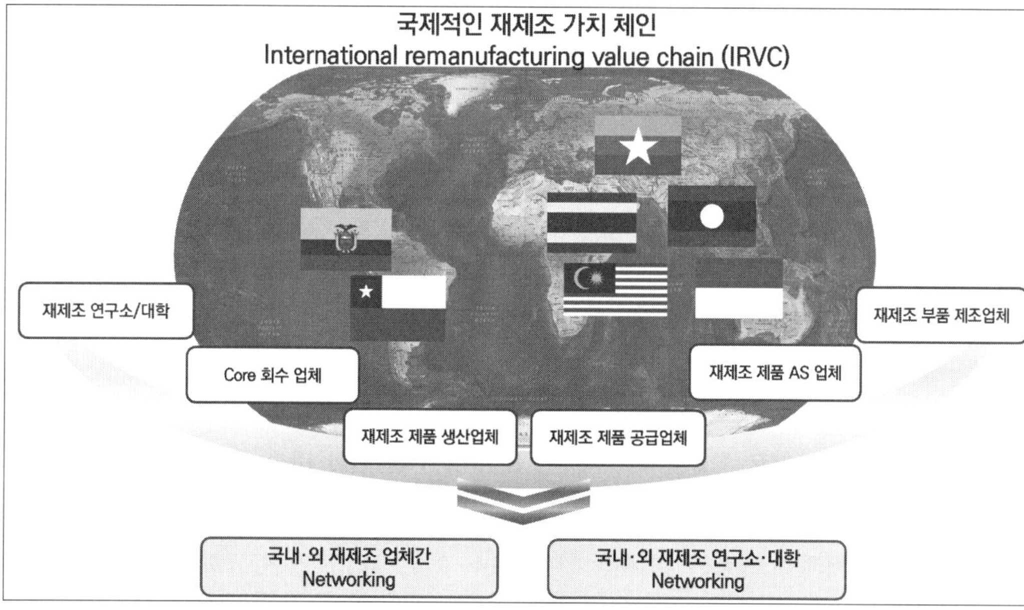

1) 국내·외 재제조 업체 간 Networking 구성

재제조 산업의 활성화를 위한 국내·외 재제조 업체 간 Networking 구성의 세부 내용은 다음과 같다(목학수 등, 2009).

1) 국내·외 재제조 업체 간 Networking 구성

국내·외 재제조 제품과 재제조 업체 현황을 기준으로 재제조 기업 간의 Networking을 구성해야 함

- 국내·외 재제조 업체 간 Networking 구성을 저해하는 문제점 파악 및 분석
- 재제조 업체 간 Networking 구성을 위한 기준 마련
- 재제조 업체의 보유 기술 및 생산 제품의 종류
- 협력 국가 및 재제조 업체 간 역할 분담

2) 국내·외 코어 관리 정보 Networking 구축 방안 마련

코어 관리를 위한 정보 Networking 구축을 위한 세부 내용 정립

- 국내·외 코어 관리 체계 파악 및 분석
- 국내·외 재제조 업체에 대한 정보 파악
- 각국에서 회수가 가능한 Core의 종류 및 수량

3) 국내·외 재제조 제품 생산을 위한 기업 간 Networking 구축

- 필요한 재제조 제품의 수요 파악
- 필요한 재제조 제품의 생산 공장 위치
- 재제조 업체 간 협력 내용

4) 국내·외 재제조 제품 판매를 위한 Networking 구축 방안 마련

- 생산된 재제조 제품의 판매를 위한 Hub Remanufacturing Factory 운영
- 재제조 제품의 AS를 위한 재제조 기술자 공급 체계

5) 재제조를 수행하는 연구소 및 대학 간 Networking 구축

- 재제조 연구를 수행하는 국내·외 연구소 및 대학 간 협력 관계 구축
- 새로운 재제조 기술에 대한 공동 개발 연구 과제 수행 체계

국내와 해외에 있는 재제조 관련 기업체 간의 Networking을 구축하기 위해서는 국내·외 재제조 관련 연구소 및 대학, Core 회수 기업, Core의 공급과 재제조 제품의 공급을 맡고 있는 기업, 재제조 기업 등과 같이 재제조 주체들 간의 협력 관계에 대한 조사가 이루어져야 한다.

재제조 관련 협력 국가의 인구수와 우리나라 제품의 수출 대수 및 각 나라에서 사용되고 있는 제품의 수 등을 고려하여, 재제조 제품의 생산 및 판매에 관한 역할 분담을 하는 것이 중요하다. 즉, 우리나라에서는 재제조 단위 기술과 재제조 가능 Core를 제공할 수 있으며, 다른 협력 국가에서는 Core의 회수와 재제조 공정의 수행 등으로 역할을 나눌

수 있다.

우리나라에서 생산하는 제품에 대한 재제조 산업의 활성화를 위한 전략을 수립한다면, 협력 국가들과는 다음과 같은 요소들을 고려해야 한다.

1) 대한민국에서 생산하는 제품 중 재제조가 가능한 제품
==〉자동차, 가전제품, 선박, 공작기계, 반도체 생산 기계 등
==〉K-방산 제품(K2 전차, K9 자주포, 천궁 등)
==〉우리나라가 설계 및 생산 기술을 보유하고 있는 제품
==〉재제조에 필요한 단위 공정의 기술 제공이 가능함

2) Networking 구축 대상 국가로의 제품의 수출 및 판매 자료 수집
==〉재제조에 필요한 Core 확보 가능성
==〉재제조 제품에 대한 A/S 제공 가능성

3) 각국의 인구수 및 1인당 국민 소득의 크기
==〉잠재적인 재제조 시장 및 경제성의 크기를 알 수 있음

이 같은 자료를 기초로 하여, 예를 들어, 다음과 같은 국제적인 재제조 Networking System을 구축할 수 있다.

[Asia]

1) 대한민국(Korea): 재제조 가능한 제품 및 재제조에 적용할 생산 기술 제공
- 자동차
- 가전제품(냉장고, 세탁기, Air-Conditioner 등)
- 공작기계
- 반도체 생산기계
- 선박
- K-방산

2) 인도네시아(Indonesia): Hub Remanufacturing Center 설치

3) 태국(Thailand): Remanufacturing Factory 설치

4) 미얀마(Myanmar): Remanufacturing Factory 설치

5) 말레이시아(Malaysia): Remanufacturing Product A/S Center

6) 라오스(Laos): Remanufacturing Product A/S Center

[South America]

7) 칠레(Chile): Remanufacturing Product A/S Center

8) 에콰도르(Ecuador): Remanufacturing Product A/S Center

(2) 해외 재제조 신기술 도입

우리나라 재제조 산업의 활성화를 위한 해외 재제조 신기술의 도입에 관한 세부 연구 내용은 〈그림 2-13〉과 같다. 이를 위해서는 재제조 선진국의 재제조 전문가와의 기술 교류가 우선 되어야 한다. 다음과 같은 해외 재제조 전문가와의 교류가 필요하다(목학수 외, 2011; 목학수 외, 2010).

- 해외 재제조 전문가 초청 Workshop 및 세미나 개최
- 재제조 신기술 도입을 위한 해외 자문단 구성
- 해외 재제조 전문가 초청 기술이전 강연
- 해외 재제조 전문가를 통한 기술이전
- 재제조 산업 기반 조성을 위한 자문

〈그림 2-13〉 해외 재제조 전문가 교류

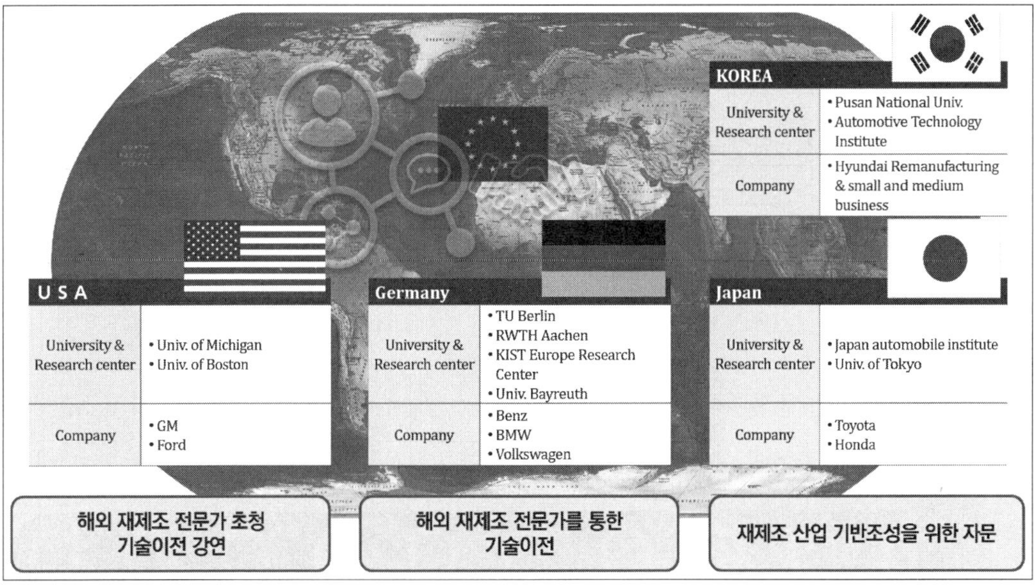

이를 바탕으로 우리나라 재제조 산업의 활성화를 위해서는 선진 해외 재제조 신기술 이전이 체계적으로 이루어져야 한다.

선진 재제조 기술을 〈그림 2-14〉와 같이, 국내에 재제조 기술의 이전이 가능한 것과 재제조 기술이전을 위해 필요한 준비해야 할 기술, 그리고 현재까지는 기술이전이 불가능한 기술로 분류할 필요가 있다.

〈그림 2-14〉 IRVC를 위한 해외 재제조 관련 기관과의 협력 내용

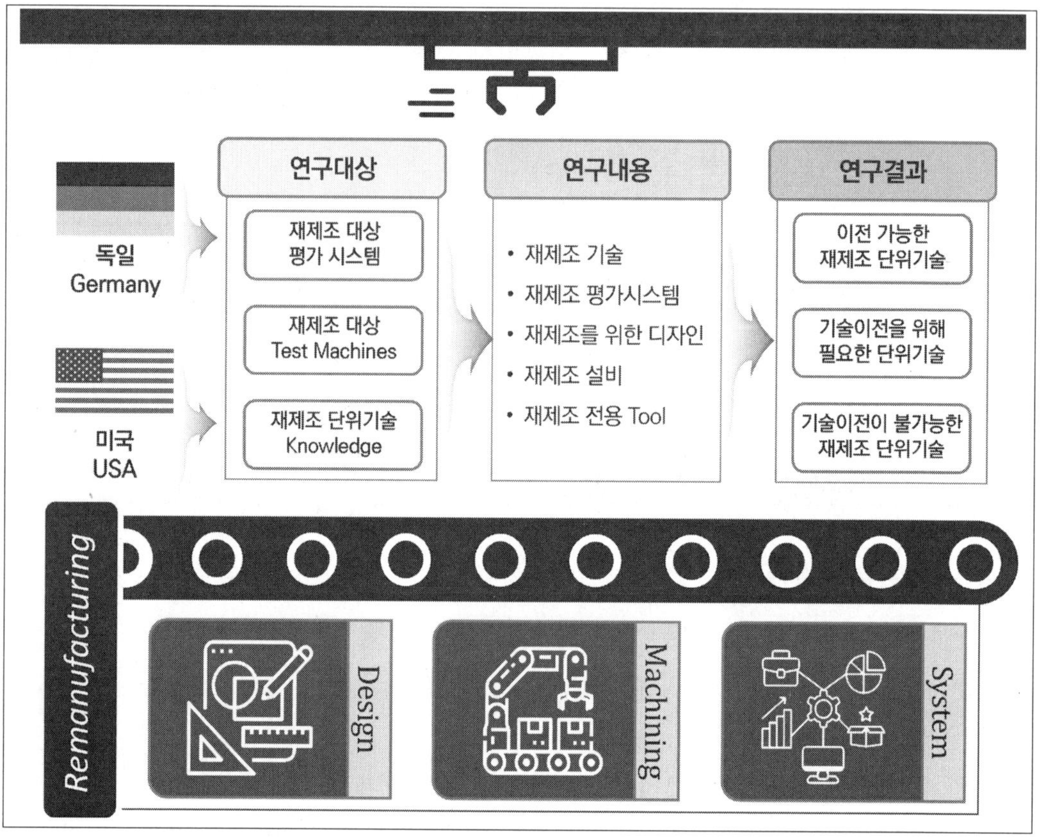

해외 선진 재제조 기술을 받아들이기 위해서는 현재 우리나라 재제조시스템의 문제점과 재제조하고자 하는 제품에 대한 분석이 우선 되어야 한다. 이를 통해 우리에게 꼭 필요한 재제조 기술이 무엇인지 결정할 수 있을 것이다. 즉, 선진 재제조 기술을 받아들일 준비를 체계적으로 해야 한다.

6. 결론

우리나라 재제조 산업의 활성화를 위해서는 재제조 산업을 둘러싸고 있는 사회적인 문제점과 재제조시스템의 기술적인 문제점을 파악하고, 이들을 발생시키는 원인들을 체계적으로 분석할 수 있는 시스템이 필요하다. 이를 기초로 우리나라 상황을 고려한 재제조 산업 활성화를 위한 전략을 세워야 한다.

본 글에서는 우리나라 재제조 산업을 한 단계 높이기 위해 미래에 적합한 새로운 3가지 형태의 재제조시스템, 즉, 높은 생산성 향상을 위한 재제조시스템, 환경친화적인 재제조시스템, AI 기반의 재제조시스템을 제시하고 있다.

우리나라 재제조 산업의 활성화를 위해서는 우선 우리나라에서 생산되는 제품에 대한 재제조 산업에 초점을 맞춤으로써, 재제조 제품의 품질 수준을 유지할 수 있을 것이다. 이와 함께 재제조 제품 시장의 확보를 위해서 국내·외 재제조 주체들 간의 긴밀한 협력 Networking System을 구축해야 한다. 이와 함께 선진 재제조 기술을 가진 해외 기관과의 재제조 기술 교류를 통해 재제조 기술 발전을 기할 수 있을 것이다.

참고문헌

김연규, 정예지, 목학수, 안상욱, 서창배, 강유덕, 김주희, & 김현정. (2024). *글로벌 자원순환(재제조) 동향과 쟁점.* 한울아카데미.

강홍윤, 이상국. (2014). 자원순환사회전환촉진을 위한 법률(가칭)의 제정 동향에 대해서. *지속가능산업발전,* 17(1), 56-65.

목학수, 박남규, 전창수, 송민준, & 한창효. (2013). 재제조 산업의 활성화를 위한 제도의 기본 원칙. *자원리싸이클링,* 22(3), 81-90.

목학수. (2021). 재제조산업과 인재 양성. *부산일보.*

목학수. (2016). 폐기된 제품 '심폐소생' 재제조 산업 키워야. *국제신문,* 26면.

목학수, 류광열, 한창효, 전창수, 송민준, & 박상진. (2009). 재제조 단위공정을 고려한 재제조 시스템 평가. *한국정밀공학회지,* 26(1), 24-29.

손우현, 박상진, & 목학수. (2019). ELV에서 재제조 부품을 회수하기 위한 해체 우선순위. *한국산업융합학회논문지,* 22(6), 591-598.

AI 타임스. (2025). 재제조 공정에 쓰이는 인공지능. *AI 타임스.* https://www.aitimes.com/news/articleView.html?idxno=47708

목학수. (2025). 재제조시스템의 이해. 대진문화사.

목학수, 전창수, & 한창효. (2009). APRA를 통한 해외 자동차 부품 재제조 산업 동향 분석. *한국정밀공학회 학술발표대회 논문집,* 393-394.

목학수, 전창수, & 한창효. (2011). 유럽의 자동차부품 재제조산업에 관한 연구. *한국자동차공학회논문집,* 19(1), 38-44.

목학수, 전창수, & 한창효. (2010). 미국의 재제조산업에 관한 연구. *한국정밀공학회지,* 27(3), 58-65.

03

태국의 지질적 특징과 자원순환 정책: 지속가능한 발전에서 재제조의 역할

Chapter

03

태국의 지질적 특징과 자원순환 정책: 지속가능한 발전에서 재제조의 역할

Jantarut Chandech
태국 천연자원환경부 산하 광물자원국 지질조사과 지질학자

1. 서론

21세기 지속가능한 발전은 점점 더 순환경제에 의존하고 있으며, 재제조는 사용 수명이 끝난 제품을 신제품과 유사한 상태로 복원하여 자원의 수명을 연장하고 환경 영향을 줄이는 데 중요한 역할을 한다. 이러한 접근법은 다양한 지질 자원이 지속적인 개발로 고갈될 위험에 처해 있는 태국에서 특히 중요하다. 이 문제를 해결하기 위해 태국은 자원 효율성, 재료 재사용 및 재제조를 촉진하는 것을 목표로 한 바이오-순환-녹색 경제(BCG) 모델 및 다양한 폐기물 관리 전략과 같은 정책을 시행해 왔다. 따라서 재제조를 순환경제 원칙 및 책임 있는 자원 관리와 통합하는 것은 태국이 천연 자원을 보존하면서 지속가능한 경제성장을 달성하는 데 필수적이다.

2. 태국의 지질학적 특징

2-1) 지역 지질학과 구조적 배경

태국의 지질은 고대 곤드와나 초대륙에서 기원한 두 개의 주요 지각 지형으로 형성되어 있다. 서부에는 샨-타이(Shan-Thai) 지각, 동부에는 인도차이나(Indochina) 지각이 위치한다. 샨-타이 지각에는 선캄브리아기부터 신생대에 이르는 암석이 분포하며, 인도차이나 지각에는 주로 고생대부터 신생대에 이르는 암석이 나타난다. 특히 제3기 동안 인도판과 유라시아판 사이의 충돌로 인해 주요 습곡대와 단층대가 태국 전역에 형성되었다. 태국의 기반암은 다양한 지질 형성을 포함하고 있는데, 서부의 고변성암, 광범위한 고생대 퇴적대, 넓게 분포한 페름기 석회암, 해양 및 대륙 기원의 중생대 퇴적층, 그리고 침강 분지의 신생대 퇴적물 등이 있다. 화성암은 주로 화강암과 화산암으로 구성되며, 세 개의 주요 벨트에 분포하고 있고, 마피크(mafic) 및 울트라마피크(ultramafic) 암석이 봉합대(suture zone)를 따라 노출되어 있다. 이러한 다양성은 태국의 복잡하고 풍부한 지질학적 역사를 보여준다(태국 광물자원부, 2009).

2-2) 광물 자원

태국은 약 95,000제곱킬로미터에 걸쳐 40여 종 이상의 광물 자원을 보유하고 있으며 〈표 3-1〉에서 나타나는 바와 같이 총 광물 자원은 약 30조 톤에 달한다. 이들 자원은 산업적 용도에 따라 여러 그룹으로 분류할 수 있다. 연료 및 에너지 광물에는 석탄(lignite)이 약 20억 톤 매장되어 있다. 석회암, 현무암, 화강암, 대리석 등 산업용 석재는 약 10조 톤에 달하며, 화강암, 사암, 대리석 등 장식용 석재는 약 700억 입방미터이다. 시멘트 산업용 광물인 석회암, 셰일, 석고는 약 1.2조 톤 규모다. 금과 같은 귀금속 및 보석은 약 213톤의 매장량을 차지하며, 아연, 주석, 구리 등의 비철금속은 총 276억 톤에 달한다. 철광석을 포함한 철 및 철합금의 매장량은 약 2억 3,500만 톤으로 추산된다. 세라믹 산업용 광물인 장석과 카올린은 총 35억 톤에 달한다. 기타 산업용 광물인 백운암, 중정석, 형석, 암염, 칼륨염 등은 총 19조 톤에 이른다. 희토류 금속 등 경금속 및 희토류 원소는 약 500만 톤의 자원을 보유하고 있다. 태국의 광물 자원 중에서 가장 풍부한 것은 암염으로, 약 18조 톤의 매장량을 기록하며 이는 태국 전체 광물 자원의 59.87%를 차지한다. 암염을 제외하면 가장 많은 5대 광물은 건축용 석회암(8조 톤), 시멘트용 석회암(1조 톤),

기타 산업용 석회암(7천억 톤), 칼륨염(4천억 톤), 사암(2천억 톤)이다. 이 방대한 광물 자원은 태국에 상당한 경제적 가치와 더불어 지속 가능한 발전 및 산업적 활용의 기회를 제공한다(Kanchanalangkarn, P., & Tongduang, T., 2023).

〈표 3-1〉 태국의 주요 광물 자원 요약

광물 자원 분류	매장량	단위	비고 / 예시
갈탄(석탄)	2,000,000,000	톤	연료 및 에너지 광물
산업용 석재 (석회암, 현무암, 화강암, 대리석)	10,000,000,000,000	톤	건설 및 산업용
장식용 석재 (화강암, 사암, 대리석)	70,000,000,000+	입방미터	장식 및 건축용
시멘트 산업용 광물 (석회암, 셰일, 석고)	1,200,000,000,000+	톤	시멘트 생산용
귀금속 및 보석 (금)	213	톤	금
비철금속 (아연, 주석, 구리)	27,600,000,000	톤	산업용 금속
철 및 철합금 (철광석)	235,000,000	톤	철강 생산용
도자기 산업용 광물 (장석, 카올린)	3,500,000,000	톤	도자기 및 관련 산업
기타 산업용 광물 (돌로마이트, 형석, 등)	19,000,000,000,000	톤	암염, 칼륨 포함
경금속 및 희토류 원소 (희토류 금속)	5,000,000	톤	첨단기술 산업용
암염	18,000,000,000,000	톤	가장 풍부, 전체 자원의 59.87% 차지
건설용 석회암	8,000,000,000	톤	암염 다음으로 풍부
시멘트용 석회암	1,000,000,000	톤	-
기타 산업용 석회암	700,000,000	톤	-
칼륨(포타시)	400,000,000	톤	비료 산업
사암	200,000,000	톤	건축용

자료: Kanchanalangkarn, P., & Tongduang, T.(2023)을 참조해 필자 재구성

2-3) 지질 자원을 활용한 지속가능한 발전 정책

- 국가 전략 및 정책 체계: 태국의 20개년 국가 전략과 제12차 국가 경제사회개발계획은 지질 및 광물 자원의 균형 있는 관리를 중점으로 하여 경제성장, 사회적 복지,

환경 보호를 조화롭게 추진함으로써 지속가능한 발전과 삶의 질 향상을 목표로 한다(Office of the National Economic and Social Development Council, 2021).

- 법적 및 제도적 구조: 태국에서 지질 및 광물 자원을 관할하는 주요 기관은 광물자원부(DMR)이다. 이 기관은 자원의 탐사, 평가, 보존 및 관리 등을 담당하며, 자원 관리가 효율적이고 지속가능하며 국가 개발 우선순위에 부합하도록 한다(Department of Mineral Resources, 2021).
- 시민 참여 및 분권화: 광산 개발 사업의 의사결정에는 시민의 참여가 요구되며, 지방 당국은 광산 개발 허가 신청을 승인할 권한을 가진다. 광산 로열티의 상당 부분이 지방 및 지방정부에 배분되어 지역사회가 자원 개발로부터 직접적인 혜택을 받을 수 있도록 하고 있다(United Nations, 2011).
- 거버넌스 및 투명성: 태국은 개방적인 인허가 절차, 명확한 수익 흐름, 적극적인 이해관계자 참여를 보장함으로써 광산업에서 투명성과 좋은 거버넌스를 촉진하고 있다. 소규모 광부들은 합법적인 협동조합을 구성하도록 장려되며, 역량 강화 프로그램도 지원된다.
- 환경적 지속 가능성: 그린 마이닝 정책(Green Mining Policy)은 환경 영향을 최소화하고 채굴 지역의 복원을 우선시하는 광산 운영을 장려한다. 이 정책은 자원 채굴이 책임감 있고 지속 가능한 방식으로 이루어지도록 하는 것을 목표로 한다.
- 지속가능발전목표(SDGs)와의 통합: 태국은 2030 아젠다와 SDGs를 국가 전략에 통합하여 지질 자원 관리가 국제적 지속가능성 기준을 충족하도록 하고 있다. 바이오-순환-녹색(BCG) 경제 모델은 지속가능하고 혁신 주도의 경제성장을 더욱 지원한다.
- 지역 실행 및 모니터링: 지방정부는 개발 계획을 지역의 특성과 상황에 맞게 조정할 수 있는 권한을 부여받았다. 이들은 역량 강화를 위한 지원을 받고 있으며, 지방정부 수준에서 지속가능발전목표(SDGs) 달성을 위한 진척 상황을 모니터링할 책임이 있다.
- 환경정책 및 계획: 천연자원환경정책계획국(ONEP)은 지질 자원과 관련된 환경정책을 수립하고 모니터링한다. 이 기관은 분권화를 강조하며, 효과적인 정책 실행을 위해 지방 당국과의 협력을 장려하고 있다(Office of Natural Resources and Environmental Policy and Planning, 2025).
- 광물 자원은 태국의 산업 및 경제 발전의 근간으로, 건설, 제조, 기술 부문에 필수적인 원자재를 제공한다. 이 중에서도 희토류 원소, 리튬, 주석과 같은 핵심 광물은 첨단기술 산업과 청정에너지 전환에 특히 중요하다. 그러나 광물 자원과 핵심 광물은 유한하며, 공급 위험과 환경문제에 점점 더 노출되고 있다. 태국의 순환경제 모델은

자원의 효율적 사용, 재활용, 회수를 촉진함으로써 이러한 문제를 해결하고 신규 채굴 의존도를 줄이며 폐기물을 최소화한다. 순환경제 원칙을 통합하는 것은 핵심 광물의 지속가능한 공급을 확보하고, 자원 보존을 지원하며, 글로벌 공급망에서 태국의 회복력을 강화해 장기적인 경제적·환경적 이익을 보장한다.

3. 태국의 순환경제 정책

태국의 순환경제 전략은 바이오-순환-녹색경제(BCG) 모델에 기반을 두고 있으며, 이는 바이오 경제, 순환경제, 녹색경제 원칙을 통합하여 혁신과 지속가능한 성장을 촉진한다.

3-1) BCG 경제 모델

태국의 바이오-순환-녹색경제(BCG) 모델은 지속가능한 발전을 촉진하고 팬데믹 이후 국가 회복을 지원하기 위한 핵심 전략으로 도입되었다. BCG 모델은 농업·식품, 건강·의료, 에너지·소재·바이오화학, 관광·창조경제 등 네 가지 주요 부문을 목표로 한다. 정부는 연구개발 투자, 협력 플랫폼, 인센티브, 규제 조치 등을 통해 이 모델을 적극적으로 지원하고 있으며, 그 구현을 위해 막대한 자금을 투입하고 있다. 2021~2026년 BCG 모델 구조에서 핵심이 되는 이 네 가지 분야 모두 생물 다양성과 문화적 다양성에 기반을 두고 있다. 이러한 접근법은 태국의 국가 발전에서 지속가능성, 혁신, 그리고 지역적 정체성 통합의 중요성을 강조한다.

주요 목표는 생물적 자원과 문화를 보존하고 지속가능하게 활용하며, 이러한 자산으로부터 가치를 창출하고, 국가 내 자립성과 회복력을 강화하는 것이다(Tambunlertchai, K., & Vassanadumrongdee, S., 2023).

- 주요 전략: 이 계획은 보전과 활용의 균형을 통해 생물 자원의 지속가능성을 촉진하고, 기술과 창의성을 활용하여 지역 사회를 강화하며, 혁신과 친환경 실천을 통해 BCG 산업의 경쟁력을 높이고, 인력, 인프라, 첨단기술 개발을 통해 글로벌 변화에 대한 회복력을 구축하는 것을 목표로 한다.
- 주요 실행 방안: 생물 및 문화 데이터베이스 구축, 프리미엄 농산물 홍보, 바이오 화학 분야 연구개발 촉진, 지속가능한 관광 지원, 순환경제에 대한 투자 장려, 인적자본과

스타트업 육성 등이 포함된다.

- 목표 및 핵심성과지표(KPI): BCG 실행 계획은 국내총생산(GDP)을 1조 바트 증가시키고, 고부가가치 제품 및 서비스 비중을 최소 20% 이상 확대하며, 최소 1천만 명의 소득을 향상시키는 것을 목표로 한다. 또한 천연자원 소비를 25% 줄이고, 온실가스 배출량을 20~25% 감축하는 것을 지향한다. 이외에도 산림 면적 확대, 에너지 자립형 커뮤니티 확대, BCG 스타트업 지원 등이 포함된다.
- 관리 및 모니터링: 계획의 실행은 총리가 위원장으로 있는 정책위원회가 총괄하며, 각 분야별 위원회와 소위원회가 구성되어 있다. 계획의 목표 달성을 보장하기 위해 국가 전자 시스템을 통해 진행 상황을 모니터링하고 평가한다.

3-2) 3R 원칙

태국의 폐기물 관리 정책은 폐기물 발생과 그로 인한 환경 영향을 최소화하기 위한 전략적 접근법으로 3R 원칙(감축, 재사용, 재활용)을 강조하고 있다. 정부와 관련 기관들은 전체 폐기물의 상당 부분을 차지하고 적절히 관리되지 않을 경우 심각한 환경 피해를 유발할 수 있는 플라스틱 및 음식물 쓰레기를 우선 개입이 필요한 분야로 지정했다.

태국은 매년 320만 톤 이상의 플라스틱 폐기물을 배출하고 있으며, 이는 1인당 약 44.8kg으로 전 세계 평균(31.9kg)과 SWITCH-Asia 국가 평균(20.1kg)보다 현저히 높은 수준이다. 이 중 약 46%인 148만 톤이 적절히 관리되지 않고 있는데, 이는 제대로 수거·재활용·처리되지 않아 특히 수로 및 해양으로의 환경 유출로 이어진다. 플라스틱 산업은 2022년 기준 300억 달러 규모로 태국 GDP의 약 7.7%를 차지하는 주요 경제 동력이다. 이 산업은 대기업과 수천 개의 중소기업이 혼재된 중간 수준의 분산 구조를 보이고 있다. 플라스틱의 최대 소비 분야는 식품, 음료 및 전자상거래를 위한 포장 부문이며, 그 뒤를 이어 자동차, 건설, 전자제품, 의료기기 분야가 차지하고 있다. 태국은 또한 플라스틱의 주요 수출국으로서, 원재료 플라스틱과 완제품 플라스틱 모두에서 무역수지가 흑자를 기록하고 있다(Schulte & Busch, 2025).

태국의 「2018-2030 플라스틱 폐기물 관리 로드맵」은 환경 친화적 대안을 장려함으로써 일회용 플라스틱을 대폭 감축하고 궁극적으로 퇴출시키기 위한 국가 전략을 제시하고 있다. 현재 단계(2023-2027)에서는 매립지로 유입되는 대상 플라스틱 폐기물의 100% 감축, 주요 플라스틱 제품의 100% 재활용 달성, 해양으로 유출되는 플라스틱 폐기물의 50% 감소를 목표로 한다. 태국의 소비재 및 식품 산업에서 플라스틱 포장재 사용이 광범위하다는 점을 고려할 때, 플라스틱 오염 문제 해결은 매우 중요하다. 로드맵에는 일회용 플라스틱에 대한 금지 조치 및 부과금, 대중 인식 제고 캠페인, 지속가능한 포장재 촉진, 생산자책임확대(EPR), 플라스틱 폐기물의 수거 및 처리 효율성을 높이기 위한 재활용 인프라 확충 등의 조치가 포함되어 있다.

또한 음식물 쓰레기는 태국의 도시 고형 폐기물에서 큰 비중을 차지하며, 매립지로 보내질 경우 혐기성 분해 과정을 통해 강력한 온실가스인 메탄을 발생시킨다. 음식물 쓰레기 감소는 매립지 부담 완화, 기후 변화 대응, 식량 안보 강화에 필수적이다. 주요 정책적 조치들은 발생 원천에서부터 음식물 쓰레기 분리배출 장려, 쓰레기 최소화를 위한 기부 및 재분배 지원, 유기성 폐기물을 활용한 퇴비화 및 바이오가스 생산 촉진, 음식물 쓰레기의 환경적·사회적 영향에 대한 대중 인식 제고 등에 중점을 두고 있다.

3-3) 태국에서의 전기차 배터리 재활용

태국의 전기차(EV) 시장은 정부의 지원 정책과 2030년까지 차량 생산의 30%를 전기차로 전환하겠다는 국가 목표에 힘입어 급속히 성장하고 있다. 이 확장은 조만간 사용 종료(EoL) 단계에 접어든 전기차 배터리의 급격한 증가로 이어질 것으로 예상된다. 그러나 리튬, 니켈, 코발트 등 유해 물질을 포함한 리튬이온 배터리의 광범위한 사용은 심각한 환경적 문제를 야기할 수 있다. 이러한 배터리가 적절히 관리되지 않을 경우, 토양과 수질을 오염시켜 환경과 공중보건 모두에 심각한 위험을 초래할 수 있다(Thailand Energy Storage Technology Association, 2024).

- 제한적인 재활용 시설: 태국은 현재 대규모 리튬이온 배터리 전용 재활용 공장이 부족하다. 대부분의 사용된 전기차 배터리는 보관되거나 재활용을 위해 수출되거나 부적절하게 폐기되고 있어 경제적·환경적 기회를 놓치고 있다.
- 파일럿 프로젝트 및 산업계 노력: 태국의 여러 주요 기업들이 전기차 배터리 재활용 이니셔티브를 추진하고 있다. 토요타 모터 태국은 하이브리드 전기차 배터리의 수명주기 관리를 위한 공장을 설립하여 연간 2만 개의 사용 후 배터리를 수거·평가·분류해 재사용 또는 재활용할 수 있도록 하고 있다. 태국의 선도적인 에너지 기업인 에너지 앱솔루트(EA)는 Chulalongkorn 대학교와 협력해 귀금속 추출과 전기차 배터리의 안전한 방전을 중심으로 첨단 재활용 기술을 개발 중이다. 한편 파나소닉 에너지 태국과 그 협력사들은 사용 후 배터리를 수거·재활용하는 순환경제 프로그램을 시작했지만, 현재 그

노력은 대형 전기차 배터리보다는 소비자용 배터리에 더 초점을 맞추고 있다.

- 구체적 법률의 부재: 태국은 아직 전기차 배터리 폐기물을 위한 포괄적인 법률을 마련하지 못했다. 현행 정책은 일반적인 유해 폐기물과 전자 폐기물을 다루고 있지만, 리튬이온 전기차 배터리의 고유한 문제를 해결하지는 못하고 있다.
- 법안 초안: 정부는 전기·전자 폐기물(WEEE) 법안을 마련 중이며, 이 법안에는 배터리 수거 및 재활용을 개선하기 위한 생산자책임확대(EPR) 및 제품 리콜 제도가 포함될 예정이다.
- 인센티브: 배터리 재활용 기술을 도입하는 제조업체에 세금을 감면해 주는 방안이 제안되어 있으며, 이는 국내 재활용 역량 개발을 촉진하는 것을 목표로 하고 있다.

태국의 전기차 배터리 관리는 가치사슬 전반에 걸쳐 여러 가지 도전 과제에 직면해 있다. 배터리 제조업체들은 배터리 폐기물이 신규 배터리와 동일한 관세율로 부과되는 관세 문제에 직면해 있으며, 사용 종료 배터리 관리를 위한 구체적인 규정이 없어 폐기물을 자체적으로 처리해야 한다. 또한 배터리 폐기물의 수입이 금지되어 재활용이나 재사용 기회가 제한되고 있다. 전기차 제조업체와 판매업체는 배터리 관리 관행에 있어 해외 본사의 지침을 따르는 경우가 많으며, 특히 보증기간이 만료된 배터리가 사용자에 의해 부적절하게 처리될 가능성이 있다는 점에서 명확한 현지 규정의 부재에 대한 우려가 있다. 에너지저장시스템 설계자 및 설치업체는 재사용을 위한 배터리 테스트 비용이 매우 높다는 점을 강조하며 정부의 지원을 권고하고 있다. 배터리 폐기물 처리업체들은 배터리 폐기물의 발생량이 적어 국내 재활용 수익성이 떨어지고 이로 인해 고비용의 수출로 이어지고 있다고 지적한다. 전반적으로 이해관계자들은 명확한 규정, 국가 차원의 추적 시스템, 재정적 인센티브, 재활용 및 안전한 배터리 관리를 지원하는 정책의 필요성을 촉구하고 있다(Thailand Energy Storage Technology Association, 2024). 위 내용에서 알 수 있듯이 재제조는 태국에서 사용 종료 전기차 배터리를 관리하기 위한 지속 가능한 해결책을 제공하기 때문에 중요하다. 이는 자원 활용 극대화, 폐기물 감소, 배터리 폐기와 관련된 환경적·경제적 비용 절감에 기여한다.

4. 태국의 제재조

4-1) 태국에서의 재제조업 정의 및 발전

태국의 재제조 활동은 30~40년에 걸친 역사를 가지고 있으며, 초기에는 트랙터나 중고 엔진과 같은 중고품 시장과 혼합된 반공식적(semi-formal) 또는 반재제조(semi-remanufacturing) 형태로 등장했다. 주요 대상 고객층은 저소득층이거나 해당 제품에 대한 전문 지식을 가진 사람들이었다. 과거에는 경제적 요인과 소비자의 정보 부족으로 인해 이러한 활동의 확장이 제한되었고, 이는 구매자가 제품 품질에 대한 신뢰를 가지지 못하는 "레몬 시장(lemon market)" 현상을 초래했다(Kohpaiboon et al., 2012).

4-2) 변화와 현재 트렌드

2000년 이후 재제조 산업은 정부 정책에서 더 많은 주목을 받기 시작했으며, 특히 Fuji-Xerox, Michelin과 같이 생산 거점을 태국으로 이전한 다국적 기업들로부터 큰 관심을 받고 있다. 이들 기업은 사용된 제품의 수거, 분해, 세척, 재조립, 품질검사에 이르는 종합적인 과정을 통해 완전한 재제조(full remanufacturing)를 실천하고 있다. 이러한 추세는 숙련된 태국 노동력과 국가의 전략적 지리적 위치와 맞물려 있다.

4-3) 태국의 재제조 관련 법규 및 규정

- 명확한 금지나 지원 없음: 태국 법률은 재제조를 명시적으로 금지하지도, 적극적으로 촉진하지도 않는다. 재제조 활동은 진행될 수 있으나, 재제조 기업을 위한 직접적인 법적 장려나 전용 정책 프레임워크는 마련되어 있지 않다.
- 일반 산업법 적용: 재제조 작업은 공장법, 유해물질관리법, 관세법 및 다양한 부처 고시 등 일반 법률의 적용을 받는다. 그러나 이들 법률 중 어느 것도 재제조를 별도의 산업 공정으로 특별히 규정하는 법규는 없다.
- 별도 분류의 부재: 대부분의 재제조 제품은 고유한 관세 또는 규제 코드가 부여되지 않는다. 이들은 일반적으로 신제품과 함께 분류되어 당국과 소비자가 신제품, 중고품, 재제조품을 구분하기 어렵게 만든다.
- 수입: 재제조 제품의 수입은 전면 금지되어 있지는 않지만, 세관 및 관련 기관의 재량에

따라 결정된다. 제품 유형, 인지된 위험도, 법에 대한 담당자의 해석에 따라 판단이 달라질 수 있다. 예를 들어, 재제조 의료 장비는 품질 및 안전성 우려로 인해 수입이 종종 제한되지만, 특정 금지 규정에 해당하지 않는 다른 제품들은 허용되기도 한다.

- 의무 표시 제도 부재: 재제조 제품에 대한 명확한 표시 의무가 없다. 생산자와 수입자는 특정 경우(예: 재생 타이어)를 제외하고는 제품이 재제조품인지 여부를 법적으로 공개할 의무가 없다.
- 소비자 인식: 이러한 표시 제도의 부재는 소비자 혼란을 초래하여 구매자가 제품이 신제품인지, 중고품인지, 재제조품인지 쉽게 구분할 수 없게 만든다. 또한 당국이 시장 내에서 재제조품의 품질을 모니터링하고 규제하는 능력을 제한한다.
- 공무원의 재량: 재제조 제품의 수입, 판매 및 규제와 관련된 많은 결정들이 개별 공무원의 판단에 맡겨져 있다. 이로 인해 집행의 일관성이 떨어지고, 기업들에 불확실성을 초래할 수 있다.
- 전용 공장 분류 부재: 재제조 공장은 공장법상 별도의 공장 유형으로 인정되지 않는다. 운영 방식에 따라 폐기물 처리나 기계 수리 등 보다 포괄적인 범주 하에 등록될 수 있다.
- 비즈니스 불확실성: 명확하고 일관된 규정의 부재는 재제조 기업의 운영 리스크와 비용을 증가시키며, 이로 인해 해당 분야의 투자와 혁신을 저해할 수 있다.
- 규제 공백: 구체적인 기준이나 감독이 없으면 품질이 낮거나 안전하지 않은 재제조 제품이 시장에 유입될 위험이 있어 소비자 피해와 업계 신뢰도 저하로 이어질 수 있다.
- 기회 상실: 지원적인 규제가 없으면 태국은 강력한 재제조 산업이 가져올 수 있는 경제적·환경적 이점을 놓칠 가능성이 있다.

4-4) 태국의 제재조 프로젝트

태국에서의 재제조 산업은 순환경제, 지속가능성, 산업 및 전자 폐기물 관리 필요성에 대한 국가적 관심에 힘입어 점점 활기를 띠고 있다. 프로젝트는 자동차, 전기차(EV) 배터리, 플라스틱, 전자제품 등 다양한 부문에 걸쳐 있으며, 공공 및 민간 이해관계가자 모두 참여하고 있다.

◆ 전기차 배터리 재제조 및 재활용 프로젝트

에너지 앱솔루트(EA)는 Chulalongkorn 대학교와 협력하여 리튬이온 배터리 재활용 및 재제조 기술을 개발하기 위한 3년간의 프로젝트를 시작했다. EA의 자회사인 Amita Technology Thailand가 운영하는 Chachoengsao 시설은 대규모 배터리 제조 및 재활용을 위해 설계되었다. 이 프로젝트는 태국 내 배터리 재제조 역량을 구축하고 전기차(EV) 비용을 절감하는 것을 목표로 한다(Energy Absolute Public Company Limited, 2020).

한편 ACE Green Recycling은 태국에 연간 총 처리 용량 3만 톤을 초과하는 리튬이온 배터리 재활용 공장 4곳을 설립할 계획이다. 이 시설들의 주요 목적은 사용 후 리튬이온 배터리에 대한 탄소중립 재활용 솔루션을 제공하여 환경적 지속가능성과 순환경제 모두를 지원하는 것이다. 이 공장들은 습식 제련(hydrometallurgical) 및 건식 제련(pyrometallurgical)을 포함한 첨단 재활용 기술을 활용해 리튬, 코발트, 니켈 등 귀금속을 회수하고, 이를 신제품 배터리 생산에 재사용할 예정이다. 이번 이니셔티브는 유해 폐기물을 최소화하고, 운영 과정에 재생에너지를 통합해 탄소 배출을 줄이며, 수입 원자재 의존도를 감소시키기 위해 고안되었다. 공장은 태국의 전략적 산업 지대에 위치할 예정이며, 기술 파트너십 및 연구 협력을 통해 효율성과 혁신을 강화할 계획이다. 현재 이 프로젝트는 기획 및 건설 단계에 있으며, 태국의 전기차(EV) 및 배터리 부문의 급속한 성장과 발맞춰 지역 내 지속가능한 배터리 폐기물 관리를 위한 새로운 표준을 수립하는 것을 목표로 하고 있다(ACE Green Recycling, 2025).

Toyota Motor Thailand의 경우 Chachoengsao 주에 배터리 수명 주기 관리 공장을 설립했다. 이 공장은 일본 외 지역에서 최초로 설립된 시설로, 태국과 ASEAN 지역에서 지속가능한 자동차 산업 관행을 향한 중요한 발걸음이다. 이 공장은 특히 하이브리드 및 전기차에 사용되는 자동차 배터리의 책임 있는 관리, 재사용 및 재활용에 중점을 두고 있다.

◆ 산업 및 지역사회 폐기물 재제조: Ban Chang의 자원 회수 시설 Material Recovery Facility (MRF)

Dow Thailand Group은 태국 과학기술연구원(TISTR) 및 태국 플라스틱 연구소와 협력하여 태국 최초의 고품질 자원 회수 시설(MRF)을 설립했다. 이 시설은 연간 1,000~1,200톤의 폐기물을 처리하여 플라스틱 및 기타 자재를 부가가치 제품으로 전환한다. 이 프로젝트는 지역사회 수준의 순환경제 이니셔티브를 위한 모델 역할을 하고 있다.

◆ 업사이클링 및 순환경제 프로젝트

Upcycling the Oceans, Thailand는 PTT Global Chemical이 주도하는 프로젝트로 해양 플라스틱을 수거해 새로운 제품으로 업사이클링하며, 대중의 인식을 높이고 태국의 순환경제 목표를 지원하고 있다.

또한 태국은 소비자와 소규모 사업체가 전자제품을 스스로 수리할 수 있도록 지원하는 정책 및 파일럿 프로젝트를 개발 중이며, 이를 통해 전자 폐기물을 줄이고 지역의 재제조 및 수리 생태계를 지원하고자 한다.

◆ 자동차 부품 및 중장비

자동차 부품, 엔진, 중장비의 재제조는 여전히 핵심 활동으로 유지되고 있으며, 현지 중소기업뿐만 아니라 Fuji-Xerox, Michelin과 같은 다국적 기업들도 복사기, 타이어, 산업 장비 등에 대한 재제조 라인을 운영하고 있다.

◆ 정부 정책 및 인센티브

태국 투자청(The Board of Investment, BoI)은 중고 전기차 배터리의 수리, 재포장, 재사용을 위한 서비스 센터를 포함하는 신규 투자 유치 항목을 도입하여, 종합적인 전기차 공급망 개발을 지원하고 있다.

재제조 프로젝트는 자원 효율성, 폐기물 감축, 지속가능한 산업 성장 등을 강조하는 바이오-순환-녹색경제(BCG) 실행계획 및 제13차 국가 경제사회개발계획(2023-2027)과 같은 국가 전략과 연계되어 추진되고 있다.

4-5) 태국의 국제 재제조 가치사슬(IRVC)의 필요성

국제 재제조 가치사슬(IRVC)은 태국이 순환경제로의 전환과 지속가능한 산업 성장을 가속화하는 데 있어 필수적이다. IRVC의 핵심 축인 재제조는 사용된 제품을 신제품과 유사한 상태로 복원함으로써 자원 효율성을 극대화하고 환경 영향을 줄인다. 태국에서 IRVC의 필요성은 경제적, 환경적, 전략적 요인들에 의해 뒷받침되고 있다.

태국은 지속가능한 성장과 자원의 효율적 활용을 강조하며, 경제 및 산업 발전을 위한 장기적인 방향을 설정해 왔다. 이를 위해 세 가지 주요 정책 및 전략 계획을 중심으로 추진되고 있다.

- 20개년 국가 전략(2018-2037): 이 전략은 태국의 장기적인 경제 및 사회 발전의 기반을 마련하며, 고소득 지속가능 국가로의 도약을 목표로 한다. 이 전략은 순환 자원 활용을 통한 가치 창출, 폐기물 감축, 녹색 산업의 촉진에 중점을 두고 있다.
- 제13차 국가 경제사회개발계획(2023-2027): 이 계획은 순환경제를 촉진하고 산업 구조를 환경친화적 생산 방식으로 전환하는 데 중점을 두고 있다. 재제조는 제품 수명 주기를 연장하고 신규 자원 사용을 줄이기 위한 핵심 메커니즘이다.
- 바이오-순환-녹색경제(BCG) 실행계획(2021-2027): 이 계획은 과학, 기술, 혁신을 통합하여 자원 효율성을 높이고, 재제조, 재활용, 폐기물 및 잔여 자원으로부터의 가치 창출을 촉진하는 데 중점을 두고 있다.

이 정책들은 다음과 같은 핵심 요소에 초점을 맞춰 태국의 글로벌 경쟁력을 강화하는 것을 목표로 한다.

- 지속가능한 생산: 산업이 에너지 및 원자재 소비를 줄이고, 폐기물 발생을 최소화하며, 온실가스 배출을 낮추는 환경 친화적인 생산 공정으로 전환하도록 장려한다.
- 자원 효율성: "재사용, 수리, 재제조, 재활용"의 개념에 따라 자원의 최적 활용을 촉진하여 생산 비용을 절감하고 수입 원자재에 대한 의존도를 낮춘다.
- 혁신 주도 성장: 순환경제, 재제조, 폐기물 관리와 관련된 기술에 대한 연구개발을 지원하여 부가가치를 창출하고 태국 제품 및 서비스의 차별화를 도모한다.
- 무역 기회 확대: 재제조 및 순환경제 산업의 발전은 태국이 지속가능성을 중시하는 글로벌 시장의 수요에 부응하여 환경친화적인 제품과 서비스를 수출할 수 있도록 한다.

이처럼 순환경제와 재제조에 중점을 둔 국가 정책의 통합은 태국이 지속가능한 발전으로 나아가기 위해 필수적이며, 장기적으로 경제적, 사회적, 환경적 과제를 해결하고 경쟁우위를 확보하는 기반을 마련한다.

태국의 재제조 산업은 환경적 이점뿐만 아니라, 국가 경제 전반에 실질적인 혜택을 제공한다. 특히 다음과 같은 경제적 이유에서 재제조는 전략적으로 중요한 산업으로 부각되고 있다.

- 제품 수명 주기 연장: 사용된 제품과 부품을 재제조함으로써 태국 산업은 원자재 한 단위당 추출되는 가치를 극대화할 수 있다. 이는 지속적인 신제품 생산에 대한 필요를 줄이고, 기업이 고품질 제품을 더 낮은 비용으로 제공할 수 있게 하여 국내외 시장 모두에 경쟁력을 제공한다.
- 원자재 수입 감소: 재제조는 가격 변동성과 공급망 교란에 취약한 수입 원자재에 대한 의존도를 줄여준다. 기존 자재를 재사용함으로써 태국은 생산 비용을 안정시키고 무역 수지를 개선할 수 있다.
- 수출 기회 확대: 지속가능하고 비용 효율적인 제품에 대한 세계적 수요가 증가함에 따라, 재제조 제품은 새로운 수출 시장을 열어준다. 태국이 국제 재제조 가치사슬(IRVC)에 참여함으로써 자동차 부품 및 전자제품과 같은 재제조 품목을 강력한 순환경제 정책을 갖고 있는 국가들에 공급할 수 있어 외화 수익을 증대시키고 국제 경쟁력을 강화할 수 있다.
- 새로운 고용 기회 창출: 재제조를 핵심 활동으로 하는 순환경제로의 전환은 다양한 기술 수준에서 일자리를 창출한다. 이는 수거, 역물류, 분해, 재정비, 품질 관리, 판매 등 여러 분야의 직무를 포함한다.
- 인력 개발: 재제조 산업은 특화된 기술 역량을 요구하기 때문에 교육 및 역량 강화 프로그램에 대한 투자를 촉진한다. 이는 단순히 일자리를 창출하는 데 그치지 않고, 태국 노동력의 전반적인 기술 수준을 향상시켜 향후 산업 트렌드에 더 유연하게 대응할 수 있도록 만든다.
- 경제적 파급 효과: 재제조 산업의 성장은 물류, 유지보수, 재활용 등 관련 산업을 함께 활성화시키며 간접 고용을 창출하고 광범위한 경제 활동을 촉진하는 파급 효과를 낳는다.
- 가치사슬 고도화: 재제조는 정밀 분해, 부품 테스트, 재조립 등 고급 공정을 포함하며, 이는 더 높은 수준의 기술력과 관리 역량을 요구한다. 이는 태국 산업이 보다 정교한 생산 방식을 도입하도록 유도하여 부가가치 기여도를 높일 수 있다.
- 산업 부문 전환: 자동차, 전자기기, 산업 장비와 같은 주요 산업 부문은 재제조를 통해 단순 조립이나 저비용 생산에서 고부가가치 서비스 및 제품 중심으로 전환함으로써 혜택을 받을 수 있다. 이러한 전환은 태국을 첨단 제조의 지역 허브로서 위상을 강화하는 데 기여한다.
- ASEAN 공급망 내 위상 강화: 강력한 재제조 역량을 구축함으로써 태국은 동남아시아 공급망의 핵심 주체로서의 입지를 공고히 한다. 이는 해외 직접 투자를 유치하고,

기술 이전을 촉진하며, 특히 ASEAN 및 RCEP와 같은 지역 협력 체계 내에서 지역 통합을 지원한다.

이러한 경제적 필요성은 국제 재제조 가치사슬(IRVC)이 태국의 지속가능한 성장, 경쟁력, 그리고 변화하는 글로벌 경제에서의 회복력 확보에 있어 단순히 유익할 뿐 아니라 필수적임을 보여준다.

또한 재제조는 자원 절약과 환경 보호라는 이중의 목표를 실현할 수 있는 핵심 수단으로 주목받고 있다. 다음은 재제조가 환경 및 자원 효율성 측면에서 갖는 주요 효과이다

- 폐기물 감축: 재제조는 사용 완료된 제품의 부품과 자재를 폐기하지 않고 재사용하는 데 중점을 둔다. 이로 인해 폐기물의 매립지 반입량이 직접적으로 줄어들며, 환경 오염도 감소하게 된다. 특히 자동차 및 전자제품과 같이 폐기물 관리가 까다로운 분야에서 유가 자원을 순환시키는 방식은 태국이 증가하는 폐기물 문제에 보다 효과적으로 대응할 수 있도록 돕는다. 궁극적으로 이는 폐기물 관리 체계 개선, 매립지 의존도 감소, 환경 오염의 실질적 저감으로 이어진다.
- 자원 보존: 국제 재제조 가치사슬(IRVC) 하에서의 재제조는 새로운 원자재에만 의존하기보다는 기존 제품의 자재와 부품을 최대한 활용하는 데 중점을 둔다. 이러한 전략은 금속, 플라스틱, 희귀 광물 등 신규 자원에 대한 수요를 크게 줄인다. 자재의 재사용을 우선시함으로써 태국은 글로벌 가격 변동성과 공급 불확실성에 취약한 수입 자원에 대한 의존도를 낮출 수 있다. 결과적으로, 국가의 천연자원을 보존하고 생산 비용을 보다 안정적으로 유지할 수 있으며, 신규 자원 채굴 및 가공 과정에서 발생하는 환경 영향을 줄일 수 있다.
- 탄소 배출 저감: 재제조는 원자재로부터 신제품을 생산하는 것보다 에너지를 훨씬 적게 소비하며, 특히 자동차 부품과 같은 분야에서는 최대 85%까지 에너지 사용을 절감할 수 있다. 이러한 에너지 소비 감소는 온실가스 배출을 직접적으로 줄이며, 이는 태국이 2030년까지 탄소 배출을 30% 감축하겠다는 목표를 달성하는 데 매우 중요하다. 태국이 재제조와 같은 지속가능한 제조 방식을 채택함으로써 기후 목표에 실질적인 진전을 이룰 수 있을 뿐 아니라, 국제 환경 약속을 이행하고 지속가능한 발전을 선도하는 국가로서의 역할을 강화할 수 있다.

재제조 산업은 태국이 국제 무역 체계와 지역경제 통합에 능동적으로 대응할 수 있는

전략적 수단으로 작용하고 있다. 다음은 글로벌 공급망 및 지역 협정과의 연계를 통해 기대할 수 있는 주요 효과들이다.

- 글로벌 공급망 참여: 국제 재제조 가치사슬(IRVC)에 참여함으로써 태국은 국제 기준을 충족하는 재제조 제품을 생산하여 글로벌 공급망에 보다 깊이 통합될 수 있다. 이를 통해 태국 산업은 고품질의 지속가능한 제품을 전 세계 다양한 시장에 공급할 수 있다. 특히 자동차 부품, 전자제품, 산업 장비 등 분야에서 친환경적이고 비용 효율적인 제품에 대한 세계적 수요가 증가함에 따라 수출 확대 및 외화 수익 증대의 기회를 확보할 수 있다. 또한, 재제조 공정을 국제 규정 및 품질 기준에 맞게 정렬함으로써 태국 제조업체는 유럽, 북미, 아시아 등 선진 시장에 더욱 쉽게 진입할 수 있다. 이는 태국의 경쟁력과 시장 접근성을 높일 뿐 아니라, 신뢰할 수 있는 지속가능한 무역 파트너로서의 명성을 강화해 추가적인 국제 비즈니스 협력을 유도하는 데 기여한다.
- ASEAN 및 RCEP 기회: ASEAN과 역내포괄적경제동반자협정(RCEP)과 같은 지역 협정은 재제조 제품에 대한 관세 인하, 표준 통일, 통관 절차 간소화를 통해 태국 재제조 산업에 큰 이점을 제공한다. 이러한 조치들은 태국 제품이 역내 국경을 보다 자유롭게 이동할 수 있도록 하여 무역을 원활하게 한다. 태국은 이러한 협정을 활용함으로써 무역 파트너를 다각화하고, 특정 시장에 대한 의존도를 낮추며, 글로벌 불확실성에 대한 경제적 회복력을 높일 수 있다. 또한 ASEAN과 RCEP에 적극적으로 참여함으로써 태국은 동남아시아에서 순환경제 실천의 선도국으로서의 역할을 강화할 수 있으며, 회원국 간 기술 이전, 지식 공유, 공동 혁신을 촉진한다. 규제의 간소화와 지역 협력은 물류 장벽을 낮추고 비용을 줄이며, 재제조 제품 공급망의 효율성과 신뢰성을 향상시켜 태국의 지역 및 글로벌 시장에서의 입지를 강화하는 데 기여한다.

글로벌 가치사슬 참여에 앞서, 태국 내부의 제도적·산업적 기반을 정비하는 것이 필수적이다. 특히 아래의 과제들은 재제조 산업 육성을 위한 기반 마련에 핵심적이다.

- 정책 및 규제적 요구: 태국은 현재 재제조 제품과 중고품 또는 사용품을 명확히 구분하는 법적 정의가 부족하여, 특히 수입, 수출, 국내 판매 측면에서 기업들에 큰 불확실성을 초래하고 있다. 이러한 규제의 모호성은 당국이 품질 기준을 집행하는 데 어려움을 주며, 소비자들이 구매 제품을 신뢰하기 어렵게 만든다. 따라서 국제 재제조 가치사슬(IRVC)의 개발은 필수적이다. IRVC는 고품질 재제조 제품과 일반 중고품을

구분할 수 있는 명확한 기준 및 인증 체계를 마련할 수 있는 기반을 제공한다. 이러한 규정은 시장의 신뢰를 보호할 뿐 아니라, 재제조 제품이 국내외 기준을 보다 쉽게 충족하도록 함으로써 통관 지연을 줄이고 국경 간 거래를 원활하게 만든다. 결국, 재제조 제품이 적절히 인증되고 규제될 경우 소비자 신뢰가 높아지고, 수용성도 향상되어 국내 시장이 확대되며 보다 지속가능한 소비 패턴이 형성된다.

- 중소기업(SME) 역량 강화: 국제 재제조 가치사슬(IRVC)을 통한 중소기업(SME) 지원은 이들이 재제조 산업에 진입하고 성장할 수 있는 명확하고 체계적인 경로를 제공한다. IRVC는 중소기업이 우수 사례, 기술 표준, 산업 네트워크에 접근할 수 있도록 하여 이들이 첨단 제조 공정을 보다 효율적으로 도입하도록 돕는다. 명확한 규제와 지원 체계는 중소기업이 국내외 재제조 제품 시장에 참여할 수 있게 해주며, 이는 새로운 수익원을 창출하고 기존 전통 시장에 대한 의존도를 줄여준다. 또한 IRVC는 기술 이전과 혁신을 촉진함으로써 중소기업의 역량을 강화하고, 제품 품질을 향상시키며, 비용을 절감하고 경쟁력을 유지할 수 있도록 한다. 비록 중소기업은 자본 부족, 기술력 한계, 복잡한 규제와 같은 공통적인 어려움에 직면하지만, 교육, 재정 인센티브, 대기업과의 파트너십 등과 같은 맞춤형 지원을 통해 이러한 장벽을 극복하고 재제조 가치사슬에 적극적으로 참여할 수 있도록 한다.

5. 요약 및 권고사항

5-1) 요약

태국은 석회암, 칼륨염, 희토류 원소 등 풍부한 지질 자원을 바탕으로 산업 및 경제 발전의 강력한 기반을 가지고 있다. 그러나 지속가능성을 고려하지 않은 지속적인 개발은 자원 고갈과 장기적인 환경 영향을 초래할 수 있다. 이에 따라 태국은 자원 효율성 증진, 폐기물 감축, 재활용 및 재제조 촉진을 목표로 바이오-순환-녹색경제(BCG) 모델, 플라스틱 폐기물 관리, 전자 폐기물 전략 등 순환경제 정책을 도입해 왔다.

재제조는 특히 자동차, 전자제품, 전기차(EV) 배터리 등 분야에서 제품 수명을 연장하고, 신규 원자재 수요를 줄이며, 폐기물 발생을 최소화하는 데 핵심적인 역할을 한다. 그럼에도 불구하고 태국은 불명확한 규제, 재제조 제품에 대한 구체적인 기준 부재, 미비한 역물류 체계, 중소기업(SME)에 대한 부족한 지원 등 여러 과제에 직면해 있다. 이러한 문제를 해결하는 것은 태국이 국제 재제조 가치사슬(IRVC)에 효과적으로 통합되고, 경쟁력, 지속가능성, 경제 회복력을 강화하기 위한 필수 조건이다.

5-2) 권고사항

태국이 글로벌 재제조 가치사슬에서의 입지를 강화하고 지속가능한 경제성장을 달성하기 위해서는 포괄적인 정책 권고안의 실행이 필수적이다.

우선, 명확한 규정과 기준을 마련하는 것이 중요하다. 재제조 제품은 중고품과 명확히 구분되어야 하며, 소비자와 기업의 신뢰를 구축할 수 있도록 강력한 품질 기준과 인증 체계를 갖추어야 한다.

투자 촉진과 중소기업(SME) 지원도 매우 중요하다. 이는 재제조 기술에 투자하는 기업을 대상으로 세제 혜택, 저리 대출, 보조금 등의 재정적 인센티브를 제공하고, 중소기업의 역량을 강화하기 위한 교육 및 기술 이전 프로그램을 통해 달성할 수 있다.

또한, 인프라 및 역물류 체계를 개선해야 한다. 이를 위해 사용된 자재를 수거하고 선별할 수 있는 센터에 대한 투자를 확대하고, 자원 회수 및 재사용의 효율성을 높이기 위한 추적 및 관리 시스템을 개발해야 한다.

국제협력과의 정책 통합 역시 중요하다. ASEAN 및 RCEP와 같은 협정에의 참여를 통해 재제조 제품에 대한 기준을 조화시키고 무역을 촉진할 수 있으며, 글로벌 파트너십을 통해 기술 이전과 혁신을 함께 추진할 수 있다.

마지막으로, 교육 캠페인 및 소비자 인센티브를 통해 대중의 인식과 수용성을 높임으로써 재제조 제품에 대한 수요를 확대해야 한다.

이러한 전략들을 채택함으로써 태국은 경쟁력과 회복력을 높일 뿐만 아니라, 장기적인 경제적, 환경적, 사회적 혜택을 실현할 수 있을 것이다.

참고문헌

ACE Green Recycling. (2025). Advancing sustainable global electrification. Retrieved July 9, 2025, from https://www.acegreenrecycling.com/

Bangkok Post. (2019, August 22). Toyota group opens plant for recycling car batteries. Bangkok Post. https://www.bangkokpost.com/business/general/1739851/toyota-group-opens-plant-for-recycling-car-batteries

Chulalongkorn University. (2023, August 24). Chula signs MOU with EA affiliate to develop technology for proper lithium-ion battery disposal. Retrieved from https://www.chula.ac.th/en/news/34004/

Department of Mineral Resources. (2007). Geology of Thailand (2nd ed., revised). Bangkok, Thailand: Department of Mineral Resources, Ministry of Natural Resources and Environment.

Department of Mineral Resources. (2021). Action Plan of the Department of Mineral Resources B.E. 2565 (2022). Division of Conservation and Management of Geological Resources.

Department of Mineral Resources. (2023). Mineral potential areas map of Thailand. Department of Mineral Resources, Ministry of Natural Resources and Environment, Thailand.

Energy Absolute Public Company Limited. (2020). Annual Report 2020. Bangkok, Thailand: Energy Absolute Public Company Limited.

Kanchanalangkarn, P., & Tongduang, T. (2023). Geological characteristics of major critical minerals in Thailand. In Critical minerals and strategy for sustainable environment in ASEAN (pp. 1–21). Department of Primary Industries and Mines.

Kohpaiboon, A., Junhom, K., Thanasrithanyagul, A., Rojananoknaksak, K., & Wongwat, K. (2012). Remanufacturing in Thai industry. Thammasat Economic Journal, 30(4), 24–46.

Newswit. (2024, May 27). A first in Thailand – Kick off of full-scale used battery recycling initiative, transforming waste into economic value in support of

circular economy.
https://www.newswit.com/en/ifdtemuc1ntzj8pnuh5acwp3dt41mahc

Office of Natural Resources and Environmental Policy and Planning. (2025). Background & history of the Office of Natural Resources and Environmental Policy and Planning. Ministry of Natural Resources and Environment, Thailand.

Office of the National Economic and Social Development Board. (2017). Thailand's voluntary national review on the implementation of the 2030 Agenda for Sustainable Development. Office of the National Economic and Social Development Board.

Royal Thai Embassy, Washington, D.C. (2023, December). Bio-Circular-Green Economic Model (BCG). Retrieved from
https://washingtondc.thaiembassy.org/en/page/bio-circular-green-economic-mode-bcg?menu=641d7fac4f13e1579a67e3b4

Schulte, M. L., & Busch, P.-O. (2025). Plastic policies in Thailand: Country profile. SWITCH-Asia Policy Support Component.

Tambunlertchai, K., & Vassanadumrongdee, S. (2023). Circular economy in Thailand: Steps towards a transition in plastic packaging and food waste management. Friedrich-Ebert-Stiftung Thailand Office.

Thailand Energy Storage Technology Association. (2024). Analysis of EV battery end-of-life: Situation, issues, and recommendations for end-of-life battery management. National Energy Technology Center, National Science and Technology Development Agency (NSTDA).

United Nations. (2011, February 22). Statement: Thailand. United Nations Sustainable Development Goals. https://sdgs.un.org/statements/thailand-7921

04

순환 경제 추진: 말레이시아 자동차 분야의 재제조 - 경제적 이익과 녹색 성장

Chapter

04

순환 경제 추진: 말레이시아 자동차 분야의 재제조 - 경제적 이익과 녹색 성장

Nawwar Binti Nik Pa
말레이시아 국영전력회사 TNB 수석엔지니어

1. 말레이시아 재제조 소개

재제조는 단순한 재활용이나 수리를 넘어서는 정교한 제품 수명 연장 방식이다. 자재를 분해하여 낮은 부가가치의 용도로 재사용하는 재활용과 달리 재제조는 사용된 제품을 분해-세척-부품 교체-재조립의 체계적인 과정을 거쳐 원래의 성능 사양까지 복원한다(Abdul Malek 외, 2025). 이러한 과정은 제품의 핵심적인 정체성을 유지하면서 마모된 부품만을 교체하기 때문에 원 제조사(OEM)의 성능 기준에 부합하거나 이를 초과하는 품질 수준을 달성하게 된다. 또한, 재제조는 고장난 특정 부분을 수리하는데 그치는 단순한 수리와 달리 제품 전반의 성능을 포괄적으로 복원하는 점에서 차별화된다(말레이시아 투자통상산업부, 2024).

〈그림 4-1〉 말레이시아 재제조 산업의 현황과 미래 기회에 대한 고찰

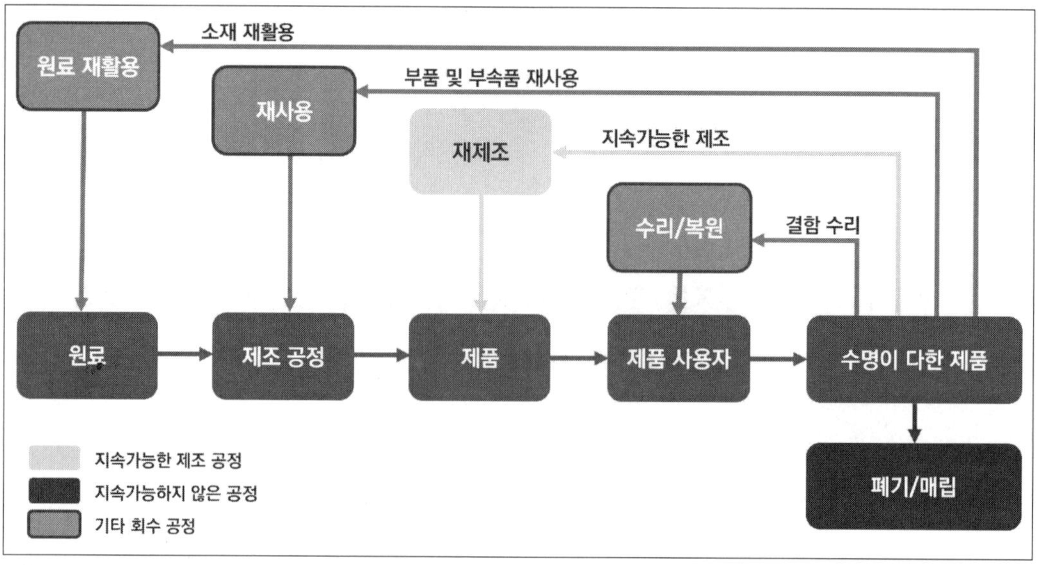

자료: Ngu, H. J., Lee, M. D., & Osman, M. S. B.(2020)을 참조해 필자 재구성

1) 말레이시아 순환경제에서의 전략적 역할

말레이시아는 재제조를 순환경제 전환의 핵심 축으로 설정하고 있으며 이는 환경적 지속가능성과 산업 성장이라는 두 가지 목표에 부합한다. 「제12차 말레이시아 계획(2021-2025)」은 지속가능발전목표(SDG) 12에 따라 지속 가능한 소비와 생산을 달성하기 위한 전략의 일환으로 재제조를 명시적으로 장려하고 있다(말레이시아 총리실, 2021). 아울러 「국가자동차정책(NAP 2020)」도 재제조를 말레이시아의 미래 자동차 산업에 통합하고 있으며 특히 사용 종료 차량(ELV) 관리 분야에서 그 중요성이 강조된다(말레이시아 투자통상산업부, 2020). 이러한 정책들은 2040년까지 연간 50만 대에 이를 것으로 예상되는 사용 종료 차량 발생량을 고려할 때 산업 폐기물 저감과 동시에 회수 자원의 경제적 가치 활용을 극대화하겠다는 말레이시아 정부의 강한 의지를 보여준다(Abdul Malek 외, 2025).

2) 주요 산업과 기여

말레이시아의 재제조 산업은 세 개의 주요 산업 분야가 주도하고 있으며 각 분야는 국가 산업 생태계에 고유한 방식으로 기여하고 있다 :

- 자동차 : 말레이시아 제조업의 중추 역할을 하는 자동차 산업에서의 재제조는 엔진, 변속기와 같은 고부가가치 부품을 중심으로 이루어진다. 이 산업은 Proton과 Perodua를 포함한 기존 OEM 네트워크를 기반으로 성장하고 있으며 전체 자동차 산업은 말레이시아 연간 약 3,600억 RM 규모, 말레이시아 제조업 GDP의 24%에 해당하는 경제적 가치를 창출하고 있다(말레이시아 통계청, 2025; 말레이시아 투자통상산업부, 2023).
- 전자 : 페낭(Penang)을 중심으로 한 전자 분야의 재제조 산업은 반도체 회수와 전자 폐기물의 자원화를 주요 목표로 한다. Western Digital과 같은 기업들은 고도화된 재처리 공정을 통해 폐기물 16% 저감이라는 성과를 이루며 순환경제 실천을 선도하고 있다(말레이시아 투자통상산업부, 2024). 이 분야는 말레이시아가 세계적인 전자 제품 수출국으로 자리 잡고 있다는 점에서 성장을 위한 강력한 기반을 갖추고 있음을 시사한다.
- 기계 : 산업 장비 재제조, 특히 유압 시스템 분야는 재제조 후 원제품 가치의 70~80%를 유지하는 것으로 나타났다(말레이시아 투자통상산업부, 2024). 셀랑고르(Selangor) 주는 클랑항(Port Klang)을 포함한 우수한 인프라를 기반으로 해당 산업이 지역 공급망에 효과적으로 통합될 수 있는 환경을 제공하고 있다.

3) 정책 및 표준화 체계

말레이시아의 재제조 생태계는 기술·제도적 기반 위에 구축되어 있다. 「말레이시아 표준 MS 2697:2018」은 재제조를 포함한 자동차 애프터마켓 공정에 대한 명확한 정의를 제공한다(Abdul Malek 외, 2025). 또한, 「제조업 부문을 위한 순환경제 정책 프레임워크(2024)」는 리튬 및 알루미늄과 같은 주요 소재 회수를 우선시하는 등의 산업별 로드맵을 제시하고 있다(말레이시아 투자통상산업부, 2024). 이러한 정책적 노력은 ASEAN 상품무역협정(ATIGA)과 같은 역내 협약과 연계되어 있으며 표준화된 원산지 규정을 통해 재제조 제품의 국경 간 교역을 보다 용이하게 만든다(ASEAN, 2009).

4) 과제와 추진 전략

말레이시아의 재제조 산업은 성장 가능성이 크지만, 사용 종료 차량의 수거 체계 미비나 재제조 제품에 대한 소비자 인식 부족 등 여전히 여러 과제에 직면해 있다(Wong 외,

2018). 또한, 이 분야의 학술적 연구 성과 역시 제한적으로 지난 20년간 Scopus에 등재된 재제조 관련 논문은 71편에 불과하다(Ngu 외, 2020). 이에 따라 이러한 문제를 해결하기 위한 방안으로 「국가자동차정책 2020」의 향후 개정안과 2025년 말레이시아의 ASEAN 의장국 활동 계획에서는 강화된 입법 조치와 국제 협력을 통해 제도적 공백을 해소하는 것을 목표로 하고 있다(말레이시아 투자통상산업부, 2024).

2. 재제조의 경제적·환경적 이점

재제조는 경제 성장과 환경 보존을 동시에 촉진하는 데 있어 핵심적인 역할을 수행한다. 다음에서는 말레이시아의 순환경제 전환을 견인하는 정책적 기반과 실증적 자료를 바탕으로 산업 전반에 걸친 재제조의 효과와 이점을 다각도로 분석한다.

1) 경제적 이점

재제조 산업은 말레이시아 경제 성장에 크게 기여하는 산업으로 부상하고 있다. 최근 조사에 따르면 재제조 산업은 연간 약 23억 RM(링깃) 규모의 GDP 비중을 차지하였다. 산업 전반에 걸친 재제조 도입이 증가함에 따라 해당 규모는 더 확대될 것으로 예상된다(말레이시아 투자통상산업부, 2024). 또한 고용 창출 측면에서도 긍정적 효과가 있다. 재제조 산업은 기술, 엔지니어링, 공급망 분야 전반에 걸쳐 1만 명 이상에게 일자리를 제공하고 있다(말레이시아 통계청, 2025). 이러한 직무들은 대체로 중·고급 수준의 숙련도를 요구하며 이는 고숙련 인력 비중을 40%까지 확대하려는 말레이시아의 국가적 목표와도 부합한다(말레이시아 총리실, 2021).

비용 효율성 또한 재제조가 제공하는 주요 경제적 이점 중 하나이다. 재제조 제품은 일반적으로 동급의 신제품에 비해 30~50% 저렴하면서도 동일한 품질 및 성능 기준을 유지한다(Ngu 외, 2020). 이러한 가격 경쟁력은 기업에는 운영 비용 절감의 효과를, 소비자에게는 보다 합리적인 제품 선택지를 제공하는 이점으로 작용한다. 특히 제조업 부문에서 이러한 효과가 두드러지며 기초금속 및 금속가공 제품과 같은 하위 산업군은 2025년 초 기준으로 각각 9.8%, 4.6%의 성장률을 기록했다(말레이시아 통계청, 2025).

2) 환경적 이점

재제조는 상당한 환경적 이점도 가지고 있다. 다양한 제품군에서 재제조는 신제품 제조에 비해 에너지 소비를 80~90%까지 절감하는 것으로 확인되었다(말레이시아 투자통상산업부, 2024). 예를 들어 자동차 엔진 하나를 재제조할 경우, 동일한 새 엔진을 제조할 때 발생할 수 있는 이산화탄소 배출량 약 850kg을 줄일 수 있다(Ngu 외, 2020). 이러한 절감 효과는 2030년까지 온실가스 배출강도를 2005년 수준 대비 45% 감축하겠다는 목표와도 부합한다(말레이시아 천연자원환경지속가능부, 2024).

자원 절약 또한 재제조가 제공하는 핵심적인 환경적 이점 중 하나다. 재제조 제품은 중량 기준 약 60~70%가 재활용 소재로 구성되어 있어 신규 원자재 수요 절감에 크게 기여한다(말레이시아 투자통상산업부, 2024). 이는 특히 전자제품의 희토류 금속이나 기계 부품에 사용되는 특수 합금과 같은 희소 자원의 경우에 있어 특히 유용하다. 또한 재제조는 대량의 폐기물이 매립지로 향하는 것을 사전에 차단하는 효과도 있으며 이는 말레이시아가 ASEAN에서 가장 큰 폐기물 수입국 중 하나라는 점을 고려할 때 매우 중요한 의미를 갖는다(TalentCorp, 2024).

3) 정책 지원 및 인센티브

말레이시아 정부는 재제조 확산을 가속화하기 위해 다양한 정책적 이니셔티브를 시행하고 있다. 「녹색투자 세금 공제(GITA)」 제도는 재제조 시설을 포함한 녹색기술 관련 프로젝트에 대해 자본 지출 전액에 대한 세금 면제 혜택을 제공한다(말레이시아 투자개발청, 2022). 또한 「순환경제 촉진 보조금(Circular Economy Catalyst Grants)」은 PETRONAS가 2026년 가동 예정인 연간 3만 3천 톤 규모의 고도화된 플라스틱 화학 재활용 시설과 같은 영향력이 큰 프로젝트에 대해 직접적인 재정 지원을 제공하고 있다(말레이시아 투자통상산업부, 2024).

「국가 에너지 전환 로드맵(NETR)」은 2050년까지 재생에너지 발전 비중을 70%로 확대하겠다는 목표를 제시하고 있으며 이러한 계획은 재제조 산업의 지속가능성 강화를 뒷받침하는 기반이 되고 있다(말레이시아 천연자원환경지속가능부, 2023). 이러한 정책들은 말레이시아가 지속가능성 목표를 달성함과 동시에 기업들이 재제조 산업에 보다 적극적으로 투자할 수 있는 환경을 조성하는 데 핵심적인 역할을 한다.

〈표 4-1〉 말레이시아 제조업 순환경제 프레임워크

정책명	주관 부처	내용	각 정책에서의 순환경제 고려사항	본 연구의 주요 시사점
제12차 말레이시아 계획 (RMK-12, 2021-2025)	경제부 (KE)	번영·포용·지속가능한 말레이시아를 위한 전략적 경제 계획	'지속가능성 향상'이라는 주제 아래 순환경제를 게임 체인저로 수용	CE 정책 프레임워크는 환경 및 경제적 목표에 기여해야 함
신산업 마스터플랜 2030 (NIMP)	투자통상 산업부 (MITI)	제조 및 관련 서비스 부문을 위한 산업 정책	미션 3 '넷제로 추진(Push for Net Zero)' 하의 새로운 녹색성장 분야로서 '순환경제 정책 프레임워크 개발'	CE 정책 프레임워크는 제조업 목표 달성에 기여해야 함
국가 에너지 정책 (NEP, 2022-2040)	경제부 (KE)	에너지 부문 전략과 우선순위를 수립하는 정책	산업 에너지 효율, 바이오에너지 (예: 농업 폐기물 기반)	CE 프레임워크는 NEP 에너지 부문과 중복되지 않도록 보완적인 역할을 해야 함
국가 에너지 전환 로드맵 (NETR)	경제부 (KE)	에너지 전환 가속화 및 기후 회복력 향상을 위한 로드맵	산업 에너지 효율, 바이오에너지 (고형폐기물 관리, 폐기물-에너지 전환 포함), 산업용 CCUS	CE 정책 프레임워크는 에너지 전환 관련 정책과 중복되지 않도록 보완적인 역할을 해야 함
말레이시아 플라스틱 지속가능성 로드맵 (2021-2030)	자원환경지속부 (NRES)	말레이시아 내 플라스틱 순환성 향상을 위한 전략 및 실행계획	플라스틱의 순환성, 가치사슬 전반의 설계, 생산자책임재활용제도(EPR), 재활용 등 포함	CE 정책 프레임워크는 플라스틱 관련 이니셔티브를 보완하고, 기타 소재 사용과 제조업의 역할도 반영해야 함

정책명	주관 부처	내용	각 정책에서의 순환경제 고려사항	본 연구의 주요 시사점
고체폐기물 순환경제 블루프린트 (2021-2040)	지방정부개발부 (KPKT)	고체폐기물 관리 시스템을 순환경제로 전환하기 위한 전략 프레임워크	고체폐기물의 감량을 목표로, 설계, EPR, 재활용 등 가치사슬 전반의 이니셔티브 포함	CE 정책 프레임워크는 제안된 이니셔티브를 보완하며, 비고형폐기물 (예: 열에너지) 및 제조업의 역할도 반영해야 함

자료: 말레이시아 투자통상산업부(2024)를 참조해 필자 재구성

4) 현실적 이행 과제

재제조가 가져다주는 이점은 분명하지만 재제조가 가진 잠재력을 최대한 실현하려면 몇 가지 실행장벽을 해결해야 한다. 특히 재제조에 적합한 핵심 부품(core)을 안정적으로 확보하는 데 있어 공급망 조정의 복잡성이 주요 장애 요인으로 지적된다. 또한 소비자의 인식 역시 공인된 품질을 갖춘 재제조 제품임에도 불구하고 이를 기피하는 경향이 연구들을 통해 확인되고 있다(Mohamed 외, 2018). 이러한 과제들은 재제조의 경제적·환경적 이점을 충분히 실현하기 위해서는 지속적인 정책 개선과 대국민 인식 제고 노력이 병행되어야 함을 시사한다.

다음 절에서는 이러한 일반적 이점들이 각 산업 및 지역에서 어떻게 구체적으로 나타나는지, 성장 기회와 리스크 요인이 무엇인지에 대한 정밀한 분석을 통해 말레이시아 재제조 생태계에 참여하는 이해관계자들이 고려해야 할 사항들을 살펴본다.

3. 재제조 거점의 지역적 분포

말레이시아의 재제조 산업은 지역별 산업 특성과 전략적 이점을 기반으로 특화된 거점들을 형성해 왔다. 이러한 거점들은 지역 맞춤형 투자와 인프라 개발의 지원을 바탕으로 국가 전체의 순환경제 전환을 견인하는 핵심 축으로 작용하고 있다.

1) 조호르: 자동차 재제조 중심지

조호르(Johor)는 말레이시아의 자동차 재제조 산업의 핵심 거점으로 자리잡고 있으며 사용 종료 차량의 회수 및 부품 재가공을 중심으로 지금까지 총 12억 RM 이상의 투자를 유치했다(말레이시아 투자통상산업부, 2024). 이 지역은 싱가포르 자동차 시장과의 지리적 인접성과 이스칸다르 말레이시아(Iskandar Malaysia)와 같은 선진 산업지구의 존재를 기반으로 산업적 경쟁력을 확보하고 있다.

또한, 탄중 펠레파스항(Port of Tanjung Pelepas)을 포함한 조호르의 물류 인프라는 ASEAN 상품무역협정에 따라 국내외 및 역내 시장을 아우르는 효율적인 자재 흐름을 가능하게 한다(ASEAN, 2009).

Proton, Perodua 등 주요 자동차 제조사들 또한 이 지역에 애프터마켓(부품 유통·정비) 운영 거점을 구축하고 있으며 이를 통해 차량 해체, 부품 시험, 재제조가 유기적으로 연결된 통합 생태계가 형성되고 있다(Abdul Malek 외, 2025).

2) 페낭: 전자 재제조 선도 지역

전자 제조업이 발달한 페낭(Penang)은 자연스럽게 전자 재제조의 핵심 거점으로 진화했으며, 현재까지 순환경제 관련 사업에 총 8억 RM의 투자가 이루어졌다(말레이시아 투자통상산업부, 2024). 페낭의 바얀르파스 자유산업지대(Bayan Lepas Free Industrial Zone)에는 Western Digital과 같은 글로벌 기업들이 입주해 있으며 이들은 고도화된 전자폐기물 회수 시스템을 구축하고 재제조 공정을 통해 폐기물 배출량을 16% 절감하는 성과를 달성했다(말레이시아 투자통상산업부, 2024).

또한, 페낭은 전략적인 항만 인프라와 국제 해운 루트와의 근접성을 바탕으로 재제조된 전자 부품의 아시아 지역 수출을 효율적으로 수행할 수 있는 물류 기반을 갖추고 있다. 아울러, 페낭 주정부는 중소기업의 순환경제 전환을 지원하기 위해 「Penang i-Remanufacture 프로그램」과 같은 사업을 통해 기술 지원 및 역량 강화에도 적극 나서고 있다(페낭주 개발공사, 2023).

3) 셀랑고르: 산업 장비 재제조 중심지

말레이시아에서 가장 산업화가 진전된 주인 셀랑고르(Selangor)는 산업 장비, 특히 유압 시스템 분야 재제조의 중심지로 자리잡고 있다. 이 지역은 ASEAN에서 두 번째로 물동량이 많은 클랑항(Port Klang)과 잘 구축된 철도 및 고속도로를 통해 국내외 물류 흐름을 연결하는 물류의 요충지로 기능하고 있다(말레이시아 통계청, 2025).

또한, 셀랑고르의 견고한 제조업 기반은 재제조에 필요한 중고 장비 핵심 부품의 안정적인 공급을 가능하게 하며 공학 인력이 집중된 산업 환경은 재제조 공정에서 요구되는 높은 기술 수준을 효과적으로 뒷받침하고 있다.

최근 셀랑고르는 산업 장비 분야에서 서비스형 제품 모델(Product-as-a-Service) 등 혁신적인 재제조 비즈니스 모델을 실증·적용하는 시험대로 주목받고 있으며 이는 전통 제조업에서 순환경제 기반 모델로의 전환을 모색하는 중요한 흐름으로 평가된다(말레이시아 투자통상산업부, 2024).

4) 신흥 재제조 거점

현재까지 재제조 활동은 앞서 언급한 세 개 주(조호르, 페낭, 셀랑고르)에 집중되어 있지만 특화 시장을 겨냥한 신규 재제조 거점들도 점차 형성되고 있다. 쿠알라룸푸르 국제공항 에어로폴리스(Aeropolis)는 말레이시아의 항공정비·보수·분해(MRO) 역량 성장에 힘입어 항공우주 부품 재제조의 차세대 중심지로 부상하고 있다(말레이시아 통계청, 2025).

또한, 파항(Pahang) 주는 「국가 에너지 전환 로드맵」에 발맞춰 재생에너지 설비 재제조 시범사업을 추진 중이며 이는 재생에너지 기반 산업 내 순환경제 모델 구축을 위한 기반 조성 단계로 평가된다(말레이시아 천연자원환경지속가능부, 2023).

이처럼 지역별 특화 구조는 말레이시아 전역에 상호보완적인 재제조 생태계를 형성하고 있으며 각 지역은 고유의 산업적 강점을 바탕으로 성장하는 동시에 국가 차원의 순환경제 목표 달성에도 기여할 수 있도록 한다. 특히 전문 인력과 인프라가 거점별로 집중되어 있다는 점은 말레이시아 재제조 산업에 진입하려는 투자자들에게 명확한 진입 경로를 제공하며 지역 맞춤형 지원 프로그램과 ASEAN 역내 시장과의 높은 연결성이 이러한 투자를 뒷받침하고 있다.

4. 말레이시아 재제조 산업의 자원 회수 잠재력

말레이시아의 재제조 산업은 주요 산업 전반에 걸쳐 고부가가치 자원 회수의 기회를 제공하고 있다. 이 절에서는 산업별로 회수 가능한 자원의 종류와 경제적 가치, 그리고 이러한 잠재력을 실질적으로 실현하기 위해 극복해야 할 구조적 과제들을 중심으로 살펴본다.

〈그림 4-2〉 말레이시아 2022년 산업별 지정폐기물 발생량

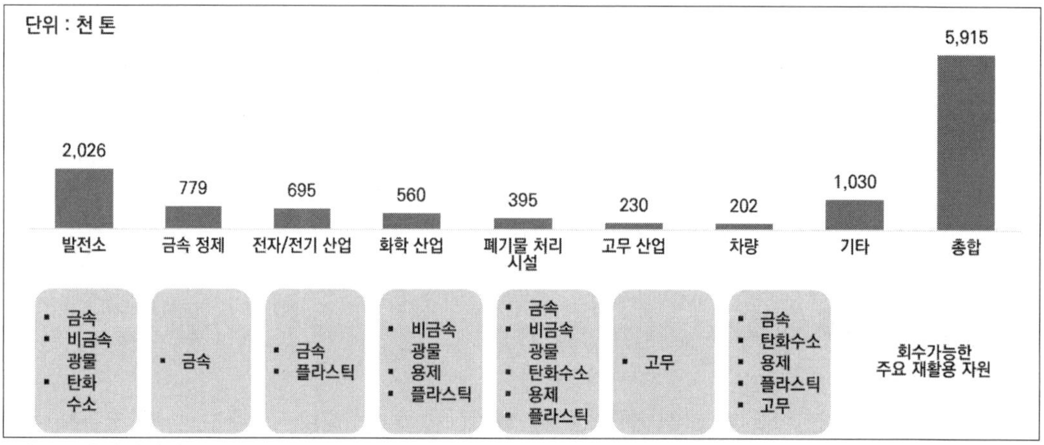

자료: 말레이시아 투자통상산업부(2024)를 참조해 필자 재구성

1) 자동차 산업의 회수 잠재력

자동차 산업은 말레이시아에서 가장 성숙한 자원 회수 생태계를 갖춘 분야로 평가된다. 매년 엔진, 변속기 등 회수 가능한 핵심 부품은 약 21억 RM 규모의 시장 기회를 제공하고 있다(Abdul Malek 외, 2025). 이러한 복합 조립 부품에는 알루미늄, 철강, 구리 등 재제조를 통해 여러 수명주기를 반복할 수 있는 고부가가치 금속 소재들이 포함되어 있다. 「말레이시아 표준 MS 2697:2018」은 자동차 부품의 회수 공정에 대한 명확한 기술 가이드라인을 제공하고 있으며 이를 통해 재제조 부품의 품질을 일정 수준 이상으로 표준화할 수 있도록 지원한다(말레이시아 투자통상산업부, 2024).

한편, 사용 종료 차량에 대한 자원 회수율은 여전히 미흡한 수준이다. 현재 전체 자원 중 약 60%만이 공식적인 경로를 통해 체계적으로 수거되고 있으며 나머지 물량은 대부분 비공식 해체 작업장으로 유입된다(Wong 외, 2018). 이들은 적절한 자원 분리보다는

단기 수익 실현을 우선시하기 때문에 결과론적으로 재제조 가치사슬에 편입될 수 있었던 고부가가치 부품들이 회수되지 못하고 손실되는 문제가 발생하고 있다.

2) 전자 산업의 자원 회수

말레이시아의 전자 제조업 부문은 산업 전반에서 가장 활발하게 성장하고 있는 분야 중 하나로 반도체 생산 공정과 사용 종료 전자제품에서 회수 가능한 자원이 풍부하게 발생하고 있다. 업계 추산에 따르면 고도화된 도시광산 기술을 활용할 경우 전자폐기물에서 연간 12~15톤 규모의 금을 회수할 수 있는 잠재력이 존재한다(말레이시아 투자통상산업부, 2024). 이 외에도 인쇄회로기판에서는 희토류 원소, 전자기기의 외장재에서는 고급 플라스틱 소재 등 다양한 고부가가치 자원의 회수가 가능하다.

페낭(Penang)에 위치한 여러 전자 제조업체들은 내부 폐기물 재활용을 극대화하기 위한 폐쇄형 생산 전략을 도입하고 있으며 이는 지역 차원의 친환경 이니셔티브의 지원을 바탕으로 실행되고 있다(페낭주 개발공사, 2023).

그러나 소비자용 전자제품 분야는 여전히 더 큰 과제를 안고 있다. 회수 체계 미비와 소비자의 저장과 사적 보관 행태로 인해 휴대전화, 노트북 등 주요 소형 전자기기의 수거율이 매우 낮은 수준에 머물러 있다(TalentCorp, 2024).

3) 기계 및 산업 장비 분야

산업용 기계의 재제조는 가치 보존 측면에서 특히 뛰어난 성과를 보인다. 유압 시스템 및 정밀 장비는 재제조 후에도 원래 가치의 70~80%를 유지하는 것으로 나타났다(말레이시아 투자통상산업부, 2024). 중장비 분야는 핵심 부품 회수 시스템이 안정적으로 정착되어 있어 장비 보유자가 사용 완료된 장비를 제조업체에 정기적으로 반환하여 재정비하는 구조가 확립되어 있다. 또한, 펌프, 밸브, 구동장치와 같은 고부가가치 부품들은 적절한 유지관리만 이뤄진다면 여러 차례의 재제조가 가능하다는 장점을 가진다. 그러나, 장비의 유형과 사양이 매우 다양하다는 점은 기계 산업 전반에서 회수 및 재제조 공정을 표준화하는 데 큰 제약 요인으로 작용하고 있다.

4) 자원 회수의 주요 과제

◆ 수거 인프라의 불균형

말레이시아 13개 주 중 단 7개 주만이 「2007년 고형폐기물 및 공공청소 관리법(Solid Waste and Public Cleansing Management Act 2007)」을 전면 도입한 상태이며 이로 인해 전국적으로 수거 체계가 지역마다 불균형하게 운영되고 있다(NRES, 2017). 이러한 제도적 공백은 특히 사용 종료 차량, 전자폐기물과 같은 분야에서 지역별 회수율의 격차를 초래하는 핵심 요인으로 작용하고 있다.

◆ 제품 설계 한계

업계의 설문조사에 따르면 모든 기업이 '분해 용이성 설계(DfD)'의 부재를 효율적인 자원 회수를 저해하는 주요 장애 요인으로 지목하고 있다(Abdul Malek 외, 2025). 현재 폐기물로 유입되는 제품들은 처음부터 회수와 재사용을 고려하지 않은 채 설계되어 분해 및 처리 과정에서 불필요한 비용과 시간이 증가하게 된다.

◆ 소비자 인식 부족

재제조 제품의 품질에 대한 대중의 낮은 이해도는 시장 수요 위축의 주요 요인으로 작용하고 있다. 연구에 따르면 전체 소비자의 약 50%가 재제조 제품 구매를 주저하는 경향을 보인다(Mohamed 외, 2018). 이러한 인식 격차는 회수 자원의 시장 유입을 제한하고 재제조 제품에 대한 수요 기반 형성을 저해하는 구조적 문제로 이어지고 있다.

◆ 제도적 공백

일본과 한국 등 동아시아의 선도국들과 달리 말레이시아는 사용 종료 차량 재활용을 규율하는 구체적인 법적 체계가 부재한 상황이다(Wong 외, 2018). 이로 인해 자원 회수 인프라에 대한 민간 투자 유치에 불확실성이 존재한다. 또한 다수의 제품군에 대해 생산자책임재활용제도가 도입되어 있지 않기 때문에 자원 수거를 유도할 수 있는 정책적 유인 또한 매우 제한적이다.

5) 대응 방안

「제조업 부문을 위한 순환경제 정책 프레임워크(2024)」는 다음과 같은 정책 제안을

통해 주요 과제들에 대한 해결 방안을 제시하고 있다(말레이시아 투자통상산업부, 2024):

- 2027년까지 비유해성 산업폐기물의 분리배출 의무화
- 폐기물의 가치화를 위한 시장 플랫폼 구축
- 투자 인센티브 설계를 위한 순환경제 분류체계 도입

PETRONAS가 구축 중인 고도화된 화학적 재활용 시설은 연간 3만 3천 톤의 플라스틱 폐기물을 처리할 수 있는 역량을 갖추고 있으며 이는 폐기물 흐름을 고부가가치 원료로 전환하기 위해 필요한 대규모 자원 회수 인프라의 대표적 사례로 평가된다(말레이시아 투자통상산업부, 2024).

이번 자원 회수 잠재력에 대한 분석은 말레이시아 산업 전반에 여전히 활용되지 않은 상당한 자원 가치가 존재함을 보여준다. 이러한 잠재력을 실현하기 위해서는 제품 설계, 수거 체계, 소비자 참여 등 전반적인 시스템 개선이 유기적으로 이루어져야 하며 이러한 영역에 대해서는 후속 절에서 보다 구체적으로 다룰 예정이다.

5. 자동차 재제조 - 현황과 전기차 분야의 성장 가능성

말레이시아의 자동차 재제조 산업은 현재 중대한 전환점에 놓여 있다. 기존의 내연기관 차량 중심의 재제조 운영 체계를 유지하면서도 동시에 전기차 부품 회수 및 재제조라는 새로운 기회 영역이 부상하고 있기 때문이다.

본 절에서는 현행 시장 구조, 전기차 분야의 변화 양상, 이러한 전환을 이끌고 있는 정책 환경을 중심으로 살펴본다.

〈표 4-2〉 신산업 마스터플랜 2030: 자동차 산업 부문

번호	실행계획 설명	NIMP 2030 미션과의 연계
AP1	기존 시험시설을 개선하고 신규 시설을 구축하여 부품 시험 활동 강화	미션 1 1.1 가치사슬 내 고부가가치 활동으로의 확장
AP2	지역 개발 활동을 촉진하고 수입을 줄이기 위한 연구 수행	

번호	실행계획 설명	NIMP 2030 미션과의 연계
AP3	미래산업을 위한 전기차 상호운용성 센터(CoEFi-EVIC) 설립	미션 1 1.4 연구개발(R&D), 상용화, 혁신 생태계 조성
AP4	자동차 산업의 사이버보안 강화	미션 2 2.1 기술 채택 가속화
AP5	스마트 제조 전환을 위한 부품 및 구성품 공급업체 대상 교육 프로그램 마련	
AP6	신규 시스템 통합업체 육성 및 기존 업체 역량 강화	미션 2 2.3 기술 혁신 촉진
AP7	전기차 배출량 산정에 'Well-to-Wheel(전체 공급망)' 개념 적용	미션 3 3.1 지속가능한 전환 가속화
AP8	차량 평균 연비 기준(CAFE) 도입을 통해 제조 차량의 연비 개선	
AP9	무배출차(ZEV)를 중심으로 자동차 산업 탈탄소화	미션 3 3.3 새로운 녹색성장 영역 창출
AP10	재제조(remanufacturing) 활동 촉진	
AP11	현재 및 미래 산업 수요에 부응하는 자동차 관련 교육 프로그램 개선	추진 기반 E2 인재 개발 및 유치 촉진
AP12	직업기술교육훈련(TVET) 프로그램의 표준화, 재검토 및 홍보	

자료: 말레이시아 투자통상산업부(2023)를 참조해 필자 재구성

1) 현재 시장 구조

말레이시아의 자동차 애프터마켓은 재제조 부품 판매만으로 연간 약 18억 RM 규모의 시장을 형성하고 있으며 말레이시아 자동차 제조업체인 Proton과 Perodua가 주도하고 있다. 두 기업은 말레이시아 전체 OEM 네트워크의 약 80%를 점유하고 있으며, 변속기, 발전기, 시동 모터 등 고부가가치 부품을 중심으로 인증된 재제조 프로그램을 운영 중이다(말레이시아 투자통상산업부, 2023; 말레이시아 통계청, 2025). 또한, 현재 말레이시아 도로에는 약 1,200만 대의 승용차가 운행 중이어서 재제조에 활용되는 핵심 부품의 안정적인 공급 기반을 형성하고 있다(Abdul Malek 외, 2025).

OEM 주도의 프로그램은 「말레이시아 표준 MS 2697:2018」에 따라 애프터마켓 운영을 수행하며 수리, 재사용, 재제조 등 이른바 4R 활동 전반에 걸쳐 표준화된 절차를 보장한다(말레이시아 투자통상산업부, 2024). 반면, 독립 운영업체들은 고품질 핵심 부품 확보와 인증 요건 충족 측면에서 더 큰 어려움을 겪고 있으며 이를 해소하기 위해

말레이시아 자동차 재제조업체 협의회(Malaysian Automotive Remanufacturers Council) 등이 기술 지원 프로그램을 통해 보완적 역할을 수행하고 있다(말레이시아 투자통상산업부, 2023).

2) 전기차 전환과 배터리 재제조

전기차로의 전환은 말레이시아 재제조 산업에 새로운 기회와 과제를 동시에 제시하고 있다. Proton은 Geely와의 합작을 통해 초기 용량의 약 65~70% 수준까지 활용 가능한 전기차 배터리를 대상으로 2차 수명 활용을 위한 재제조 시설을 설립할 계획이다(말레이시아 투자통상산업부, 2024). 이는 회수된 배터리를 최종적으로 재활용하기 전, 정지형 에너지 저장장치로 재사용하는 글로벌 모범 사례들과 일치하는 흐름이다.

기술적으로 EV 배터리의 재제조는 기존 내연기관 차량 부품과는 전혀 다른 전문 역량을 요구한다. 이 과정에는 다음과 같은 절차가 포함된다 :

- 용량 테스트 및 모듈 교체
- 배터리 관리 시스템(BMS) 재보정
- 열관리 시스템 정비

이렇게 고도화된 기술 요건은 현행 기술 인력의 역량 부족 문제를 드러내고 있으며 현재 말레이시아 내 기술 교육기관 중 전기차 특화 재제조 교육 과정을 운영하는 곳은 전체의 28%에 불과하다(TalentCorp, 2024). 이에 대응해 「국가자동차정책 2020」에서 독일과 일본의 기술 전문가들과의 협업을 통해 EV 전문 인력 양성 프로그램을 추진하고 있다(말레이시아 투자통상산업부, 2020).

3) 정책 및 인센티브 체계

말레이시아 정부는 자동차 재제조 산업을 지원하기 위해 다각적인 정책 접근을 추진하고 있다 :

◆ 재정적 인센티브

「녹색 투자 세액공제(Green Investment Tax Allowance, GITA)」 제도는 전기차 부품

재제조 시설에 대한 자본 지출 중 인정되는 항목에 대해 100%의 세금 면제 혜택을 제공한다(말레이시아 투자개발청, 2022). 또한 「선도기업 지정제(Pioneer Status)」 인센티브는 첨단 배터리 재활용 기술을 개발하는 기업을 대상으로 최대 10년간 소득세 면제를 제공하고 있다(말레이시아 투자통상산업부, 2024).

◆ 연구개발 지원

말레이시아 기술혁신연구진흥청은 전기차 배터리 리퍼비시를 주제로 한 산학 공동 연구 프로젝트에 자금을 지원하고 있으며 2023년부터 2025년까지 총 5,000만 RM의 예산이 할당되었다(말레이시아 투자통상산업부, 2024). 주요 지원 분야에는 리튬이온 배터리 분해 자동화 기술과 양극재 회수 기술이 포함된다.

◆ 인프라 구축

「국가 에너지 전환 로드맵」은 재제조 시설과 통합 운영되는 전기차 배터리 수거 센터 설립 계획을 포함하고 있다(말레이시아 천연자원환경지속가능부, 2023). 이러한 거점은 말레이시아가 세계 상위 20% 수준으로 평가받는 물류 인프라를 활용하여 효율적인 역방향 공급망을 구축하는 데 기여할 전망이다(말레이시아 통계청, 2025).

4) 시장 과제

여러 진전에도 불구하고, 재제조 산업의 확산을 제약하는 여러 장벽이 여전히 존재:

- 핵심 부품 확보의 불확실성: 전기차 보급률이 전체 차량의 3% 수준에 머무르면서 재제조에 필요한 핵심 부품의 안정적인 수급이 어려움
- 높은 초기 투자 비용: 배터리 성능 테스트 및 재정비 장비의 도입에는 상당한 자본이 요구되어, 중소기업의 진입 장벽으로 작용
- 재제조 부품에 대한 법적 책임의 불명확성: 전기차 재제조 부품에 대한 안전성과 품질 보증 관련 규제가 명확히 정립되지 않아 기업들의 투자 결정을 지연시키는 요소로 작용

「2024년 제조업 순환경제 정책 프레임워크(The Circular Economy Policy Framework for Manufacturing, 2024)」는 전기차 배터리에 대한 생산자책임재활용제

도입과 표준화된 성능 시험 프로토콜 마련 등을 주요 해결책으로 제시하고 있다(말레이시아 투자통상산업부, 2024). 이러한 조치는 투자자들에게 보다 명확한 기준을 제공함과 동시에 제품의 안전성과 성능 기준을 제도적으로 확보하는 데 목적이 있다.

5) 전략적 위상

말레이시아의 자동차 재제조 산업은 내연기관 부품과 전기차 부품을 아우르는 재제조 혁신의 전략적 지역 거점으로 부상하고 있다. 말레이시아는 ASEAN 중심부에 위치하여 ASEAN 상품무역협정에 따라 인접 국가들과 관세 없이 시장에 접근할 수 있는 경쟁력을 갖추고 있으며 이미 구축된 자동차 부품 공급망은 재제조 산업의 확장을 위한 기반 인프라로 작용하고 있다(ASEAN, 2009; 말레이시아 투자통상산업부, 2023).

산업이 빠르게 전환됨에 따라 성공적인 시장 참여자들은 기존 내연기관 부품에 대한 전문성과 더불어 전기차 시스템에 대한 새로운 기술 역량을 동시에 확보해야 한다. 이러한 변화에 효과적으로 대응하기 위해서는 「국가자동차정책 운영위원회(National Automotive Policy Steering Committee)」와 같은 플랫폼을 통한 정부와 산업 간의 유기적인 협력이 필수적이며 자동차 재제조 산업의 경제적·환경적 효과를 극대화하는 데에도 중요한 기반이 될 것이다.

6. 자동차 재제조 산업의 리스크 요인

말레이시아의 자동차 재제조 산업은 높은 성장 잠재력을 보유하고 있으나 여전히 여러 구조적 리스크에 직면해 있다. 소비자 수요, 경쟁 압력, 공급망 불안정성, 인력 역량 부족 등 다양한 도전과제가 존재하며 산업 이해관계자들의 체계적이고 선제적인 대응이 요구된다.

1) 소비자 인식의 장벽

시장 조사에 따르면 말레이시아 소비자의 약 40~50%는 여전히 자동차 재제조 부품 구매에 대해 주저하는 경향을 보이며 그 주요 원인은 재제조 부품의 품질에 대한 불신이다(Mohamed 외, 2018). 이러한 회의적 태도는 제조사 인증을 받은 재제조 부품이 신품과 동일한 성능 기준을 충족함에도 불구하고 여전히 해소되지 않고 있다. 특히 제동 장치, 조향 장치 등 안전성과 직결되는 핵심 부품의 경우 소비자 불안이 구매 결정에 더욱 큰 영향을 미친다.

비록 재제조 부품이 신품 대비 30~50% 저렴한 가격 경쟁력을 갖추고 있음에도 불구하고 많은 소비자들은 인증된 재제조 부품보다는 품질이 검증되지 않은 저가 수리 부품을 선택하는 경향이 있다(Abdul Malek 외, 2025). 이러한 소비 행태는 공식 재제조 산업의 성장을 저해할 뿐만 아니라 폐기물의 적정 처리 절차를 따르지 않는 비공식 수리 시장의 확산을 초래하는 요인이 되고 있다.

2) 심화되는 경쟁

전기차 시장의 빠른 성장으로 인해 기존의 재제조 비즈니스 모델은 새로운 경쟁 환경에 직면하고 있다. 특히 중국 제조업체들은 대규모 생산 역량을 바탕으로 전기차 부품을 재제조 부품보다 20~30% 저렴한 가격에 ASEAN 시장에 공급하고 있어 가격 경쟁력이 점점 약화되는 추세다(말레이시아 투자통상산업부, 2024). 이러한 가격 압박은 전자제어장치(ECU), 전력관리 시스템(PMS) 등 고부가가치 부품에서 더욱 두드러지며 중국의 생산 규모는 사실상 가격 측면에서 극복이 어려운 구조적 우위를 형성하고 있다.

더불어 전기차 구동계는 내연기관 차량 대비 약 60% 적은 이동 부품으로 구성되어 있어 재제조 대상 부품의 시장 자체가 축소되고 있는 점도 또 다른 도전 과제로 작용하고 있다(TalentCorp, 2024).

3) 공급망 취약성

말레이시아의 재제조 산업은 여러 측면에서 자원 확보의 불확실성이라는 구조적 문제에 직면해 있다. 특히 터보차저, 연료 분사 시스템과 같은 고수요 부품의 경우 핵심 부품의 약 90%를 수입에 의존하고 있는 실정이다(말레이시아 투자통상산업부, 2023). 이러한 의존 구조는 지역 간 무역 차질이나 고철 가격 변동에 따라 산업 전체가 영향을 받을 수 있는 공급망 리스크를 초래하고 있다.

신흥 분야인 전기차 배터리 재제조의 경우 상황은 더욱 심각하다. 현재 말레이시아는 배터리 재정비에 필요한 리튬과 코발트를 100% 수입에 의존하고 있으며(NRES, 2023), 이는 안정적인 원료 확보를 어렵게 만들고 있다.

이러한 해외 자원 의존도는 핵심 부품의 품질 및 공급량을 안정적으로 유지하는 데 걸림돌로 작용하며 재제조 사업의 수익성과 지속 가능성을 저해하는 중대한 리스크 요인으로 지목된다.

4) 전문 인력 부족

현재 자동차 재제조 산업이 요구하는 기술 수준은 현재 말레이시아의 인력 역량을 크게 상회하고 있다. 특히 전기차 배터리 진단 및 재정비 관련된 교육과정을 운영 중인 기술직업교육훈련(TVET) 프로그램은 전체의 15%에 불과하며 이는 말레이시아 인력 역량과 산업 수요 간의 뚜렷한 기술 격차를 드러낸다(TalentCorp, 2024). EV 배터리 시스템은 전기화학 및 배터리 관리 시스템에 대한 고도의 전문 지식을 필요로 하지만 이는 전통적인 내연기관 중심의 정비 교육 과정에서는 거의 다루어지지 않는다.

이러한 문제는 정비 인력뿐 아니라 공학 전문인력에게도 나타난다. 순환 제조 원리에 대한 교육을 이수한 기계공학 전공 졸업생은 전체의 28%에 불과하다는 조사 결과는 지속 가능한 재제조 산업을 뒷받침할 전문 인력의 양성이 아직 충분하지 않다는 점을 시사한다(TalentCorp, 2024).

이처럼 다양한 리스크가 맞물리며 말레이시아 자동차 재제조 산업은 복합적이고 도전적인 운영 환경에 직면해 있다. 소비자 불신은 시장 확대를 제약하고 경쟁 심화 및 공급망 불안정은 수익성을 저해하며 전문 인력 부족은 전기차 부품 재제조로의 전환을 어렵게 만들고 있다. 이러한 문제들은 산업계, 정부, 교육기관 간의 유기적이고 전략적인 대응이 필요함을 시사하며 이에 대한 구체적인 해결 방안과 정책 제언은 이어지는 절에서 다룰 예정이다.

7. 말레이시아 자동차 재제조 산업의 투자 기회

말레이시아의 자동차 재제조 산업은 전략적 파트너십, 재정 인센티브, 역내 시장 접근성 등을 바탕으로 외국인 투자자들에게 높은 투자 매력도를 지니고 있다. 특히, 전기차로의 전환과 순환경제 원칙에 기반한 산업 구조 전환이 가속화됨에 따라 관련 기술과 전문 역량을 갖춘 투자자들에게 다양한 진입 기회가 열리고 있다.

1) 전략적 합작 투자 기회

Proton이 추진 중인 전기차 배터리 재제조 라인은 배터리 테스트 및 재정비 기술을 보유한 투자자들에게 전략적 파트너십 기회를 제공하고 있다. 말레이시아를 대표하는 완성차 제조사는 말레이시아 최초의 OEM 인증 배터리 재제조 시설 구축을 목표로 기술 협력 파트너를 적극적으로 물색 중이며 회수된 배터리의 약 65~70%를 2차 수명 용도로 활용하는 것을 목표로 한다(말레이시아 투자통상산업부, 2024).

한편, Turbo Dynamics Malaysia는 터보차저 재제조 분야에서 축적한 역량을 바탕으로 하이브리드 차량 부품 시장으로의 진출을 모색하고 있으며 이를 위해 기존 가공 인프라와 ASEAN 유통망을 활용할 수 있는 기술 협력 파트너와의 연계를 기대하고 있다(말레이시아 투자통상산업부, 2023).

2) 재정 인센티브 체계

말레이시아는 다음과 같은 강력한 재정 인센티브 제도를 통해 투자자 유치를 지원한다:

- 녹색 투자 세액공제: 재제조 설비에 대한 자본 지출이 일정 기준을 충족할 경우 100% 세금 면제(말레이시아 투자개발청, 2022)
- i-Remanufacture 프로그램: 전자 제품 재제조 프로젝트를 대상으로 자동화 설비 비용의 30~50%를 보조금 형태로 지원(페낭주 개발공사, 2023)
- 선도기업 지정제 인센티브: 고급 자원 회수 사업을 수행하는 기업에 대해 5~10년간 소득세 면제(말레이시아 투자통상산업부, 2024)

3) ASEAN 시장 통합 기반

말레이시아는 ASEAN 상품무역협정에 따라 역내 부가가치율 40% 이상을 충족할 경우 재제조 자동차 부품을 인접 국가로 무관세 수출할 수 있는 혜택을 보유하고 있다(ASEAN, 2009). 특히 전기차 시장이 급성장 중인 태국과 방대한 차량 보유 시장을 형성하고 있는 인도네시아를 겨냥하는 투자자들에게 전략적 이점을 제공한다. 또한 말레이시아는 세계 상위 20% 수준의 물류 인프라를 갖추고 있어 역내 유통망 구축 및 운영 측면에서 비용 효율성을 확보할 수 있는 강점을 지닌다(말레이시아 통계청, 2025).

4) 기술 이전 경로

「국가자동차정책 2020」은 배터리 관리 시스템과 모터 제어 장치 재정비 분야에서의 지식 공유와 기술 이전을 적극 장려하고 있다(말레이시아 투자통상산업부, 2020). 국제 투자자들은 다음과 같은 경로를 통해 기술 이전 계약을 구조화할 수 있다:

- 말레이시아 기술혁신연구진흥청(MRANTI)이 운영하는 혁신 허브를 통한 외국 기업과 지역 연구기관 간의 연계
- 다국적 기업과 말레이시아 중소기업을 매칭하는 공급업체 육성 프로그램
- 말레이시아 인적자원개발기금(HRDF)의 기술 인력 개발 보조금을 활용할 수 있는 맞춤형 교육 프로그램 운영

이러한 프로그램은 말레이시아를 재제조 혁신을 실험하고 역내 확산 기반을 마련할 수 있는 이상적인 테스트베드로 기능하게 한다. 재정 지원, 시장 접근성, 기술 이전 메커니즘이 결합된 산업 환경은 동남아시아의 순환경제 성장 흐름 속에서 수익성과 지속가능성을 겸비한 재제조 사업을 구축하기에 매우 유리한 조건을 제공하고 있다.

8. 전망 및 결론

말레이시아의 재제조 산업은 현재 중대한 전환점에 있으며 다양한 지표는 지속적인 성장과 더불어 역내 전략적 위상이 한층 강화될 것임을 시사한다. 산업 전망에 따르면 이 부문은 2030년까지 연평균 12~15%의 성장률을 기록하며 현재 약 23억 RM 규모의 시장 가치를 넘어 제조업 GDP의 최대 5%까지 기여할 것으로 예측된다(말레이시아 통계청, 2023). 이러한 성장 흐름은 국내 산업 생태계의 성숙뿐 아니라 순환경제 솔루션에 대한 ASEAN 역내 수요 증가—특히 자동차 및 전자 가치사슬을 중심으로—를 반영한 결과로 볼 수 있다.

정책 환경도 산업의 확장을 지원하기 위해 점차 정교화되고 있다. 곧 발표될 「국가자동차정책」 개정안은 전기차 배터리 재정비를 위한 구체적 프레임워크를 포함하고 있으며 「산업 마스터플랜 2030(Industrial Master Plan 2030)」은 재제조 공정 자동화를 위한 전략적 재정 지원을 마련하고 있다(말레이시아 투자통상산업부, 2023). 이러한 정책은

「녹색투자세공제(Green Investment Tax Allowance)」 등 기존 이니셔티브와 맞물려 산업 참여자들을 위한 종합적 지원 생태계를 조성하고 있다(말레이시아 재무부, 2023).

리튬이온 배터리와 같은 신흥 폐기물 흐름에 대응하기 위해 수거 인프라의 고도화가 시급하다. 이들 배터리는 순환경제 전략의 핵심 품목군으로 분류되며 배터리 재활용은 고부가가치 활동으로서 순환경제 기반 수출 확대에 기여할 수 있는 분야로 주목받고 있다(말레이시아 투자통상산업부, 2024). 「국가자동차정책 2020」은 배터리의 재활용 및 폐기 기준 수립을 적극 추진하고 있으며 「핵심 부품 개발 1단계(2020-2024)」에서는 배터리 재활용 공정을 주요 과제로 포함하고 있다(말레이시아 투자통상산업부, 2020). Proton이 추진 중인 전기차 배터리 재제조 시설 역시 회수 배터리의 약 65~70%를 2차 수명 용도로 활용하는 것을 목표로 하여 해당 폐기물 흐름 관리의 중요성을 부각시키고 있다. 아울러, 말레이시아 녹색기술공사(Malaysia Green Technology Corporation, MGTC)는 순환 비즈니스 모델 확산과 녹색 분류체계 구축을 주도함으로써 배터리 관련 기술과 정책이 녹색산업 전반 속에서 유기적으로 발전할 수 있도록 기여하고 있다.

말레이시아는 지리적·산업적 이점을 바탕으로 ASEAN 재제조 허브로 도약할 수 있는 독자적 입지를 갖추고 있다. 조호르(자동차), 페낭(전자), 셀랑고르(산업장비) 등 주요 지역에 형성된 산업 클러스터는 역내 서비스를 위한 기반을 이미 갖추고 있으며(말레이시아 투자통상산업부, 2023) ASEAN 자유무역협정 참여 및 전기차 부품 재정비에 대한 전문성 축적과 맞물려 말레이시아는 재제조 산업에서 지역 선구자로 자리매김할 수 있는 강력한 가치 제안을 보유하고 있다.

이 산업의 미래는 경제적 효과와 환경적 책임 간의 균형을 얼마나 성공적으로 실현하느냐에 달려 있다. 재제조 산업이 확장됨에 따라 고도의 품질 기준을 유지하는 동시에 전기차 전환 및 인더스트리 4.0 등 기술 변화에 유연하게 대응해야 한다. 말레이시아는 이 균형을 실천해온 경험을 바탕으로 지속 가능한 산업화를 모색하는 개발도상국들에게 환경 보호와 산업 성장이 양립 가능하다는 것을 입증하는 중요한 사례로 작용할 수 있다. 향후에도 정책적 지원과 민간 부문의 기술 혁신이 이어진다면 재제조 산업은 말레이시아뿐만 아니라 ASEAN 전역에서도 경제적 핵심 축이자 환경적 해법으로 자리잡을 수 있을 것이다.

참고문헌

말레이시아 투자통상산업부. (2024). *Circular Economy Policy Framework for the Manufacturing Sector in Malaysia.* https://www.miti.gov.my/

말레이시아 투자통상산업부. (2023). *New Industrial Master Plan 2030.* https://www.miti.gov.my/

말레이시아 투자통상산업부. (2023). *New Industrial Master Plan 2030: Automotive Industry.* https://www.miti.gov.my/

말레이시아 투자통상산업부. (2023). *New Industrial Master Plan 2030: Manufacturing-Related Services Industry.* https://www.miti.gov.my/

말레이시아 투자통상산업부. (2022). *New Investment Policy.* https://www.miti.gov.my/

말레이시아 투자통상산업부. (2020). *National Automotive Policy 2020.* https://www.miti.gov.my/

말레이시아 총리실. (2021). *Twelfth Malaysia Plan 2021-2025.* https://www.malaysia.gov.my/

말레이시아 통계청. (2025). *Manufacturing Industry Capacity Utilisation Statistics.* https://www.dosm.gov.my/

말레이시아 통계청. (2025). *Monthly Manufacturing Statistics.* https://www.dosm.gov.my/

말레이시아 주택지방정부부. (2025). *Blueprint Ekonomi Kitaran Sisa Pepejal di Malaysia 2025-2035.* https://www.kpkt.gov.my/

DRB-HICOM. (2022). *Sustainability Report 2022.* https://www.drb-hicom.com/

말레이시아 인적자원부. (2025). *Statistik Pekerjaan dan Pemburuhan.* https://www.mohr.gov.my/

말레이시아 인재개발공사. (2024). *Impact Study of Artificial Intelligence, Digital, and Green Economy on the Malaysian Workforce Volume 2.* https://www.talentcorp.com.my/

말레이시아 인재개발공사. (2024). *Impact Study of Artificial Intelligence, Digital, and Green Economy on the Malaysian Workforce Volume 2: Energy and Power.*https://www.talentcorp.com.my/

말레이시아 재무부. (2023). *2023 National Budget.* https://www.mof.gov.my/
말레이시아 천연자원환경지속가능부. (2009). *National Green Technology Policy.* https://www.nres.gov.my/
말레이시아 천연자원환경지속가능부. (2017). *Green Technology Master Plan Malaysia 2017-2030.* https://www.nres.gov.my/
말레이시아 천연자원환경지속가능부. (2024). *National Climate Change Policy 2.0.* https://www.nres.gov.my/
말레이시아 천연자원환경지속가능부. (2025). *Malaysia's Nationally Determined Contribution Roadmap and Action Plan (NDC RAP).* https://www.nres.gov.my/
말레이시아 투자개발청. (2022). *Malaysia Investment in the Manufacturing Sector.* https://www.mida.gov.my/
말레이시아 투자개발청. (2022). *Malaysia - Your Southeast Asian Automotive Hub.* https://www.mida.gov.my/
말레이시아 투자개발청. (2024). *Malaysia Investment Performance Report.* https://www.mida.gov.my/
말레이시아 생산성공사. (2022). *Productivity Report 2022.* https://www.mpc.gov.my/
말레이시아 생산성공사. (2023). *Productivity Report 2023.* https://www.mpc.gov.my/
말레이시아 생산성공사. (2024). *Productivity Report 2024.* https://www.mpc.gov.my/
페낭주 개발공사. (2023). *Annual Report 2023.* https://www.pdc.gov.my/
ASEAN. (2009). *ASEAN Trade in Goods Agreement (ATIGA).* https://www.asean.org/
한국자동차연구원. (2023). https://www.katech.re.kr/
Ngu, H. J., Lee, M. D., & Osman, M. S. B. (2020). Review on current challenges and future opportunities in Malaysia sustainable manufacturing: Remanufacturing industries. *Journal of Cleaner Production, 273,* 123071.
Abdul Malek, N., Abd Wahab, D., Harun, Z., Abd Aziz, N., Azman, A.H., Abu

Mansor, M.R. (2025). End-of-Life Vehicle Recovery Framework: An Industry Perspective on Auto Parts Reuse, Recycling and Remanufacturing in Malaysia. *Management and Production Engineering Review,* 15(2).

Mohamad-Ali, N., Raja Ghazilla, R.A., Abdul-Rashid, S.H., Ahmad-Yazid, A. (2019). Aftermarket survey on end-of-life vehicle recovery in Malaysia: Key findings. *Journal of Cleaner Production, 211,* 468-480.

Gunasekara, H., Gamage, J., Punchihewa, H. Remanufacture for Sustainability: A review of the barriers and the solutions to promote remanufacturing.

Mohamed, N., Saman, M.Z.M., Sharif, S., Hamzah, H.S. (2018). Strategic Factors on Interpreting Remanufacturing Quality Certifying Framework to Address Warranty Aftermarket for Malaysia Industry. *IOP Conf. Series: Material Science and Engineering, 328,* 012033.

Mohd Yusop, N., Abdul Wahab, D., Saibani, N. (2012). Analysis of Remanufacturing Practices in the Malaysian Automotive Industry. *Jurnal Teknologi.*

Wong, Y.C., Al-Obaidi, K.M., Mahyuddin, N. (2018). Recycling of End-of-Life Vehicles (ELVs) for building products: Concept of processing framework from automotive to construction industry in Malaysia. *Journal of Cleaner Production,* 12726.

Yusop, N.M., Wahab, D.A., Saibani, N. (2015). Realising the automotive remanufacturing roadmap in Malaysia: challenges and the way forward. *Journal of Cleaner Production, 1-10.*

Ernst & Young PLT (EY). (2021). *Roundtable: Advancing Innovation in Green Technologies and the Circular Economy in Malaysia, Malaysia's Green and Circular Economy.*

PricewaterhouseCoopers (PWC). (2024). *Towards sustainable growth in ASEAN: Circular economy research report 2024.*

05

미얀마의 지하자원과 경제성장 간 지속가능한 자원 순환 정책의 수립

Chapter

05

미얀마의 지하자원과 경제성장 간 지속가능한 자원 순환 정책의 수립

Zaw Htet
미얀마 천연자원환경보전부 지질조사·광물탐사국 부국장(수석지질학자)

1. 서론

미얀마의 산업과 국가 수입은 주로 광물 자원, 특히 광물 및 비광물 자원, 석유와 천연가스, 그리고 기타 중요한 원자재에 의해 크게 뒷받침되고 있다. 이러한 자원들은 국가의 경제 발전에 도움을 주지만, 광물과 광석의 장기적인 개발은 천연자원의 고갈, 환경 파괴, 지속 가능한 발전을 포함한 사회적·환경적 영향 등을 유발한다. 이러한 장기적인 가치 창출의 기회 상실은 자원의 빠른 추출 속도, 효과적인 재활용의 부재, 비효율적인 관리, 그리고 정책 조정의 미흡에서 비롯되었다. 광물 자원은 개발로 인해 고갈되기 때문에 체계적으로 추출하고 지속 가능하게 사용될 필요가 있다. 경제 분야에서는 "채취-제조-폐기"의 선형적 방식 대신 장기적 발전을 촉진하고 환경 영향을 줄이는 순환경제와 같은 방식을 선택해야 한다. 이러한 문제를 해결하기 위해 미얀마는 경제 확장과 환경 보전을 균형 있게 추진할 수 있는 재활용 및 재제조 등의 지속가능한 자원 순환(SRC) 체계를 시급히 수립할 필요가 있다.

2. 배경

1) 미얀마 개요

미얀마 연방공화국은 동남아시아 본토에서 가장 큰 국가로, 면적은 676,552.7㎢에 달하며 세계에서 40번째로 큰 나라이다. 벵골만과 안다만해를 향한 2,832㎞의 해안선을 가지고 있으며, 방글라데시, 인도, 중국, 태국과 총 5,858㎞의 국경을 접하고 있다(Ministry of Planning and Finance, 2021). 미얀마는 동남아시아국가연합(ASEAN)에 속해 있다. 미얀마의 2024년 인구는 5,130만 명이었다(Department of Population, 2024).

2) 지하자원

미얀마는 풍부하고 다양한 지질 구조를 보유하고 있으며 동남아시아에서 자원이 풍부한 국가 중 하나로 꼽힌다. 광물 탐사 활동을 통해 현재 2,000개 이상의 잠재적 광물 산출지 중 60곳이 공식적으로 확인되었다(Department of Geological Survey and Mineral Exploration, 2018). 매년 모든 광물 발생지와 산출지를 점검하고 기록하여 광물 데이터베이스를 구축·갱신하고 있다. 미얀마는 광물 자원뿐 아니라 상당한 석유 및 가스 매장량도 보유하고 있으며, 이들 모두는 국가의 경제 발전에서 중요한 역할을 한다. 이 나라의 지하자원은 다음과 같이 광범위한 자원군을 포함하고 있다(그림 5-1).

- 금속 광물 : 구리, 금, 주석, 텅스텐, 납, 아연, 니켈, 희토류 원소 등
- 공업용 광물 : 흑연, 망간, 중정석(바라이트), 규사, 석회석, 석고 등
- 보석류 : 최고급 루비, 사파이어, 비취(제이드) 등
- 에너지 자원 : 천연가스(해상 및 육상), 석탄, 잠재적인 셰일 오일 및 지열 에너지

〈그림 5-1〉 미얀마의 지하자원, 석유 및 가스 사업 개요

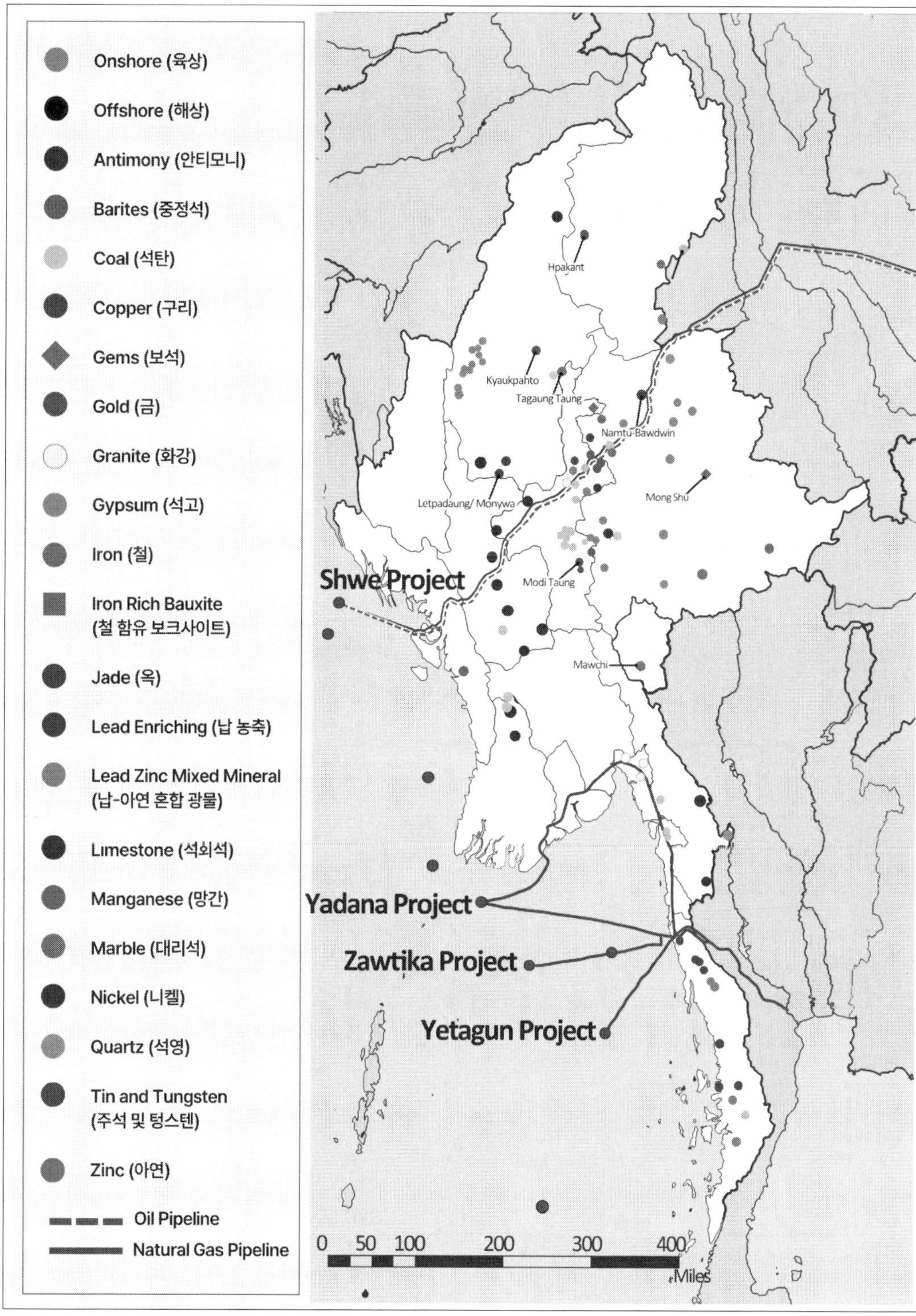

자료: Bauer et al.(2016)으로 변경

2-1) 광물 부문

미얀마의 광산 부문은 천연자원환경보전부(Ministry of Natural Resources and Environmental Conservation)에서 모든 지질, 광물 자원, 광산 활동을 감독하고 있다. 미얀마는 광범위한 광물 자원과 풍부한 광산 개발 역사를 가지고 있으며, 금, 은, 구리, 주석·텅스텐, 납, 안티몬, 니켈, 가스, 석유, 석탄, 비취(제이드), 루비, 사파이어와 같은 보석류가 포함된다. 특히 구리, 납, 아연, 주석, 텅스텐과 같은 광물은 풍부하게 매장되어 있으며, 안티몬, 니켈, 철과 같은 자원도 비교적 풍부하다. 그러나 크롬철석, 망간, 백금족광물(PGMs), 방사성 광물, 희토류 원소(REEs), 보크사이트, 흑연, 수은, 리튬, 우라늄 등의 자원은 상대적으로 제한적이다(Nyunt, Moe, Kyaw, & Sai, 2023).

미얀마는 중국과 인도네시아에 이어 세계 3위의 주석 생산국이다. 게다가 미얀마는 2010년대 중반 이후 희토류 원소(REEs) 생산이 크게 증가하여 현재 전 세계 생산량의 13%를 차지하며 중국, 미국에 이어 세계 3위를 기록하고 있다(International Energy Agency, 2022).

〈표 5-1〉 국가별 희토류 생산량

	희토류 생산량(단위: 톤)	
	2023년	2024년
미국	41,600	45,000
오스트레일리아	16,000	13,000
브라질	140	20
미얀마	43,000	31,000
중국	255,000	270,000
인도	2,900	2,900
마다가스카르	2,100	2,000
말레이시아	310	130
나이지리아	7,200	13,000
러시아	2,500	2,500
타이	3,600	13,000
베트남	300	300
기타	1,440	1,100
합계	**376,000**	**370,000**

자료: US Geological Survery, 2025

〈표 5-2〉 국가별 주석 생산량

	주석 생산량(단위: 톤)	
	2023년	2024년
오스트레일리아	9,850	9,900
볼리비아	18,700	21,000
브라질	29,300	29,000
미얀마	34,000	34,000
중국	70,000	69,000
콩고	20,000	25,000
인도네시아	69,000	50,000
라오스	1,700	1,500
말레이시아	3,770	3,000
나이지리아	7,000	7,000
페루	26,200	31,000
러시아	270	3,000
르완다	3,600	3,600
베트남	7,600	6,700
기타	1,840	1,800
힙계	**305,000**	**300,000**

자료: US Geological Survery, 2025

미얀마와 말레이시아는 각각 망간 생산에서 세계 10위와 12위를 기록하며, 전 세계 생산량의 3% 이상을 차지하고 있다. 한편, 인도네시아, 미얀마, 필리핀은 이 지역의 주요 구리 생산국으로, 세 나라가 합쳐 전 세계 구리 생산량의 약 4%를 차지한다(International Energy Agency, 2022).

또한 미얀마는 전 세계 루비의 거의 90%를 생산하며, 비취(제이드)의 주요 생산국이다. 미얀마의 광물 및 보석류의 공식 생산 가치는 약 15억 달러(USD)로 추산되지만, 광산업의 실제 총생산량은 이보다 훨씬 많은 것으로 평가된다(Natural Resource Governance Institute, 2016).

2-2) 석유 및 가스 부문

석유 및 가스 산업은 미얀마의 주요 수익원으로, 세금과 수출을 통해 정부 수입에 기여하고 있다. 주요 자원으로는 육상 및 해상의 천연가스전과 제한적인 원유 생산이 포함된다. 미얀마는 확인된 천연가스 매장량 기준으로 세계 41위, 확인된 원유 매장량 기준으로는 세계

78위에 해당한다(Lynn & Oye, 2014).

- 천연가스 매장량: 2017년 기준 미얀마의 확인된 해상 및 육상 가스 매장량은 23조 입방피트(Tcf)로, 세계 순위 71위이며 전 세계 총 가스 매장량(6,923 Tcf)의 약 0.33%를 차지한다(Worldometer, 2015). 해상 가스전의 매장량이 육상보다 훨씬 많으며, 육상 가스전은 상대적으로 탐사가 덜 이루어졌다(Asian Development Bank, 2016). 미얀마는 천연가스의 주요 수출국으로, 생산량의 대부분을 태국과 중국 등 지역 시장에 공급하고 있다.
- 원유 매장량: 1980년부터 2021년까지 미얀마의 원유 매장량 평균은 6천만 배럴(0.6억 배럴)이었으며, 2021년 기준 최신 원유 매장량은 1억4천만 배럴(1.4억 배럴)이다(TheGlobalEconomy.com, 2021).

이러한 자원들, 즉 광물뿐만 아니라 석유와 가스는 수십 년 동안 미얀마 경제를 뒷받침해왔으며, 광업과 자원 추출 산업은 정부 수입, 외화 수익, 농촌 고용 창출에 크게 기여해왔다.

3) 경제 성장

미얀마는 풍부한 천연자원을 보유하고 있으며, 중국, 인도, 아세안(ASEAN) 시장 사이에 전략적으로 위치한 동남아시아 국가이다.

3-1) 국내총생산(GDP) 성장률 추세

2011년부터 2019년까지 미얀마의 GDP는 개혁, 외국인 투자, 천연자원 수출 확대에 힘입어 연평균 6~7%의 성장률을 기록했다. 그러나 그림 5-3에서 볼 수 있듯이 2020년 코로나19 팬데믹 이후 성장세가 급격히 둔화되었고, 2021년 정치적 불안정으로 인해 경제는 더욱 위축되었다(Ministry of Planning and Finance, 2021; World Bank Group, 2022). 아시아개발전망(Asian Development Outlook) 2024에 따르면, 미얀마의 GDP는 거시경제적 안정성과 무역·투자 경로의 제한적 회복 여부에 따라 1.5%~2.0%의 완만한 성장률을 기록할 것으로 예상된다(Asian Development Bank, 2024). 2024년 말 기준 미얀마의 1인당 GDP는 약 1,359달러(USD)로 추정된다(그림 5-2).

〈그림 5-2〉미얀마 현재 1인당 GDP PPP($)

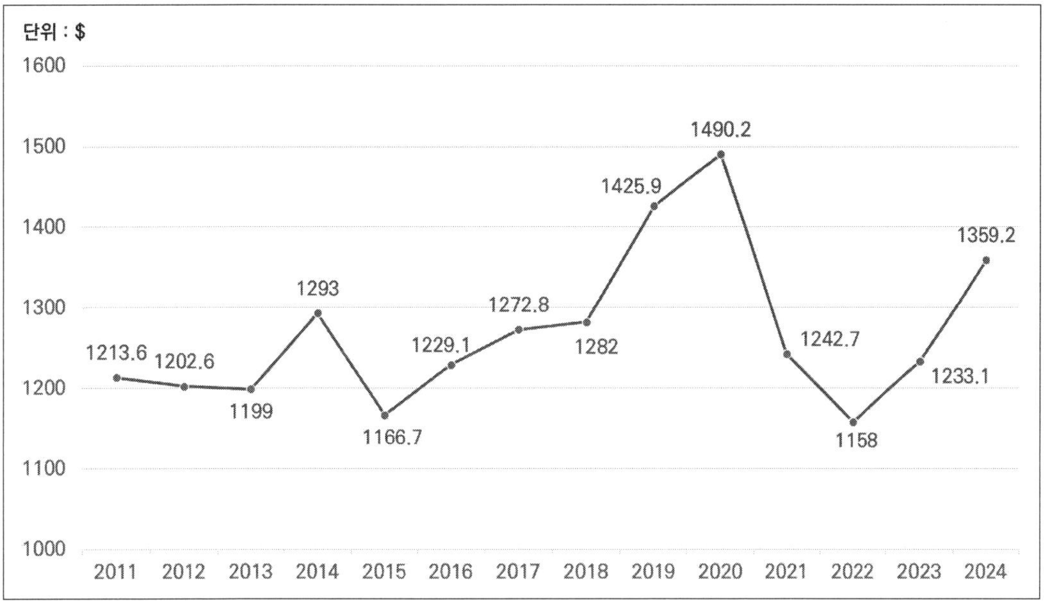

자료: World Bank.(n.d.)를 참조해 필자 재구성

〈그림 5-3〉 미얀마 GDP 성장률(2011~2024)

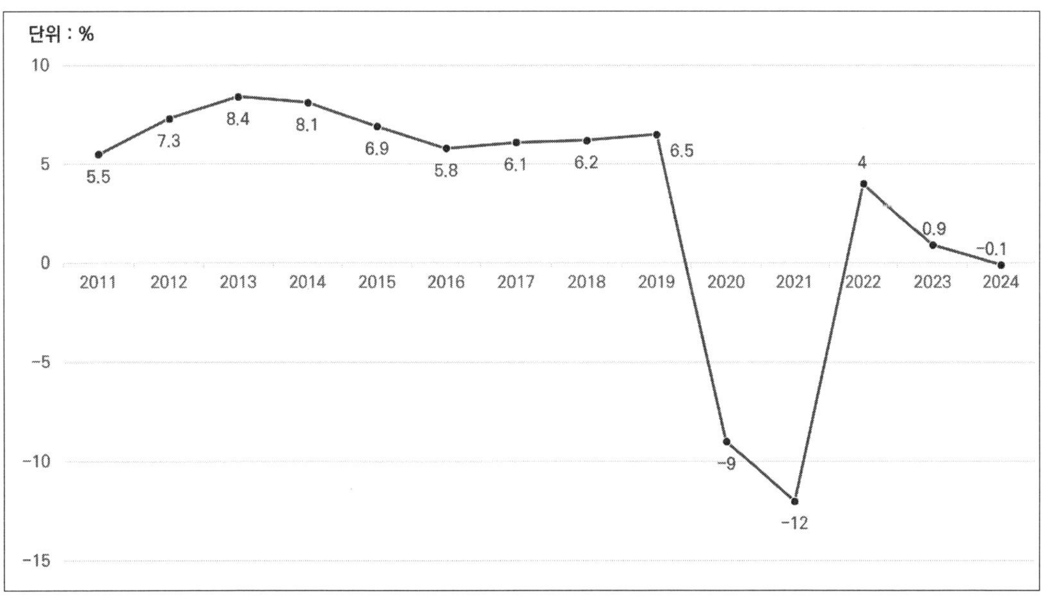

자료: ADB(2024)를 참조해 필자 재구성

3-2) 성장에 대한 부문별 기여

- 농업 : 전체 노동력의 50% 이상을 고용하고 있는 농업은 여전히 미얀마 경제의 핵심이지만, 도시화 및 산업화 추진으로 인해 GDP 기여도가 점차 감소하고 있다(Ministry of Planning and Finance, 2021).
- 산업 : 특히 제조업, 에너지, 광업(자원 추출 포함) 중심의 산업 부문의 의류, 식품, 원자재에 대한 해외 수요 증가에 대응하여 확장되었다(Ministry of Planning and Finance, 2021).
- 서비스업 : 관광, 운송, 금융 서비스는 2013/2015년 이후 활력을 얻으며 경제 다각화와 고용창출에 기여했다(Ministry of Planning and Finance, 2021).

〈그림 5-4〉 2015~2020년 미얀마 부문별 성장 기여도 개요

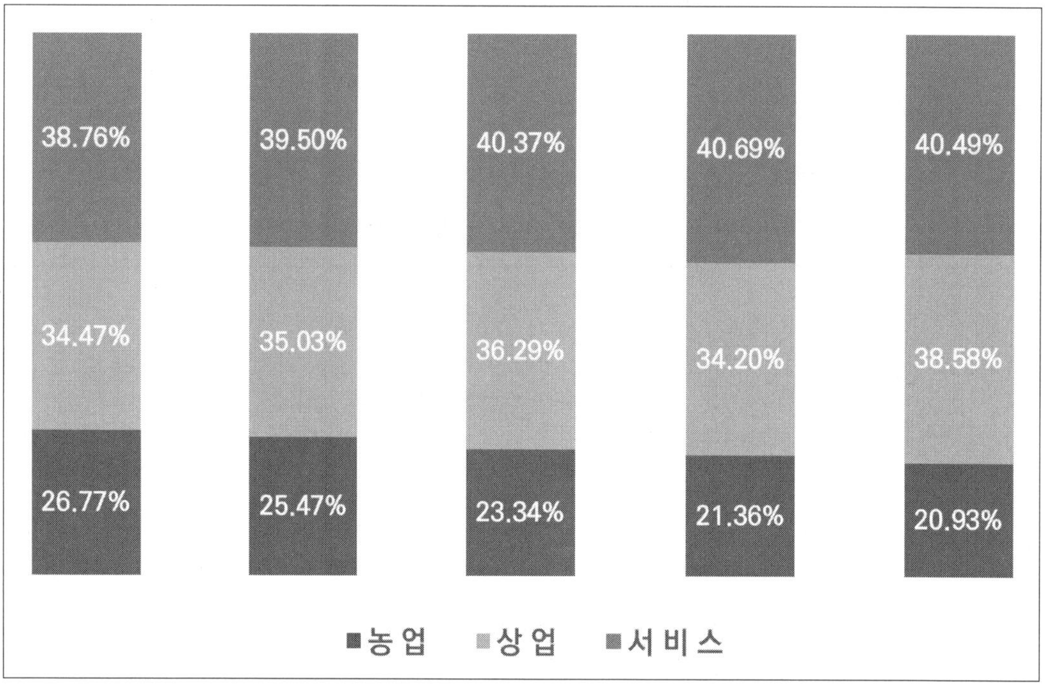

자료: MPF(2021)을 참조해 필자 재구성

3-3) 지하자원이 국가 경제 발전에 미치는 영향

지하자원의 탐사 및 추출에 관련된 경제 활동을 추출 산업(Extractive Industries)이라고 한다. 미얀마는 세계 최대의 비취(제이드) 생산 및 수출국 중 하나이며, 역사적으로 가장 오래된 석유 수출국 중 하나이자 세계 10위의 천연가스 수출국이다. 또한 구리, 주석,

텅스텐, 아연 등 다양한 광물을 생산하고 있다(Open Development Myanmar, n.d.).
지하자원은 미얀마 경제 성장에 여러 방식으로 중추적인 역할을 한다.

- 국내총생산(GDP): 추출 산업은 특히 자원이 풍부한 주와 지역에서 GDP의 상당 부분을 차지하고 있다.
- 수출: 천연가스와 광물(특히 비취, 구리, 금) 수출은 미얀마의 주요 외화 수입원이다. 미얀마는 중국과 태국에 천연가스를 공급하는 주요 지역 공급국으로, 2012~2013년 전체 국가 수익의 약 70%가 천연자원(가스, 석유, 석탄, 보석류, 금속, 목재 등)에서 발생했다. 천연가스 수출만으로도 약 36억 달러(USD)를 벌어들이며 이는 국가 GDP의 약 10%를 기여한다(Lynn & Oye, 2014).
- 2014~2015년에는 천연가스 수익이 GDP의 6.5%까지 도달할 것으로 전망되었으며, 이는 정부의 최대 외화 수입원이 되었다. 국영기업(SOEs), 특히 석유·가스·광산 부문 기업들은 여전히 정부 수입과 국가 예산의 핵심 기반이다.
- 광업 부문 기여 : 2015~2016년 광업(구리 생산 포함)은 GDP의 약 6%를 기여했고, 전체 국가 수익의 23.6%를 차지했다. 전통적으로 석유, 가스, 비취 및 보석류가 주요 수익원이었으나, 최근에는 구리가 생산량 증가와 함께 새로운 핵심 자원으로 부상했다(Myanmar Centre for Responsible Business, n.d.). 2017~2018년 보석류 판매액은 9억7,500만 달러(USD)에 달하며 경제적 중요성을 강조했다(AZoMining, 2012).
- 투자 유치: 대규모 구리 광산 및 해상 가스 개발 중심으로 광산 및 에너지 부문에서 외국인직접투자(FDI)가 활발히 유입되었다.
- 고용 및 생계: 대규모 프로젝트가 수출을 주도하는 한편, 장인 및 소규모 광업(ASM)은 비취, 금, 주석-텅스텐, 기타 귀중한 보석류 생산을 통해 수십만 명의 생계를 유지시키고 있다.

미얀마 경제는 지하 광물, 석유, 가스 등 천연자원에 크게 의존해 성장해왔지만, 포용적 이익 공유 및 환경 보호가 미흡한 상태에서의 과도한 의존은 '자원의 저주(resource curse)' 현상을 초래했다. 따라서 거버넌스 강화와 정책적 전환을 통해 자원 효율적 순환 경제로 나아가는 것이 지속 가능한 성장을 위한 핵심 전략이 될 수 있다.

3) 폐기물 관리, 재활용 및 재제조 현황

3-1) 폐기물 관리의 현재 상황

급속한 도시화와 산업화, 불충분한 인프라, 그리고 열악한 제도적 역량은 미얀마의 폐기물 관리와 재활용에 큰 어려움을 초래하고 있다. 특히 양곤, 만달레이, 네피도와 같은 주요 3대 도시에서 일일 폐기물 발생량이 크게 증가했다(Environmental Conservation Department, Ministry of Natural Resources and Environmental Conservation, Republic of the Union of Myanmar, 2018). 주요 대도시 지역이 상당한 비율을 차지하며, 미얀마 전역에서 하루 약 1만~1만5천 톤의 도시 고형폐기물(MSW)이 발생하는 것으로 추정된다. 폐기물 구성은 유기물(60% 이상)이 대부분을 차지하며, 그 뒤를 이어 플라스틱, 종이, 불활성 물질 순이다(그림 5-5). 그러나 공식적인 재활용 프로그램은 여전히 매우 제한적이며 충분히 활용되지 않고 있다(Institute for Global Environmental Strategies, 2017).

〈그림 5-5〉 미얀마 최대 도시 Yangon과 Mandalay의 폐기물 구성

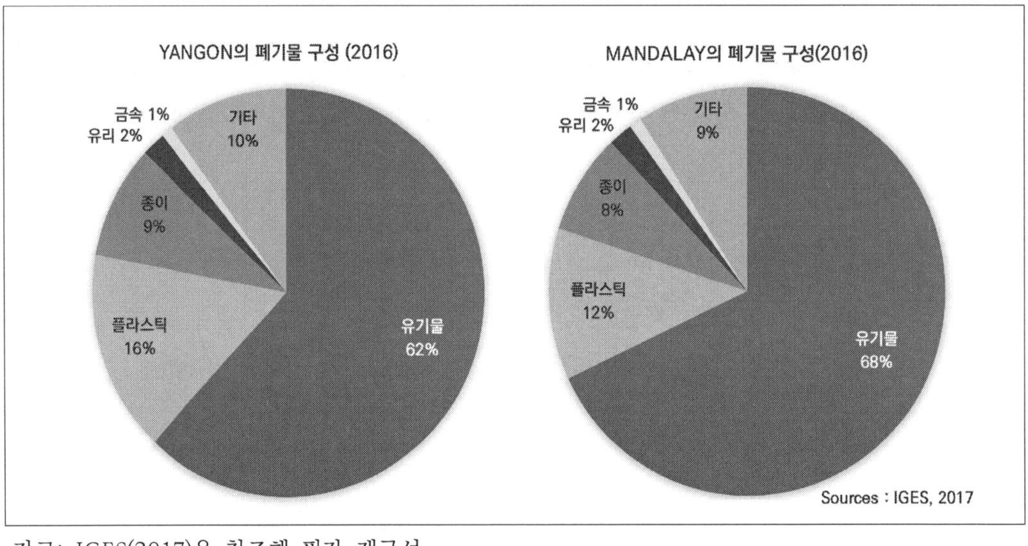

자료: IGES(2017)을 참조해 필자 재구성

폐기물 수거 서비스는 대부분 지방자치단체가 담당하지만, 그 효율성은 지역마다 차이가 있다. 특히 도시 외곽 및 농촌 지역에서는 수거 범위가 부족한 경우가 많다. 수거된 쓰레기는 환경 보호 조치가 전혀 없는 단순 매립지나 노천 쓰레기장에 투기되는 경우가

많다. 특히 주요 도시 외부에서는 폐기물 수거 인프라 부족으로 인해 많은 쓰레기가 무단 투기되거나 소각되거나 하천 및 수로로 유입되는 문제가 발생하고 있다.

3-2) 재활용 부문

미얀마의 재활용 부문은 대부분 비공식적으로 운영되고 있다. 재활용 활동은 주로 폐기물 수거인, 소규모 기업, 협동조합이 주도하며 이들은 재활용 가능한 자재를 수거, 분류, 처리한다. 가정 폐기물과 쓰레기 매립지에서 종이, 플라스틱, 유리, 금속 등을 수집한다. 도시 지역에서는 이러한 비공식 재활용 활동이 비교적 효과적으로 이루어지고 있다(Circular Action Hub, n.d.).

그러나 미얀마의 공식 재활용률은 여전히 낮은 수준이다. 주요 도시의 재활용량, 재활용 비율, 재활용 시설 수에 대한 정확하고 신뢰할 수 있는 자료는 부족하다. 양곤과 네피도에서 수거된 재활용 폐기물의 종류와 양은 그림 5-6에 나타나 있다. 재활용을 위한 체계적인 수거 및 처리 시스템이 부족해 플라스틱, 금속 및 기타 자원의 가치사슬은 대부분 여전히 선형 구조에 머물러 있다(Environmental Conservation Department, Ministry of Natural Resources and Environmental Conservation, Republic of the Union of Myanmar, 2018).

국내에서 처리되는 재활용 자원의 비율은 매우 낮으며(Kyaw, 2008), 특히 플라스틱 필름이나 오염된 폐기물과 같은 처리하기 어려운 자원에 대해서는 현대적인 분류, 세척, 재활용 역량이 부족하다.

〈그림 5-6〉 Naypyitaw와 Yangon에서 수거된 재활용 폐기물 종류와 양

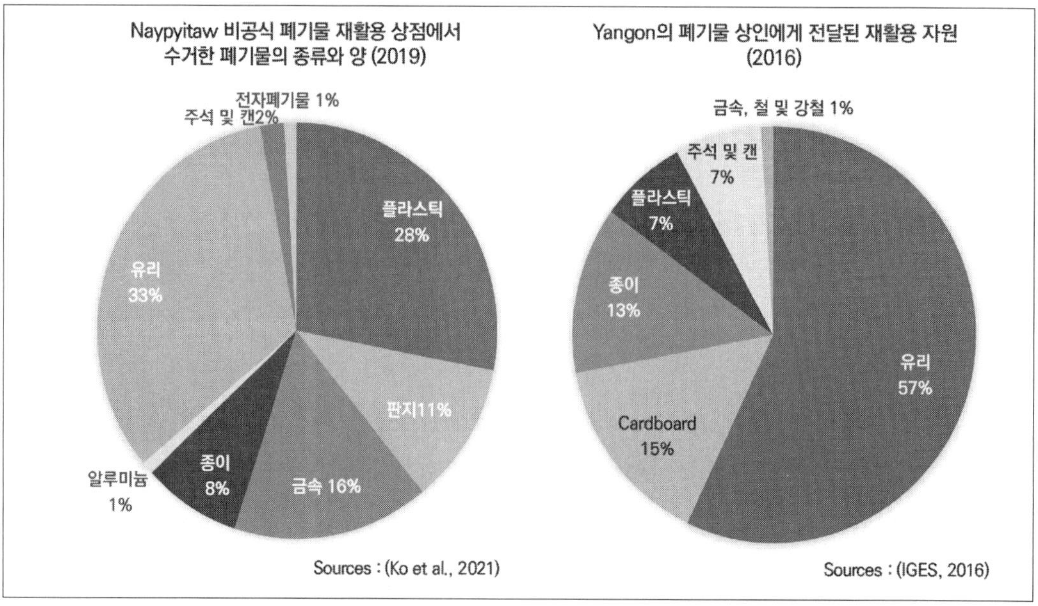

자료: Ko et al.(2021)과 IGES(2016)을 참조해 필자 재구성

미얀마의 재활용 시스템은 주로 비공식 네트워크를 통해 운영된다. 가정과 폐기물 배출원에서부터 시작하여 재활용 가능한 자재가 분리되어 가정 수거인이나 지역 구매자에게 판매된다. 이렇게 수거된 자재는 도매상들이 집하한 뒤 분류하고, 공장이나 재활용업체에 다시 판매한다.

도매상들은 가치사슬에서 중심적인 역할을 하며, 재활용 또는 재제조 과정은 이들로부터 공급받은 공장/재활용업체에서 본격적으로 시작된다. 일부 공장은 플라스틱, 알루미늄, 종이를 재사용 가능한 원자재로 가공하고, 다른 공장들은 현지 소비용 저가 제품을 생산하기도 한다.

분류된 재활용 자재의 일부, 특히 금속 스크랩이나 전자폐기물(e-waste)처럼 고부가가치 품목은 국내 재활용 인프라가 부족하기 때문에 중국, 태국 등 인접 국가로 수출된다(Bauer et al., 2016).

〈그림 5-7〉 재활용 시장 구조

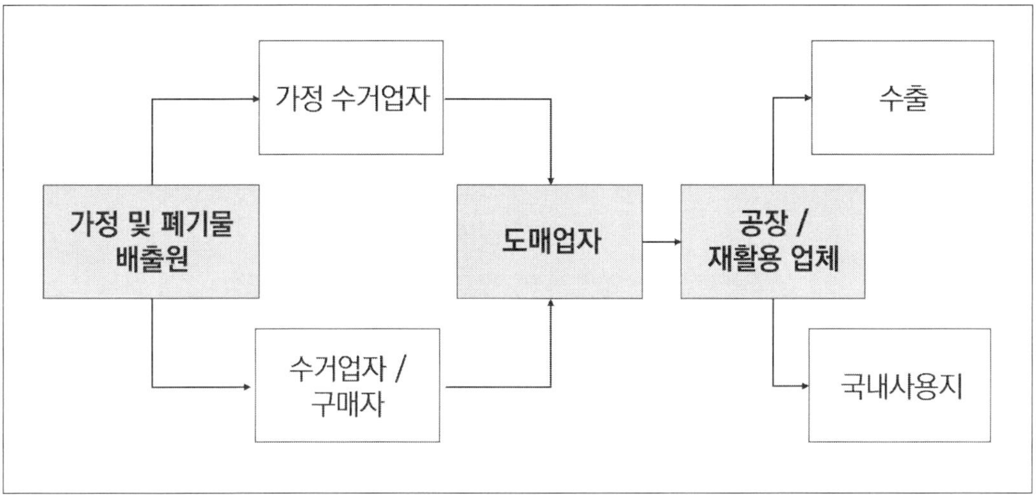

자료: IGES(2016)을 참조해 필자 재구성

미얀마의 재활용 부문에서 중소기업(SME)은 핵심적이고 중요한 역할을 하며, 가치사슬의 거의 모든 단계에 관여하고 있다. 미얀마 전체 사업체의 90%를 차지하는 SME들은 재활용 부문에서 수거업체, 고철상, 집하업체, 전처리 제조업체, 그리고 국내 재활용 가치사슬의 일부로 소규모 참여하고 있다(Building Markets, 2019; Kyaw, 2008)(그림 5-8).

이들은 공식 네트워크를 통해 전체 도시 폐기물의 40~60%를 처리하며, 양곤의 재활용 산업에서만 6,000명 이상의 고용을 창출하고 있다. 그러나 재활용 가능한 자재의 10%만이 국내에서 처리되고, 나머지 대부분은 수출되거나 매립된다(Building Markets, 2019).

<그림 5-8> 미얀마 국내 재활용 가치 사슬

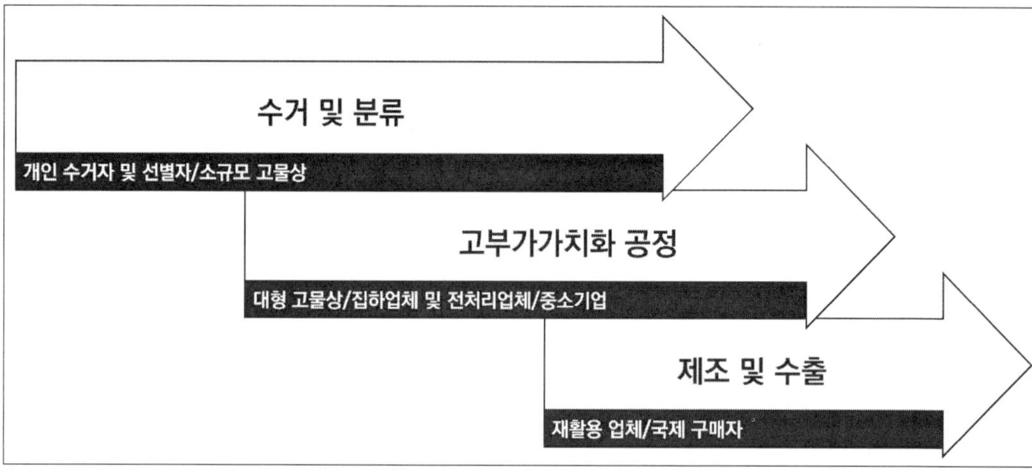

자료: IEA(2022)를 참조해 필자 재구성

미얀마의 재활용 및 재사용 부문은 창의적인 민간 주도 활동과 상업적 시도뿐 아니라, 고쳐 쓰는 생활문화에 기반하고 있다. 그러나 낮은 공식 재활용률, 제한적인 인프라, 비공식 참여자에 대한 의존, 미흡한 정책 집행으로 인해 발전이 제한되고 있다.

국내 처리 역량을 강화하고, 중소기업(SME)과 같은 지역 재활용업체를 지원하며, 국가 전략을 전면적으로 이행하는 것이 미얀마가 재활용을 통해 경제적·환경적 이익을 실현하기 위해 매우 중요하다. 반면, 에너지 불안정과 부족한 물류 체계는 대규모 산업 재활용을 계속해서 저해하고 있다(ASEAN, n.d.).

3-3) 재제조 부문

미얀마의 재제조 부문은 아직 초기 단계에 있으며, 산업 및 환경 정책의 전반적인 맥락에서 공식적인 발전과 인정을 거의 받지 못하고 있다. 이 부문은 발전을 가로막는 여러 제약에 직면해 있다. 사용된 제품이나 부품을 신제품처럼 복원하는 재제조 공정은 미얀마에서 하나의 독립된 산업으로 공식 인정되거나 규제받지 못하고 있다.

도시 지역에서는 차량 부품 재정비, 기계 유지보수, 전자기기 재활용과 같은 비공식 활동이 존재하지만, 대부분 품질 표준, 환경 보전, 안전 절차를 따르지 않은 채 운영된다.

미얀마는 풍부한 광물 자원을 보유하고 있어 광업 및 광물 부문을 기반으로 재활용 산업을 구축할 수 있는 잠재력이 크다. 그러나 산업 통합, 기술 역량, 우호적인 정책의 부재로 인해 미얀마에서 광업과 재활용의 연계는 아직 부족한 상태다. 현재 미얀마에는 광산 장비나 자재의 공식적인 재제조가 이루어지지 않고 있으며, 산업은 주로 1차 자원 추출에 집중하고 있어 제품 수명 연장, 부품 재사용, 산업용 재정비에 대한 관심은 미미하다. 대부분의 광산 기계 및 부품은 수입된 후 수명이 다하면 폐기되며, 국내 재제조 서비스가 전무한 상황이다.

비록 아직 초기 단계에 머물러 있지만, 미얀마의 재제조 산업은 장기적으로 산업의 지속 가능성과 자원 효율성을 높이는 핵심 요소로 발전할 잠재력을 가지고 있다.

3-4) 지하자원(금속 관련) 재활용 및 재제조 부문

미얀마 산업 생태계의 중요한 변화를 이끄는 구성 요소로서, 금속 관련 재활용 및 재제조 부문은 자원 보존, 경제적 가치 창출, 환경 지속 가능성을 촉진한다.

- 고철 재활용 : 미얀마의 고철 재활용 산업은 철, 알루미늄, 구리, 납, 아연과 같은 철 및 비철금속을 수집, 가공, 전환하여 제조업 및 건설 부문에서 재사용 가능한 자재로 만드는 과정을 포함한다. 이 산업은 공식 사업체뿐만 아니라 개인 수거인, 소규모 및 대형 고철상, 집하업체, 전처리업체 등으로 구성된 광범위한 비공식 네트워크의 지원을 받고 있다. 미얀마에서 재활용되는 주요 금속 유형은 다음과 같다(Building Markets, 2019).
- 알루미늄과 철 : 미얀마에서 가장 많이 재활용되는 금속은 철과 알루미늄이다. 민간 주조소와 중소기업(SME)들은 버려진 철(철강 포함)을 건축 자재, 예비 부품, 기계 부품으로 가공한다. 알루미늄 재활용도 활발하며, 공식 및 비공식 참여자들이 수거, 제련, 재판매에 관여하고 있다(6Wresearch, 2020-2026; Building Markets, 2019; Burma Library, n.d.).
- 아연과 구리 : 알루미늄과 철보다는 비중이 낮지만, 구리와 아연도 재활용된다. 아연은 다양한 산업 폐기물에서 회수되며, 구리 재활용은 전기 및 산업적 용도로 매우 중요하다(6Wresearch, 2020-2026; Building Markets, 2019).
- 납 : 납 재활용은 미얀마에서 특히 발전된 분야로, Yangon Metal Industry(YMI)와 같은 기업들이 대규모 2차 제련소를 운영하고 있다(Yangon Metal, n.d.)
- 청동과 황동 : 특히 소규모 가족 운영 주조소와 전통 작업장에서, 일부 주조소는 청동과 황동을 재활용하여 엔진 블록, 펌프, 기타 기계 부품으로 주조하고 있다(Burma Library, n.d.).

<표 5-3> 미얀마에서 재활용되는 주요 금속 요약

금속종류	설명 및 용도	주요산업주체
철/철강	건설, 기계, 예비부품및파운드리제품	민간 주조소, 중소기업및고물상
알루미늄	캔, 시트, 건설및소비재	중소기업, 집하 업체 및 공식재활용업체
구리	전기배선, 산업부품	중소기업, 비공식부문
아연	산업스크랩, 아연도금, 합금	중소기업, 비공식부문
납	배터리재활용, 고순도납및합금	양곤금속산업(YMI), 중소기업
청동/황동	엔진블록, 펌프, 기계부품	가족운영 주조소, 중소기업

3-5) 주요 업체 및 기술

- 중소기업 및 현지 기업 : 중소기업은 수거 및 분류부터 가공 및 재판매에 이르기까지 금속 재활용 가치 사슬을 통제한다. 공식적인 재활용 업체(공장)는 거의 없으나, YMI와 같은 기업이 영향력을 가지고 품질 기준과 가격 결정에 도움을 준다(Building Markets, 2019; Yangon Metal, n.d.).
- 양곤 금속 산업(YMI) : YMI는 중고 배터리에서 고순도 순수 납을 회수하는 첨단 2차 제련소를 운영하며 지속 가능한 재활용 및 재사용의 표준을 제시한다. 폐배터리에서 99.99% 순도 납과 합금을 생산하는 YMI는 미얀마의 주요 2차 제련소 중 2위를 차지하며 글로벌 안전 및 환경 표준을 준수하고 있다(Yangon Metal, n.d.).
- 미얀마 금속 재활용 산업을 선도하는 포시즌스 FZE 컴퍼니는 최고 수준의 가격을 제공하는 기업 중 하나이다. 이 회사는 구매자와 판매자에게 플라스틱 스크랩, 금속 스크랩, 종이 롤, 재고 백, 플라스틱 필름 롤, 폴리머 등을 제공한다. 또한 전기 모터, 알루미늄, 구리, 황동, 합금, 카바이드, 스테인리스 스틸, 고강도 스틸 HMS, 잉곳 및 실리콘 시트에 대한 재활용 서비스를 제공한다(Fours FZE, n.d.).
- 틸라와 경제특구에 설립된 GOLDEN DOWA ECOSYSTEM MYANMAR는 미얀마 최초의 민간 폐기물 관리 시설이다. 이들의 사업 서비스에는 운송, 전처리, 재활용 및 최종 처리가 포함된다(Dowa Eco-System Co. Ltd., 2014).
- 자동차 부품 재제조 : 중고차 부품 수리 및 개조를 통한 자동차 재제조를 위한 기술 센터 건설 등의 프로젝트가 진행 중이다. 가공 및 재조립 시설도 프로젝트에 포함될 수 있다. 미얀마의 주요 업체 및 기술에 대한 설명은 부록 1에 설명되어 있다(Korea Development Strategy Institute, n.d.).

3-6) 시장 역학 및 경제적 영향

- 자원 보존 및 순환성 : 금속 재활용은 원재료 추출의 필요성을 줄이고, 에너지를 절약하며, 순환 경제를 지원한다. 또한 재활용 금속은 수요가 많고 수입 의존도가 높은 미얀마의 제조 및 건설 부문에 중요한 공급 원료이다(Fours FZE, n.d.; Japan External Trade Organization [JETRO], n.d.).
- 수출 및 수입 동향 : 미얀마는 특정 재활용 금속 및 합금, 특히 납을 아시아 및 유럽 시장에 수출하고 있으며, 현지 수요를 충족시키기 위해 스크랩 및 완제품 금속 제품을 수입하고 있다(6Wresearch, 2020-2026; Yangon Metal, n.d.).
- 일자리 창출 :특히 양곤, 만달레이, 마울라민과 같은 도시(공업지대)에서 이 산업은 수천 개의 일자리를 창출하고 있다(Building Markets, 2019).

강력한 중소기업 네트워크와 YMI와 같은 몇 개의 정교한 기업이 미얀마의 금속 재활용 및 제조 산업을 지원하고 있다. 이 산업은 자원 보존과 경제 성장을 크게 촉진하지만 인프라, 기술 및 규칙에는 문제가 있다.

4) 미얀마의 순환 경제

4-1) 순환 경제의 개념적 근거

지속 가능한 자원 순환은 재사용, 재활용, 책임 있는 추출을 통해 자원 효용을 극대화하는 체계적 접근 방식을 의미한다. 따라서 이 접근 방식은 원재료에 대한 의존도를 낮추고 폐기물을 최소화할 수 있다. 이는 새로운 재료의 필요성을 줄이고 폐기물을 줄이는데 도움이 된다. 미얀마와 같이 천연자원이 많지만 아직 개발 중인 국가에 지속 가능한 자원 순환 정책은 현명한 전략이 될 수 있다. 자원 가치 사슬의 수명을 연장하고, 국내 가치의 가치를 높이며, 기술 혁신을 장려하고, 국가의 환경 및 개발 목표를 지원할 수 있다(Organisation for Economic Co-operation and Development, 2022).

미얀마의 지속 가능한 자원 순환 정책에서 재활용과 재제조가 중요한 이유는 자원 고갈과 환경 피해의 악순환을 끊어야 한다는 시급한 필요성 때문이다. 또한 이 정책은 천연 자원과 경제 성장을 연결한다. 동시에 새로운 경제적 가치를 창출하고 경제를 더욱 탄력적으로 만들 수 있다.

미얀마에는 광물, 금속, 산업에 사용되는 재료와 같은 풍부한 지하 자원이 있다. 이러한 자원은 오랫동안 미얀마 경제에 매우 중요한 역할을 해왔다. 하지만 지금까지 자원을 채굴하여 생산하고 사용한 후 버리는 선형 경제 모델과 같은 경제 운영 방식은 문제를 일으켰다. 자원을 너무 빨리 소모하여 환경 파괴를 일으키고, 통제할 수 없는 폐기물을 너무 많이 발생시키며, 하류 부문의 부가가치 부문과 경제적 기회를 놓치고 있다.

게다가 미얀마의 급속한 경제 성장, 도시화, 산업화로 인해 폐기물 발생과 자원 추출이 급증하면서 기존의 폐기물 관리 시스템이 과부하가 걸리고 환경에 심각한 오염을 초래하고 있다(Environmental Conservation Department, Ministry of Natural Resources and Environmental Conservation, Republic of the Union of Myanmar, 2018). 이로 인해 국가의 폐기물 관리 시스템이 이를 따라잡기 어렵고 토지, 수질, 공기에 심각한 오염을 일으키고 있다. 오래된 재료를 재활용하여 다시 제품을 만들지 않으면 광업과 제조업에서 나오는 유용한 물건을 포함한 많은 폐기물이 결국 공해로 남게 된다. 이는 귀중한 자원이 손실되고 한정된 지하 자원의 사용이 증가한다는 것을 의미한다(Building Markets, 2019; Environmental Conservation Department, Ministry of Natural Resources and Environmental Conservation, Republic of the Union of Myanmar, 2018; Yin Myo Wai, n.d.).

미얀마는 재활용과 재제조를 통합하여 폐기물을 유용한 2차 자원으로 전환할 수 있다. 이를 통해 새로운 원자재를 추출할 필요성을 줄이고 천연 자원을 더 오랫동안 최대한 활용할 수 있다. 이 방법은 자원을 보존하고 환경 피해를 줄이며 공급망을 더욱 안정적으로 만들어 수입의 필요성을 낮춤으로써 경제가 지속 가능한 방식으로 성장하는 데 도움이 된다. 미얀마에서는 SEM과 지역 사회를 위한 새로운 일자리와 비즈니스 기회를 창출하는 방법 중 하나이다(Building Markets, 2019; Environmental Conservation Department, Ministry of Natural Resources and Environmental Conservation, Republic of the Union of Myanmar, 2018; Yin Myo Wai, n.d.).

미얀마 경제는 오랫동안 목재, 광물, 농산물과 같은 천연자원의 사용에 의존해 왔다. 순환 경제를 도입하는 것은 미얀마 기업이 환경과 경제 문제를 모두 해결할 수 있는 적절한 대안이 될 수 있다.

4-2) 제도 및 규제 거버넌스

미얀마의 지속 가능한 자원 순환, 특히 지하 자원과 경제 성장에 대한 접근 방식은 일련의 전략, 정책, 계획 및 법률을 통해 조직화되어 있다. 이러한 프레임워크는 경제 발전과 환경 보전 및 사회적 형평성의 균형을 맞추는 것을 목표로 한다.

〈표 5-4〉 전략 프레임워크, 정책 및 계획표

전략/계획	재활용 및 재제조와의 연계
국가 폐기물 관리 전략(2018-2030) (Environmental Conservation Department, Ministry of Natural Resources and Environmental Conservation, Republic of the Union of Myanmar, 2018)	폐기물 감소, 재활용, 재사용을 촉진한다. 산업 규모의 재제조를 위한 개념적 토대를 마련한다.
국가 환경 정책(2019) (The Public of the Union of Myanmar, 2019)	순환 경제와 지속 가능한 소비/생산을 지원하여 재제조 이니셔티브를 간접적으로 뒷받침한다.
국가 산업 정책(2016) (Ministry of Industry, Government of the Republic of the Union of Myanmar, 2016)	제조업 현대화 및 친환경 산업 원칙 통합을 목표로 한다. 산업 단지와 중소기업을 통해재제조업을 지원할 수 있다.
미얀마 지속가능한 개발 계획(2018) (Ministry of Planning and Finance, 2018)	책임 있는 자원 관리, 산업 혁신, 녹색 성장을 강조한다. 재활용과 재제조는 이러한 전략적 목표에 부합한다.

〈표 5-5〉 법률 및 법령표

법적 제도	재활용 및 재제조와의 관련성
환경 보전법(2012) (Ministry of Natural Resources and Environmental Conservation, 2012)	오염 관리, 환경영향평가(EIA)/환경관리계획(EMP), 폐기물 관리 관행에 대한 근거를 제공한다. 오염 방지 조치로 재활용 및 재제조를 지원할 수 있다.
미얀마 광산법(2015년 개정) (Ministry of Natural Resources and Environmental Conservation, 2015)	광물 사용에 대한 책임은 있지만 폐기물이나 기계류의 재사용 또는 재처리에 대한 규정이 부족하다. 재활용과 재제조를 통합하도록 개정할 수 있다.
수출입법(2012) (Ministry of Commerce, 2012)	중고품 거래를 통제하고 재활용 및 재제조 제품 수입/수출에 영향을 미친다. 리퍼브와 폐기물 수입을 보다 명확히 구분할 필요가 있다.
미얀마 투자법(2016) (The Myanmar Investment Law, 2016)	미얀마 투자위원회(MIC)가 재활용 및 재제조 사업을 포함한 친환경 투자에 대한 인센티브를 제공할 수 있도록 한다.
공장법(1951년, 2016년 개정) (The Factories Act, 1951)	산업 시설의 안전과 운영을 규제하지만 현대적인 재활용 및 재제조 환경에는 취약하다.

〈표 5-6〉 제도 및 사회표

제도 및 사회	SRC(지속가능한 자원순환) 정책 이행의 주요 역할	재활용 및 재제조에서의 역할
천연자원 및 환경보전부	해외의 지속 가능한 자원 추출, 환경 보전 및 채굴 규제	친환경 채굴 관행 규제, 재활용/광물 회수를 위한 환경 기준을 설정
산업부	산업 정책 개발, 제조업 부문의 전환을 지원, 친환경 산업 활성화 추진	산업 부문에서 산업 공생, 청정 생산 기술 및 재제조를 지원
상무부	재활용 및 2차 원자재의 수출입 관련 무역 정책과 표준을 감독·규제	재활용 자재의 시장 접근을 촉진, 순환 공급망 지원
과학기술부	지속 가능한 개발 및 자원 관리 분야 연구개발(R&D), 혁신, 기술 이전 주도	재활용 기술 연구 장려, 혁신 허브를 지원, 현지 재제조 솔루션 장려
미얀마 공학 협회	엔지니어링 및 환경 관리 분야의 기술 전문 지식, 교육, 전문 표준 제공	재활용 및 재제조 공정에 대한 기술 설계, 기술 개발, 인증을 지원

여러 비정부기구 NGO 및 개발 파트너는 미얀마가 천연자원을 지속 가능하게 관리할 수 있도록 지원한다. 정책 개혁, 역량 강화, 환경 보전을 지원하는 유엔개발계획(UNDP), 유엔환경계획(UNEP), 세계은행, 아시아개발은행(ADB)의 참여도 도움이 되고 있다. 또한, 미얀마 추출 산업 투명성 이니셔티브(EITI)는 추출 산업과 광업 부문의 투명성을 강화한다.

5) EU와 한국의 순환자원 전략에서 얻은 교훈

유럽연합과 한국의 순환자원 전략은 지속 가능한 자원 순환 정책을 수립하려는 미얀마에 통찰력 있는 교훈을 제공한다. 이 두 국가는 통합된 거버넌스, 강력한 법적 프레임워크, 이해관계자 참여와 혁신에 대한 전략적 투자를 통해 효과적인 순환 경제 전환이 어떻게 이루어지는지 설명한다. 미얀마는 정책 도구, 제도적 협력, 부문별 접근 방식을 연구함으로써 자국의 개발 상황에 맞는 보다 효율적이고 포용적인 솔루션을 설계할 수 있다.

5-1) EU의 순환 경제 사례

미얀마는 EU로부터 중요한 교훈을 배울 수 있는데, 그것은 바로 통합적이고 일관된 정책 프레임워크의 중요성이다. EU의 순환 경제 성공은 정량화 가능한 목표와 비전을 공유하는 전략적 비전 아래 여러 부문을 통합하는 역량에 기반을 두고 있다. 미얀마의 자원 경제 로드맵 목표를 설정하고 법률, 부처별 책임, 국가 순환 경제 계획을 조율하는 것은 체계적인 변화를 가져오는 데 도움이 될 수 있다.

- 또 다른 중요한 교훈은 EU의 생산자 책임 확대(EPR) 및 친환경 설계 기준 적용이다. 내구성과 재활용성을 장려하는 이 정책은 제조업체가 제품의 전체 수명 주기에 대해 책임을 지도록 한다. 미얀마에서 플라스틱, 전자제품, 광업을 시작으로 EPR을 시행하면 관련된 혁신을 촉진하고 재활용 인프라를 강화할 수 있다(Source Intelligence, n.d.).
- EU는 이해관계자 참여와 대중 인식의 중요성을 강조한다. 유럽에서는 정부, 산업계, 시민사회, 지역사회 간의 파트너십을 통해 성과를 거둘 수 있었다. 미얀마도 다중 이해관계자 플랫폼과 인식 제고 프로그램을 구축하여 이러한 성과를 재현할 수 있다. 이러한 포괄적인 활동은 국가 전체의 순환 경제 정책이 수용되고 효율적으로 시행될 수 있도록 지원할 것이다.
- 유럽 그린 딜의 한 축인 EU의 순환 경제 행동 계획(CEAP)은 폐기물을 최소화하고 자원 효율성을 개선하며 지속 가능한 개발을 촉진하기 위해 순환 경제로 나아가는 것을 목표로 한다. 지속 가능한 제품 설계, 폐기물 감소, 소비자 권한 강화에 초점을 맞추고 있으며, 섬유, 플라스틱, 전자제품 등 영향력이 큰 부문을 대상으로 구체적인 조치를 취하고 있다. 미얀마도 이와 유사한 규정을 시행하여 재제조용 제품을 만들 수 있다(European Commission, n.d.).

5-2) 한국의 순환 자원 전략

미얀마는 한국의 성공적이고 지속 가능한 자원 정책에서 자원 순환 및 녹색 성장 계획을 추진하기 위한 몇 가지 중요한 교훈을 배울 수 있다.

- 강력한 국가 비전과 정책 통합: 한국의 "저탄소 녹색 개발" 의제는 경제, 환경 및 사회적 목표를 단일 프레임 워크 내에서 포함하여 지속 가능성을 최우선 순위로 높였다(Global Green Growth Institute, 2015; Korea.net, 2017). 마찬가지로 미얀마는 강력한 정치적 리더십이 뒷받침되는 포괄적인 장기 비전을 채택함으로써 자원 지속가능성을 위한 범부처 협력과 다부문 조율이 이루어지는 추진체계를 구축할 수 있을 것이다.

- 주요 산업별 순환경제: 한국의 순환경제 정책은 자원 효율화, 재활용, 녹색기술 등 9개 주요 산업(석유화학, 철강, 배터리, 전자, 섬유, 자동차, 기계, 시멘트, 비철금속)에 초점을 맞춘 프로젝트에 집중하고 있다(Argus Media, 2023). 제조업, 농업, 에너지, 광업에 지속가능성을 우선시하는 이 부문별 접근 방식은 미얀마에도 적용될 수 있다.
- 혁신과 기술 투자: 한국 기업들은 친환경 비즈니스 모델로의 전환을 추진하고 있으며 폴리머/플라스틱 열분해, 희토류 회수, 배터리 재활용 등 최신 재활용 기술에 투자하고 있다. 미얀마는 자원 관리를 개선하고 국내 혁신을 장려하기 위해 연구 개발(R&D), 기술 이전 및 시범 프로젝트를 지원해야 한다.
- 한국의 산업별 "CE 9" 전략: 한국의 산업별 "CE9" 전략은 9개 부문에서 자원 재활용과 효과적인 활용을 강조한다. 선형적 사용 후 폐기 모델에서 순환형 모델로 전환을 추구한다 : 1. 석유화학, 2. 철강(제조 시 고철 사용 극대화), 3. 비철금속, 4. 배터리(전기차 배터리에서 리튬/니켈 회수 개발), 5. 전자, 6. 섬유, 7. 자동차, 8. 기계(기계 제조에서 자원 효율성 및 재활용 촉진), 9. 시멘트. 미얀마에서는 광업, 금속 및 전자 부문에 대한 재제조 로드맵이 우선시되어야 한다 (MK Pulse, n.d.).

일관된 정책 통합, 부문별 전략, 순환경제 목표의 필요성은 유럽연합과 한국의 전략과 정책에서 잘 드러난다. 이 두 나라의 모범 사례를 적용함으로써 미얀마는 자원 관리와 경제 회복력을 크게 향상시킬 수 있다. 생산자 책임 확대, 다중 이해관계자 협력, 녹색 기술 투자를 전략적으로 채택하는 것은 천연자원 관리와 지속 가능하고 포용적인 경제 성장을 연계하는 데 필수적이다.

6) 기회와 문제점

미얀마는 지속 가능한 경제 개발의 필요성과 지하자원 개발의 균형을 맞추는 데 있어 중대한 도전에 직면해 있다. 현재의 관행은 비효율적이고 환경에 해를 끼치지만 미얀마에는 포용적 성장, 혁신, 자원 효율성을 지원하는 순환 경제 접근법을 채택할 수 있는 상당한 기회가 있다.

- 기회: 핵심 기회는 환경적 지속 가능성과 경제 성장의 균형을 맞추는 지속 가능한 자원 순환 정책을 통해 자원 의존적인 미얀마 경제를 재편하는 것이다. 미얀마는 재활용, 재제조, 친환경 채굴, 자원 효율성과 같은 순환 경제 원칙을 채택함으로써

원시 채굴에 대한 의존도를 낮출 수 있다. 또한 미얀마에는 녹색 산업을 활성화하고, 일자리를 창출하며, 외국인 투자와 협력을 유치하고, 보다 탄력적이고 포용적인 저탄소 경제를 위한 환경을 조성할 수 있는 기회가 있다.

- 문제: 미얀마는 아직 통합 순환 경제를 도입하지 않았기 때문에 광물, 금속, 천연가스, 보석 등 풍부한 지하 자원이 여전히 선형적인 채굴 중심 방식으로 관리되고 있다. 주요 과제는 다음과 같다.
- 분열된 거버넌스와 취약한 제도: 미얀마는 중복되거나 오래된 법률이 존재하고 부처 간 조정이 제한적이며 집행 능력의 부족으로 규제 혼란을 초래하고 있다.
- 인프라 및 기술 격차: 인프라와 기술 부족은 문제를 더욱 악화시킵니다. 주요 도시 외 지역에서는 폐기물 수거, 분류, 재활용, 안전한 폐기 시스템이 낙후되어 있고, 지역 기업들은 첨단 재활용 및 재제조 기술에 대한 접근성이 부족하다.
- 환경 파괴와 잘못된 자원 관리: 통제되지 않은 채굴은 토양 침식, 대기 및 수질 오염, 생물 다양성 손실, 생태계와 공중 보건을 위협하는 유해 폐기물의 생산으로 이어지며, 한정된 지하 자원의 고갈을 가속화한다.
- 재활용 및 재제조 부문의 저개발: 이 분야는 비공식적인 행위자들이 주도하고 있다. 반면에 투자, 인프라, 기술 및 규제 지원은 부족하다.
- 금융 및 경제적 장벽: 이러한 장벽은 중소기업이 기술 업그레이드를 위한 자본을 확보하는 데 어려움을 겪으면서 발전을 더욱 제약한다. 중소기업은 순환적 관행에 대한 투자에 대한 인센티브에 대한 접근성이 제한되어 있으며, 불안정한 시장 상황으로 인해 수익이 감소하는 상황에 직면해 있다.

마지막으로, 자원 흐름에 대한 신뢰할 수 있는 데이터의 부족, 낮은 인식, 비공식 부문이 지배적인 상황은 증거 기반 정책 결정을 약화시키고 규제 감독을 복잡하게 만든다. 미얀마는 취약한 거버넌스, 파편화된 정책, 낙후된 재활용 시스템이라는 핵심 문제를 해결함으로써 자원 경제를 혁신할 수 있다. 지속 가능한 자원 순환 정책을 수용하면 환경 보전, 경제 회복력, 장기적인 국가 번영을 향한 길을 열 수 있다.

7) 지속 가능한 자원 순환 정책을 위한 전략적 기반

미얀마를 자원 의존적이고 추출적인 경제에서 자원 효율적이고 환경적으로 지속 가능한 순환 경제로 전환하기 위해서는 강력한 정책 프레임워크가 필요하다. 국가 개발 목표를 포함한 글로벌 지속가능성 기준에 부합하면서 경제, 환경, 사회적 측면을 모두 고려하는 지속 가능한 자원 순환 정책의 근간은 다음과 같다.

- 친환경 채굴 및 산업 혁신 : 광업 부문에서 폐기물 발생과 환경 영향을 줄이기 위해서는 광물 추출, 가공, 소비의 효율성을 개선하는 것이 필수적이다. 이 전략 기반은 자원과 에너지 소비를 줄이기 위한 채굴 기술 현대화(그린 마이닝), 광물 선광 및 에너지 생산 공정 최적화, 제조 제품의 수명 연장을 위한 친환경 설계 원칙 촉진에 중점을 둔다. 또한, 한 산업 공정의 산출물을 다른 공정의 투입물로 재사용하여 자원 손실을 줄이는 산업 통합의 채택을 장려할 것이다.
- 추출 물질의 순환적 사용, 재활용 및 재제조 : 추출된 재료의 순환적 사용, 재활용 및 재제조를 촉진하는 것은 유한한 원시 자원에 대한 의존도를 줄이고 추출이 환경에 미치는 영향을 완화하는 데 필수적이다. 광업과 건설 부문에서 상당한 폐기물이 발생하는 미얀마에서 순환 경제 관행은 자원 효율성을 개선하고 친환경 산업 발전을 촉진할 수 있는 소중한 기회를 제공한다.
  특히 전자 폐기물, 금속 스크랩, 건설 골재와 같은 고부가가치 자재에 대한 재활용 부문을 통제하기 위한 철저한 법적 및 규제 프레임워크를 구축하는 것이 이 의제를 발전시키기 위한 주요 기술 중 하나이다. 전국적으로 폐기물을 효과적으로 수집, 분류, 재처리할 수 있는 물질 회수 시설(MRF), 재활용 및 재제조 공장, 물류 시스템과 같은 필수 인프라에 대한 투자가 이루어져야 한다. 또한 재활용 원료에 대한 제도적 수요를 창출하고, 특히 공공 인프라 및 건설 프로젝트에서 국가 및 지방정부 조달 절차에 2차 원자재를 포함시켜 시장 성장을 촉진해야 한다.
- 제도적 조정 및 정책 통합 : 미얀마에서 효과적인 자원 순환을 위해서는 강력한 제도적 조정과 부처 및 거버넌스 수준 전반에 걸친 정책 통합이 필요하다. 주요 정부 기관, 민간 부문 주체, 시민사회가 참여하는 전담 부처 간 전담 조직을 구성하여 정책 개발을 감독해야 한다. 미얀마 지속 가능한 개발 계획 및 기타 관련 정책을 포함한 국가 및 부문별 계획에는 자원 흐름에 대한 주요 목표가 포함되어야 한다. 광업, 환경, 산업 정책을 포함한 입법 도구를 조화시키는 것은 분쟁을 최소화하고 일관된 실행을 가능하게 하는 데 매우 중요하다. 또한 폐기물, 재활용, 자재 흐름을 추적할 수 있는 통합 데이터 시스템을 구축하여 증거 기반 계획을 지원하고 개방성을 높일 수 있다.
- 데이터, 혁신, 역량 강화 : 미얀마에서 순환 경제를 활성화하려면 기술적, 제도적,

인적 역량을 개발해야 하며 지속 가능한 채굴, 재활용, 친환경 공학에 대한 광범위한 직업 훈련을 통해 숙련된 인력을 양성해야 한다. 대학, 국제기구, 비즈니스 부문과의 협력을 통해 순환 기술 분야의 혁신과 현지 연구 개발(R&D)을 촉진할 수 있다. 대중의 인식 개선 프로그램을 통해 환경적 책임, 폐기물 감소, 물질적 효율성을 장려할 수 있다. 혁신 허브와 인큐베이터를 구축하면 스타트업과 중소기업이 청정 기술과 재제조 분야에 집중하는 데 도움이 될 것이다. 이는 지식 기반뿐만 아니라 미래에 대비한 자원 경제를 창출할 것이다.

- 공공-민간 파트너십 및 국제 협력: 포용적이고 공평한 자원 거버넌스를 촉진하는 것은 미얀마의 장기적인 지속 가능성과 사회적 정당성을 위해 필수적이다. 지역 사회, 시민 사회, 원주민 그룹과의 적극적인 참여는 의사 결정의 투명성과 공유된 소유권을 보장한다. 중소기업의 재활용 및 지속 가능한 자재 관리 역량을 강화하여 녹색 일자리를 확대하고 국내 역량을 강화한다. 민관 파트너십과 국제 협력은 기술 이전, 인프라 개발, 공평한 수익 분배를 촉진할 수 있다. 또한, 지역 및 국제 재활용 기업의 강력한 네트워크를 구축하고 긍정적인 협력을 촉진할 수 있는 방법을 모색해야 한다.

미얀마는 모범 사례에 따라 위의 원칙을 실행함으로써 자원 관리와 경제 회복력을 크게 향상시킬 수 있다. 생산자 책임 확대, 다중 이해관계자 협력, 친환경 기술에 대한 투자의 전략적 채택은 천연자원 관리와 지속 가능하고 포용적인 경제 성장을 연계하는 데 핵심이 될 것이다.

8) 결론 및 권고

미얀마는 지속 가능한 경제 성장을 위해 풍부한 지하자원이 기회이자 도전 과제로 작용하는 가운데, 향후 발전의 방향을 결정하는 중요한 전환점에 서 있다. 미얀마는 현재 채굴 산업에 대한 의존도가 높고 이는 GDP와 수출 수입에 크게 기여하고 있다. 그러나 환경 파괴, 비효율적인 자원 사용, 부정적인 사회적 영향도 함께 초래했다. 이 파트는 순환 경제를 위해 잘 설계된 자원 순환 프레임워크가 어떻게 한 국가의 경제적 목표와 환경 보호 및 사회 복지를 조화시킬 수 있는지를 강조한다.

자원 효율성, 재사용 및 재활용, 재제조, 지속 가능한 채굴(친환경 채굴), 제도적 통합을 촉진함으로써 미얀마는 선형적 추출 모델을 넘어 탄력적이고 재생 가능한 개발 경로로 나아갈 수 있다. 한편, 지하 자원에서 광물을 재활용하고 재제조하는 것은 광물 추출이 환경에 미치는 영향을 줄일 수 있는 효과적인 방법 중 하나이다. 따라서 국가는 이러한 부문을 개발하기 위해 노력해야 한다. 이를 위해 발전된 기술을 도입하고 국제 사회와 협력 할 수 있는 방법을 찾아야 한다.

이 보고서에 요약된 전략적 기반과 정책 권장 사항은 실용적이며 지하 자원 관리를 국가 개발 계획에 통합하기 위한 로드맵을 제공한다. 또한 기술 및 규제 개혁뿐만 아니라 교육, 역량 강화, 포괄적인 이해관계자 참여의 중요성을 강조한다. 성공적인 이행을 위해서는 필연적으로 강력한 정치적 의지, 제도적 조정, 광범위한 대중 참여가 필요하다.

또한 인프라, 혁신, 인적 자본에 대한 투자도 필요하다. 특히 파트너가 참여하는 시범 프로젝트에 자금을 지원하고, 기술 전문성을 구축하며, 모범 사례를 공유하는 등 국제 협력과 개발은 미얀마의 노력을 더욱 지원할 수 있다. 이러한 접근 방식은 지속 가능한 개발 목표(SDGs), 파리 협정, 미얀마의 국가 폐기물 관리 전략 및 마스터 플랜(2018-2030)에 따른 미얀마의 약속과도 일치한다.

결론적으로 지속 가능한 자원 순환 정책을 수립하는 것은 단순한 정책 옵션이 아니라 미얀마의 경제적 회복력, 환경 보전, 세대 간 형평성을 확보하기 위한 중요한 단계이다. 전 세계적인 트렌드가 친환경 및 순환 경제로 변화함에 따라 미얀마는 기존의 기회를 포착하여 자원 부를 지속 가능한 번영의 토대로 전환하고 최상의 미래를 만들어야 한다.

부록1. 미얀마의 재활용 및 재제조 분야 주요 참여자와 기술에 대한 간략한 설명

항목	설명	주요 참여자 / 사례
산업 구조	공식 기업과 대규모 비공식 부문이 혼재된 매우 분산된 구조, 가치사슬에는 개인 수거자, 소규모/대규모 고물상, 집하업체, 전처리업체, 소수의 공식 재활용업체가 포함됨	중소기업(SME), Yangon Metal Industry(YMI), Four Seasons FZE, DOWA Eco-System Myanmar
주요 재활용 금속	철, 알루미늄, 구리, 아연, 납. 납 재활용이 특히 발달해 있으며, 고순도 2차 제련소가 있음	YMI(납), 기타 여러 중소기업(SME)
공정 및 기술	수거, 수작업 및 기계 선별, 파쇄, 압출, 제련, 정련, 첨단 시설은 국제 표준 제련 및 환경 통제 장치를 사용하지만, 대부분의 중소기업은 기본 장비만 사용함	YMI, DOWA Eco-System, Four Seasons FZE
공식 / 비공식	수거 및 1차 가공의 대부분은 비공식 부문이 수행, 공식 재활용업체는 소수지만, 시장 가격 및 품질 기준에 가장 큰 영향을 미침	SMEs, junk shops, YMI
재제조	아직 초기 단계. 비공식 부문에서는 자동차 부품 리퍼비시, 기계 수리, 부품 재사용 등의 관행이 있음. 공식 재제조(신품 수준으로 복원)는 드물지만 납 및 배터리 분야에서 성장 중	YMI, local auto/machinery workshops
시장 동인	자원 절약, 제조/건설 부문에서 재활용 금속 수요, 환경 규제, 고철의 경제적 가치	-
정책 및 규제	정부는 지속 가능한 폐기물 관리를 장려하고, 첨단 재활용 투자에 세금 인센티브를 제공하며, 환경 기준을 시행(특히 경제특구(SEZ)에서)	MONREC, DOWA eco-System
주요 프로젝트	DOWA Eco-System(일본)에 의해 Thilawa 경제특구에 미얀마 최초의 관리형 매립지 및 금속 재활용 시설 건설. YMI의 납 제련 및 수출 운영	DOWA Eco-System, YMI
수출 / 수입	미얀마는 일부 재활용 금속(특히 납)을 아시아 및 유럽 시장에 수출하며, 국내 수요 충족을 위해 고철과 완제품 금속을 수입함	YMI(납 수출)

참고문헌

6Wresearch. (2021, January). *Myanmar scrap metal recycling market (2025-2031).* Retrieved from https://www.6wresearch.com/industry-report/myanmar-scrap-metal-recycling-market-2020-2026

Argus Media. (2023, June 22). *S. Korea unveils strategy to promote circular economy.* Retrieved from https://www.argusmedia.com/en/news-and-insights/latest-market-news/2461867-s-korea-unveils-strategy-to-promote-circular-economy

ASEAN. (n.d.). *SME development policies in Myanmar* [PDF]. Retrieved from https://asean.org/wp-content/uploads/images/archive/documents/SME%20Development%20Policies%20in%204%20ASEAN%20Countries%20-%20Myanmar.pdf

Asian Development Bank. (2016). *Myanmar energy sector assessment, strategy, and road map.* Development Bank. https://www.adb.org/sites/default/files/institutional-document/218286/mya-energy-sector-assessment.pdf

Asian Development Bank. (2024). *Asia development outlook: Myanmar.*

Bauer, A., Shortell, P., & Delesgues, L. (2016). *Sharing the wealth: A roadmap for distributing Myanmar's natural resource revenues* [PDF report]. Natural Resource Governance Institute.

Building Markets. (2019). *An overview of Myanmar's recycling industry* [PDF report]. Building Markets. https://connect.buildingmarkets.org/wp-content/uploads/2021/08/buildingmarkets-myanmar_recycling_industry_overview_december_2019.pdf

Burma Library. (n.d.). *IRON, STEEL AND BASE METAL PRODUCTION IN MYANMAR* [PDF]. Retrieved from https://www.burmalibrary.org/docs2/copperMetal.pdf

Circular Action Hub. (2020, August 4). *Project spotlight: Myanmar Recycles.* Retrieved from https://www.circularactionhub.org/project-spotlight-myanmar-recycles/

Department of Geological Survey and Mineral Exploration. (2018). *Mineral occurrences of Myanmar* (Unpublished manuscript). Ministry of Natural Resources and Environmental Conservation.

Department of Population. (2024). *Myanmar census 2024.* Ministry of Immigration and Population.

Dowa Eco-System Co. Ltd. (2014, December 25). *News archive.* Retrieved from https://www.dowa-eco.co.jp/en/news/archive/20141225.html

Environmental Conservation Department, Ministry of Natural Resources and Environmental Conservation, Republic of the Union of Myanmar. (2018). *National waste management strategy and action plan for Myanmar (2018–2030).*

European Commission. (n.d.). *Circular economy action plan.* Retrieved from https://environment.ec.europa.eu/strategy/circular-economy-action-plan_en

Fours FZE. (n.d.). *Metal recycling in Myanmar.* Retrieved from https://www.foursfze.com/metal_recycling-in-myanmar.html

Global Green Growth Institute. (2015). *Korea's green growth experience: Process, outcomes and lessons learned.*

Institute for Global Environmental Strategies. (2016). *Quick study of waste management in Myanmar: Current situation and key challenges.* First National/City Workshops for Developing National/City Waste Management Strategies in Myanmar, June 2016, Nay Pyi Taw & Mandalay, Myanmar.

Institute for Global Environmental Strategies. (2017). *Waste management in Myanmar: Current status, key challenges and recommendations for national and city waste management strategies.*

International Energy Agency. (2022). *Southeast Asia Energy Outlook 2022.*

Japan External Trade Organization (JETRO). (n.d.). *Trade fair detail.* Retrieved from https://www.jetro.go.jp/en/database/j-messe/tradefair/detail/122755

Ko, C. O., Tun, Y., Lwin, N. H., Moe, T., & Eaindray, J. (2021). *Estimation of the recyclable waste amount collected by informal recycling shops: Case study in Nay Pyi Taw, Myanmar. Environmental and Natural Resources Journal, 19*(2), 130–111.

Korea Development Strategy Institute. (n.d.). *KDS stories.* Retrieved from https://eng.kds.re.kr/News/KDSStories.html?gid=homepage_eng&bid=story&step=read&aid=1540000000000

Korea.net. (2017, December). *S. Korea unveils strategy to promote circular economy.* Retrieved from https://www.korea.net/Government/Briefing-Room/Press-Releases/view?articleId=1501800&type=N&insttCode=A260112

Kyaw, A. (2008). *Financing small and medium enterprises in Myanmar.*

Lynn, T. A., & Oye, M. (2014). *Natural resources and subnational governments in Myanmar: Key considerations for wealth sharing* (Discussion Paper No. 4). Subnational Governance in Myanmar: Discussion Paper Series.

Ministry of Commerce. (2012). *The export and import law 2012.* Myanmar.

Ministry of Industry, Government of the Republic of the Union of Myanmar. (2016). *Industry policy.*

Ministry of Natural Resources and Environmental Conservation. (2012). *Environmental conservation law 2012 (Law No. 9/2012).*

Ministry of Natural Resources and Environmental Conservation. (2015). *The law amending the Myanmar Mines Law (2015).*

Ministry of Planning and Finance. (2018). *Myanmar Sustainable Development Plan.*

Ministry of Planning and Finance. (2021). *Myanmar statistical yearbook.* Government of the Republic of the Union of Myanmar.

Myanmar Centre for Responsible Business. (n.d.). *Sector-wide impact assessment: Mining* [PDF]. Retrieved from https://www.myanmar-responsiblebusiness.org/pdf/SWIA/Mining/06-Sector-Level-Impacts.pdf

Natural Resource Governance Institute. (2016). *Myanmar and the Natural Resource Charter: 28 priority issues for the extractive industries.*

Nyunt, T. T., Moe, A. K., Kyaw, Z., & Sai, P. S. (2023). *Some critical mineral and element occurrences and potential in Myanmar. Thai Geoscience Journal, 4*(5), 11-32. https://doi.org/10.14456/tgj.2023.2

Open Development Myanmar. (n.d.). *Extractive industries.* Retrieved from

https://opendevelopmentmyanmar.net/topics/extractive-industries/
Organisation for Economic Co-operation and Development. (2022). *OECD investment policy reviews: Myanmar 2020.*

Source Intelligence. (n.d.). *What are the EPR directives in the EU.* Retrieved from https://blog.sourceintelligence.com/what-are-the-epr-directives-in-the-eu

The Factories Act. (1951). *The law amending the Factories Act, 1951 (The Pyidaungsu Hluttaw Law No. 12, 2016).*

The Myanmar Investment Law. (2016). *The Myanmar Investment Law.*

The Public of the Union of Myanmar. (2019). *National environmental policy.*

TheGlobalEconomy.com. (2021). *Burma (Myanmar): Oil reserves.* Retrieved from https://www.theglobaleconomy.com/BurmaMyanmar/oil_reserves/

World Bank. (2019, June 11). *Myanmar country environmental analysis: Solid waste management* [Video]. Retrieved from https://www.worldbank.org/en/news/video/2019/06/11/myanmar-country-environmental-analysis-solid-waste-management?utm_source=chatgpt.com

World Bank. (n.d.). *GDP per capita (current US$) - Myanmar.* Retrieved from https://data.worldbank.org/indicator/NY.GDP.PCAP.CD?end=2024&locations=MM&start=1961

World Bank Group. (2022). *Myanmar Economic Monitor: Contending with constraints.*

Worldometer. (2015). *Myanmar natural gas reserves, production and consumption statistics.* Retrieved from https://www.worldometers.info/gas/myanmar-natural-gas/

Yangon Metal. (n.d.). *Yangon Metal.* Retrieved from https://yangonmetal.com/

Yin Myo Wai. (n.d.). *Why Myanmar needs circular economy* [Post]. LinkedIn. Retrieved from https://www.linkedin.com/pulse/why-myanmar-needs-circular-economy-yin-myo-wai-efztc

06

라오스의 에너지 및 광물 부문의 순환 경제 : 지속가능한 개발과 녹색 성장으로 가는 길

Chapter

06

라오스의 에너지 및 광물 부문의 순환 경제 : 지속가능한 개발과 녹색 성장으로 가는 길

XAYAVONG Xaybandith
라오스 산업통상부 부국장

1. 요약

천연자원이 풍부한 라오스 인민민주주의 공화국(이하 라오스)은 특히 에너지 및 광물 부문에서 선형 경제 모델에서 지속 가능한 구조로 전환하는 중요한 시점에 서 있다. 수력 발전 수출을 통해 '동남아시아의 배터리'가 되는 것을 목표로 하고 있지만, 국내 에너지 소비는 화석연료에 점점 더 의존하고 있어 녹색성장을 지향하는 국가 목표와 충돌하는 모습을 보이고 있다. 기초적인 환경 정책은 마련되어 있으나 국가 차원의 포괄적인 순환 경제(CE) 전략이 부재하여 관련 정책들이 개별적으로 추진되고 있는 상황이다. 이에 대한 주요 과제에는 낙후된 인프라, 재정적 제약, 데이터 제한 등이 있다. 그럼에도 불구하고 도시 채굴과 산업 공생과 같은 순환적 관행을 통해 녹색 성장, 경제 다각화, 자원 안보 강화를 촉진할 수 있는 상당한 기회가 존재한다. 친환경 인프라에서 발생하는 미래의 폐기물 흐름에 대한 사전 계획이 필수적이다. 이 보고서는 국가 순환경제 로드맵 수립, 순환 경제 인프라에 대한 전략적 투자, 거버넌스 강화, 그리고 지역 및 국제 협력의 확대 등의 권고사항을 제시하며, 라오스의 지속가능한 번영과 환경적 책임이 조화를 이루는 미래를 실현하기 위해 이러한 조치들이 시급함을 강조하고 있다.

2. 소개 : 라오스의 순환경제 수용

1) 순환 경제의 정의 : 원칙과 글로벌 중요성

순환 경제(CE)는 기존의 선형적인 '쓰고 버리는' 모델에서 물질이 폐기물이 되지 않고 자연 시스템이 재생되는 시스템으로 근본적인 패러다임의 전환을 의미한다. 이 접근 방식은 폐기물과 오염을 없애고, 제품과 재료를 최고 가치로 순환시키며, 자연 시스템을 재생하는 세 가지 핵심 원칙에 따라 운영된다. 경제 활동과 한정된 자원 소비를 분리함으로써 기후 변화와 오염과 같은 전 지구적 문제를 해결한다.

라오스와 같은 개발도상국의 경우 순환 경제는 경제 회복력과 다각화를 강화하는 등 상당한 이점을 제공한다. 순환적 관행은 수리, 부품 회수, 재활용 분야에서 새로운 일자리를 창출하고 불안정한 원자재 수출에 대한 의존도를 낮추는 데 기여한다. 순환 인프라와 숙련 인력에 투자하는 국가는 수리 및 재활용을 위한 지역 허브가 되어 다국적 투자를 유치하고 1차 추출에 덜 의존하여 장기적인 경제성장을 확보할 수 있다. 또한, 순환 경제는 지속 가능한 자원 전략을 통해 각국 정부가 탄소 감축 목표 달성을 지원한다.

순환 경제는 단순한 환경 개념이 아니라 라오스와 같은 개발도상국이 지속 불가능한 자원 사용과 경제성장을 분리할 수 있도록 하는 전략적 경제 도구이다. 라오스의 경제는 역사적으로 천연자원 개발에 크게 의존해 왔으며, 이는 선형 경제 모델의 특징을 보여준다. 이 모델은 초기 성장에 기여했지만 자원 고갈과 글로벌 원자재 가격 변동성이라는 구조적 위험을 안고 있다. 순환 경제가 “경제 회복력과 다각화를 증진”하고 “경제활동을 유한한 자원 소비로부터 분리”할 수 있는 방안으로 단순한 환경 대응을 넘어 핵심적인 경제 전략으로 논의 수준을 끌어올리고 있다.

순환 경제 “나비 다이어그램”은 순환 경제의 기본 개념을 설명하는 데 필수적인 도구이다. 이 다이어그램은 기술적 순환과 생물학적 순환으로 나뉘며 재사용, 수리, 재제조, 재활용 등의 과정을 통해 제품과 재료가 시스템 내에서 어떻게 순환되는지 보여준다 (Ellen MacArthur Foundation, 2021).

2) 라오스의 발전 경로 : 자원 의존도와 녹색성장

라오스의 경제는 역사적으로 물, 광물, 산림 등 풍부한 천연자원에 의존해 왔다. 예를 들어, 금과 구리 채굴은 2005년에 GDP의 약 30%를 차지할 정도로 크게 기여했다.

'동남아시아의 배터리'가 되겠다는 국가의 비전은 방대한 수력 발전 잠재력(약 26,000MW)을 전력 수출에 활용하고 있다(ASEAN Centre for Energy, 2025). 이러한 자원 집약적 성장은 광업과 임업에 힘입어 연간 자원 사용량이 2005년 1700만 톤에서 2019년 2억 1400만 톤으로 급증한 것에서 분명하게 드러난다(WHO, 2024).

라오스는 지속 가능한 개발을 위해 노력하고 있으며, 이는 '의제 21(Agenda 21)' 및 유엔기후변화협약(UNFCCC)과 같은 국제 협약의 참여로도 확인할 수 있다. 제9차 5개년 국가 사회경제개발계획(2021-2025)은 지속 가능한 개발을 명시하고 있으며, 국가 녹색성장 전략(2018)은 자원 효율성과 지속가능성을 통해 경제성장을 달성하고 있다. 2021년 국가 온실가스 감축목표(NDC)에서 2030년까지 무조건적인 60% 감축, 2050년까지 탄소중립 달성 등 야심찬 기후 목표를 설정했다(Circle Economy, 2022).

청정에너지 수출을 통해 '동남아시아의 배터리'가 되겠다는 라오스의 야망은 화석 연료에 대한 국내 의존도가 높아지고 자원 사용량이 전반적으로 증가하는 라오스의 현실과 근본적인 긴장 관계를 형성하고 있다. 이러한 상황은 정책과 실천 사이에 상당한 괴리가 존재하며, 라오스의 녹색성장 및 탄소중립 목표에 부합하도록 국내 에너지 부문의 탈탄소화와 전반적인 자원 효율성 제고가 시급하다는 점을 시사한다. 글에서는 "청정 수력 발전을 통해 '동남아의 배터리'를 목표로 하고 있지만, 국내 에너지 소비는 점점 화석연료에 의존하고 있어 녹색성장 목표와의 긴장을 낳고 있다"고 명시적으로 지적하고 있다. 이러한 모순은 자원 총사용량이 1,700만 톤에서 2억 1,400만 톤으로 급증한 데이터를 통해 더욱 두드러진다. 이는 청정에너지 수출에만 초점을 둘 경우 국내 환경 영향을 간과할 수 있으며, 국내 경제의 순환화를 위한 체계적인 노력이 없다면 2050년 탄소중립 목표 달성은 어려울 수 있음을 보여준다.

3) 에너지 및 광물 부문에서 순환 경제의 시급성

자원 소비의 급격한 증가와 선형경제 모델이 지닌 환경적 한계를 고려할 때, 라오스의 순환경제 원칙 도입은 단순한 환경적 선택이 아니라 전략적 경제 과제로 간주되어야 한다. 순환경제 실천은 자원 기반 산업 중심의 경제 구조에서 고부가가치 활동으로의 전환을 촉진하며, 경제 다각화, 자원 안보 강화, 진정한 의미의 녹색성장으로 가는 길을 제시한다. 특히 태양광 패널, 풍력 터빈 등 녹색 인프라 확장에 따라 발생할 미래 폐기물에 대한 사전 계획 수립은, 재생에너지 확대 과정에서 새로운 환경 문제를 예방하는 데 필수적이다.

전반적인 자원 소비의 급증과 야심찬 기후 목표를 고려할 때, 순환경제 도입은 단지 바람직한 방향이 아니라, 라오스가 국가 발전 목표를 달성하고 장기적인 경제·환경 지속 가능성을 확보하기 위한 핵심 기반이라 할 수 있다. "2005년 연간 자원 사용량 1,700만 톤에서 2019년 2억 1,400만 톤으로 급증"한 수치는(WHO, 2024), 현재의 선형경제 경로가 지속 가능하지 않으며 국가가 선언한 목표 달성을 저해할 수 있음을 명확히 보여준다. 따라서 이제 순환경제는 선택 가능한 옵션이 아닌, 자원 최적화와 사전적 관리로의 전환을 위한 비타협적인 핵심 전략으로 자리잡아야 한다.

3. 라오스의 에너지 부문 : 현재 환경과 순환 경제의 잠재력

1) 현재 에너지 믹스 및 소비 동향

라오스의 에너지 부문은 수력 발전이 지배적인 구조로, 국내 전력의 거의 100%를 공급하며 동시에 주요 수출 자원이기도 하다. 탄소중립 시나리오 하에서 라오스는 2050년까지 161테라와트시(TWh)의 전기를 수출하는 것을 목표로 하고 있다. 그러나 총 원천 에너지공급(TPES) 지표를 보면, 국내 소비 측면에서는 화석연료 의존도가 점점 높아지고 있다. 석탄은 2015년 TPES의 33%까지 비중이 증가했으며, 2017년에는 석탄과 석유가 전체 에너지 공급의 60%를 차지했다. 이러한 화석연료 의존 증가로 인해 탄소 배출도 상승하고 있으며, 1인당 이산화탄소(CO_2) 배출량은 2015년에서 2016년 사이 6.3% 증가했는데, 이는 주로 산업 개발에 기인한 것이다. 특히 홍사(Hongsa) 석탄화력발전소는 가동 이후 4년간 라오스의 CO_2 배출량을 5배나 증가시켰다(Global Energy Monitor, n.d.).

향후 전망에 따르면, 수력, 태양광, 풍력, 바이오매스를 포함한 재생에너지가 2050년까지 TPES의 80%를 차지할 것으로 예상되며, 2035년까지 태양광 4.8GW, 풍력 4.9GW 규모의 설비가 계획되어 있다.

아래 제시된 〈표 6-1〉은 라오스의 에너지 공급 및 소비 추세를 보여주는 개요로, 수력 중심의 대외 수출과는 달리 국내 에너지 소비가 점차 화석연료에 의존해 온 역사적 변화를 시각적으로 나타낸다. 동시에, 재생에너지 확대라는 야심찬 미래 목표와의 대비를 통해 라오스 에너지 전략의 내재된 모순을 드러내며, 향후 순환경제 전환 및 탈탄소화 진전을 평가하기 위한 기준선 역할을 한다.

〈표 6-1〉 라오스의 1차 에너지 공급 및 소비 동향 (ktoe/Mtoe)

카테고리	연료 공급원	2000 (ktoe)	2015 (ktoe)	2017 (Mtoe)	2050년 전망
TPES	바이오매스	1,262(78%)	1,620 (34%)	-	-
	석유	243(15%)	953 (20%)	-	3.15 (TFEC의 39%, 석유)
	수력 발전	81(5%)	429 (9%)	-	지배적(재생 에너지)
	석탄	8(0.5%)	1,572 (33%)	-	~20%까지 하락할 것으로 예상(석탄 및 석유)
	태양열	-	-	-	지배적(재생 에너지)
	풍력	-	-	-	지배적(재생 에너지)
TFEC	합계	1,509	3,122	-	-
	석탄	-	406 (13%)	-	-
	전기	-	375 (12%)	0.45 (13%)	3.4 (42-43%)
	석유	-	1,280 (41%)	1.34 (39%)	-
	바이오매스	-	1,170 (37%)	1.63 (48%)	1.2 (15%)

※ : TPES는 총 1차 에너지 공급(Total Primary Energy Supply), TFEC는 최종 에너지 소비(Total Final Energy Consumption)를 의미함. 각 연도의 TPES/TFEC에서 해당 에너지원이 차지하는 비율을 백분율로 표시함.

2050년까지 1차 에너지 공급(TPES)의 80%를 재생2050년까지 1차 에너지 공급(TPES)의 80%를 재생에너지로 달성하겠다는 야심찬 목표와 탄소중립 달성은, 현재 증가하고 있는 국내 화석연료(특히 석탄)에 대한 의존 추세를 되돌리는 데 달려 있다. 이를 위해서는 새로운 재생에너지 설비의 확충뿐만 아니라, 국내 산업 및 운송 부문에서의 화석연료 단계적 감축 또는 대체 전략과 더불어, 강력한 에너지 효율 개선 조치가 필요하다.

〈표 6-1〉은 석탄의 TPES 내 비중이 2000년 0.5%에서 2015년 33%로 급증했으며, 2017년에는 석탄과 석유가 전체 에너지 공급의 60%를 차지했다는 점을 분명히 보여준다. 2050년까지 재생에너지 비중을 80%까지 확대하겠다는 전망과는 달리, 이러한 현재의 경로는 커다란 도전 과제를 제시한다. 보고서에서 지적된 이 모순은, 단순히 수력발전 수출을 늘리거나 태양광·풍력 설비를 추가하는 것만으로는 충분하지 않다는 점을 시사한다. 국내 소비가 여전히 오염물질을 배출하는 화석연료에 의존하는 한, 진정한 '넷 제로 탄소중립'을 달성하기 어렵기 때문이다. 이를 위해서는 청정에너지 발전 확대뿐만 아니라, 전 부문에서 화석연료 의존도를 실질적으로 줄이기 위한 종합적인 국내 에너지 전환 전략이

필수적이다.

2050년까지 TPES의 80%를 재생에너지로 달성하겠다는 야심찬 목표와 전반적인 탄소중립 목표는, 특히 석탄을 중심으로 증가하고 있는 국내 화석연료 의존 추세를 반전시키는 데 달려 있다. 이를 위해서는 새로운 재생에너지 설비의 개발뿐만 아니라, 산업 및 운송 부문에서의 화석연료 사용을 단계적으로 감축하거나 대체하는 전략, 그리고 강력한 에너지 효율화 조치가 수반되어야 한다.

〈표 6-1〉은 석탄이 TPES에서 차지하는 비율이 2000년 0.5%에서 2015년 33%로 급격히 증가했으며, 2017년에는 석탄과 석유가 전체 에너지 공급의 60%를 차지했다는 점을 분명히 보여준다. 비록 2050년까지 재생에너지 비중을 80%로 높이겠다는 전망이 제시되어 있지만, 현재의 흐름은 상당한 도전 과제를 안고 있다. 보고서에서 지적된 이 모순은, 단순히 수력발전 수출을 확대하거나 태양광 및 풍력 설비를 추가하는 것만으로는 충분하지 않다는 점을 보여준다. 국내 에너지 소비가 여전히 오염을 유발하는 화석연료에 의존한다면, 2050년까지 진정한 '넷 제로 탄소중립'을 실현하기 어렵다. 이를 달성하기 위해서는 청정에너지 생산뿐만 아니라, 모든 부문에서 화석연료 의존도를 적극적으로 줄이기 위한 포괄적인 국내 에너지 전환 전략이 필요하다.

2) 에너지 부문 폐기물 흐름과 환경적 영향

이산화탄소(CO_2) 배출은 주요 환경 문제로, 산업 개발의 영향으로 2015년에서 2016년 사이 1인당 CO_2 배출량이 6.3% 증가했다. 특히 홍사(Hongsa) 석탄화력발전소는 가동 이후 4년 만에 라오스의 CO_2 배출량을 5배로 증가시킨 주요 원인 중 하나로 지목된다(Global Energy Monitor, n.d.).

배출가스 외에도, 전력 송배전 손실은 매우 컸으며, 2015년 기준 2,565GWh에 달해 전체 발전량 중 상당 부분이 낭비되었다. 홍사와 같은 발전소에서 발생하는 석탄재(coal ash)에 대한 구체적인 데이터는 제한적이나, 석탄재는 건설 자재 활용이나 희토류 추출 등의 잠재적 활용 가능성이 있는 부산물이기도 하며, 적절히 처리되지 않을 경우 환경에 위험을 초래할 수 있다. 또한, 산업폐수 및 하수로 인한 수질 오염 역시 우려되는 문제이다.

이처럼 전력 송배전 과정에서 발생하는 막대한 손실은 단순한 경제적 비효율을 넘어, 실질적으로 소비되지 않고 낭비된 '보이지 않는 에너지 폐기물'로 간주될 수 있으며, 이는 에너지 부문의 지속가능성을 저해하고 1차 에너지 수요를 불필요하게 증가시키며, 심지어는 수력 발전과 같은 '청정에너지'로부터의 환경 영향마저 악화시킨다.

이러한 손실을 줄이면 전체 에너지 시스템의 자원 효율성이 향상되고, 추가적인 발전 설비(화석연료, 재생에너지)의 필요성이 줄어들며, 그에 따른 환경 영향(예: 댐 건설로 인한 토지 이용, 화력발전소의 온실가스 배출 등)도 감소할 수 있다.

보고서에서 언급된 "2015년 전력 송배전 손실이 2,565GWh에 달했다"는 수치는 매우 중요한 자료이며, 이는 '생산은 되었지만 소비되지 못한 에너지'로서, 순환경제 관점에서는 명백한 자원 비효율로 간주된다. 이 손실을 줄이는 것은 에너지 시스템 전반의 순환성과 효율성을 개선하는 매우 중요한 과제로, 그동안 간과해 왔던 순환경제 적용의 핵심 영역이라 할 수 있다.

3) 순환성 및 에너지 효율성 기회

라오스는 에너지 부문에서 순환성 및 에너지 효율 향상을 위한 상당한 잠재력을 보유하고 있다.

- 재생에너지 통합 : 풍부한 수력, 태양광, 풍력, 바이오매스 자원은 국내 에너지 시스템의 탈탄소화 및 청정에너지 수출 확대를 위한 견고한 기반을 제공한다. 대규모 풍력 프로젝트에 대한 협약 체결과 2035년까지 태양광 4.8GW, 풍력 4.9GW 설치 계획은 정부의 명확한 의지를 보여준다.
- 에너지 효율 프로그램 : '에너지 효율 및 절약에 관한 국가 정책(2016)'은 2030년까지 에너지 소비를 10% 감축하는 것을 목표로 한다. 주요 이니셔티브로는 에너지 관리 시스템 도입, 에너지 서비스 기업(ESCOs) 활성화, 에너지 성능 기순 강화 능이 있으며, 디지털 기술이 이를 지원하는 핵심 요소로 작용하고 있다.
- 폐기물 에너지화(Waste-to-Energy) 프로젝트: NDC 이행계획은 폐기물 에너지화 및 유기성 폐기물 재활용 투자 확대를 지원하며, 비엔티안 수도를 대상으로 하루 500톤의 폐기물 처리 목표를 제시하고 있다. 구체적인 사례로는 라오스 맥주회사(LBC)가 라오스 최초의 바이오매스 에너지 공장을 설립한 사례가 있다. 이 공장은 2025년 2~3월 가동 예정이며, 바이오매스 폐기물을 활용해 스팀 수요의 80% 이상을 화석연료 대신 충당할 예정이다. 이를 통해 탄소배출을 대폭 감축하고, 당초 계획보다 5년 앞서 맥주 제조 부문의 탄소제로 목표를 달성할 것으로 기대된다. 이 사례는 산업 및 농업 폐기물 흐름을 에너지원으로 전환하는 순환경제의 실질적 가능성을 보여주는 대표 사례로, 향후 확장이 가능한 모델이다.

- 에너지 인프라의 자원 회수: 재생에너지 인프라가 확대됨에 따라, 폐기 시점에서의 사전적 계획이 중요하다. 태양광 패널로부터 은, 구리, 유리, 실리콘 등의 귀중한 자재를 회수할 수 있으며, 풍력 터빈 블레이드도 재활용 기술의 발전을 통해 유용한 플라스틱이나 유리섬유로 전환할 수 있다. 이러한 재활용 전략이 부재할 경우, 녹색 기술에서 발생하는 신규 환경 문제가 우려된다.

LBC의 바이오매스 공장과 같은 폐기물 에너지화 프로젝트는, 폐기물 관리와 탈탄소화를 동시에 해결하는 순환경제 모델의 구체적이고 재현 가능한 사례를 보여준다. 이는 라오스의 농업 기반과 풍부한 바이오매스 자원을 감안할 때 확장 가능성이 매우 높다. 폐기물 수거 및 처리 인프라 문제만 해결된다면, 이러한 순환경제 경로는 보다 널리 확대될 수 있으며, 화석연료 의존도를 줄이고 에너지 안보를 강화하는 데 크게 기여할 수 있다.

4. 라오스의 광물 부문 : 자원 의존성과 순환경제 개입

1) 주요 광물, 채굴 및 가공 활동

라오스는 금, 구리, 아연, 납, 주석, 철, 알루미늄, 칼륨염(potash), 석회석, 석고 등 다양한 광물 자원이 풍부하다. 이 중 금과 구리는 경제적으로 특히 중요하며, 국가 GDP와 수출에 상당한 기여를 하고 있다. 예를 들어, Lane Xang Minerals Limited (LXML)의 세폰(Sepon) 광산은 2003년 이후 총 110만 톤 이상의 구리 전해동(copper cathode)과 170만 온스 이상의 금을 생산해, 정부에 미화 17억 달러 이상의 직접 수익을 창출했다.

채굴은 주로 노천광(open-pit) 방식으로 이루어지며, 전통적인 천공–발파–굴삭–운반(Drill, Blast, Shovel, Truck) 공정을 따른다. 광석 가공은 파쇄, 분쇄, 부유선별(flotation) 등의 과정을 통해 구리 및 귀금속을 회수하며, 역사적으로 제련 과정에서 슬래그(광재) 폐기물이 발생한 기록도 있다.

〈표 6-2〉는 라오스에서 경제적 가치가 높은 주요 광물과 이들의 국가 경제 기여도를 요약한 것이다. 이 표는 특정 광물의 경제적 중요성과 주요 생산 활동을 정량적으로 보여주며, 라오스 광산업의 규모와 전략적 중요성을 확인할 수 있게 한다. 또한 이러한 배경은 국가의 자원 지속가능성과 경제 회복력을 높이기 위해 광물 부문에 순환경제 개입이 반드시 필요함을 입증한다.

〈표 6-2〉 라오스 주요 광물

광물 종류	경제적 기여도 / 중요성	주요 사업 / 사례
금	• 국내총생산(GDP)에 대한 주요 기여(2005년 구리 포함 30%) • LXML 세폰은 2003년 이후 170만 온스 이상 생산 • LXML 세폰으로부터 라오스 정부에 17억 달러의 집접 수익 제공	• LXML 세폰, • 푸캄(구리-금)
구리	• 국내총생산(GDP)에 대한 주요 기여(2005년 금 포함 30%) • LXML 세폰은 2003년 이후 구리 정광 110만 톤 이상을 생산 • 상당한 수출 규모	• LXML 세폰, • 푸캄(구리-금), • 빌라불리 단지
갈탄(석탄)	• 1차 에너지 공급(TPES)에서 상당한 증가(2015년까지 33%) • 홍사 발전소 연료	• 홍사 갈탄 광산 및 발전소

2) 광물 부문 폐기물 흐름과 환경적 영향

광산업은 주로 폐암(waste rock)과 부광(tailings)을 포함한 대규모 폐기물을 생성한다. 2015년 기준, 금속광물은 전체 자원 유입량의 21% 이상을 차지했으며, 폐암과 부광은 전체 폐기물 및 배출물의 71%에 달했다. 한 구리광산은 12년간 약 3,690만 톤의 폐기물 발생이 예상된 바 있다.

부광은 환경 영향을 최소화하고 안정성을 확보하기 위해 부광 저장시설(TSFs, Tailings Storage Facilities)에 별도로 보관되어야 한다.

광산업의 환경 영향은 매우 광범위하다. 주요 문제로는 산림 훼손, 수질 오염, 토양 황폐화, 대기오염(먼지, 소음), 생늘서식지 파괴 등이 있으며, 특히 구리 가공 과정에서는 수은, 비소, 납 등 유해 물질이 배출될 수 있다. 부적절하게 관리된 부광은 유해 화학물질을 생성하거나, 산성 광석 배수(Acid Rock Drainage)로 이어져 심각한 수질 오염을 유발할 수 있다.

또한, 광물 회수를 목적으로 하는 비공식 전자폐기물(e-waste) 처리 역시 환경과 건강에 심각한 위협을 가하고 있다. 노천 소각(open burning) 등 안전하지 않은 방식이 일반화되어 있으며, 이 과정에서 중금속과 유해 물질이 방출되어 토양, 물, 공기를 오염시키고 지역 주민 건강을 위협한다.

〈표 6-3〉은 라오스 광물 부문에서 발생하는 주요 폐기물 흐름, 관련 환경 영향, 그리고 현재 시행 중인 관리방식 및 규제 요건을 체계적으로 정리한 것이다. 이 표는 광산 폐기물이 초래하는 환경적 책임과 위험의 심각성을 시각적으로 보여주며, 광물 부문에 대한

시급한 순환경제 개입 필요성을 분명하게 뒷받침한다. 또한, 현재의 폐기물 관리 관행이 대체로 미흡하거나 위험성이 크다는 점도 함께 드러낸다.

〈표 6-3〉 광물 산업의 폐기물 유입 경로, 영향 및 관리

폐기물 유형	추정 수량 / 출처	특정 오염물질 / 영향	현재의 관리 관행 / 규정
폐석 및 잔재물	• 금속 광석에서 발생하는 전체 폐기물 및 배출량의 71% (2015년) • 구리 광산에서 12년간 3,690만 톤 발생 • 테일링 저장 시설(TSFs)에 저장	• 산림 훼손, 서식지 파괴, 수질/토양/대기 오염 • 유해 화학물질 생성 가능성	• 안정적인 저장을 위한 전용 TSF • 「광물법(2017)」은 환경관리계획, 복원, 광산 폐쇄계획, 오염방지기법 등을 의무화
폐수	• 가공 활동, 광산 배수, 지표수 유출로부터 발생	• 용해된 금속, 시안화물, 악취, 염분 등 • 산업 폐수/하수 처리로 인한 수질 악화	• 사람, 동물, 환경의 건강/생명을 보호하기 위한 처리 과정 필요 • 전문 기업들이 폐수 처리 솔루션 제공
대기 배출물	• 채굴 작업(먼지, 소음), 가공(금속 기화), 비공식 전자폐기물 소각에서 발생	• 수은, 비소, 납(구리 처리에서 발생) • 다이옥신, 퓨란, 온실가스(폐기물 소각에서 발생)	• 오염 방지 기술 의무화 • LXML 세폰 광산은 탄소발자국 감소에 중점
슬래그	• 광석 제련의 부산물	-	-
전자 폐기물	• 발생량 증가, 대규모 수입 • 비공식적인 처리 방식	• 납, 수은, 카드뮴, 유기오염물질(비안전적인 처리 관행에서 발생)	• (노후 기술/오염 문제로 인한) 전자 폐기물 수입 금지 • 한정된 공식 수거/재활용 인프라

금속 광석에서 발생하는 총 폐기물의 71%를 차지하는 막대한 양의 폐석 및 잔재물은 단순히 대규모의 환경적 부담을 초래하는 것일 뿐만 아니라, 자원 회수의 관점에서 아직 활용되지 않은 중요한 잠재 자원이기도 하다. 이는 광업 부문에서 단순 폐기물 처분에서 자원 회수로의 패러다임 전환이 시급함을 강조하며, 환경 부담을 잠재적인 경제 자산으로 전환할 수 있는 가능성을 제시한다. 폐석과 잔재물이 "전체 폐기물 및 배출량의 71%를 차지한다(WHO, 2024)"는 데이터는 채굴된 대부분의 물질이 현재는 폐기물로 처리되고 있음을 나타낸다. 또한 잔재물을 재처리하여 희토류 금속을 포함한 유가 금속을 추출할 가능성도 언급되고 있다. 이는 현재의 선형적인 처리 방식이 막대한 폐기물과 환경 피해로

이어지는 반면, 순환적 처리 방식은 이러한 피해를 완화하고, 새로운 천연자원 채굴의 필요성을 줄이며, 한때 폐기물로 여겨졌던 것에서 새로운 경제적 가치를 창출할 수 있는 기회를 제공한다는 직접적인 연관성을 보여준다.

3) 현재 폐기물 관리 및 책임 있는 채굴 관행

라오스는 광물 부문 내에서 환경보호 및 폐기물 관리를 규율하기 위한 법적 체계를 마련하였다. 2017년에 제정된 「광물법」은 환경보호 및 사회적 책임과 연계된 광물의 관리, 보호 및 활용에 대한 원칙과 조치를 명시하고 있다. 이 법은 환경관리계획, 이주계획, 오염 방지 기술, 복원 및 광산 폐쇄계획을 의무화하고 있다. 재정적 조치로는 환경보호기금에의 기여금 납부 및 피해에 대한 보상 의무가 포함되어 있다.

Lane Xang Minerals Limited(LXML) Sepon은 환경 관리 시스템에 대한 ISO 14001 인증을 보유한 책임 있는 광산 운영의 모범 사례로 꼽힌다. LXML은 환경 관리, 복원 및 모니터링, 그리고 지속 가능한 광산 폐쇄 계획에 상당한 투자를 하고 있다고 보고하고 있다. 이 회사는 특히 플라스틱 폐기물 관리와 관련하여 운영 과정에서 "감소(Reduce), 재사용(Reuse), 재활용(Recycle)"이라는 3R 폐기물 원칙을 적극적으로 추진하고 있다. LXML은 2024년에 환경 준수에 대한 우수 인증서를 수여받았다.

강력한 법적 체계와 LXML과 같은 모범적인 사례들이 높은 환경 기준을 준수하고 있음에도 불구하고, 라오스 전역에 걸쳐 발생하는 막대한 규모의 광산 폐기물과 일반 폐기물 관리 문제들은 규제 의도와 광범위한 실행 역량 사이에 잠재적인 격차가 존재함을 시사한나.

강력한 법적 체계(예: 「광물법」)와 책임 있는 기업 사례들(예: LXML)이 존재함에도 불구하고, 광범위한 비공식 폐기물 처리 및 전반적인 운영 역량 부족이 공존하는 상황은 심각한 '정책 이행 격차'를 나타낸다. 이는 문제의 핵심이 정책 부재가 아니라, 법 집행, 자원 배분, 대중 인식 및 참여 부족 등 시스템 전반의 약점에 있음을 의미한다. 특히 강력한 입법과 모범 사례들에 비해 만연한 부실한 관행과 역량 부족 사이의 불일치를 강조하고 있다. 다시 말해, 문제의 본질이 단순히 좋은 법적 프레임워크나 선도 기업의 지식 부족이 아니라, 집행, 모니터링, 자원 배분 등 보다 심층적인 시스템적 과제에 있음을 시사한다. 특히 규제가 존재함에도 불구하고 전자 폐기물의 비공식적 처리 방식이 여전히 안전하지 않고 오염을 유발하는 관행으로 이루어지고 있는 현실은 이러한 격차를 더욱 부각시킨다. 순환경제 원칙이 전국적으로 효과를 발휘하려면 제도적 역량 강화, 거버넌스 개선, 비공식 부문에 대한 적극적인 참여 및 공식화 등에 초점을 맞춘 노력이 반드시 필요하다.

4) 광업 분야에서의 순환경제 기회

라오스의 광물 부문은 순환경제 원칙을 도입할 수 있는 상당한 기회를 제공한다.

- 폐기물로부터의 자원 회수: 광업 산업은 자원 최적화, 폐기물 재처리, 순환 시스템 도입을 우선시함으로써 환경 영향을 크게 줄일 수 있는 잠재력을 지니고 있다. 현재 주요 폐기물 흐름 중 하나인 잔재물은 금, 구리, 니켈, 코발트, 희토류 원소 등 유가 금속을 추출하기 위해 재처리될 수 있다. 재활용 노력을 확대하면 2050년까지 핵심광물 신규 채굴 수요를 25~40%까지 줄일 수 있다.
- 전자폐기물의 도시광산화: 도시광산화는 전자폐기물 및 기타 폐기물에서 유가 자원을 추출하는 것으로, 순환경제에서 매우 중요한 실천 방식이다. 라오스의 1인당 전자폐기물 발생량은 낮은 편(2019년 기준 연간 1인당 2.5kg, 베트남의 2.7kg과 유사)이나, 전자제품 수입 증가로 인해 증가 추세에 있다. 공식적인 전자폐기물 수거 시스템이 부재한 상황에서, 대부분 비공식 해체 및 수출이 이루어지고 있으며, 이는 종종 안전하지 않은 방식으로 처리되고 있다.
- 산업 공생: 한 산업의 폐기물이나 부산물이 다른 산업의 유용한 자원으로 활용되는 산업 공생 개념은 유망한 기회를 제공한다. 예를 들어, 광산 작업에서 발생한 폐암석은 건설 자재로 재활용될 수 있으며, 산업 폐기물은 발전용 에너지원으로 활용될 수 있다. 「국가 녹색성장 전략」은 산업 공생의 촉진을 명시적으로 포함하고 있다.
- 광물/전자 폐기물 재활용의 과제: 잠재력에도 불구하고, 순환경제 실천의 광범위한 채택을 저해하는 여러 과제가 존재한다. 전 세계적으로 핵심광물의 재활용률은 여전히 낮은 수준에 머물러 있다. 라오스에서는 폐기물 관리 인프라의 부족, 무단 투기 및 소각에 대한 의존, 전자폐기물 수입 금지 등의 문제로 이러한 과제가 더욱 심화되고 있다. 전자폐기물 수입 금지는 의도치 않게도 귀중한 자원을 환경에 해로운 비공식 경로로 밀어 넣는 결과를 초래했다. 예를 들어, 재활용 인프라는 매우 제한적이며, 평균 재활용률은 고작 5.2%에 불과하다(ERIA - Regional Knowledge Centre for Marine Plastic Debris, 2022). 비공식 전자폐기물 처리 작업은 종종 안전 조치를 결여하고 오염을 유발한다. 현재의 전자 폐기물 수입 금지는 중대한 정책적 모순을

반영한다. 이 조치는 구식 재활용 기술로 인한 오염을 방지하기 위한 의도로 시행되었지만, 결과적으로 라오스 내에서 공식적이고 고품질의 도시광산 산업 발전을 저해하고 있다. 이 정책은 유가 자원을 환경적으로 해로운 비공식 경로로 몰아가며, 라오스가 핵심광물 재활용을 위한 지역 허브로 성장할 수 있는 잠재력을 활용하지 못하게 만든다. 엄격한 환경 보호 기준 하에서 통제된 고품질의 처리 방식이 가능하도록 이 정책을 재검토하는 것이 매우 중요하다. 문서에 따르면 전자 폐기물 수입 금지의 근거는 "노후 재활용 기술로 인한 오염 우려"이다. 그러나 이 수입 금지가 "공식적인 도시광산화 및 자원 회수를 본의 아니게 저해하며, 국내 전자폐기물을 환경에 해로운 비공식 경로로 몰아넣는다"고 지적하고 있다. 이는 정책적 모순을 부각시킨다. 즉, 보호를 위한 선의의 조치가 오히려 역효과를 초래하여 공식적인 순환경제 부문의 발전을 가로막고 있는 것이다. 도시광산화의 잠재력을 온전히 실현하고, 라오스를 자원 회수 분야에서 지역적 핵심 주체로 자리매김하기 위해서는 엄격한 안전 조치 하에서 통제된 고품질 수입을 허용하도록 이 정책을 재검토하는 것이 매우 중요하다.

5. 순환경제 구현을 위한 협력 강화의 전반적인 과제와 기회

1) 산업 간 과제

라오스의 에너지 및 광물 부문에서 순환경제로의 전환은 여러 상호 연관된 도전에 직면해 있다.

- 정책 공백: 순환경제에만 초점을 맞춘 구체적이고 포괄적인 국가 전략의 부재는 주요한 장애 요인으로, 이로 인해 부처 및 산업 부문 간 노력이 단편적으로 이루어지고 있다.
- 인프라 및 역량의 한계: 라오스의 현재 폐기물 관리 인프라는 전반적으로 미비하며, 수거율이 낮고(예: 비엔티안의 수거율은 70% 미만), 분리배출이 제한적이며, 무단투기와 소각이 광범위하게 이루어지고 있다. 매립지 관리도 부실한 상황이다. 특히 전자 폐기물과 같은 복잡한 폐기물 흐름에 대한 재활용 인프라는 매우 제한적이며, 평균 재활용률은 단 5.2%에 불과하다(ERIA - Regional Knowledge Centre for Marine Plastic Debris, 2022).

- 재정적 장벽: 순환경제 이니셔티브를 구현하려면 일반적으로 새로운 기술 및 인프라 구축을 위한 상당한 초기 투자와 선투입 비용이 필요하다. 환경 보호 활동은 역사적으로 기부금에 크게 의존해 왔으나, 최근 이러한 지원이 감소하면서 지속 가능한 자금 조달이 중요한 과제로 떠오르고 있다.
- 데이터 가용성 및 모니터링 문제: 순환경제를 효과적으로 구현하려면 폐기물의 양, 구성, 자원 흐름 등에 대한 견고하고 정확하며 신뢰할 수 있는 데이터가 필수적이다. 그러나 라오스는 이러한 데이터를 확보하는 데 어려움을 겪고 있으며, 도시별 폐기물 발생량도 1인당 하루 0.7~1.4kg으로 편차가 크다. 환경 및 천연자원에 대한 모니터링 역량은 신뢰할 수 있는 시계열 데이터의 부족과 제도적 자원 부족으로 제한되고 있다.
- 비공식 부문의 통합: 라오스의 노동력 중 상당수가 특히 폐기물 수거와 같은 환경 관련 직종에서 비공식 경제 내에서 종사하고 있다. 비공식 부문 노동자들은 폐기물 수거에서 중요한 역할을 하고 있지만, 이들의 활동은 대개 안전 조치가 부족하며, 이로 인해 전자폐기물의 안전하지 않은 해체 작업 등 환경 오염의 원인이 되기도 한다.

이러한 과제들은 종합적으로 '정책 실행 격차'를 초래하고 있다. 이는 고차원의 환경 및 지속가능발전 목표가 단편적인 노력, 제한된 제도적 역량, 데이터 부족, 재정 제약 등으로 인해 실질적인 순환경제 성과로 이어지기 어려운 구조를 초래하고 있다.

안전하지 않은 작업 방식과 오염으로 특징지어지는 비공식 폐기물 처리의 만연한 문제는 중대한 사회적·경제적 도전 과제를 드러낸다. 이 부문의 공식화 및 통합은 단순한 환경 개선을 넘어 생계 향상, 건강 증진, 그리고 저평가된 잠재 노동력을 순환경제에 통합하는 데 중요한 의미를 가진다. 여러 자료들은 비공식 폐기물 관리 부문의 중요한 역할과 그로 인한 부정적 영향(안전하지 않은 작업 관행, 오염)을 일관되게 지적하고 있다. 그러나 이들 노동자들은 이미 폐기물 수거에 관여하고 있다는 점에서, 비공식 부문은 단순한 문제 대상이 아니라 공식 순환경제를 위한 존재하지만 최적화되지 않은 노동력으로 간주될 수 있다. 이 부문의 공식화는 "삼중 효과(triple dividend)"를 가져온다. 즉, 환경 성과 개선, 사회적 형평성 향상(작업 조건 개선, 소득 안정), 구조화된 재활용 네트워크로의 통합을 통한 경제 효율성 제고가 그것이다.

〈표 6-4〉 라오스에서 순환경제 구현의 주요 과제와 기회

분야	과제	기회
정책 및 거버넌스	• 순환경제에 특화된 국가 전략 부재 • 환경 정책의 분절화 • 집행 및 규정 준수 격차	• 국가 순환경제 로드맵 개발 • 부문별 계획에 순환경제 통합 • 부처 간 협조 강화; 기존 법적 틀 활용 (예: 광물법 등)
인프라 및 역량	• 제한된 폐기물 수거/분리 • 미개발 재활용 인프라 (예: 전자 폐기물) • 무단 투기 및 소각에 대한 의존	• 현대식 폐기물 관리 및 재활용 시설에 투자 • 순환경제 일자리 관련 기술 개발 • 순환 기술에 대한 연구개발(R&D) 촉진
재정 및 투자	• 높은 초기 투자 비용 • 환경 보호를 위한 기여금 의존 • 녹색 투자에 대한 지역 전문성 부족	• 녹색 금융 및 민관협력(PPP) 모색 • 순환 비즈니스 모델에 대한 인센티브 제공 • 통제된 재활용을 위한 전자 폐기물 수입 정책 재검토
데이터 및 모니터링	• 신뢰할 수 있는 폐기물 데이터 부족 • 환경/자원 모니터링 역량 부족	• 데이터 시스템 및 규제 프레임워크 강화 • 기후 행동을 위한 MRV(측정·보고·검증) 개선
사회 및 비공식 부문	• 폐기물 관리 분야의 대규모 비공식 노동력 • 안전하지 않은 비공식 관행	• 비공식 폐기물 수거 업자를 공식화하고 통합 • 일자리 창출 및 경제 다각화
지역 및 국제 협력	-	• ASEAN 이니셔티브 활용 • 지식 및 기술 이전을 위한 국제 파트너십 모색

2) 협력 강화의 기회

라오스는 순환경제 전환을 촉진할 수 있는 고유한 시너지 기회를 보유하고 있다.

- 전략적 위치 활용: 동남아시아 중심부에 위치한 “육지 연결국(land-linked)”이라는 지리적 이점은 라오스가 재제조 및 고급 재활용을 포함한 순환 서비스 분야의 지역 허브로 성장할 수 있는 잠재력을 제공한다. 이는 원자재 수출 중심에서 부가가치 활동으로의 전환을 가능하게 하며, 고부가가치 투자를 유치하고 경제 회복력을 강화한다.
- 고용 창출 및 경제 다각화: 순환경제 실천은 수리, 리퍼비시, 재제조, 재활용 등의 다양한 분야에서 고용 기회를 창출한다. 비공식 폐기물 부문을 공식화하면 노동자들을 보다 안전하고 구조화된, 경제적으로 지속 가능한 네트워크로 통합할 수 있다. 2050년까지

순환경제 분야의 고용 규모는 2020년 전체 노동력의 약 16%에서 최대 160만 개까지 증가할 수 있다.

- 녹색 투자 및 기술 이전 유치: 순환경제에 대한 선제적 접근은 녹색 투자 유치에 대한 매력을 높인다. 「녹색 및 기후 금융 공동 프로그램」은 이를 위한 정책 및 재정 메커니즘 강화를 목표로 한다. 기술 이전 및 역량 강화를 위한 국제 협력은 매우 중요하다.
- 자원 소비와 경제성장의 탈동조화: 순환경제는 라오스가 지속 불가능한 자원 소비와 경제성장을 분리할 수 있도록 하여, 번영을 이루는 동시에 배출량과 환경 영향을 크게 줄일 수 있게 한다. 이를 통해 2050년까지 GDP가 160억 달러 증가하고 고형 폐기물 처리량은 86% 감소하는 결과를 가져올 수 있다.

순환경제 도입으로 예상되는 막대한 경제적 이익, 즉 2050년까지 GDP 160억 달러 증가와 160만 개의 일자리 창출 가능성은 매우 강력한 경제적 근거를 제시한다. 이러한 수치 기반의 전망은 경제 정책 입안자와 정치 지도자들에게 큰 설득력을 가지며, 순환경제를 단순한 비용 요소가 아닌 중대한 경제적 기회로 인식하게 만든다. 이는 순환경제를 부수적인 환경 이슈가 아닌 국가 개발 전략의 핵심 요소로 전환시키는 데 중요한 역할을 한다.

6. 정책 및 규제 프레임워크: 미비점과 개선사항

1) 기존 환경 및 개발 정책

라오스는 순환경제 발전을 위한 기반이 되는 정책 및 규제 틀을 갖추고 있다.

- 헌법 및 법적 기반: 라오스 헌법은 천연자원 보호를 지지하고 있다. 「환경보호법」(1999년 제정, 2012년 개정)은 주요 법적 수단이며, 「광물법」(2017년판)은 환경 관리, 오염 방지, 폐기물 및 폐수 처리, 광산 폐쇄 계획을 규정하고 있다.
- 국가 개발 계획: 제9차 국가사회경제개발 5개년 계획(2021-2025)은 지속가능한 개발 원칙에 따라 개발을 이끌고 있으나, 순환경제에 대한 구체적인 초점은 부족하다. 「국가 녹색성장 전략」(2018)은 자원 효율성을 통한 경제 성장을 목표로 하고 있다.
- 녹색성장 및 기후 전략: 「2021 국가결정기여(NDC)」는 온실가스 배출량을 2030년까지

60% 감축하고, 2050년까지 탄소중립 달성을 목표로 하는 야심찬 감축 목표를 설정하고 있으며, 폐기물 및 에너지 부문에 대한 조건부 감축 목표도 포함하고 있다.

- 폐기물 관리 세부사항: 세계은행이 지원하는 「오염 및 폐기물 관리 프로젝트」(2025~2031)는 비엔티안 수도에서 도시 고형 폐기물 서비스를 개선하고, 100% 수거 및 자원 회수를 목표로 한다. 「국가 플라스틱 행동계획(초안)」은 3R 원칙(감소, 재사용, 재활용)과 보다 나은 폐기물 관리를 촉진하고 있으며, 폐기물 처리 우선순위(hierarchy) 개념도 반영되어 있다. 그러나 노후된 재활용 기술로 인한 오염 우려로 인해 2017년부터 전자폐기물 및 노후 배터리 수입이 금지되어 있다.
- 자원 효율성 이니셔티브: 여러 부처가 자원 효율성 제고를 위한 기회를 식별하는 데 참여하고 있다. 「에너지 효율 및 절약에 관한 국가 정책」(2016년)은 2030년까지 에너지 소비를 10% 감축하는 것을 목표로 하고 있다.

〈표 6-5〉는 라오스의 순환경제 관련 정책 및 규제 수단을 정리한 것으로, 기존 정책 환경을 신속하고 체계적으로 참고할 수 있도록 구성되어 있다. 이 표는 이미 시행 중인 기초 법률, 국가 계획, 구체적인 전략 등을 명확하게 제시하고 있으며, 라오스가 순환경제 이행을 위해 활용하고 발전시킬 수 있는 환경보호 및 지속가능한 개발 기반을 이미 보유하고 있음을 보여준다.

〈표 6-5〉 라오스의 순환경제를 위한 관련 정책 및 규제 도구

정책/법률명	연도	주요 조항 / 순환경제 관련성
라오스 헌법	-	• 천연자원의 보호, 복원, 개발을 지원
환경보호법	1999년 (2012년 개정)	• 환경 관리의 근간을 이루며, 환경 건강 및 사회적 영향을 포함
광물법	2017년	• 광물의 관리, 보호 및 활용에 대한 원칙을 정의하며, 환경 보호와 연계됨. • 환경관리계획, 이주계획, 오염방지기술, 광산 폐쇄계획, 폐기물/폐수 처리, 정기 보고 등을 의무화
제9차 국가사회경제개발 5개년 계획 (NSEDP)	2021-2025년	• 주요 국가 개발 계획으로, 지속가능발전 원칙을 포함하지만 순환경제에 대한 구체적 초점은 포함하지 않음
국가 녹색성장 전략	2018년	• 자원 효율성 향상을 통해 빈곤 감소 및 삶의 질 향상을 목표로 하는 경제 성장 전략

정책/법률명	연도	주요 조항 / 순환경제 관련성
국가결정기여(NDC)	2021년 (업데이트됨)	• 2030년까지 무조건적인 60% 배출 감축 목표 설정 • 2050년까지 탄소중립 달성 목표 • 폐기물 및 에너지 부문에 대한 조건부 목표 포함
에너지 효율 및 절약에 관한 국가 정책	2016년	• 2030년까지 에너지 소비 10% 감축 목표 설정
오염 및 폐기물 관리 프로젝트	2025-2031년	• 세계은행 지원을 받으며, 비엔티안 수도의 도시 고형 폐기물에 중점. • 100% 수거 및 자원 회수, 폐기물 관리에 대한 법적 틀 강화 목표
국가 플라스틱 행동계획 (초안	2022년 (초안)	• 목표: 일회용 플라스틱 감소, 3R(감소, 재사용, 재활용) 촉진, 효과적인 플라스틱 폐기물 관리
전자 폐기물 수입 금지 조치	2017년	• 노후된 재활용 기술로 인한 오염 우려로 전자 폐기물 및 노후 배터리의 수입을 금지

2) 정책 개선을 위한 과제 및 권고사항

구체적이고 통합적인 국가 순환경제 전략의 부재는 중대한 격차를 초래한다. 이는 분산된 노력, 제한된 제도적 역량, 데이터 부족, 재정 제약으로 인해 "정책 실행의 격차"를 야기한다. 따라서 다음과 같은 정책 개선을 위한 권고사항을 제시한다.

- 전담 국가 순환경제 로드맵 수립: 폐기물 감축, 자원 순환, 자원 효율성에 대한 명확하고 측정 가능한 목표를 모든 주요 부문에 걸쳐 설정하고, 이를 다가오는 제10차 국가사회경제개발계획에 통합한 포괄적인 국가 순환경제 전략 및 실행 계획을 수립한다.
- 집행 및 준수 강화 추진: 현행 광물법과 같은 기존 법률의 집행을 강화하고, 역량 제고, 모니터링, 책임성 메커니즘을 개선함으로써 규제 의도와 광범위한 이행 사이의 현재 격차를 해소한다.
- 민간 부문의 참여 유도: 기업들이 순환경제를 경제적으로 매력적으로 느낄 수 있도록 재정 인센티브, 보조금, 지원적인 규제 체계(예: 생산자책임재활용제도)를 도입하여 민간 부문의 투자를 촉진한다.
- 전자폐기물 수입 정책을 재평가 및 현대화: 현행 전자폐기물 수입 금지 조치를 전면적으로 검토하고, 엄격한 환경 보호 기준 하에 첨단 재활용 시설에서 전자폐기물을 통제되고 높은 기준으로 처리할 수 있도록 하는 개정된 정책을 수립한다. 이는 자원

회수 기회를 활용하고, 국내 전자폐기물이 오염을 유발하는 비공식 경로로 유입되는 것을 방지하며, 공식적인 도시광산 분야에 대한 투자를 유치하는 데 기여한다.

- 비공식 부문의 통합: 비공식 폐기물 수거자들을 공식 폐기물 관리 체계에 통합하고 제도화하기 위한 프로그램을 개발 및 시행하며, 직업 및 산업안전보건 교육, 보호 장비, 개선된 작업 환경을 제공한다.

여러 부분에서 "정책 실행의 격차"가 반복적으로 강조되는 점은 라오스에서 순환경제 채택의 주요 장애물이 인식 부족이나 의지 부족이 아니라, 고위 정책 목표를 실질적인 현장 실행으로 전환하는 데 있어 체계적인 약점에 있다는 것을 나타낸다. 이는 향후 노력의 초점이 단순히 새로운 정책을 만드는 것이 아니라, 거버넌스, 제도적 역량, 집행 메커니즘 강화를 우선시해야 함을 시사한다. 환경보호가 "역사적으로 외부 공여 자금에 크게 의존해 왔으며, 이 자금은 감소 추세에 있다"는 사실은 이러한 문제를 더욱 악화시킨다. 따라서 초점은 "어떤 정책이 존재해야 하는가"에서 "기존 및 신규 정책을 어떻게 효과적이고 지속 가능하게 실행할 수 있는가"로 전환되어야 하며, 이를 위해서는 강력한 거버넌스, 역량 강화, 재정 메커니즘이 필요하다.

7. 라오스에서 순환경제를 촉진하기 위한 권고사항

라오스가 에너지 및 광물 부문에서 순환경제로 효과적으로 전환하기 위해서는 전략적 정책, 인프라 개발, 재정 메커니즘, 대중 인식 제고, 국제 협력을 포괄하는 다각적인 접근 방식을 채택해야 한다.

1) 전략적 정책 및 거버넌스

- 명확한 목표가 포함된 국가 순환경제 로드맵을 개발: 폐기물 감축, 자원 순환, 자원 효율성에 대한 명확하고 측정 가능한 목표를 모든 주요 부문에 걸쳐 설정하고, 이를 다가오는 제10차 국가 사회경제개발계획에 통합한 전담 국가 순환경제 전략 및 실행 계획을 수립한다.
- 부문별 계획에 순환경제 원칙 통합: 에코디자인, 생산자책임재활용제도(EPR), 산업적 공생과 같은 순환경제 원칙을 에너지 및 광물 부문의 구체적인 정책과 규제에 명시적으로

반영한다.

- 부처 간 협조 강화: 에너지광산부, 천연자원환경부, 산업통상부 및 기타 관련 부처 간의 협력 메커니즘을 강화하여 순환경제의 총체적 실행을 추진하고, 분산된 노력을 극복한다.

2) 인프라 및 역량 강화

- 현대적 폐기물 관리 및 재활용 인프라 투자: 플라스틱, 전자폐기물, 광산 폐석을 포함한 폐기물 수거, 분류, 처리용 첨단 시설에 대한 대규모 투자를 우선시하여, 현재 널리 퍼진 무단 투기 및 소각 방식에서 벗어난다.
- 순환경제 일자리를 위한 역량 개발: 수리, 리퍼비시, 재제조, 첨단 재활용 기술을 포함한 순환경제 실천을 위해 필요한 전문 기술을 갖출 수 있도록 인력 맞춤형 교육 및 훈련 프로그램을 제공한다.
- 순환 기술에 대한 연구개발 촉진: 핵심광물의 혁신적인 재활용 기술과 효율적인 바이오매스 폐기물 에너지화 솔루션 등 라오스의 상황에 적합한 기술에 대한 연구개발이 활발히 이루어질 수 있도록 지원 환경을 조성한다.

3) 재정 메커니즘 및 투자

- 녹색 금융 및 민관 파트너십 모색: 녹색 및 기후 금융에 관한 공동 프로그램과 같은 기존 이니셔티브를 적극적으로 활용하여 순환경제 프로젝트에 공공 및 민간 투자를 유치하고, 과거의 기부금 의존에 대한 문제를 해소한다.
- 순환형 비즈니스 모델에 대한 인센티브 제공: 기업과 개인이 순환경제를 보다 경제적으로 매력적으로 느낄 수 있도록, 재정 인센티브, 보조금, 생산자책임재활용제도(EPR)와 같은 지원적 규제 프레임워크를 도입하여 순환 제품 및 서비스에 대한 시장 수요를 촉진한다.
- 전자폐기물 수입 정책 재평가 및 현대화한다: 현행 전자폐기물 수입 금지 조치를 전면적으로 검토하고, 엄격한 환경 보호 기준 하에 첨단 재활용 시설에서 전자폐기물을 통제되고 높은 기준으로 처리할 수 있도록 허용하는 개정된 정책을 수립한다.

4) 인식 제고 및 이해관계자 참여

- 소비자 및 기업 교육: 순환경제의 경제적·환경적 이점에 대한 대중과 기업의 인식을 제고하기 위해, 올바른 폐기물 분리배출과 재활용 참여를 강조하는 다각적이고 지속적인 교육 캠페인을 실시한다.
- 비공식 폐기물 부문 종사자 제도화 및 통합: 비공식 폐기물 수거 근로자들을 공식 폐기물 관리 체계에 통합하고 제도화하기 위한 프로그램을 개발 및 시행하며, 직업 교육, 산업안전보건 교육, 보호 장비, 개선된 작업 환경을 제공한다.

5) 지역 및 국제 협력

- ASEAN 이니셔티브 활용: 지역 에너지 통합 프로젝트 협력 및 폐기물 관리와 자원 회수에 대한 모범 사례 공유를 포함하여, 기존의 ASEAN 순환경제 프레임워크 및 이니셔티브에 적극적으로 참여하고 이를 통해 학습한다.
- 지식 및 기술 이전을 위한 국제 파트너십 모색: 유엔개발계획(UNDP), 세계은행, 글로벌녹색성장기구(GGGI), 유엔환경계획(UNEP) 등 국제기구와의 협력을 지속적으로 강화하여, 순환경제 기술과 실천에 대한 기술 지원, 역량 강화, 기술 이전을 추진한다.

정책, 인프라, 금융, 인식, 협력을 아우르는 이와 같은 포괄적인 권고사항은, 라오스에서 순환경제로의 성공적인 전환을 위해 단편적인 개입이 아닌 총체적이고 통합적인 접근이 필요함을 강조한다. 이는 시너지 창출과 분산된 노력을 방지하기 위한 국가 차원의 조정 기구 또는 프레임워크의 필요성을 시사한다. 본문에서는 다양한 권고사항을 제시하고 있으며, 이는 단일 개입만으로는 충분하지 않다는 점을 보여준다. 예를 들어, 재활용 인프라에 투자하더라도 폐기물 분리배출에 대한 대중 교육이나 비공식 폐기물 수거 종사자에 대한 제도화가 수반되지 않으면 비효율이 초래된다. 이는 순환경제의 성공적인 전환이 각 요소들이 유기적으로 조정되고 상호 보완되는 "시스템 사고" 접근 방식을 필요로 하며, 이를 위해서는 모든 요소를 연결하는 강력한 중앙 조정 메커니즘 또는 포괄적인 국가 로드맵이 필수적임을 나타낸다.

8. 결론

라오스는 지속가능한 개발과 녹색 성장을 위한 국가적 의지를 순환경제 원칙의 전략적 수용을 통해 획기적으로 진전시킬 수 있는 중대한 기로에 서 있다. 라오스는 환경 보호를 위한 견고한 법적 기반과 야심찬 기후 목표를 가지고 있음에도 불구하고, 헌신적이고 포괄적인 국가 순환경제 전략의 부재는 중대한 정책적 공백을 초래한다. 여기에 인프라, 재정 투자, 데이터 가용성 측면에서의 기존 과제가 더해지면서, 순환성 실현을 저해하는 "정책 실행의 격차"가 발생하고 있다.

그러나 라오스가 가진 기회는 매우 크다. 동남아시아 내에서 '내륙국(land-locked)'의 위치를 '연결국(land-linked)'의 이점으로 전환함으로써, 원자재 수출에 그치지 않고 재제조, 전문 재활용 등 고부가가치 활동으로 나아가는 역내 순환 서비스의 전략적 허브로 자리매김할 수 있다. 이러한 전환은 세계 시장의 불확실성에 대한 회복력을 높이고, 경제 다각화와 일자리 창출, 자원 안보 강화, 환경 영향의 실질적 감소를 동시에 실현할 수 있는 가능성을 제시한다.

앞으로 나아가기 위해서는 여러 이해관계자의 협업을 통한 공동의 노력이 필요하다. 현대적 순환경제 인프라에 대한 전략적 투자, 거버넌스 및 집행 메커니즘의 강화, 연구개발을 통한 혁신 촉진, 매력적인 재정 인센티브의 창출이 무엇보다 중요하다. 동시에 대중 인식 제고 캠페인과 비공식 폐기물 부문의 공식적 통합 또한 중요하며, 이는 순환경제에 기여할 수 있는 잠재력을 인정하는 것이다. 라오스는 지식 및 기술 이전을 위한 역내 파트너십과 국제 협력을 적극적으로 활용함으로써 정책 실행의 격차를 효과적으로 해소할 수 있다. 이러한 포괄적 접근 방식은 라오스가 자원 의존형 경제를 회복력 있고 번영하며 환경적으로 책임 있는 순환경제 허브로 전환하도록 하여, 국민과 자연 환경 모두를 위한 지속가능한 미래를 확보하도록 할 것이다.

결론은 순환경제가 단순한 폐기물 관리 차원을 넘어, 라오스의 전체 경제 모델을 장기적인 지속가능성과 회복력을 위한 방향으로 근본적으로 전환하는 것임을 강하게 재확인한다. 지리적 약점으로 여겨졌던 '내륙국(land-locked)'이라는 위치를 '연결국(land-linked)'이라는 전략적 자산으로 전환하는 개념은 매우 핵심적이며 미래지향적인 비전이다. 해당 장에서는 라오스를 "풍부한 천연자원을 보유한 국가"로 규정하고, "자원 집약적 성장"을 지속해왔음을 반복적으로 강조하고 있다.

결론에서 언급된 "자원 의존형 경제를 회복력 있고 번영하며 환경적으로 책임 있는 순환경제 허브로 전환한다"는 메시지는 라오스의 경제 정체성을 완전히 재구성하는 방향을 의미한다. ‘land-locked’에서 ‘land-linked’로의 프레이밍 전환은 순환경제가 강조하는 가치 보존과 협력적 네트워크 구축의 원칙과 일치하며, 기존의 약점을 강점으로 탈바꿈시키는 전략적 통찰을 제공한다. 이는 라오스가 장기적으로 나아가야 할 방향을 강력하고 설득력 있게 제시하는 비전이라 할 수 있다.

참고문헌

ASEAN Centre for Energy. (2025, March 25). An energy sector roadmap to net zero emissions for Lao PDR. Retrieved June 24, 2025, from https://accept.aseanenergy.org/an-energy-sector-roadmap-to-net-zero-emissions-for-lao-pdr

Asian Institute of Technology, Regional Resource Centre for Asia and the Pacific (RRCAP), Asian Development Bank (ADB), Global Environment Facility (GEF), & United Nations Environment Programme (UNEP). (2006, March). Lao P.D.R. National Environmental Performance Assessment(EPA) Report [PDF report]. Retrieved June 24 from https://www.rrcap.ait.ac.th/Publications/Lao%20PDR%20National%20Environmental%20Performance%20Assessment%20Report.pdf

Carlsberg Group. (2025, March). Biomass facility shrinks emissions in Laos. Retrieved June 24, 2025, from https://www.carlsberggroup.com/sustainability/case-stories/biomass-facility-shrinks-emissions-in-laos/

Circle Economy. (2022). Circular GHG mitigation opportunities Lao PDR - A metabolic approach. Retrieved June 24, 2025, from https://knowledge-hub.circle-economy.com/article/12781

ClimateWorks Centre. (2025, March, 28). Multi-sector energy modelling 2022: Methodology and results Final report. Retrieved June 24, 2025, from https://aemo.com.au/-/media/files/major-publications/isp/2025/stage-2-submissions/climateworks-centre.pdf?la=en

Ellen MacArthur Foundation. (2021, February 12). The butterfly diagram: Visualising the circular economy. Retrieved June 24, 2025, from https://www.ellenmacarthurfoundation.org/circular-economy-diagram

ERIA - Regional Knoledge Centre for Marine Plastic Debris. (2022, August 29). Recycling rate. Retrieved June 24, 2025, from https://legacy.rkcmpd-eria.org/recycling-rate/

Global Energy Monitor. (n.d.). Hongsa power station. Retrieved June 24,

2025, from https://www.gem.wiki/Hongsa_power_station

Green Climate Fund. (n.d.). Policies and strategies. Retrieved June 24, 2025, from https://www.greenclimate.fund/about/policies

Hildebranski. (n.d.). Slag Use in Heavy Highway Construction. Retrieved June 24, 2025, from https://hildebranski.com/draft-post-slag-use-in-construction/

ICEM- International Centre for Environmental Management. (n.d.). Responsible Forestry Preparation Project. Retrieved June 24, 2025, from https://icem.com.au/portfolio-items/responsible-forestry-preparation-project/

International Union for Conservation of Nature. (n.d.). Lao PDR. Retrieved June 24, 2025, from https://iucn.org/our-work/region/asia/countries/lao-pdr

Japan International Cooperation Agency. (n.d.). JICA in the Lao PDR 2014-2015. Retrieved June 24, 2025, from https://www.jica.go.jp/english/overseas/laos/others/__icsFiles/afieldfile/2025/02/19/brochure.pdf

Soudachanh, S., & Salhofer, S. (2025). Unveiling environmental potential in smartphone repair practices in Vientiane Capital, Laos. Sustainability, 17(2), 711. https://doi.org/10.3390/su17020711

USASCP. Patihoub Recycled Plastics for Construction Boards. Retrieved June 24, 2025, from https://www.usascp.org/wp-content/uploads/2024/08/7.17-Patihoub-Recycled-Plastics-for-Construction-Boards_Viengvilay-Phimmasone.pdf

Vilaysouk, X., Schandl, H., & Murakami, S. (2018). A Comprehensive Material Flow Account for Lao PDR to Inform Environmental and Sustainability Policy. Journal of Industrial Ecology, 23(3), 649–662. https://doi.org/10.1111/jiec.12764

Weir Minerals Australia Ltd. (2021). Phu Kham Copper-Gold Operation. Retrieved June 24, 2025, from https://www.global.weir/siteassets/pdfs/case-studies/linatex-808-hose-b

end-phu-bia-mining-external-case-study-003.pdf

WHO. (2024, August 21). Addressing solid waste management and climate change: A triple win for Lao PDR. Retrieved June 24, 2025, from https://www.who.int/laos/news/detail/21-08-2024-addressing-solid-waste-management-and-climate-change--a-triple-win-for-lao-pdr

World Bank. (2025, June 16). World Bank backs Lao efforts to manage waste, plastics, and pollution. Retrieved June 24, 2025, from http://www.worldbank.org/en/news/press-release/2025/06/16/world-bank-backs-lao-efforts-to-manage-waste-plastics-and-pollution

World Economic Forum. (2025, June 23). How ASEAN can be an example in the fight against plastic pollution. Retrieved June 23, 2025, from https://www.weforum.org/stories/2025/06/how-asean-can-lead-world-on-plastic-pollution/

07

인도네시아 순환경제 속 재제조: 산업, 지형, 투자 기회 및 정책 과제

Chapter

07

인도네시아 순환경제 속 재제조: 산업, 지형, 투자 기회 및 정책 과제

Haera Ade
인도네시아 에너지광물자원부 광물석탄총국 수석정책분석관

1. 인도네시아 제조업, 순환경제 및 재제조 개요

1) 인도네시아 제조업

제조업은 원자재를 기계적, 화학적, 혹은 수작업을 포함한 다양한 공정을 통해 보다 가치 있는 완제품이나 반제품으로 가공하여, 사용 또는 판매가 가능하게 만드는 경제 활동이다. 또한 이 활동은 산업 작업뿐만 아니라 조립 작업도 포함한다. 산업 지원 사업은 다른 주체의 수요를 충족시키기 위해 원자재를 제공하는 것을 포함하며, 가공업자는 단지 가공 과정을 수행하고 그에 대한 보상을 받는다.

제조업체 또는 공업 기업은 제조 산업에서 경제 활동을 수행하는 사업 유형이다. 이들은 공장이나 작업장과 같은 특정 장소나 건물에서 운영되며, 한 명 이상의 책임자가 이를 관리한다.

제조업은 주요 활동과 생산된 제품에 따라 모든 경제 활동에 대한 국제표준산업분류(International Standard Industrial Classification, ISIC)에 기반하여 나뉘진다. 2020년 인도네시아표준산업분류(Indonesian Standard Industrial Classification, KBLI)의 2자리 코드 기준은 ISIC Rev 4에서 채택한 것으로, 제조업을 다음과 같이 구분한다.

〈표 7-1〉 제조업의 KBLI 및 구분

KBLI	구분	KBLI	구분
KBLI 10	식품 산업	KBLI 22	고무 산업, 고무 및 플라스틱 제품
KBLI 11	음료 산업	KBLI 23	비금속 광업
KBLI 12	담배 제조 산업	KBLI 24	기초 금속 산업
KBLI 13	섬유산업	KBLI 25	비기계 금속 제품 및 장비 산업
KBLI 14	기성복 산업	KBLI 26	컴퓨터, 전자 및 광학 제품 산업
KBLI 15	가죽 산업, 가죽 제품 및 신발	KBLI 27	전기 장비 산업
KBLI 16	목재 산업, 목재, 코르크 제품(가구 제외) 및 등나무, 대나무 등의 직물 제품	KBLI 28	기계 및 장비 산업 중 다른 항목에 포함되지 않는 기타 산업
KBLI 17	종이 및 종이 제품 산업	KBLI 29	자동차 및 화물차 산업
KBLI 18	인쇄 및 기록매체 복제업	KBLI 30	기타 운송 장비 산업
KBLI 19	석탄 제품 및 석유 정제업	KBLI 31	가구 산업
KBLI 20	화학 및 화학 제품 산업	KBLI 32	기타 가공 산업
KBLI 21	제약 산업, 화학 의약품 및 전통 의약품	KBLI 33	기계 및 장비 수리/설치 서비스

자료: Central Bureau of Statistics(2025).

탈산업화 문제에도 불구하고 제조업은 여전히 국가 경제의 중요한 부분을 차지하고 있다. 제조업은 여전히 가장 큰 부문으로, 2024년 국내총생산(Gross Domestic Product, GDP)의 19.0%를 차지했으며, 이는 2020년의 19.9%에서 다소 감소한 수치이다. 대기업 및 중견 기업은 제조업 부가가치의 약 90%를 차지하며, 소규모 및 영세 제조업체들이 나머지를 담당한다. 특히 대기업 및 중견 제조업 부문에서 발생하는 일들은 GDP에 미치는 영향이 크기 때문에 인도네시아의 경제 성장에 중대한 영향을 미친다.

〈그림 7-1〉 인도네시아 GDP에 대한 제조업 부문의 기여도

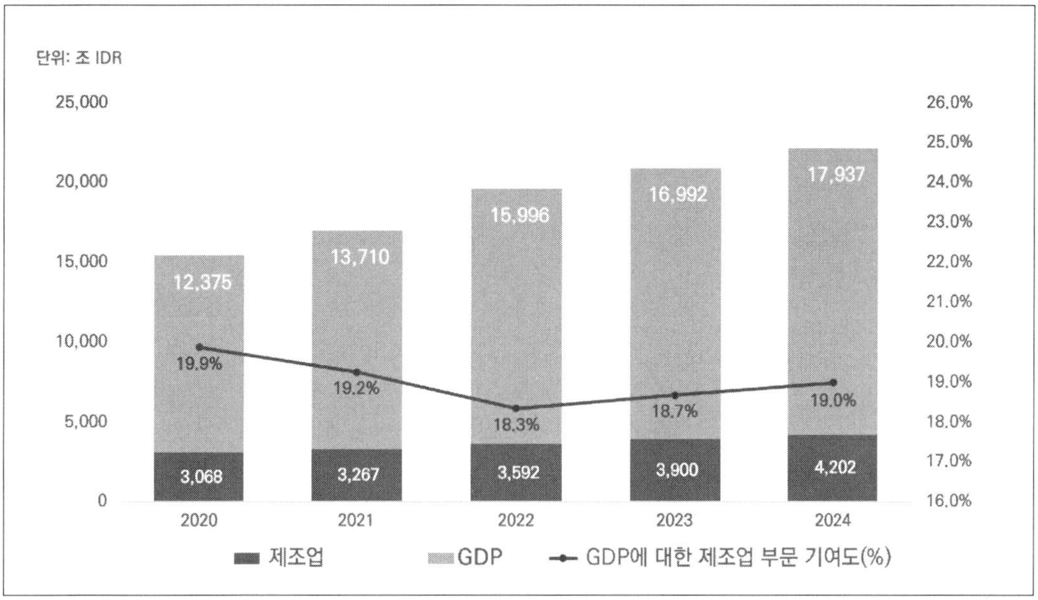

자료: Central Bureau of Statistics(2025)를 참조해 필자 재구성

2) 인도네시아 순환경제

향후 국가 개발 계획인 2025-2045 국가 장기 개발 계획(National Long-Term Development Plan, RPJPN)과 2025-2029 국가 중기 개발 계획(National Medium-Term Development Plan, RPJMN)은 녹색경제 및 순환경제의 이행에 중점을 두고 있다. 순환경제와 녹색경제를 개발 계획에 포함시킨 것은 인도네시아가 기존보다 더 지속가능한 경제로 전환하겠다는 장기적인 의지를 보여준다. 인도네시아는 보다 환경친화적인 경제로의 전환을 가속화하기 위해 순환경제 로드맵 및 행동 계획(Circular Economy Roadmap and Action Plan)을 수립하였으며, 이 로드맵은 순환경제 전략, 실행 방안, 목표를 세 가지 주요 지표(순환 자재 투입률, 제품 내구성 비율, 재활용률)를 중심으로 설명한다.

국가 개발 계획에서는 순환경제가 포함되어 있으며, 2025-2045 국가 장기 개발 계획(RPJPN)에서는 자원 사용량을 줄이고 에너지 효율이 가장 높은 제품을 만들며 소비된 자금을 환원하는 체계적인 접근 방식이 순환경제 모델에 적용된다.

〈표 7-2〉 인도네시아 순환경제 프레임워크

9R 원칙		정의
R0	Refuce	동일한 기능의 제품을 중복 생산하지 않는다.
R1	Rethink	제품을 보다 집약적으로 사용한다.
R2	Reduce	더 적은 자재를 사용하여 생산 효율성과 제품 활용성을 높인다.
R3	Reuse	기능을 변경하지 않고 여전히 사용할 수 있는 제품을 재사용한다.
R4	Repair	손상된 제품을 수리한다.
R5	Refurbish	일반적으로 오래된 제품을 복원하여 다시 작동할 수 있도록 만든다.
R6	Remanufacture	더 이상 작동하지 않는 오래된 제품의 일부 부품을 사용하여 동일한 기능을 가진 새로운 제품에 사용한다.
R7	Repurpose	더 이상 본래 기능을 수행하지 못하는 제품을 다른 용도로 재활용한다.
R8	Recycle	자재를 가공하여 동일하거나 낮은 품질의 자재를 생산한다.
R9	Recover	자재를 에너지원으로 전환하는 과정이다.

자료: National Development Planning Agency(2024)

인도네시아는 순환경제 전략 수립을 위한 틀로 '9R 프레임워크'를 사용하며, 이는 R0부터 R9까지 10개의 순환경제 전략으로 구성되어 있다. 10가지 원칙을 9R 프레임워크에 따라 분류한 것은 순환경제를 지원하는 순환성 수준을 나타내며, R 숫자가 작을수록 순환성이 높고 R 숫자가 클수록 선형경제에 가까운 시스템을 의미한다. 3R(Reuse, Reduce, Recycle) 폐기물 관리 피라미드와 마찬가지로 가장 높은 수준의 이니셔티브가 폐기물 관리에서 우선시됨을 보여준다.

식음료, 섬유, 건설, 소매, 전자 산업은 인도네시아의 순환경제 발전을 이끄는 5대 주요 산업으로, 이들 부문에서는 4,300만 명 이상이 종사하고 있으며 막대한 폐기물을 발생시키고 국가 GDP의 3분의 1을 차지하고 있다(Tempo, 2025). 순환경제를 구현함으로써 GDP가 약 593~638조 IDR(인도네시아 루피아) 증가하고, 440만 개의 녹색 일자리가 창출되며, 1억 2,600만 톤의 온실가스 감축이 기대된다(Bappenas, 2024).

그러나 인도네시아에서 순환경제를 구현하는 데에는 몇 가지 주요 과제도 존재한다. 여기에는 상향식 접근 방식의 부족, 인센티브 부족, 인프라 제한, 기업 주체들의 인식 및 역량 강화의 필요성이 포함된다(Bappenas, 2024).

〈그림 7-2〉 선형 가치사슬과 순환 가치사슬 비교

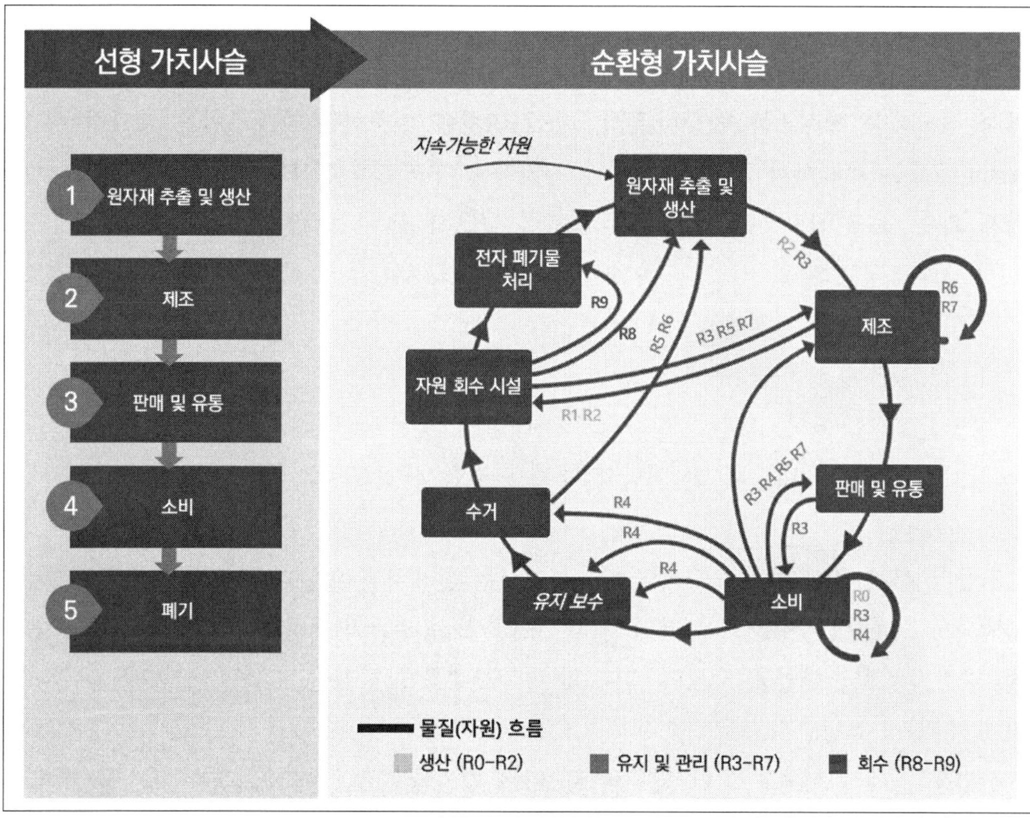

자료: National Development Planning Agency(2024)

3) 인도네시아 재제조

재제조는 노후된 제품을 분해, 세척, 수리, 손상된 부품 교체 등의 과정을 통해 재사용 가능한 제품으로 전환하는 과정으로, 순환경제에서 중요한 부분을 차지한다(Niaga Asia, 2023; Pristiandaru on Kompas, 2023). 재제조 제품은 종종 신제품과 비교해도 품질과 보증 면에서 유사하지만, 가격은 더 저렴하고 환경에 미치는 부정적 영향도 적다(Pristiandaru on Kompas,2023).

산업군 분류 측면에서 볼 때 현재 재제조 산업은 KBLI에서 중장비 부품 관련 활동에만 구체적으로 분류되어 있다. 중장비 부품에 대한 재제조 활동은 KBLI 28240에 포함되어 있다. 중장비 재제조 사업을 운영하려는 회사는 중장비 및 부품 재제조 산업에 특별히 사용되는 KBLI 코드가 포함된 재제조 산업 사업 허가를 받아야 한다. 해당 사업에는 새제품이 아닌 중장비 부품을 재사용 가능한 최종 제품으로 가공하는 작업이 포함되며,

일반적으로 신제품과 동등한 품질 보증 및 보증을 제공한다. 재제조를 위해 중고 중장비 부품을 수입하려는 재제조 기업도 사업 허가를 받을 때 이 KBLI를 기준으로 해야 한다.

중장비 부품 활동 외에는 재제조에 대한 구체적인 분류가 없다. 예를 들어, 인도네시아에서 전자제품 재제조는 중장비(KBLI 28240)처럼 전자제품 재제조만을 명확히 규정한 KBLI 코드는 존재하지 않는다. 하지만 전자제품 재제조와 유사한 활동, 예를 들면 수리, 자재 회수, 중고 전자제품 거래 등의 활동은 다음과 같은 KBLI 코드에 포함된다:

- KBLI 95210 – 가전제품 수리
- KBLI 38302 – 비금속 재료 회수
- KBLI 47744 – 중고 전기·전자기기 소매업
- KBLI 26120 – 반도체 및 기타 전자제품 부품 산업

자동차 부문 역시 재제조를 전담하는 KBLI는 존재하지 않는다. 자동차 재제조 활동은 일반적으로 KBLI 3312 그룹(기계, 장비 수리 및 유지관리)에 분류되며, 특히 자동차 엔진, 중장비, 기타 산업용 기계의 수리 및 유지보수를 포함하는 KBLI 33122(특수 목적용 기계 수리)에 해당한다.

산업용 기계의 재제조 또한 별도의 KBLI는 없지만 KBLI 33122(특수 목적용 기계 수리, 산업 기계, 건설 기계, 식품 가공 기계, 섬유 기계 및 기타 특수 목적 기계의 수리 및 유지보수 포함) 및 KBLI 28221(금속 가공 기계 및 기계 공구 산업, 재제조 활동이 기계 및 그 부품의 생산 또는 재조립을 포함하는 경우) 코드를 사용할 수 있다. 재제조된 기계류의 설치 또는 재조립의 경우 KBLI 33200(산업 기계 및 장비의 설치/설정)을 사용할 수 있다.

한편, 인도네시아의 재제조 산업은 특히 중장비 부문에서 빠르게 성장하고 있다. Komatsu, Caterpillar, Hitachi와 같은 여러 주요 기업이 인도네시아에서 재제조를 도입하고 있으며, 중고 부품 수령, 분해, 품질 관리, 재조립, 최종 테스트를 거쳐 소비자에게 제품을 반환하는 전 과정을 운영하고 있다(KOMI, 2020).

재제조의 장점은 다음과 같다:

- 제품 수명을 연장하고 신제품 생산 필요성을 줄여 온실가스 배출 감소에 기여한다(Pristiandaru onKompas, 2023).
- 재활용보다 에너지 및 원자재 사용 효율성이 높다(Asia Niaga, 2023).

- 제조, 건설, 물류 등 다양한 분야에서 신규 일자리 창출 가능성이 있다(Asia Niaga, 2023).
- 탄소중립 및 지속가능한개발을 달성하려는 정부의 노력에 부합한다(Pristiandaru onKompas, 2023).

인도네시아의 재제조 사업 모델은 네 가지로 분류된다: 원제조사/그 계열사(Original Equipment Re/Manufacturer, OEM-R), 제조사로부터 공식 인증을 받은 재제조사(Authorized Remanufacturer, AR), 일부 인증된 재제조사(Semi-Authorized Remanufacturer, AR-IR) 및 독립적으로 운영되는 재제조사(Independent Remanufacturer, IR)이며, 각 모델은 고유한 동인과 장벽이 있다. 주요 과제로는 정책에 대한 이해 부족, 표준화 필요성, 산업 종사자를 위한 인센티브 부족 등이 있다.

2. 인도네시아 재제조 관련 법적 프레임워크 및 정책

1) 주요 법률 및 규제

인도네시아의 재제조에 대한 법률 및 정책 프레임워크는 소비자 보호, 환경 보호, 폐기물 관리, 중고 자본재 수입 규정 등 다양한 부문 간 규제를 통합함으로써 점차 발전하고 있다. 현재 재제조를 포괄적으로 다루는 단일 법령은 없지만, 순환경제 로드맵, 국가 장기 개발 계획(RPJPN), 국가 산업 정책 등을 통해 선택적 지원이 명시되어 있다. 또한, 재제조 산업을 순환경제 및 지속가능한개발의 한 축으로 육성하기 위해서는 재정 인센티브, 금융 지원, 중소기업(SME)에 대한 지원이 매우 중요하다. 다음은 재제조와 관련된 주요 법령 및 규정들이다:

- 1999년 제8호 소비자 보호법(Law No. 8 of 1999 concerning Consumer Protection). 재제조 제품을 포함하여 상품 및 서비스의 상태와 보증에 대해 정확하고 명확한 정보를 소비자가 받을 권리를 보장한다. 재제조 제품에 대한 기준과 라벨링은 소비자 보호를 위해 중요하다.
- 2023년 제6호 법률(2022년 제2호 고용 창출 관련 정부 규정 법률 제정)(Law No. 6 of 2023 concerning the Stipulation of Government Regulation in Lieu of

Law No. 2 of 2022 concerning Job Creation). 폐기물 및 중고 제품 관리에서 예방 원칙을 규정하며, 이는 재제조 관행과 관련된다.

- 2008년 제18호 폐기물 관리법 및 2019년 환경부 장관령 제P.75호(Law No. 18 of 2008 concerning Waste Management and Regulation of the Minister of Environment No. P.75 of 2019). 생산자책임확대(Extended Producer Responsibility, EPR) 원칙을 포함하고 있으며, 제조자는 재사용, 수리, 리퍼비시, 재제조 등 방식으로 제품 폐기물 관리를 책임져야 한다. 제조업, 유통업, 식음료 서비스 산업 분야의 생산자는 3R 기반의 폐기물 저감 계획을 수립하고 실행해야 한다.
- 2021년 제22호 정부령 – 환경보호 및 관리 시행령(Government Regulation Number 22 of 2021 concerning the Implementation of Environmental Protection and Management). 재제조 과정에서 발생하는 폐기물을 포함한 유해·독성 폐기물의 관리를 규정한다.
- 2012년 인도네시아 무역부 장관령 제77호(Regulation of the Minister of Trade of the Republic of Indonesia No. 77 of 2012). 재제조용 중고 자본재(특히 중장비 부품)의 수입 규정을 규정하며, 재제조 기업은 KBLI 28240의 재제조 산업 사업자등록증을 보유해야 한다(Niaga Asia, 2023).
- 2016년 인도네시아 산업부 장관령 제14호 – 중고 자본재 수입을 위한 기술 기준(Regulation of the Minister of Industry of the Republic of Indonesia No. 14 of 2016 concerning Technical Criteria for Importing Capital Goods in Non-New Condition). 생산 공정, 품질 보증, 수출 목적지 또는 국내 주문 충족 요건 등 재제조 기업에 대한 절차와 요건을 규정한다.
- 2021년 인도네시아 산업부 장관령 제9호 – 산업 부문의 리스크 기반 사업 허가 이행을 위한 사업 활동 및 제품 기준(Regulation of the Minister of Industry of the Republic of Indonesia Number 9 of 2021 concerning Standards for Business Activities and/or Products in the Implementation of Risk-Based Business Licensing in the Industrial Sector). KBLI 28240에 명시된 중장비 부품에 대한 재제조 활동을 제조업의 일부로 분류하며, 재제조 사업의 분류를 규정한다.
- 2022년 인도네시아 무역부 장관령 제25호(Regulation of the Minister of Trade of the Republic of Indonesia No. 25 of 2022). 재제조 기업의 정의를 명확히 하고, 재제조 목적의 중고 자본재(Barang Modal Tidak Baru, BMTB) 수입을 규정한다.

2) 국가 전략 및 계획

- 2025-2045 인도네시아 순환경제 국가 로드맵 및 행동계획
이 문서는 순환경제 발전을 위한 전략적 참조 자료로, 재제조를 포함하며 핵심 지표로 순환 자재 투입률, 재활용률, 폐기물 저감 등을 제시한다.
- 2025-2045 국가 장기 개발 계획(RPJPN)
'2045 Golden Indonesia' 비전을 설정하며, 재제조를 녹색 및 지속가능한 산업으로의 경제 전환의 일부로 포함하고 있다.
- 2015-2035 국가 산업 발전 기본계획(RIPIN) - 2015년 제14호 정부령
20년간의 장기 마스터플랜으로, 국가 산업 발전의 주요 참조 문서이며, 전략계획(Renstra), 국가 중기 개발 계획(RPJMN), 기타 부문별 정책 수립의 기준이 된다.
- 2020-2024 국가 산업 정책(Kebijakan Industri Nasional, KIN) - 2022년 제74호 대통령령
순환경제의 일환으로 재제조 산업 부문 강화를 포함한 국가 산업 발전의 정책 방향을 제시한다.
- 재제조 산업 발전 로드맵
산업부는 재제조 산업 발전을 위한 초기 매핑을 완료하였으며, 현재 탄소중립과 지속가능한개발목표(Sustainable Development Goals, SDGs)를 지원하기 위한 재제조 산업 로드맵을 개발 중이다.

3) 인센티브 및 자금 지원 정책

- 재정 및 세제 인센티브
인도네시아 정부는 재제조 산업을 지원하기 위해 다양한 인센티브를 제공하고 있지만, 구체적으로 '재제조'라고 표현하지는 않는다.
- Regulation of the Minister of Trade Number 22 of 2022에 따라 정부로부터 재제조기업(KBLI 28240)이 수입하는 중고 자본재는 수입관세 0% 및 부가가치세 정부 부담의 혜택을 받을 수 있다.
- 산업부는 기계 교체 투자에 대해 약 5%의 신용이자 보조금을 제공하여 재제조 회사가 생산 시설을 업그레이드할 수 있다.
- 정부는 재제조를 포함한 기계 및 생산공정을 활성화하는데 사용할 수 있는 노동집약적 산업에 대한 금융 인센티브를 제공한다.

- 투자 및 연구 개발을 위해 인도네시아 정부는 재정 규정(PP 78/2019)과 세금 패키지를 통해 우선 산업군(국산 부품 비중(Tingkat Komponen Dalam Negeri, TKDN)이 높거나 첨단 기술을 포함한 제조업 등)에 대해 5~20년간 최대 50~100%의 법인세 감면, 총소득의 30% 감면 또는 고정자산 및 R&D 활동에 대한 감가상각/상각 가속화의 형태로 세금 공제/세액공제 혜택을 제공한다.
- 인도네시아 정부는 경제특구(Special Economic Zones, SEZ)에서 재제조 부문을 포함한 경제특구 내 상품 및 서비스 사용에 대한 소득세, 수입 관세, 부가가치세, 최종 소득세, 부가가치세 면제의 형태로 인센티브를 제공한다(Minister of Finance Regulation 33 of 2021).
- 친환경 프로젝트 기반 자금 지원
  탄소중립 목표 및 SDGs에 부합하는 순환경제 이행 및 온실가스 감축에 기여하는 프로젝트를 지원하기 위해 재제조를 포함한 다양한 자금지원 프로그램이 운영된다.

3. 인도네시아 재제조 산업의 주요 이해관계자

인도네시아의 재제조 산업에는 공공 부문, 민간 부문, 시민 사회 단체, 연구 센터, 학계 등 다양한 이해관계자가 참여하고 있다. 다음은 각 그룹의 역할과 주요 기여에 대한 매핑이다:

1) 공공 부문

인도네시아 재제조 산업에서 공공 부문의 역할과 기여는 순환경제 전환, 자원 효율성 증대, 탄소 배출 저감 등을 지원하는 생태계를 구축하는 데 있어 매우 중요하다. 다음은 정책, 제도, 인센티브, 산업 촉진 기능에 따라 정리한 공공 부문의 역할 구조이다:

- 중앙 정부의 역할(규제 및 지원)
  산업부는 재제조의 법적 근거로 사업자 등록 및 KBLI 28240(기타 특수 목적용 기계 및 장비 산업, 비금속)을 설정하였다. 자동차, 전자기기, 비금속 제품, 반도체 산업 등 재제조에는 KBLI 95210, 38302, 47744, 26120, 33122, 28221 등의 관련 코드도 사용할 수 있다. 산업부는 또한 녹색 산업 전략 및 순환경제의 일환으로 재제조업체의 비신규 자본재 수입을 규제하고 재제조 로드맵을 개발하는 Permenperin No. 14/2016 and Permenperin No. 16/2019를 발표했다.

무역부 재제조의 주요 투입물인 중고 자본재 수입을 허가 및 감독한다.

재무부(Ministry of Finance)는 GR 78/2019, MoFR 130/2020 등을 통해 재제조 기업을 위한 세금 감면, 세제 혜택, 수입관세 면제 등의 재정 인센티브를 제공한다.

환경산림부(Ministry of Environment and Forestry)는 EPR 및 순환경제 정책을 통해 폐기물 및 배출 감축을 지원하며, 이는 재제조 산업의 성장을 간접적으로 지원한다.

- 지방 정부의 역할 (현장 집행 및 지원)

  주/시 산업청은 재제조 진입을 원하는 중소기업에 기술 지원 및 교육 제공과 함께, 지역 중소산업의 제품 재정비 단위 개발을 장려한다.

  지역 환경청은 재제조 과정의 초기 혹은 최종 단계에서 중요한 역할을 하는 폐기물 관리 인프라를 제공한다.

- 국영기업(State Own Companies, SOCs) 및 교육기관의 역할

  국영기업인 PT INKA, PT Pindad, PT PLN 등은 엔진 부품, 철도, 전기 인프라 분야에서 재제조 활동을 개발하거나 지원하기 시작했다. 국영기업은 대학과 협력하여 재제조 기술 개발을 위한 연구개발(R&D)도 수행 중이다.

- 인센티브 및 금융지원 제공자의 역할

  산업부와 재무부는 재제조를 위한 중고 제품 수입 시 부가가치세 및 수입관세 면제, 기계 투자 대출에 대한 이자 보조금, 중소 산업을 위한 금융 접근성 지원 등의 인센티브를 제공한다.

- 생태계 구축 및 표준화 역할

  정부는 국가표준원(National Standardization Agency, BSN)과 산업부를 통해 재제조 제품에 대한 기술 및 품질 표준을 개발하고, ISO 인증 및 품질 시스템을 장려하며, 재제조 제품이 국내외 시장에서 수용될 수 있도록 한다.

2) 민간 부문

인도네시아 재제조 산업에서 민간 부문의 역할과 기여는 핵심적이며, 특히 운영 주체, 기술 혁신 주도자, 시장 확산의 핵심 동력으로서 중요하다. 민간 부문은 단순한 비즈니스 수행을 넘어, 순환경제 원칙과 자원 효율성 실현을 위한 촉매제로서 기능도 수행하고 있다.

다음은 인도네시아 재제조 산업에서 민간 부문의 역할에 대한 분석이다:

▪ 재제조 생산의 핵심 주체
민간 부문은 중장비, 자동차, 산업용 기계 분야를 중심으로 다양한 제품 및 부품의 재제조 공정에 직접적으로 관여하고 있다. 중장비 및 자동차 부문의 재제조에는 발전기, 기어박스, 디젤 엔진, 트럭 부품, 스타터 모터, 변속기 등이 포함된다. 또한, 민간 기업들은 전동기, 압축기, 펌프, 밸브, 유압 실린더 등 산업 장비의 재제조 활동에도 활발히 참여하고 있다. 전자 및 IT 분야에서는 프린터, 노트북, 카트리지, 서버, 통신 장비 등에 대한 재제조가 수행되며, 신재생 에너지 분야에서는 풍력 터빈, 태양광 패널, 전기차 배터리 등으로 재제조가 확대되고 있다.
이 분야에서 활동 중인 기업의 예로는 PT United Tractors(중장비 부품 재생 유닛 운영)와 PT Komatsu Remanufacturing Asia(치카랑에 재제조 시설 설립)가 있다. 민간 자동차 기업들도 부품을 재정비하여 품질 기준에 따라 애프터마켓에 재판매하고 있으며, 산업 장비 판매 후 서비스 제공 업체들은 소비자를 위한 수명주기 관리 솔루션의 일환으로 재제조 프로그램을 제공하고 있다.

▪ 기술 개발 및 혁신
민간 부문은 재제조의 품질과 효율성을 향상시키기 위해 공정 및 기술 혁신을 적극적으로 추진하고 있다. 부품을 분석하고 재설계하는 리버스 엔지니어링, 구하기 어려운 예비 부품을 생산하기 위한 3D 프린팅, 예측 유지보수 및 제품 이력 추적을 위한 센서 및 IoT(Internet of Things) 시스템 개발 등의 혁신이 이루어지고 있다. 또한 CNC 재가공, 시스템 기반 품질 관리(예: ISO 9001 인증), 엄격한 성능 테스트, 분해, 청소, 조립 공정에 자동화 및 로봇 기술을 도입하여 생산 라인의 효율성을 개선한다.

▪ 숙련된 노동력 및 인적 자원 흡수
인도네시아의 재제조 산업은 기계 기술자, 용접공, 기계공, 품질 보증 전문가, 설계 엔지니어 등 특정 기술력을 갖춘 수천 명의 노동자들이 있다. 민간 부문은 인턴십과 사내 교육 프로그램을 통해 젊은 기술자를 양성하고 개발하는 역할을 하고 있으며, 폴리테크닉(Polytechnic) 및 직업 고등학교(SMK)와 협력하여 커리큘럼을 업계 요구에 맞게 조정하고 있다.

▪ 투자 및 시장 확대
민간 부문은 재제조 시설 건설의 주요 투자자로서 비즈니스 및 환경 지속가능성에 대한 의지를 보여주고 있다. 예를 들어, Komatsu는 연간 수천 대를 생산할 수 있는 재제조 공장 건설에 투자했다. 민간 기업들은 고품질의 제품을 경쟁력 있는 가격으로 제공함으로써 국내는 물론 동남아 국가를 비롯한 글로벌 시장으로 재제조 제품 시장을 확대하고 있다.

- 순환경제 및 ESG 이행

  대기업들은 환경, 사회, 거버넌스(ESG) 전략과 지속가능성 보고에 재제조를 통합하기 시작했다. EPR는 제품 회수 프로그램(product take-back programs), 핵심 부품 관리, 전자 및 자동차 폐기물의 책임 있는 처리, 부품 외장 재사용 및 재활용 소재의 활용 등을 통해 실행되고 있다. 이러한 노력은 탄소 발자국(carbon footprint)과 원자재 소비 저감에 기여한다.

- 정부 및 기관과의 협력

  민간 부문은 산업부 및 관련 기관들과 함께 기술 규정 제정에 적극 참여하고 있다. 민간 기업들은 유엔개발계획(United Nations Development Programme, UNDP), 독일국제협력기구(Deutsche Gesellschaft für Internationale Zusammenarbeit, GIZ)와 같은 국제 기관과 협력하여 순환경제 시범사업에 참여하고 있으며, 전기차 배터리와 같은 신부품의 재제조 확대를 위한 기업 간 컨소시엄(B2B consortia)을 구성하고 있다. 산업 협회는 재제조 관련 주체들과 정부 간의 소통 창구 역할도 수행하고 있다.

3) 비정부기구(Non-Governmental Organizations, NGOs) 및 시민사회단체(Civil Society Organizations, CSOs)

비정부기구 및 시민사회단체는 생산의 기술적 측면에서 공공 및 민간 부문만큼 강한 영향력을 보이진 않지만, 순환경제를 지원하는 정책적·사회적 기반을 마련하는 데 있어 핵심적인 역할을 수행한다. 순환경제는 재제조 활동의 포괄적 틀로, 이들의 활동은 산업 전반에 중요한 영향을 미친다.

이들의 전략적 역할 중 하나는 정책 및 규제에 대한 옹호 활동이다. 비정부기구 및 시민사회단체는 지역사회와 정책결정자 간의 가교 역할을 하며, 순환경제 정책 지원과 제조업체가 수리 및 재제조가 가능한 제품을 설계하도록 장려하는 EPR 등 친환경 규제를 추진한다(UNEP, 2025). 또한 이들은 전자 폐기물 및 플라스틱 폐기물의 감축을 촉구하며, 해당 폐기물을 재제조 기반 해결책으로 유도하는 방안을 제안한다(KLHK, 2021).

예를 들어, 인도네시아 순환경제 포럼(Indonesia Circular Economy Forum, ICEF)은 시민사회단체, 정부, 기업 등이 참여하는 다자간 협의체로 재제조를 국가 순환경제 아젠다의 일환으로 지속적으로 논의한다. ICEF는 정책 제안 개발 및 이해관계자 간 논의의

장을 제공한다.

비정부기구와 시민사회단체는 국민 인식 제고 및 교육 분야에서도 중요한 역할을 한다. 시민사회단체는 일반 대중 및 중소기업(SME) 대상 교육을 통해 재제조가 폐기물 저감, 비용 절감, 제품 수명 연장에 기여함을 알린다(Ellen McArthur Foundation, 2015). 책임 있는 소비의 중요성과 신제품 대체 수단으로서의 재제조 제품 선택을 교육한다(UNEP, 2020).

이외에도 시범사업 추진 및 지역 파트너십 구축의 역할을 수행한다. 일부 국내외 비정부기구는 가전제품, 전자기기, 자동차 부품 등의 재제조 혹은 재정비 시범사업에 참여하며 지역 제조업체와 협력해 사용 완료 제품 수거를 유도하는 프로그램을 운영한다. 중소기업 및 협동조합을 대상으로 농기계, 모터바이크, 프린터 등 지역 제품의 수리 및 재제조할 수 있도록 지원한다. 그 중 하나는 GIZ로 RISE(Reduce, Reuse, Recycle, Remanufacture Initiative) 프로젝트를 통해 재제조 잠재력을 포함하는 인도네시아 내 순환경제 구축을 다룬다(GIZ, 2022). 다른 사례로는 UNDP 인도네시아가 있으며 SDGs의 일환으로 전기차 부품을 포함한 다양한 산업 분야에서 재제조의 가능성을 포함하는 순환경제 강화를 지원하고 있다.

4) 연구센터 및 학계

인도네시아의 연구기관과 학계는 재제조 산업의 요구에 부합하는 지식 이전 및 기술 혁신 개발에 중요한 역할을 수행하고 있다. 이들이 생산하는 결과물은 다음과 같다:

- 효율적인 재제조 공정 개발 연구: 재제조 제품의 분해, 세척, 검사, 수리, 조립, 테스트와 같은 단계들을 최적화하여 소요되는 비용, 시간, 에너지를 줄인다.
- 소재 혁신 및 수리 기술: 마모되거나 손상된 부품을 수리하기 위한 새로운 방법을 개발하는 것으로, 고급 용접 기술, 희귀 부품을 위한 3D 프린팅, 내구성을 높이는 표면 코팅 등이 이에 포함된다(Priyono, 2017).
- 센서 및 IoT 기술 개발: 부품 상태를 모니터링하고, 잔여 수명(Remaining useful life, RUL)을 예측하며, 재제조 가능성을 식별하기 위해 센서와 IoT을 활용하는 연구를 한다.

대학-산업 간 협력을 통해 이들은 재제조 공정의 품질 및 효율성 향상을 지원하는 응용

연구, 과학 논문, 기술적 솔루션을 만들어낸다. 이러한 지식 이전 메커니즘에는 세미나, 학술 출판, 기술 자문, 산업 종사자 대상 교육 등이 포함되며, 이는 재제조 부문에서의 신기술 도입을 가속화한다.

ITS(Sepuluh Nopember Institute of Technology), Gadjah Mada University와 기타 공학 대학들은 재제조 기술 개발과 산업 인력 양성을 활발히 수행하고 있다. ITS Pusdi ILB와 BKPSL(Environmental Studies Coordinating Board)와 같은 연구기관의 네트워크는 공동 연구, 자문, 과학적 근거에 기반 정책 개발을 통해 재제조와 순환경제를 지원한다. 대학과 산업 간의 연구·개발 협력은 기술 혁신, 제품 표준화, 국가 재제조 산업의 경쟁력 제고에 있어 핵심적인 요소이다.

4. 인도네시아의 재제조 산업

인도네시아의 재제조 산업은 중장비, 자동차, 기계 부품 분야가 주도하고 있다. Fairyanto(2024)의 연구에 따르면 인도네시아는 4가지 주요 재제조 비즈니스 모델이 존재한다: Original Equipment Re/Manufacturer (OEM-R), Authorized Remanufacturer (AR), Semi-Authorized Remanufacturer (AR-IR), and Independent Remanufacturer (IR).

Original Equipment Re/Manufacturer (OEM-R)은 원장비 또는 차량 제조업체(OEM)가 자사 브랜드 제품을 재제조하는 방식으로 구현되는 모델이다. OEM-R은 원래 제품의 설계, 기술 사양 및 품질 표준에 대한 모든 권한을 갖는다. 이로부터 생산된 재제조 제품은 일반적으로 신제품과 동등한 보증 및 인증을 받는다. 이 모델을 도입한 기업의 예로는 글로벌 표준과 공식 보증에 따라 중장비 부품을 재제조하는 Komatsu, Caterpillar, Hitachi 등이 있다. 주요 특징으로는 재제조 과정을 OEM이 완전히 통제하고 공식 품질 인증 및 제품 보증을 제공하며 예비 부품 및 기술 데이터에 대한 이용을 포함하여 제조업체의 전폭적인 지원을 받는다는 점이 있다.

Authorized Remanufacturer (AR)은 OEM으로부터 공식 인증을 획득한 제 3자가 수행하는 재제조 모델이다. AR은 OEM의 기술 정보, 교육 및 품질 표준을 이용할 수 있으며, 그 결과 만들어진 재제조 제품은 여전히 제조업체의 사양을 충족한다. AR 제품은 일반적으로 OEM으로부터 보증을 받지만, 항상 신제품과 같은 것은 아니다. 이 모델의 주요 특징은 재제조가 OEM의 승인을 받은 제3자에 의해 이뤄지고, 표준, 교육, 공식 예비 부품에 접근할 수 있고, 제품이 OEM의 인정을 받거나 때때로 보증을 받는다는 점이다.

Independent Remanufacturer (IR)은 OEM과 완전히 독립된 기업 또는 작업장이 운영하는 모델이다. IR은 원제조업체의 지원이나 인가 없이 재제조 공정을 수행한다. 이들은 자체 경험, 역설계, 예비 부품 공급처에 의존한다. 생산된 제품은 일반적으로 OEM의 인정이나 보증을 받지 않으므로, 품질과 신뢰성은 사업자의 역량에 크게 의존한다. 이 모델의 주요 특징은 OEM으로부터 기술 데이터, 교육, 공식 예비 부품에 접근할 수 없으며, 재제조 공정이 완전히 독립적으로 수행되고, 품질 기준 및 보증이 OEM의 인정을 받지 않아 매우 다양하다는 점이다.

Semi-Authorized Remanufacturer (AR-IR)은 부분적인 OEM 인가와 독립적인 재제조 활동이 결합된 모델이다. AR-IR은 일반적으로 OEM의 기술 데이터나 교육에 제한적으로 접근할 수 있으나, 일부 제품이나 부품에 대해 독립적으로 재제조 공정을 수행한다. 제품은 OEM의 지원 수준에 따라 품질 기준이 다양하다. 이 모델의 주요 특징은 OEM의 기술 데이터나 교육에 제한적으로 접근할 수 있고, 일부 제품은 OEM 승인을 받으며, 품질 기준은 AR이나 OEM-R보다 더 유동적이라는 점이다.

1) 중장비 산업의 재제조

인도네시아에서는 광업, 건설, 석유 및 가스와 같은 산업에서 중장비에 대한 수요가 지속적으로 증가하고 있다. 이러한 산업들은 고가의 기계 장비에 크게 의존하며, 가동 중단 시간을 최소화하기 위해 정기적인 유지보수 및 부품 교체가 필수적이다. 이에 따라, 재제조는 매우 유용한 해결책이 될 수 있다. 재제조를 도입함으로써 인도네시아는 고가의 신규 기계 및 부품 수입에 대한 의존도를 줄이고, 동시에 지속가능성과 비용 효율성이라는 과제를 해결할 수 있다. 이러한 접근은 글로벌 추세와도 일치하며, Caterpillar, Komatsu, Hitachi 등 주요 제조업체들은 재제조 프로그램을 통해 비용 절감과 중장비 수명 연장의 효과를 입증한 바 있다.

이러한 산업들에서 재제조는 특히 중장비 부문에서 핵심적인 역할을 한다. 굴삭기, 광산용 트럭, 유압 시스템 등은 고가이며 극한 환경에서 작동하도록 설계되어 있다. 엔진, 변속기, 유압 실린더와 같은 핵심 부품을 재제조함으로써 기업은 장비의 수명을 연장할 수 있으며, 소비자에게 더 비용 효율적이고 신뢰성 높은 솔루션을 제공할 수 있다(Ellen MacArthur Foundation, 2021).

Komatsu의 내부 시장 조사에 따르면 인도네시아의 광업 및 건설 중장비 시장은

Komatsu 제품(28%)이 주도하고 있으며, 이어서 Sany(22%), Hitachi(16%), Caterpillar(11%)가 따르고 있다. Sany는 인도네시아 시장의 22%를 점유하고 있지만 현재 PT Sany Perkasa를 통해 판매, 기술 지원, 판매 후 서비스만 제공하고 있다.

반면, Komatsu, Hitachi, Caterpillar와 같은 중장비 제조업체들은 재제조를 비즈니스 모델에 통합하여 높은 성능의 부품을 더 낮은 비용으로 제공하고 있다. 이들 기업은 전 세계적인 재제조 시설 네트워크를 구축하여 더 빠른 부품 교체와 장비 가동 중단 시간 최소화를 실현하고 있다.

- Komatsu

  인도네시아에서 Komatsu 제품의 재제조는 중장비 산업 생태계 내 여러 핵심 기업에 의해 수행된다: PT Komatsu Remanufacturing Asia (KRA), PT United Tractors, PT United Tractors Pandu Engineering (UTPE), 및 PT Komatsu Indonesia (Plant Remanufacturing). 이들은 각기 다른 역할과 전문성을 기반으로 Komatsu 재제조 가치사슬을 구성하고 있다.

  PT Komatsu Remanufacturing Asia (KRA)는 인도네시아에서 Komatsu 중장비 부품의 주요 재제조 센터로, 국내 광업 및 건설 시장뿐만 아니라 지역 수출을 위한 재제조를 수행한다. PT Komatsu Indonesia(51%)와 PT United Tractors Tbk(49%)가 공동 소유하고 있다. PT United Tractors Tbk는 인도네시아에서 Komatsu의 주요 유통사로, United Tractors는 사후관리 솔루션 및 소비자 운영 효율을 높이기 위한 일환으로 재제조 서비스를 제공한다. 인도네시아 전역에 40개의 워크숍과 8개의 재제조 시설 네트워크를 보유하고 있다. PT United Tractors Pandu Engineering(UTPE)는 United Tractors의 자회사로 어태치먼트 및 중장비 부품의 엔지니어링, 제조, 재제조에 주력하고 있다. 소비자의 요청에 따라 Komatsu의 중장비 어태치먼트 재정비와 제조에 필요한 서비스를 제공한다. 마지막으로 Komatsu Global의 일원인 PT Komatsu Indonesia(공장 재제조)는 인도네시아 서부 자바 치비퉁(West Java Cibitung), 동부 칼리만탄 발릭파판(East Kalimantan Balikpapan) 및 북부 자카르타 차꿍 KBN(North Jakarta Cakung KBN)에 재제조 공장을 운영하고 있다. 공장은 Komatsu 재제조 부품에 대한 국내 및 수출 수요를 지원한다.

〈표 7-3〉 인도네시아에서 Komatsu 제품을 재제조하는 기업 현황

기업	주요 사업 분야	주요 제품	일반 프로세스	운영 규모 및 우수성
PT Komatsu Remanufacturing Asia (KRA)	Komatsu 중장비 주요 부품 재제조	엔진, 변속기, 파워 모듈, 파이널 드라이브, 리어 액슬, 메인 펌프, 주행 모터 및 스윙 기계장치	회수 작업, CMM, 금속 스프레이 및 다이노 테스트	연간 수천 대 판매, ISO 인증, 수출
PT United Tractors	판매 후 서비스 및 소비자 효율성	엔진, 변속기, 유압 실린더, 파워 모듈, 하부 주행 장치, 타이어 및 부품 (Comex 프로그램을 통한 부품 교환)	부품 교환 및 오버홀 없이 바로 폐기	40개의 워크숍, 8개의 재제조 센터, 광범위한 보증
PT United Tractors Pandu Engineering (UTPE)	맞춤형 부속 장비 및 부품	버킷, 암, 붐, 리퍼 및 Komatsu 중장비용 맞춤형 및 비표준 부품	엔지니어링 및 맞춤형 재제조	맞춤형 주문 가능, Komatsu 부속 장비
PT Komatsu Indonesia (Plant Remanufactur)	글로벌 Komatsu 재제조 공장	엔진, 변속기, 파워 모듈, 유압 실린더 및 Komatsu 중장비 주요 부품	회수 작업, CMM 및 메인 조립 라인	대용량, 국제 표준, 수출

자료: PT Kobexindo Tractors Tbk, n.d.를 참조해 필자 재구성

- Hitachi

  인도네시아에서 Hitachi 제품의 재제조는 두 개의 주요 기관에 의해 수행된다: PT Hitachi Construction Machinery Indonesia(HCMI)와 PT Hexindo Adiperkasa Tbk. 두 기관은 Hitachi 중장비 생태계에서 서로 다른 역할을 하며, 판매 후 서비스, 비용 효율성, 산업의 지속가능성에 중점을 두고 있다.

  PT Hexindo Adiperkasa Tbk는 인도네시아 Hitachi 중장비의 공식 유통업체로, Hitachi 중장비 부품의 판매, 유통, A/S, 재제조 및 수리, 기술자 교육 및 용접 서비스 등을 제공한다. PT Hexindo Adiperkasa Tbk는 19개 이상의 지사와 16개의 대표 사무소, 그리고 발릭파판에 주요 재제조 시설을 보유하고 있으며, 광업, 건설, 임업 및 기타 산업

부문에 서비스를 제공하고 있다.

PT Hitachi Construction Machinery Indonesia는 일본 Hitachi 건설 기계 주식회사(Hitachi Construction Machinery Co., Ltd.)의 자회사로, 주로 유압 굴삭기와 강체 덤프트럭을 포함한 중장비 제조 및 국내 시장과 동남아시아 수출을 위한 중장비 주요 부품의 재제조를 수행하고 있다. PT Hitachi Construction Machinery Indonesia는 베카시 시비퉁(Bekasi Cibitung)에 2021년부터 가동중인 현대식 재제조 시설이 포함된 공장을 보유하고 있다.

〈표 7-4〉 인도네시아 내 Hitachi 제품 재제조 사업

구분	PT Hitachi Construction Machinery Indonesia (HCMI)	PT Hexindo Adiperkasa Tbk
주요 내용	Hitachi OEM 부품 제조 및 재제조	Hitachi 부품 유통, 판매 후 서비스 및 재제조
제품	굴삭기 및 중장비 주요 부품 (유압, 주행 장치)	주요 부품, 부속 장비, 맞춤형 부품 및 중장비 재정비
공정	OEM 재제조, 국제 표준, 지역 수출 거점 구축	재제조, 재정비 및 전국 판매 후 서비스
운영 규모	900 m^2 시설, 동남아시아 거점, 내수 및 수출	전국 네트워크, 발릭파판 시설, 다중 산업 서비스
전략	공급 효율성, 배기가스 저감, OEM 보증	통합 서비스, 교육 및 서비스 네트워크 강화

자료: Hitachi Construction Machinery Indonesia, n.d.를 참조해 필자 재구성

- Caterpillar

Caterpillar는 인도네시아 광업 및 건설 시장을 선도하는 제조업체 중 하나로서 인도네시아에서 재제조 사업을 운영하고 있다. 인도네시아에서 Caterpillar 제품의 재제조는 글로벌 OEM 표준을 따르는 PT Caterpillar Remanufacturing Indonesia와 국내 판매 후 서비스 제공업체인 PT Trakindo Utama에 의해 통합적으로 수행된다. 두 회사는 상호 보완적인 공정, 혁신, 서비스 범위를 통해 국가 중장비 산업의 비용 효율성, 지속가능성, 생산성을 지원한다.

PT Trakindo Utama의 재제조 시설인 부품 리빌드 센터(Component Rebuild Centers, CRCs)는 발릭파판, 자카르타 및 기타 전략적 지역에 위치해 있다. Trakindo Utama는 Caterpillar 중장비의 엔진, 변속기, 유압 실린더, 펌프, 터보차저, 파이널 드라이브 및 기타 핵심 부품을 재제조한다.

PT CRI의 제조 및 재제조 시설은 서부 자바 보고르(Bogor)에 위치해 있으며, 이곳에

서 광산 트럭과 삽과 같은 부품 및 제품이 리퍼비시된다. 보고르 시설은 OEM-R 모델의 연장선으로 Caterpillar가 직접 재제조 시설을 소유하고 운영한다. PT CRI는 중고 부품을 받아 분해, 세척, 테스트를 거쳐 OEM 기준에 따라 재제조하며, 이를 공식 CAT-Reman 제품으로 다시 시장에 공급한다. 재제조되는 주요 제품은 다음과 같다.

- 디젤 엔진 및 주요 엔진 부품
- 변속기, 유압 실린더, 펌프, 터보차저
- 광산 트럭, 삽, 굴삭기 등 중장비 부품
- Caterpillar 중장비용 기타 주요 예비 부품

PT CRI가 수행하는 재제조 공정은 중고 부품 수집, 완전 분해, 세척 및 검사, 회수 및 재정비, 재조립, 성능 테스트, 유통의 순서로 진행된다. 재제조된 이 제품은 신제품과 동일한 12개월 보증이 제공된다. Caterpillar 보고서에 따르면, 이 재제조의 장점은 소비자가 신품 부품을 구매하는 것과 비교해 최대 50~60%까지 비용을 절감할 수 있으며, 품질과 보증은 신제품과 동일하고, 재제조 부품의 가용성은 수리 속도를 높이고 중장비의 가동 중단 시간을 줄이며, 코어 보증금 모델은 중고 부품의 반환을 유도하여 공급망의 연속성을 유지한다는 점이다. 환경적인 측면에서 보면, 이 재제조 활동은 산업 폐기물을 줄이고, 원자재와 에너지를 절약하며, 신품 부품 생산보다 훨씬 적은 온실가스를 배출하고, 자재 재활용을 우선시하며 제품 수명 주기를 연장한다.

5. 인도네시아 재제조 산업의 기회와 과제

1) 기회

- 전략적 산업 부문의 성장: 인도네시아에서 광업, 건설, 석유 및 가스 부문에서 중장비 및 기계에 대한 수요가 지속적으로 증가하고 있다. 이러한 산업은 비용 효율적이고 지속가능한 솔루션이 절실히 필요하기 때문에 재제조는 기계의 수명을 연장하고 운영 비용을 절감하는 중요한 전략이 된다.
- 비용 및 자원 효율성: 재제조는 소비자에게 상당한 비용 절감(새 부품 구매 대비 최대 50~60%)을 제공하고 값비싼 새 기계 수입에 대한 의존도를 낮춘다. 이 공정은 자재 및 에너지 효율성을 지원하고 산업 폐기물을 줄인다.
- 정책 및 규제 지원: 인도네시아 정부는 제조 및 재제조 산업의 발전을 장려하기 위해

대통령령 제18호/2020(RPJMN 2020-2024), 산업부 장관령 제15/M-IND/PER/2/2011, 에너지광물자원부 장관령 제34/2017 등 여러 규정을 제정하였으며, 이들 규정은 전략 산업 부문에서 국산 기계의 사용을 의무화하고 있다. 이 정책은 재제조 산업 종사자들이 국내 수요를 충족시킬 수 있는 기회를 열어준다.

- 순환경제 잠재력: 재제조는 국가 순환경제 전략의 일환으로, SDGs를 지원하고 탄소 배출을 줄이면서 경제, 사회, 환경적 혜택을 동시에 제공할 수 있다.
- 수출 및 시장 확장: 제조업 부문은 2024년까지 국가 경제에 4,202.87조 IDR를 기여할 것으로 예상되며(인도네시아 중앙통계청, 2025), 인도네시아의 중장비 재제조 산업은 제조업 생산의 0.62%에 해당하는 26.04조 IDR에 불과하지만, 재제조 산업은 특히 동남아시아를 중심으로 한 국내외 시장 확장에 있어 상당한 잠재력을 가지고 있다.

〈그림 7-3〉 인도네시아 국가 경제에 대한 재제조 기여도

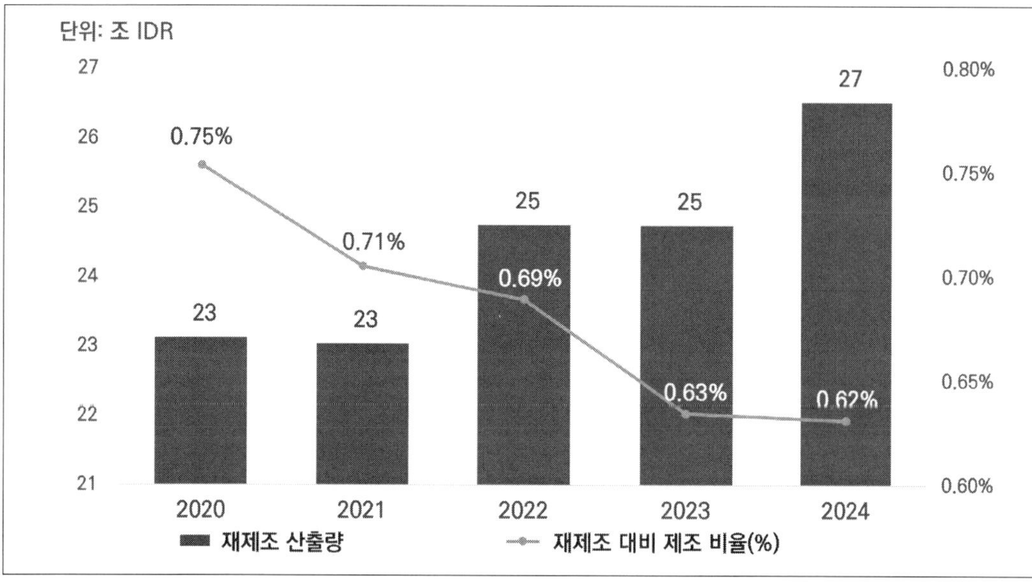

자료: Central Bureau of Statistics(2025.10.15)를 참조해 필자 재구성

2) 과제

- 명확한 국가적 정의 및 표준의 부재: 재제조에 대한 표준과 정의가 존재하지 않아 업계 관행에 일관성이 없고 비즈니스 프로세스와 사업자 및 소비자 간의 소통을 복잡하게 만든다(Anityasari et al, 2025).

- 제한적인 특별 규정 및 인센티브: 정부 정책은 신제품 제조 개발에 더 집중되어 있으며, 재제조에 대한 구체적인 인센티브는 여전히 제한적이다. 명확한 규정의 부재는 기업들이 법적 지원과 보호를 받기 어렵게 만든다(Anityasari et al, 2025; Desyanti, 2025).
- 중고 부품의 확보 및 품질: 재제조 공정을 위한 고품질 중고 부품 수집이 주요 과제로, 이는 최종 제품의 품질을 크게 좌우한다. 물류 및 인프라의 한계 역시 방해 요소이다(Anityasari et al, 2025; Desyanti, 2025).
- 시장 인식 및 소비자 교육: 많은 소비자들이 여전히 재제조 제품을 저품질의 중고품으로 인식하고 있어, 시장 신뢰도가 낮은 상태이다. 대중 교육과 품질 인증이 필수적이다(Anityasari et al, 2025; Desyanti, 2025).
- 수입 제품 경쟁: 선진국에서 수입된 재제조 제품은 종종 더 낮은 가격에 판매되어 국내 생산자의 경쟁력을 약화시킨다. 이에 따라 국내 시장에서 경쟁력을 갖추기 위해 국가 재제조 생태계를 강화할 필요가 있다(Anityasari et al, 2025).

3) 재제조 부문의 외국인 투자 기회

- 제조업 부문에 대한 높은 외국인 투자 관심: 재제조를 포함한 제조업 부문은 인도네시아에서 외국인 투자를 가장 많이 받는 산업 중 하나이다. 2017년부터 2023년까지 제조업 부문에 대한 외국인 투자는 1,154억 달러에 달했으며, 중장비, 자동차, 기계 부품 산업을 중심으로 이러한 추세는 계속 증가하고 있다.

〈그림 7-4〉 2017~2023년 제조업 부문 외국인 직접 투자 추이

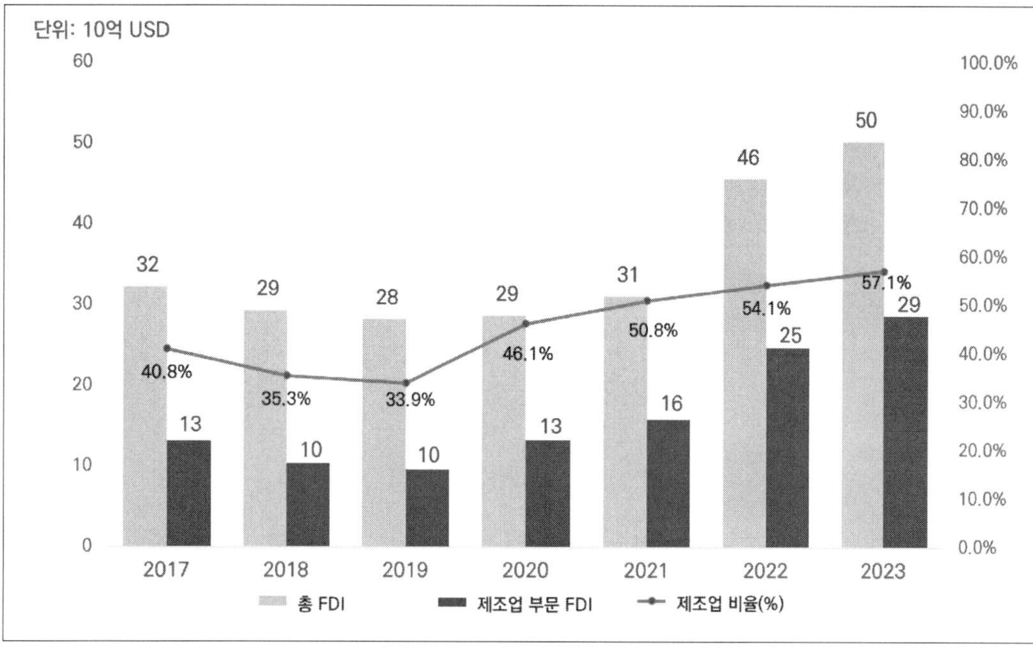

자료: Central Bureau of Statistics(2025)를 참조해 필자 재구성

- 정책 지원 및 외국인직접투자(Foreign Direct Investment, FDI) 인센티브: 인도네시아 정부는 투자 포럼, 재정 인센티브, 산업 단지와 제조 집적지 조성을 통해 재제조 분야의 투자 기회를 적극적으로 홍보하고 있다. 이러한 정책은 재제조 시설 건설과 기술 이전을 촉진하기 위해 외국인 투자자를 유치하는 것을 목표로 한다(ERIA, 2023).
- 협업 및 기술 이전: Komatsu, Caterpillar, Hitachi, SKF와 같은 다국적 기업들은 인도네시아에 직접 또는 현지 기업과의 합작을 통해 재제조 시설을 설립해왔다. 이러한 협력은 첨단 기술의 도입을 가속화하고, 국가 인적 자원 역량을 강화하는 데 기여한다(Anityasari et al, 2025).
- 지역 시장 확장: 인도네시아는 산업 다운스트림화 정책과 포괄적경제동반자협정(Comprehensive Economic Partnership Agreement, CEPA), 아시아태평양경제협력체(Asia Pacific Economic Cooperation, APEC), 인도·태평양 경제 프레임워크(Indo-Pacific Economic Framework, IPEF)와 같은 국제 무역 협정의 지원을 받아 동남아시아 재제조 제품 수출의 핵심 거점이다. 이는 인도네시아의 지역 시장을 개발하기 위한 외국인 투자 기회를 만든다(Anityasari et al, 2025).

〈표 7-5〉 인도네시아 재제조 분야에 대한 외국인 투자 기회와 과제

분야	기회	과제
시장 수요	광업, 건설, 석유 및 가스 산업에서의 높은 수요	가격이 더 저렴한 수입 제품과의 경쟁
정부 정책	FDI 인센티브, 산업 단지 조성, 투자 유치 촉진	구체적이지 않은 재제조 관련 규정 및 제한된 인센티브
기술 이전	글로벌 기업과의 협력, 첨단 기술 도입	숙련된 인력 및 지원 인프라의 부족
지역 확장	동남아시아 수출 거점, 국제 무역 협정	제품 품질 기준 및 인증 체계 미비

자료: 필자 작성

참고문헌

Lusiantoro, L. (2025). Mewujudkan ekonomi sirkular lewat pendidikan. Kompas. Retrieved June 20, 2025, from https://www.tempo.co/info-tempo/mewujudkan-ekonomi-sirkular-lewat-pendidikan-1237635

Bappenas. (2024). Mainstreaming circular economy for transformative and sustainable change in Indonesia. Retrieved June 20, 2025, from https://www.un-page.org/knowledge-hub/key-takeaways-mainstreaming-circular-economy-for-transformative-and-sustainable-change-in-indonesia-id/

Bappenas. (2024). Peta Jalan dan Rencana Aksi Nasional: Ekonomi Sirkular Indonesia 2025-2045.

Siaran Pers Kemenperin via Niaga Asia. (2023). Pengembangan industri remanufaktur kunci mencapai netralitas emisi gas rumah kaca. Retrieved June 20, 2025, from https://www.niaga.asia/pengembangan-industri-remanufaktur-kunci-mencapai-netralitas-emisi-gas-rumah-kaca/

Pristiandaru, D. L. (2023). Pengembangan industri remanufaktur berperan penting capai netralitas karbon. Kompas. Retrieved June 20, 2025, from https://lestari.kompas.com/read/2023/11/16/160000086/pengembangan-industri-remanufaktur-berperan-penting-capai-netralitas-karbon

Komi. (2020). Remanufaktur. Retrieved June 24, 2025, from https://www.komi.co.id/remanufaktur

Fairyanto, A. P. (2024). Perspektif kegiatan remanufaktur di Indonesia: Pengklasifikasikan dan eksplorasi proses bisnis remanufaktur (Unpublished master's thesis). Institut Teknologi Sepuluh Nopember. https://repository.its.ac.id/114490/

Peraturan Menteri Perdagangan Republik Indonesia Nomor 8 Tahun 2014 tentang Ketentuan Impor Barang Modal Bukan Baru. (2014). Retrieved

June 19, 2025, from
https://jdih.kemendag.go.id/backendx/image/old/2014/02/14/8-1392378443.pdf

Kementerian Lingkungan Hidup dan Kehutanan (KLHK). (2021). Strategi nasional pengelolaan sampah rumah tangga dan sampah sejenis sampah rumah tangga. https://info3r.menlhk.go.id/berita/detail/berita-15-v_berita

Niaga Asia. (2023). Pengembangan industri remanufaktur kunci mencapai netralitas emisi gas rumah kaca. Siaran pers Kementerian Perindustrian. Retrieved June 20, 2025, from https://www.niaga.asia/pengembangan-industri-remanufaktur-kunci-mencapai-netralitas-emisi-gas-rumah-kaca/

United Nations Environment Programme (UNEP). (2025). Circular economy handbook.

Kementerian Lingkungan Hidup dan Kehutanan. (2021). Strategi nasional pengelolaan sampah rumah tangga dan sampah sejenis sampah rumah tangga. Retrieved June 25, 2025, from https://info3r.menlhk.go.id/berita/detail/berita-15-v_berita

Indonesia Circular Economy Forum. (n.d.). Official website. Retrieved July 3, 2025, from https://www.indonesiacircular.org

United Nations Environment Programme (UNEP). (2020). Sustainable consumption and production: A handbook for policymakers.

Ellen MacArthur Foundation. (2015). Towards a circular economy: Business rationale for an accelerated transition.

Deutsche Gesellschaft für Internationale Zusammenarbeit (GIZ). (2022). RISE project Indonesia factsheet.

Priyono, A. (2017). Understanding the benefits of product-service system for involved parties in remanufacturing. Journal of Industrial Engineering and Management, 10(2), 323-351.

Anityasari, M., Fernando, A., Suhariyanto, T. T., Sari, K. N., Kusumawardani, R., & Akbar, R. A. (2025). Understanding remanufacturing business in

Indonesia. Proceedings of ISETH 2024. Retrieved from https://proceedings.ums.ac.id/iseth/article/download/5413/4688

Desyanti, R., Suparno, & Arvitrida, N. I. (2025). Bearing remanufacturing practices: A case study in PT. SKF Indonesia. BIS Energy and Engineering, 2, V225047. https://doi.org/10.31603/biseeng.372

ICCC. (2017). Investment opportunities in Indonesia: Manufacturing. Indonesia Canada Chamber of Commerce. Retrieved from https://www.iccc.or.id/wp-content/uploads/2020/08/Investment-Opportunities-in-Indonesia-Manufacturing-May-2017_compressed.pdf

Economic Research Institute for ASEAN and East Asia (ERIA). (2023). Foreign direct investment, agglomeration, and production networks in Indonesian manufacturing (ERIA Discussion Paper Series No. 473). Retrieved from https://www.eria.org/research/foreign-direct-investment-agglomeration-and-production-networks-in-indonesian-manufacturing/

Kentjana, N. R. (2017). Opportunities for foreign direct investment in Indonesia. Board of Investment of Thailand. Retrieved from https://www.boi.go.th/upload/bkpm_updated_84830.pdf

Hitachi Construction Machinery. (2021). Newly establish a base in Indonesia to strengthen parts remanufacturing. Retrieved from https://www.hitachicm.com/global/en/news/press-releases/2021/21-04-15/

08

에콰도르의 환경 규제 및 순환경제에 대한 재제조 산업 대응 전략

Chapter

08

에콰도르의 환경 규제 및 순환경제에 대한 재제조 산업 대응 전략

Ponce Delgado Beatriz Estefania
에콰도르 환경부 기후변화관리관

1. 개요

기후 변화의 영향은 에콰도르의 높은 취약성과 고형 폐기물 관리, 수자원 오염, 산림 파괴 등 주요 환경 문제에서 분명하게 나타난다(Subia-Cabrera & Subia-Cabrera, 2022). 이 과제들은 에콰도르가 전략 부문 내에서 순환경제를 지향하는 지속가능성 중심의 전략을 개발하도록 유도한다. 에콰도르 정부는 선형 경제 모델을 국가 생산 모델로 전환하기 위해 산업 내 지속가능한 관행을 장려하는 것이 시급하다(Ministerio de Producción, Comercio Exterior, Inversiones y Pesca, & Ministerio del Ambiente, Agua y Transición Ecológica, 2024).

이러한 메커니즘을 통해 에콰도르는 천연자원과 자원 채취 중심의 경제 구조에 대한 의존도를 줄이고, 지속가능한 순환경제 체제로 나아가는 것을 목표로 한다. 그러나 에콰도르 내 재제조 산업에 대한 정보와 전략은 여전히 부족한 실정이다. 재제조 산업은 사용된 제품을 다양한 공정을 통해 원래의 상태로 복원하여 기능을 회복시키는 과정을 포함하며, 이를 통해 자원과 원자재의 사용을 줄이고 폐기물 발생을 최소화하며 제품의 수명을 연장할 수 있다(Rea-Reinoso et al., 2024). 특히 재제조 과정은 순환경제에서 핵심 전략 중 하나로 간주된다.

그러나 환경 규제를 준수하고 순환경제를 촉진하기 위해서는 기존의 환경법, 예를 들어 환경법(Code Orgánico del Ambiente) 및 그 하위 규정들을 준수하고, 혁신적인 제조 관행을 도입하는 관리 체계가 필요하다.

정책과 규범을 따르기 위해 이러한 전략과 실행 방안들은 환경 지속가능성을 촉진함과 동시에 에콰도르의 사회적·대중 경제를 회복하려는 목적을 가지고 있다. 한편, 재제조 산업은 비교적 초기 단계에 있지만, 환경 규제를 준수하려는 향후 이니셔티브를 바탕으로 순환경제 발전을 향해 나아가고 있다. 예를 들어, 정부와 산업계는 폐기물 감축을 통한 지속가능한 생산 및 소비 모델을 촉진하는 데 관심을 가지고 있다(Zhou & Yuen, 2020).

2. 에콰도르의 재제조에 대한 국가적 흐름

에콰도르의 인구는 16,938,986명을 넘으며, 도시와 농촌 지역에 걸쳐 분포되어 있다. 이 중 63.1%는 도시에, 36.9%는 농촌 지역에 거주하고 있다(Instituto Nacional de Estadística y Censos (INEC), 2023). 2024년 에콰도르 환경·수자원·생태전환부(Ministerio del Ambiente, Agua y Transición Ecológica)의 조사에 따르면, '폐기물 관리 및 포용적 순환경제 프로젝트(Solid Waste Management and Inclusive Circular Economy Project)'를 통해 에콰도르에서는 연간 5,317,194 톤의 고형폐기물이 발생하며, 이는 일일 평균 14,568 톤에 해당한다. 1인당 하루 평균 고형폐기물 발생량은 약 0.81kg으로 추정된다. 유기성 폐기물은 전체의 61.45%인 약 8.9톤/일에 달하며, 나머지 38.55%는 무기성 폐기물이다. 대부분의 폐기물은 적절한 관리 없이 개방형 매립지에 버려지며, 이로 인해 폐기물 부문에서 4,790.54 킬로톤 CO_2eq.이 배출되어, 국가 총 배출량의 5.43%를 차지한다(República del Ecuador, 2025).

이는 지속가능한 개발을 목표로 하는 생활 방식, 책임 있는 생산 및 소비를 채택하는 시민들의 적극적인 행동을 보여주며, 원자재의 수명 주기를 연장하고 원자재 추출을 줄임으로써 폐기물의 양을 줄일 수 있는 방법인 재제조 산업의 개발과 같은 순환경제 전략을 촉진한다.

에콰도르는 라틴 아메리카 국가로서 2030년 개발 목표에 부합하는 지속가능성과 순환 전략을 실행하려는 의지를 보여왔다. 재제조의 일반적인 개념은 사용된 제품을 회수하여 최적의 작동 상태로 복원하는 것으로, 생산 비용, 폐기물, 천연자원에서의 원자재 수요를 줄임으로써 경제적인 이점을 제공할 뿐만 아니라, 일자리 창출에도 기여하며 환경 지속가능성과 순환경제에도 도움을 준다. 국가 차원에서 경제 및 비즈니스 발전을 위한 주요 제조 산업이 존재하지만, 기술, 인프라, 그리고 법적 제도의 부족으로 인해 재제조 산업에서는 어려움을 겪고 있다.

산업 부문에서 시행되는 지속가능한 생산 방식은 경쟁력을 향상시키는 동시에 순환경제 모델을 향한 환경 영향 감소에도 기여한다. 재제조 과정은 제품의 주요 특성을 회복할 뿐만 아니라, 가치 있는 자원이 재활용되고 재사용될 수 있기 때문에 소비자들의 재제조 제품에 대한 인식 전환을 가져오며, 지속가능성과 온실가스 배출 감축을 통한 기후변화 대응이라는 글로벌 관점에서 순환경제를 선도하는 역할을 한다.

선진국의 공공 정책 및 견고한 규제 프레임워크와 같은 순환성과 환경 관리에 대한 글로벌 트렌드를 고려할 때, 이는 에콰도르와 같은 개발도상국에게 훌륭한 본보기가 될 수 있다. 이러한 정책들은 재제조 관행을 촉진하고 청정 기술에 대한 투자를 장려하기 위해 수정 및 개선될 수 있다. 에콰도르가 재제조 산업과 관련하여 직면한 기회와 과제는 단순히 규제 프레임워크나 청정 기술에 국한되지 않으며, 재제조 산업의 발전을 위해 노동력의 역량 강화에도 달려 있다. 특히 지속가능성과 순환경제 기술 역량 개발을 위한 교육은 재제조 프로세스를 혁신하고 개선하는 데 있어 핵심적인 기반이다. 이 분야에서 전략을 실행하는 데에는 정부뿐만 아니라 학계와 기업 부문도 중요한 역할을 한다. 비록 에콰도르에는 재제조 산업을 위한 구체적인 규정은 없지만, 선형 경제 모델에서 순환경제로의 전환을 위한 다양한 이니셔티브와 전략을 실행하려는 국가적 의지가 존재한다.

환경 규제 및 순환경제에 대응하기 위한 전략은 일반적인 환경 규제, 생산자책임확대제도(Extended Producer Responsibility, EPR), 국가 순환경제 전략 등으로 주로 분류된다. 에콰도르의 재제조 산업은 이 지역의 경제 발전을 위한 기회일 뿐만 아니라 지속가능성을 향상시켜 선형 모델의 잘못된 관행을 벗어나 순환경제 모델로 나아가는 데 핵심적인 산업이다. 결론적으로, 적절한 정책의 도입, 재제조 프로세스에 대한 전문 교육, 재제조 제품에 대한 인식 변화와 관련된 문화적 전환의 촉진은 에콰도르가 지속가능한 미래로 나아가고 재제조 및 순환경제 분야에서 선진국과 어깨를 나란히 하며 경쟁력을 향상시키는데 도움을 줄 것이다.

3. 에콰도르의 환경 정책과 규제에 관한 법적 프레임워크의 발전

에콰도르의 법률 및 규범의 실행과 이행에 관한 국가 체계는 2008년에 제정된 에콰도르 공화국 국가 헌법 제425조에 의해 그 위계질서에 따라 설명된다. 이를 통해 규정과 법률은 주로 헌법에 의해 적용되고 그에 따라 운영되며, 그다음으로는 국제 조약과 협정, 유기법과 일반법, 지역 규범, 법령과 규정, 협약과 결의안, 그리고 국가 당국이 발행한 기타 문서들이 따른다.

에콰도르 환경·수자원·생태전환부는 환경 관리 및 천연 자원 보호의 기본 원칙을 설정하는 국가 환경 당국이다. 환경 관련 법률과 규범은 주로 환경법(Código Orgánico del Ambiente)과 그 시행 규정에 의해 관리된다. 또한 폐기물의 발생부터 최종 처분에 이르기까지의 관리 우선 원칙에 따라 EPR를 촉진하기 위한 규범도 존재한다.

따라서 에콰도르는 순환경제로의 전환을 위한 전략 및 이니셔티브를 통해 중요한 진전을 이루었으며, 그 주요 내용은 그림 1에 설명되어 있다. 여기에는 2020년 순환경제 백서(Circular Economy White Book)의 제정을 시작으로, 2021년 포괄적순환경제법(Organic Law on the Inclusive Circular Economy), 2023년 해당 유기법(Organic Law)의 시행 규정, 그리고 2025년에는 2035년까지를 목표로 한 포괄적 순환경제를 위한 국가 전략(National Strategy for Inclusive Circular Economy)이 포함된다.

〈그림 8-1〉 에콰도르의 순환경제 발전을 위한 규제 및 법적 프레임워크

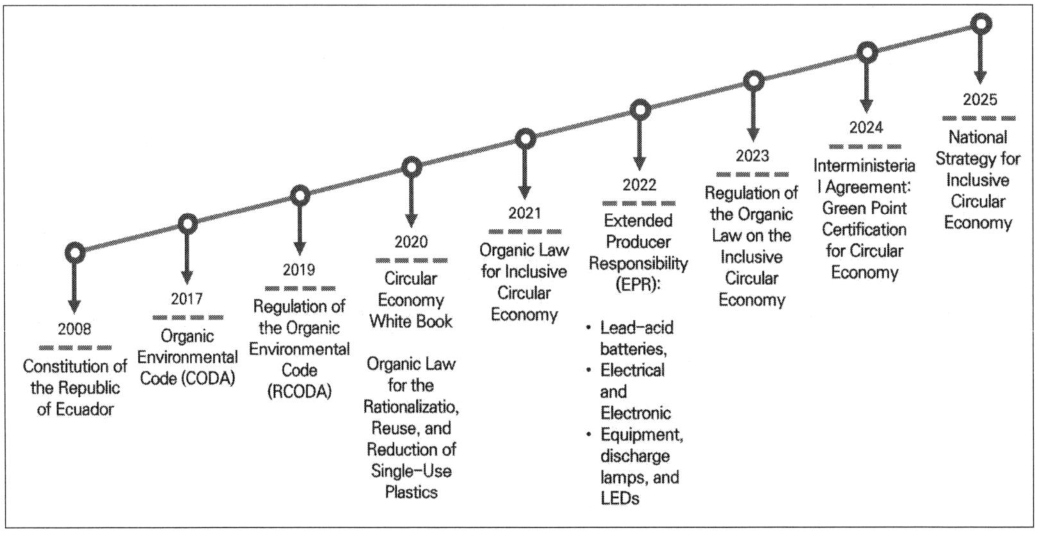

자료: Ministerio de Producción, Comercio Exterior, Inversiones y Pesca & Ministerio del Ambiente, Agua y Transición Ecológica(2024)를 참조해 필자 재구성

1) 순환경제 이니셔티브 및 전략

에콰도르는 브라질, 콜롬비아, 페루, 아르헨티나, 우루과이와 같은 다른 남아메리카 국가들과 비교했을 때, 순환경제에 대한 가장 포괄적인 실행 로드맵과 전략을 보유한 국가 중 하나이다. 그림 2는 에콰도르가 추진한 주요 활동들을 요약하고 있으며, 활동들은 순환경제 문화 조성, 혁신, 공공 정책, 금융, 거버넌스, 순환도시 등의 범주로 구분된다.

〈그림 8-2〉 남아메리카의 순환경제 전략

자료: Samaniego et al.(2022)를 참조해 필자 재구성

에콰도르의 순환경제에 대한 첫 번째 접근은 2019년에 순환경제 백서의 작성으로 시작되어 2020년에 공식 발표되기까지 이어졌다. 이를 통해 정책 및 재정, 지속가능한 생산, 책임 있는 소비, 통합 폐기물 관리를 중심으로 한 주요 개입 축이 개발되었다.

- EPR는 생산자, 수입자, 판매자가 제품의 수명 주기가 종료된 이후에도 그 제품의 종합적인 관리와 처리를 책임지도록 요구한다. 에콰도르에서 EPR의 엄격한 준수 체계(장관 협약)에 따라 관리되는 제품에는 농업용 플라스틱 폐기물, 사용된 납산 배터리, 사용된 윤활유, 휴대용 배터리, 사용 완료 타이어(ELT), 전기 및 전자 장비(EEE), 의약품 및 제약 제품, 방전된 조명기기 및/또는 미사용 LED 램프 등이 포함된다.
- 2021년에 승인된 포괄적순환경제법은 국가 내 순환경제 목표 달성을 위한 책임을 설정하는 것을 목표로 하며, 폐기물 감축, 녹색 일자리 증가, 재활용 확대, 자원에 대한 의존도를 줄이는 생산 구조로의 전환 등을 추구한다.
- 2035년까지의 포괄적 순환경제를 위한 국가 전략은 현재의 경제 모델을 보다 지속가능한 방향으로 전환하려는 국가의 이정표이자 약속을 나타내며, 포용적 순환경제로의 전환뿐만 아니라 환경 실천의 이행, 책임 있는 소비, 혁신, 연구, 공공 및 민간 부문의 협력을 촉진하여 에콰도르 미래 세대의 복지를 보장하는 것을 목표로 한다. 이 전략은 에콰도르의 순환경제를 향한 공공 정책 및 활동을 하나의 효과적인 전략 아래 정렬시키기 위한 8가지 원칙을 포함한다: 환경 책임, 사회적 포용, 공정한 전환과 양질의 고용, 지속가능하고 회복력 있는 지역 개발, 지속가능한 생산과 회복력 있는 가치사슬, 디지털 전환, 책임 있고 지속가능한 소비를 위한 연구와 혁신, 점진성과 적응성, 투명성과 정보 접근성(Ministerio de Producción, Comercio Exterior, Inversiones y Pesca, & Ministerio del Ambiente, Agua y Transición Ecológica, 2024).

비록 에콰도르에는 재제조 산업에 대한 구체적인 규정은 없지만, 국가 차원에서는 선형 경제 모델에서 순환경제로의 전환을 위한 다양한 이니셔티브와 전략을 실행하려는 의지를 보이고 있다. 환경 규제 및 순환경제에 대응하기 위한 전략은 앞서 설명한 바와 같이 주로 일반적인 환경 규제, EPR 규제, 그리고 국가 순환경제 전략으로 분류된다.

4. 에콰도르의 재제조 산업 현황

Garabiza et al. (2021)의 연구에 따르면, 에콰도르에서 순환경제 이니셔티브를 실행한 가장 대표적인 산업들이 표 1에 설명되어 있다. 각 기업 유형에 따라 통신, 식품, 소매, 시멘트, 포장, 가공 회사 등 다양한 분야에서 활동이 적용되고 있다. 그러나 순환경제 전략을 적용하는 기업의 정확한 수는 알려져 있지 않은데, 이는 순환경제가 비교적 새로운 개념이며, 관련 정보의 부족이 에콰도르 재제조 산업의 현황을 파악하는 데 한계로 작용하기 때문이다.

〈표 8-1〉 에콰도르에서 순환경제 이니셔티브를 실행하는 산업 분야

기업명	산업 분야	순환경제 이니셔티브
Corporación Favorita	유통기업	Gira 프로젝트
Movistar	통신	휴대폰 재활용
Arca Continental	병입 회사	병 재활용
Nestlé Ecuador	식품 회사	포장재 재활용, 식품의 효율적 활용
Holcim Ecuador	시멘트	Geocycle - 폐기물 공동 처리
Unacem Ecuador	시멘트	폐유 및 폐기물의 동시 처리
Tetra Pak	포장 및 식품 가공	지속가능 제품 개발 및 재활용 확대
Small Cooking Oil Companies	식용유 재활용	폐식용유 수거 및 바이오디젤로 전환
Incinerox	철강생산	산업 폐기물의 통합 관리
Ecocaucho	타이어 회사	타이어 재사용
Tritubot	플라스틱 병 재활용 - ECOBLOQ (에코블록)	플라스틱 병 재활용 - ECOBLOQ (에코블록)

자료: Garabiza et al.(2021)

에콰도르의 경제 발전이 여전히 석유와 같은 자원 채취 활동에 의존하고 있음에도 불구하고, 산업과 관련 기업들은 환경, 경제, 사회에 중점을 두고 순환경제로의 새로운 경제 모델 개발에 나서고 있다(Ordóñez Olivo & Martins, 2023). 그 결과, 녹색 혁신 및 에너지 효율성을 기반으로 한 신제품 제조는 에콰도르 내에서 몇 안 되는 성공 사례 중 하나로 꼽히지만, 이에 대한 기록된 정보는 많지 않다. 에콰도르에서는 순환경제 개념이 비교적 새롭지만, 시민들은 수년 전부터 장비 수리와 같은 순환경제 관련 활동에 참여해 왔다.

현재 기업 및 사업체 통계 등록부(구 사업체 디렉토리)에 따르면, 에콰도르에는 현재 국제표준산업분류에 따라 수리 및 재제조와 관련된 일자리가 135,367개 존재한다(Instituto Nacional de Estadisticas y Censos (INEC), 2024). 이와 같은 폐기물 수거 및 처리, 자원 회수 등 순환경제에 기여하는 활동은 국가의 공식 경제활동인구의 약

1.7%를 차지하고 있다.

또한, 그림 3에 따르면 순환경제 관련 활동에 종사하는 인구는 총 635,357명이며, 이 중 장인, 재활용업자, 수리공이 주요 집단을 형성하고 있으며, 이들은 에콰도르의 경제활동인구 중 약 7.9%를 차지한다.

〈그림 8-3〉 순환경제 관련 활동에 종사하는 업종별 인구수

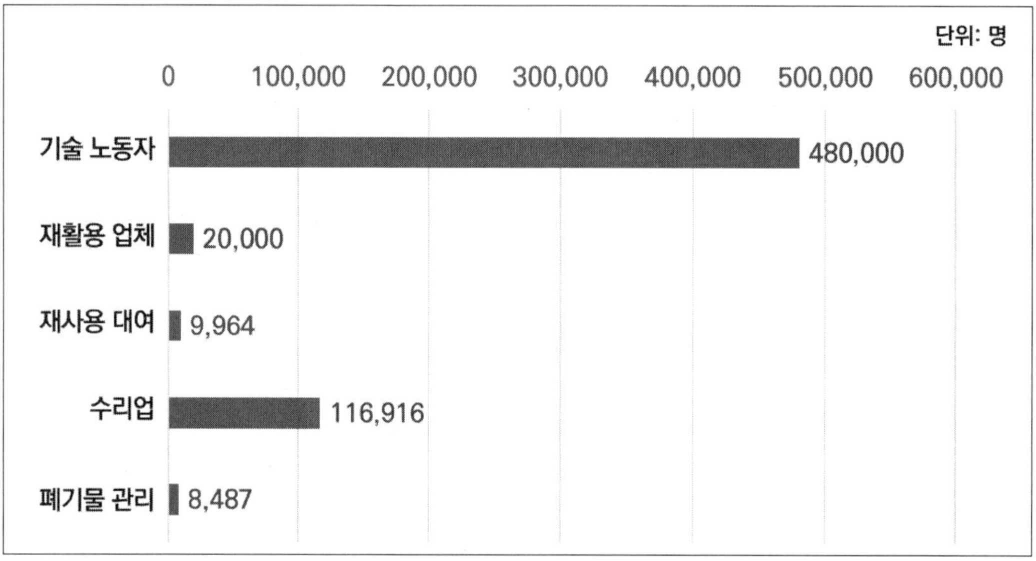

자료: Ministerio de Producción, Comercio Exterior, Inversiones y Pesca (MPCEIP) & Deutsche Gesellchaft für Internationale Zusammenarbeit(GIZ)(2021)를 참조해 필자 재구성

에콰도르의 재제조 산업은 이제 막 순환경제의 핵심 요소로 자리 잡기 시작했으며, 기업들은 제품의 수명을 연장하고 기능을 복원함으로써 비용과 폐기물을 줄이며 사업 개선을 추구하고 있다. 이러한 측면에서, 에콰도르의 재제조 활동은 지속가능성 실천과 타 산업 부문의 참여를 통해 국가의 지역 경제에 핵심적인 역할을 하고 있다.

5. 에콰도르의 대표적 재제조 산업 분야

1) 자동차 부문(자동차 부품 및 리컨디셔닝)

에콰도르의 자동차 산업은 크게 두 가지 하위 활동으로 구성된다: 차량 제조, 자동차 부품 거래 및 차량·모터바이크 수리. 차량 수리 및 예비 부품 또는 자동차 부품의 판매는 재료의 재활용을 통해 순환성 활동의 일부를 형성한다. 그 예로, 해체 과정을 통해 금속 가공 산업의 원자재로 활용되는 경우가 있으며, 이를 통해 차량의 50%에서 85%까지 재순환이 가능하다(Ministerio de Producción, Comercio Exterior, Inversiones y Pesca (MPCEIP) & Deutsche Gesellschaft für Internationale Zusammenarbeit (GIZ), 2021). 그림 4는 2025년 3월 기준 자동차 부품의 주요 수출 실적을 보여주며, 그 가치는 700만 달러에 이른다.

〈그림 8-4〉 2025년 3월 기준 자동차 부품 수출

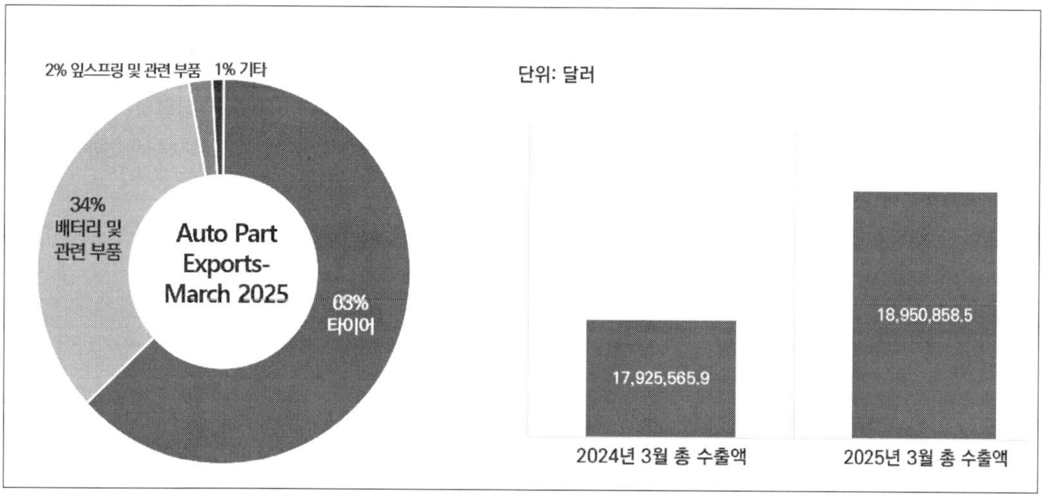

자료: Cámara de Industria Automotriz Ecuatoriana(CINAE)(2025)를 참조해 필자 재구성

또한 2025년 3월 기준, 본선 인도 조건(Free on Board, FOB) 가격 기준으로 누적 자동차 부품 수출액은 6% 증가하였으며, 이는 2024년 같은 기간에 비해 약 100만 달러 증가한 수치이다(Cámarade Industria Automotriz Ecuatoriana(CINAE), 2025).

Díaz 등(2023)에 따르면, 에콰도르의 자동차 산업은 재제조보다는 재정비(reconditioning) 및 수리에 더 중점을 두고 있다. 중장비 차량에서 내연기관을 회수하는

작업은 주로 경험에 기반해 독립된 정비업자들이 수공업적 워크숍에서 적용한 방법론과 절차를 통해 수행되어왔으며, 이 과정에서 수년간의 전문성이 축적되었다. 실제로 정보 부족은 재제조 비즈니스 모델 개발의 주요 장애물 중 하나이며, 그 외에도 표준화된 방법론의 부재 및 물류 인프라의 부족도 문제로 지적된다. 그림 5는 CAT3116 디젤 엔진에 적용된 사례 연구에서 얻은 내연기관의 재제조 공정을 보여주며, 재제조 공정은 중장비 차량의 명목값의 95%에 달한다.

〈그림 8-5〉 내연기관 엔진의 재제조 과정

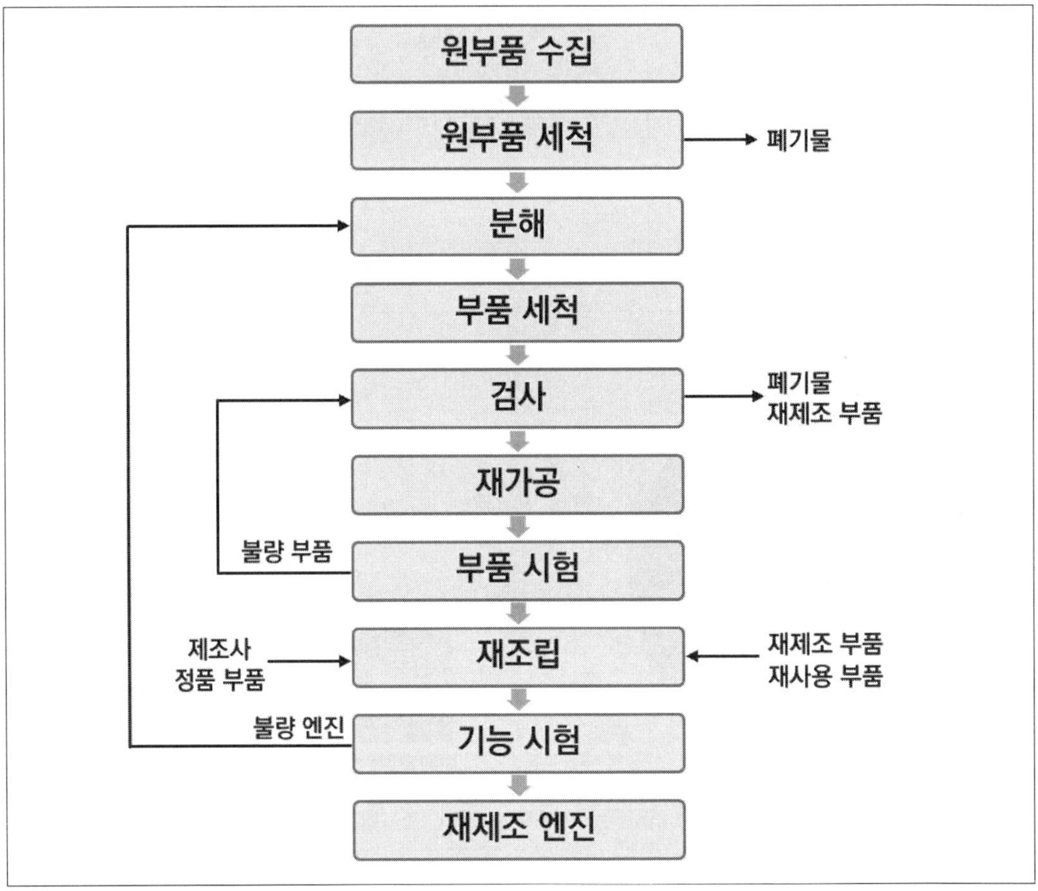

자료: Díaz et al.(2023)를 참조해 필자 재구성

차량 사용은 에너지 소비 및 화석 연료 사용과 관련된 탄소 발자국으로 인해 환경에 영향을 미친다. 전기차 전환을 위한 인센티브가 존재하지만, 현재로서는 에콰도르에서 전기차 시장이 크게 활성화되어 있지 않다. 에콰도르 자동차 기업 협회(Ecuadorian

Automotive Companies Association, AEADE)의 자료에 따르면, 주민 13명 중 1명이 차량을 보유하고 있으며, 이동 시 평균 탑승 인원은 1.2명이다(Ministerio de Producción, Comercio Exterior, Inversiones y Pesca (MPCEIP) & Deutsche Gesellschaft für Internationale Zusammenarbeit (GIZ), 2021).

2) 전자기기 (장비 및 부품 재제조)

에콰도르에서는 전자기기 제조 산업이 잘 확립되어 있지 않으며, 대부분의 활동은 전기기기의 조립 및 수리에 초점을 맞춘 기업들에 의해 수행되고 있다. 그림 6은 시장에 유통된 전기기기의 수와 전자 폐기물 발생량을 보여주며, 전자 폐기물은 2009년 1인당 5.6kg(82.1 킬로톤)에서 2019년 1인당 7.5kg(129.9 킬로톤)으로 증가했음을 나타낸다(Wagner et al., 2022). 이와 관련하여, 에콰도르에서 시장에 유통된 전기·전자기기의 수와 발생한 전자 폐기물의 양은 모두 라틴아메리카 지역 평균보다 낮다. 2024년 에콰도르 환경·수자원·생태전환부의 자료에 따르면, 에콰도르는 라틴아메리카 내에서 1인당 전자 폐기물 발생량 기준으로 8위를 기록하고 있다.

〈그림 8-6〉 에콰도르에서 판매되거나 시중에 유통되는 전기·전자기기와 폐기물 전기·전자기기

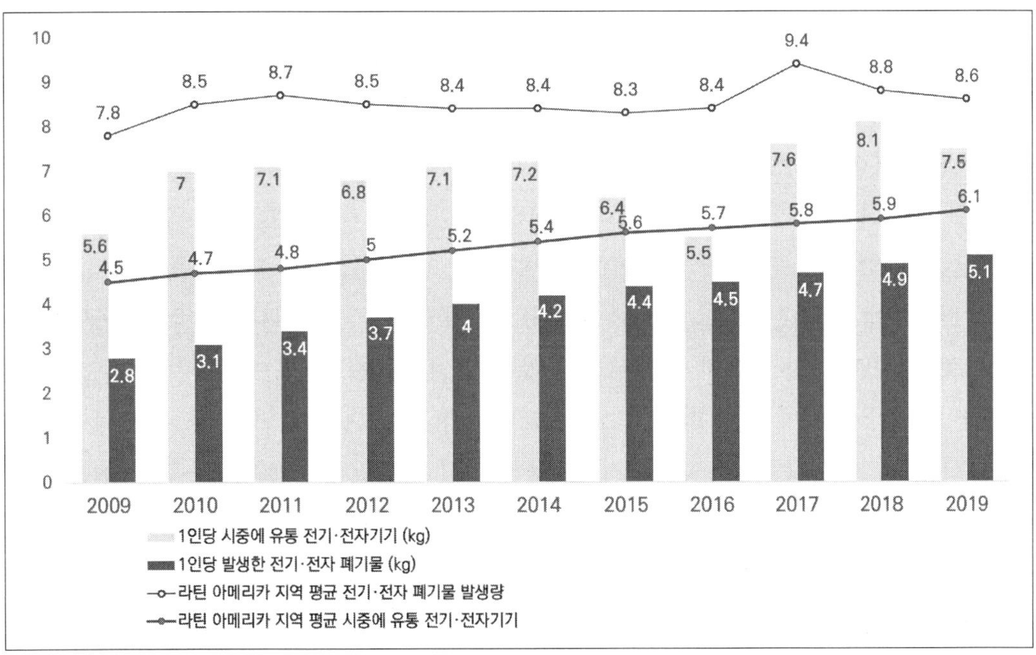

자료: Wagner et al.(2022)를 참조해 필자 재구성

현재 에콰도르에서는 전기·전자기기 폐기물에 대한 공식 통계가 수집되고 있지 않다. 하지만 비공식적으로는 가전제품 및 전자기기 수리 워크숍이 존재하며, 이곳에서 수리된 전자·전기기기는 재사용이 가능하고 중고 시장에서 판매되어 기기의 수명을 연장하는 데 기여하고 있다. 그럼에도, 전기·전자기기의 수리, 재제조 및 재활용 활동이나, 이들로부터 파생된 소재 및 부품의 사용을 규제하는 관련 법령은 존재하지 않는다(Secretaría General Iberoamericana (SEGIB), 2024).

주목할 점은, 에콰도르 외교통상위원회(Foreign Trade Committee, COMEX)에 따르면 에콰도르는 신규 휴대폰 수입에 대한 글로벌 할당량을 설정하는 결의안 049-2015를 채택했으며, 재제조, 리퍼비시, 수리된 휴대폰의 수입은 금지하고 있다는 점이다. 전기·전자 폐기물의 수출입과 관련하여, 에콰도르는 바젤 협약, 로테르담 협약, 스톡홀름 협약의 서명국이며, 미나마타 협약도 비준했다. 또한, 현행 헌법과 환경 관련 법률은 잔류성유기오염물질, 국제 협약에서 금지·제한된 농약 및 농업용 화학물질, 유해 기술, 방사성 핵폐기물 등의 수입을 금지하고 있다(Wagner et al., 2022).

3) 타이어(물질 재활용)

Padilla & Díaz-Márquez(2023)는 에콰도르에서 EPR 정책이 시행되기 전까지 폐타이어의 처리는 선형적인 방식으로 이루어졌다고 밝혔다. 이는 타이어가 사용된 후 아무런 재활용이나 고무 재료의 후속 활용 없이 단순히 소각되거나 노천 매립되었다는 의미이다. 이러한 이유로 2013년부터는 EPR 정책에 따라 타이어 생산자 및 수입업자에게 폐타이어를 점진적으로 회수하고 제품의 전체 수명 주기에 대한 책임을 지도록 요구하게 되었다. EPR 원칙에 따른 폐기물 회수 관리와 관련하여, 2023년 에콰도르 환경·수자원·생태전환부의 수치에 따르면, 2020년부터 2023년까지 총 약 9,528,345개의 타이어가 관리되었다. 한편, 그림 7에서는 이 중 65.6%(1,659,591개)가 자동차 부문에서 발생하였으며, 그 다음으로는 자전거 및 모터바이크 부문이 각각 24.1%(606,434개)를 차지하였다.

또한 동일한 그림에서는 회수를 위한 폐타이어 관리 방식이 나타나 있으며, 이 중 75.1%(1,756,272개)는 기술적 재활용을 통해 처리되었고, 11.0%(258,370개)는 열분해(pyrolysis), 9.2%(216,004개)는 재생 타이어(retreading) 방식으로 처리되었음이 확인된다. 이러한 맥락에서 에콰도르에서는 타이어 재제조 공정이 사용된 타이어의 리캡 공정을 통해 수행되며, 이후 타이어에서 재료를 회수하여 다른 제품의 원자재로 사용한다. 그러나 에콰도르는 여전히 타이어 수입에 의존하고 있으며, 국내 생산은 전체 수요의 약

30%에 불과하고, 나머지 70%는 중국과 미국 등지에서 수입되고 있다(Padilla & Díaz-Márquez, 2023).

〈그림 8-7〉 2023년 에콰도르의 타이어 처리

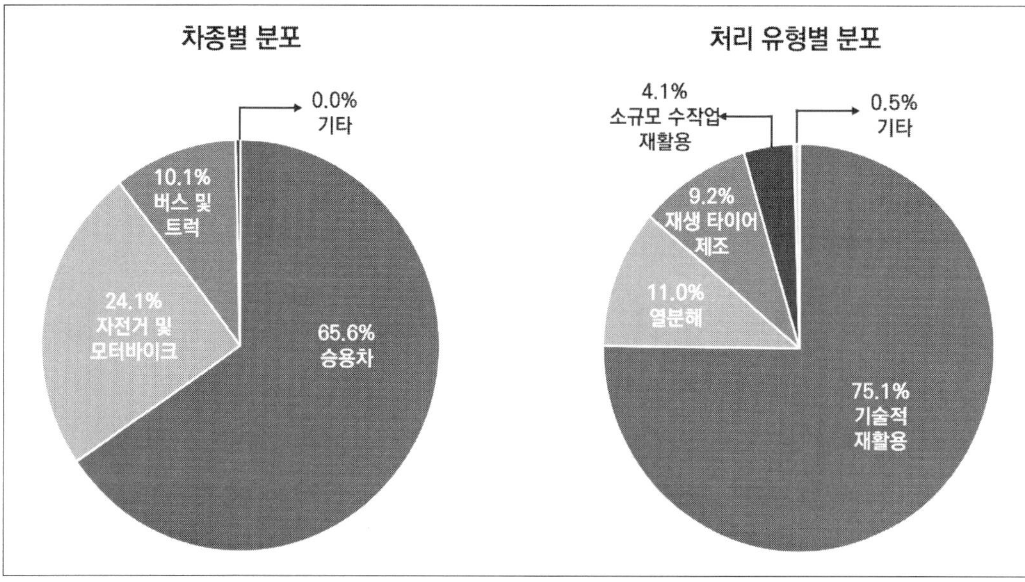

자료: Ministerio de Ambiente, Agua y Transición Ecológica(2023)를 참조해 필자 재구성

4) 다른 부문의 재제조

에콰도르의 주요 재제조 산업과 함께, 최근 몇 년간 성장하고 있거나 정부의 향후 개발 및 실행을 위한 전략적 축으로 간주되는 기타 산업들은 다음과 같다:

- 금속 가공 부문

  금속 가공 산업에서의 재제조 과정은 철강, 철, 알루미늄 등 해당 분야와 관련된 자재의 수리에 초점을 두고 있으며, 금속의 구성 및 특성에 따라 물리적 또는 화학적 공정을 통해 재활용하여 복원할 수 있다. 에콰도르의 경우, 정부는 차량, 도로 및 운송 장비와 같은 공공 재산의 스크랩 프로그램을 추진하고 있으며, 2008년부터 2015년까지 시행된 자동차 차량 갱신 프로그램(Automotive Fleet Renewal Program)인 RENOVA 플랜의 성공적인 결과를 기반으로 마련되었다. 이를 통해 총 18,624대가 폐차되고 20,241대가 인도되었다(Ministerio de Producción, Comercio

Exterior, Inversiones y Pesca (MPCEIP) & Deutsche Gesellschaft für Internationale Zusammenarbeit (GIZ), 2021).

- 광업 부문

  광업 부문에서는 정부가 채굴에 사용되는 장비의 재제조 및 수리를 위한 전략을 제안하고 있으며, 장비의 재순환을 촉진하는 것을 목표로 한다. 정부는 광업 장비의 재제조 및 수리 서비스를 제공하는 소기업의 육성을 위한 인센티브 마련을 제안하고 있으며, 이는 새로운 녹색 일자리 창출로 이어질 수 있다(Ministerio de Producción, Comercio Exterior, Inversiones y Pesca (MPCEIP) & Deutsche Gesellschaft für Internationale Zusammenarbeit (GIZ), 2021). 비록 이 부문은 아직 충분히 발전되지 않았지만, 자동차 부문이 가전제품, 신발, 섬유와 같은 다른 산업으로 이니셔티브와 전략을 확장하는 기반이 될 수 있다.

6. 에콰도르에서 재제조 활동을 수행하는 기업

지속가능성 측면에서, 에콰도르에는 재제조 산업과 관련된 순환경제 관행을 채택한 기술 기업들이 있으며, 이는 환경 규제 준수에 대한 대응이자 이 신흥 시장이 에콰도르에서 나타내는 다양한 비즈니스 기회에 대한 반응으로 간주된다. 재제조 활동을 수행하는 일부 기업 및 산업 부문은 다음과 같다:

- Woden Ecuador

  Woden은 멕시코 기업으로, 에콰도르, 콜롬비아, 페루, 파라과이, 파나마, 온두라스, 코스타리카, 엘살바도르 등 라틴아메리카 여러 국가에서 21년 이상의 운영 경험을 보유하고 있다. Woden은 통신 및 기술 부문에서 순환경제 솔루션을 선도하는 기업으로, 재제조 및 리퍼비시, 산업 유지보수, 리워크 등의 서비스를 제공한다. 서비스는 장비의 수명을 연장하는 수리에 중점을 두며, 모뎀, 셋톱박스, 휴대폰 등의 장치 반품을 관리함으로써 연간 약 460만 개의 제품을 회수·재가공하여 폐기물을 줄이고 있다. 이로 인해 연간 160만 m^3의 물 절약과 3,900 톤의 CO_2 배출 방지 효과를 얻고 있다(Woden Ecuador, n.d.).

- Vertmonde and Toner Ec

  Vertmonde는 전자 폐기물 관리에 특화된 에콰도르 기업으로, 전기·전자 폐기물의 종합 관리를 촉진하는 환경 서비스를 제공하고 있다. 이 회사는 ISO 9001 인증을 받은 IT 장비 리퍼비시 및 재제조 전용 실험실을 갖추고 있다. 지속가능보고서에 따르면 343.66 톤의 자재가 최종 처리를 위해 회수되었다(Vertmonde, 2023). 또한 IT 장비 재제조 프로그램을 통해 2023년에는 CPU, 모니터, 노트북 등 총 521대의 장비가 수리되었다.

  Toner Ec는 환경 관리자 서비스를 제공하는 에콰도르 회사로, 레이저 토너 재제조 분야와 모든 유형의 프린터 및 복사기에 대한 마케팅 용품 분야의 전문가이다. 특히 순환경제, 지속가능성 및 탄소 발자국 감소에 중점을 두고 있다. 그 외에도 순환경제 및 자원 회수를 위한 다양한 이니셔티브가 추진되고 있다.

- Industrial Symbiosis EC

  Industrial Symbiosis EC는 다양한 산업 주체와 사회 간의 교환 및 활용 시너지 식별을 통해 원자재 사용 정보를 시민과 기업이 온라인으로 얻을 수 있도록 하는 플랫폼이다. 원자재 시장에서 기업의 경쟁력과 지속가능성 향상에 기여하며, 에콰도르 내에서 기업들이 순환경제 프로젝트를 개발할 수 있도록 지원하는 역할을 한다.

- Gira

  Gira는 에콰도르 전역에 수거 지점을 운영하며 플라스틱, 유리, 종이, 판지 등 모든 종류의 재활용 가능한 자재를 수거하는 종합 폐기물 관리 전문 기업이다. Gira의 리사이클링 애플리케이션을 사용하여 수거 지점을 이용하는 사람들은 참여 슈퍼마켓 체인의 제품에 대한 할인 형태로 경제적 인센티브를 받을 수 있다. 수거된 자재는 회수 및 재활용 과정을 거쳐 새로운 제품 생산에 사용될 원자재로 탈바꿈된다.

- Reciveci

  Reciveci는 2015년 키토시에서 시민 주도로 시작된 이니셔티브로, 한 지역의 주민들이 모여 도시의 기초 재활용 업체와 재활용 지점을 연결할 수 있는 모바일 애플리케이션을 개발하였다. 이렇게 탄생한 ReciApp은 포용적 재활용의 수단으로 자리잡았으며, 폐기물의 분리 배출과 재활용을 촉진하는 동시에, 보다 환경 친화적인 삶의 방식으로의 행동 변화 유도를 위한 지역 사회의 역량 강화를 목표로 한다.

7. 에콰도르의 재제조 산업의 기회와 도전 과제

에콰도르의 재제조 산업은 다른 국가들과 비교했을 때 그리 발전되어 있지 않지만, 에콰도르 정부는 2035년까지의 중·장기 전략 목표를 설정하였으며, 에코 이노베이션부터 재제조, 수리, 포용적 재활용에 이르기까지 순환성 전반을 아우른다. 다음과 같은 기회들이 존재한다:

- 일자리 창출: 재제조 산업은 일자리 창출에 기여할 수 있으며, 에콰도르 국민의 이익을 위한 대중·연대 경제의 재활성화에도 도움이 된다. 이는 인적 자본에 대한 투자를 촉진하고, 중고 제품 수리 분야에서 장인과 기술자의 역할을 강화할 필요성을 인정하는 데서 비롯된다. 수리 분야는 매립 및 소각에 비해 최대 200배, 재제조는 30배, 재활용은 50배 더 많은 일자리를 창출할 수 있다(Ribeiro-Broomhead & Tangri, 2021).
- 순환경제 촉진: 재제조는 기존의 자원 채굴 및 소비 중심 모델에 대한 대안으로 사용된 제품의 기능적 가치를 회수하는 데 중점을 둔다. 이러한 접근 방식은 탄소 배출을 줄이고, 폐기물을 감소시키며, 지속가능한 생산 관점에서 저비용 대안을 제공할 수 있다(Zhou et al., 2023). 재제조는 자원의 재사용 또는 회수를 통해 탄소 배출을 줄이고 자원을 효율적으로 활용할 수 있는 기회를 제공할 뿐만 아니라, 비용 효율적인 솔루션을 제시한다.
- 생산 비용 절감 및 소비자 절약: 재제조 산업의 생산 비용 절감 효과는 재제조 제품을 통해 소비자에게 제공되는 상당한 비용 절감으로 나타난다. 재제조 제품은 새 제품에 비해 상대적으로 낮은 가격으로 제공되면서도 품질을 유지하기 때문에 소비자에게 매력적인 선택지가 된다. 또한 새로운 원자재 사용을 줄이는 기업은 에너지와 물 사용을 절약하고, 결과적으로 환경에 미치는 영향을 줄일 수 있다.
- 새로운 공공 정책의 도입: 에콰도르의 재제조 산업 도입은 순환경제 백서, 국가 순환경제 전략, 그리고 2030 지속가능발전 아젠다와 일치하며, 녹색 금융 메커니즘을 활성화하고 역량 강화를 위한 대안이 될 수 있다. 더불어 재제조를 순환경제의 횡단 축으로 삼아 국가 현실에 맞는 규제, 법률, 정책을 촉진하는 데 기여한다.

에콰도르의 재제조 산업은 큰 기회를 가지고 있지만 다음과 같이 고려해야 할 중요한 과제가 남아있다:

- 재제조 인식 부족: 에콰도르 국민들은 재제조에 대한 문화와 교육이 부족할 뿐만 아니라, 재제조 산업의 이점에 대해 인식하지 못하거나 잘못된 정보를 가지고 있다. 이는 공급망에 영향을 미치고, 결과적으로 재제조 제품의 수요와 공급에도 영향을 준다. 잘못된 인식으로 인해 재제조 제품이 저품질로 분류되는 경우가 많아 소비자의 변화에 대한 저항으로 이어지며, 매출에도 부정적인 영향을 미칠 수 있다.
- 제한된 규제 및 법 체계: 에콰도르의 규제와 법 체계에는 재제조 장비에 대한 명확한 법률이 존재하지 않으며, 재제조, 수리, 리컨디셔닝 제품 간의 개념과 용어 혼란이 존재한다. 이러한 혼란은 재제조 산업과 순환경제의 발전 정체로 이어지고 있다.
- 인프라 부족 및 기술적 한계: 아직 국가적으로 발전되지 않은 산업으로 에콰도르에서는 장비 재제조를 위한 공식 시스템이 존재하지 않는다. 이로 인해 제품 회수를 위한 프로세스의 구축 및 적용이 제한되고 있으며, 관련 기술 확보를 위한 초기 투자 또는 자금 조달 비용 또한 진입 장벽으로 작용하고 있다.
- 재제조 전문 인력 양성 부족: 에콰도르에는 엔진부터 전자기기까지 다양한 장비를 수리하거나 리퍼비시하는 현장 기술자들이 존재하지만, 이들의 지식과 기술은 대부분 일상적인 경험을 통해 축적된 것이다. 이는 재제조 및 순환경제를 위한 대규모 기술 교육이 부족함을 보여준다.

8. 결론

에콰도르와 같은 개발도상국들은 천연자원의 착취 및 산업 전환을 통한 원자재 수출에 의존하고 있으며, 환경 규제 준수에 대한 인식이 부족한 상황이다. 따라서 자원 착취에 압력을 가하는 추출 중심 모델이 존재함에 따라, 순환경제와 같은 보다 지속가능한 모델로 전환하는 것이 중요하다는 점이 명백해지고 있다. 이를 고려할 때, 순환경제 모델의 채택은 지속가능한 개발을 달성하고 환경 영향을 완화하기 위한 실행 가능한 접근 방식으로 보인다(Echavarría Heras et al., 2023). 전 세계적으로 유럽연합은 순환경제 이니셔티브 및 전략의 주요 기준점 중 하나로 잘 알려져 있으며, 2050년까지 탄소 중립을 달성하고자 한다. 더불어 순환경제는 폐기물 및 배출물 감소로 인해 환경에 긍정적인 영향을 미칠 모델을 제안하며, 경제적·사회적 이점을 가져온다(Singhal et al., 2020). 예를 들어, 순환경제 이니셔티브를 포함함으로써 운영 비용이 절감되고, 천연자원 및 원자재에 대한 압력을 피할 수 있으며, 더 많은 녹색 일자리를 창출하고 산업에서 혁신할 기회를 제공하여 공급망을 향상시킬 수 있다. 에콰도르에서 가치사슬에 재제조를 통합해야 하는 필요성은 자원의 수명을 연장하고 제품에 기능을 복원하는 순환경제의 이점에 기반하며, 기후 변화에 대응하는 데 있어 중요한 과제이다. 자원 관리를 보다 효율적으로 하여 폐기물 발생을 줄이는 관행을 장려하는 것은 순환경제로의 전환에 기여하며, 지속가능한 소비와 생산(SDG 12) 및 기후 변화 대응(SDG 13)과 같은 지속가능발전목표(SDGs)의 달성을 지원한다. 재제조 산업에 있어 순환경제 원칙의 중요성은, 신제품 생산 시 많은 자원 및 원자재를 사용하는 것과 달리 자원 및 재료를 절약할 수 있다는 점이다. 재제조의 장점 중에는 소비자와 기업 모두에게 중요한 측면들이 있다. 재제조 제품의 가격은 제조 비용이 적어 더 저렴하며, 산업이 원자재 및 에너지 사용량을 줄여 상당한 비용을 절감할 수 있게 한다. 재료의 최적화, 폐기물 및 온실가스 배출 감소가 가능한 설계로 생태적 제품을 생산하는 전환을 지원한다(Rodríguez Amador et al., 2023).

참고문헌

Cámara de Industria Automotriz Ecuatoriana (CINAE).2025. Boletín Estadístico y Autopartes. https://www.cinae.org.ec/wpcontent/uploads/2025/05/BOLETIN_ESTADISTICO_AUTOPARTES_MAR25.pdf

Díaz, J. P., Parra, A., Tapia, C. B., Maldonado, F. G., Helguero, C. G., Ben Rejeb, H., Zwolinski, P., Hidalgo, J. C., & Amaya, J. L. R. (2023). Remanufacturing in developing countries – A case study in automotive sector in Ecuador. Procedia CIRP, 116, 534–539. https://doi.org/10.1016/j.procir.2023.02.090

DEUMAN. (2022). Diagnóstico de la situación actual de la Economía Circular para el desarrollo de una Hoja de Ruta en Ecuador, El Salvador, Cuba, Paraguay y República Dominicana. Consultancy for the Climate Technology Centre and Network (CTCN).https://www.ctcn.org/system/files/dossier/3b/Producto%206.2_DEU_EC_Hoja%20de%20Ruta_Ecuador_VF.pdf

Echavarría Heras, H., Leal Ramírez, C., Millán Núñez, E., Montiel Arzate, E., & Rodríguez Reyes, C. (2023). (Ensayo1.2,ComunicacionesdelGrupodeModelaciónyAnálisisTeorético.SerieDivulgación).ColecciónsobreEpistemologíadelaCrisisAmbientalyEconomía.DepartamentodeEcologíaMarina,CICESE.https://cicese.repositorioinstitucional.mx/jspui/handle/1007/4003

Garabiza, B. R., Prudente, E. A., & Quinde, K. N. (2021). La aplicación del modelo de economía circular en Ecuador: Estudio de caso. Espacios, 42(02), 222–237. https://doi.org/10.48082/espacios-a21v42n02p17

Ministerio de Producción, Comercio Exterior, Inversiones y Pesca (MPCEIP) & Deutsche Gesellschaft für Internationale Zusammenarbeit (GIZ). (2021). Libro Blanco de Economía Circular de Ecuador. https://www.produccion.gob.ec/wp-content/uploads/2021/05/Libro-Blanco-final-web_mayo102021.pdf

Ministerio de Producción, Comercio Exterior, Inversiones y Pesca, & Ministerio del Ambiente, Agua y Transición Ecológica. (2024). .Quito,Ecuador. https://www.ambiente.gob.ec/wp-content/uploads/downloads/2024/10/Estrategia-Nacional-de-Economia-Circular-Inclusiva-ENECI.pdf

Ministerio del Ambiente, Agua y Transición Ecológica. (2023). Gestión de Residuos Recuparados Bajo el Principio de Responsabilidad Extendida del Productor (REP).[Tablero interactivo Power BI]. https://app.powerbi.com/view?r=eyJrIjoiY2M1YTIxYzQtYjhjMy00YmZmLTgxZDUtMjAyYzhjYmMxYjExIiwidCI6ImI5MmFkMDkzLTRhODYtNGZiNS1hY2VhLWNlMWU1ZmJiYWIxMyJ9

Ministerio del Ambiente, Agua y Transición Ecológica. (2024). Generación y caracterización de residuos y desechos sólidos no peligrosos[Tablero interactivo Power BI]. https://app.powerbi.com/view?r=eyJrIjoiYWNiNjA0MzktZTEzZi00Y2NhLTljNmQtMDM2MWYyN2E5YmVkIiwidCI6ImI5MmFkMDkzLTRhODYtNGZiNS1hY2VhLWNlMWU1ZmJiYWIxMyJ9

Ministerio del Ambiente, Agua y Transición Ecológica. (2024). Guía informativa sobre la gestión de Residuos de Aparatos Eléctricos y Electrónicos (RAEE) en Ecuador. https://residuoselectronicosal.org/wp-content/uploads/2024/06/Maqueta-RAEE_una-pagina_en-baja_28-03-FINAL-fkqglg.pdf

Instituto Nacional de Estadisticas y Censos (INEC). (2024). Registro Estadístico de Empresas y Establecimientos (REEM) 2023: [Boletín informativo, primer semestre]. https://www.ecuadorencifras.gob.ec/documentos/web-inec/Estadisticas_Economicas/Registro_Empresas_Establecimientos/2023/Semestre_I/Boletin_REEM_2023.pdf

Instituto Nacional de Estadística y Censos (INEC). (2023). Resultados nacionales - Censo de población y vivienda 2022. https://www.censoecuador.gob.ec/wp-content/uploads/2023/09/InfoNaci

onalDatos.pdf
Ordóñez Olivo, M. L., & Martins, C. (2023). . Regional and Business Studies, 15(2), 17–36. https://doi.org/10.33568/rbs.4685
Padilla, L., & Díaz-Márquez, Á. M. (2023). Determinants of tire imports in Ecuador. Interciencia, 48(9), 461–468. https://www.interciencia.net/wp-content/uploads/2023/09/04_6909_Com_Padilla_v48n9_7.pdf
Rea-Reinoso, A. E., Beltrán-Ureña, N. M., Chicaiza-Chanaluisa, S. D., & López-Freire, P. S. (2024). Descentralización de los gobiernos autónomos y la delegación de la competencia ambiental. Verdad Y Derecho. Revista Arbitrada De Ciencias Jurídicas Y Sociales, 3(2), 116-124. https://doi.org/10.62574/ys7jtp63
República del Ecuador. (2025). .Quito,Ecuador. https://unfccc.int/sites/default/files/2025-02/Segunda%20NDC%20de%20Ecuador.pdf
Ribeiro-Broomhead, J. & Tangri, N. (2021). Basura cero y reactivación económica: el potencial de creación de empleos de las soluciones de basura cero. https://www.no-burn.org/wp-content/uploads/Jobs-Report-SPANISH.pdf
Rodríguez Amador, L. G., Zapata Rebolloso, A., Treviño Uribe, J. J., & Alcalá Salinas, C. A. (2023). Creación de proceso de remanufactura para renovación de bomba electro-hidráulica EHPS. Ciencia Latina Revista Científica Multidisciplinar, 7(5), 420–432. https://doi.org/10.37811/cl_rcm.v7i5.7728
Samaniego, J., Rondón Toro, E., Herrera Jiménez, J., & Santori, S. (2022). Panorama de las hojas de ruta de economía circular en América Latina y el Caribe, Documentos de Proyecto No LC/TS.2022/235).Comisión Económica para América Latina y el Caribe (CEPAL). https://repositorio.cepal.org/server/api/core/bitstreams/037778b3-04da-4351-a558-3dded786ab50/content
Secretaría General Iberoamericana (SEGIB). (2024). Anexo 3: Informe

diagnóstico - Ecuador. Universidad de Santiago de Compostela. https://assets.usc.gal/sites/default/files/paragraphs/moreinfo/2024-03/Anexo-3_-Informe-diagnostico-Ecuador.pdf

Singhal, D., Tripathy, S., & Jena, S. K. (2020). Remanufacturing for the circular economy: Study and evaluation of critical factors. Resources, Conservation and Recycling, 156, 104681. https://doi.org/10.1016/j.resconrec.2020.104681

Subía-Cabrera, A C., Subía-Cabrera, J. (2022). Política ambiental ecuatoriana sobre cambio climático como garantía del derecho a un ambiente sano. Letras Verdes. Revista Latinoamericana De Estudios Socioambientales, (32), 147-166. https://doi.org/10.17141/letrasverdes.32.2022.4940

Vertmonde. (2023). Memoria de sostenibilidad. https://www.vertmonde.com/quienes-somos/#:~:text=MEMORIA%20DE%20SOSTENIBILIDAD

Wahjudi, D., & Yamin, I. Y. (2024). Product design evaluation of refrigerators to facilitate remanufacturing process. En M. Fera, M. Caterino, R. Macchiaroli, & D. T. Pham (Eds.), Advances in Remanufacturing. IWAR 2023. Lecture Notes in Mechanical Engineering (pp. 459–467). Springer. https://doi.org/10.1007/978-3-031-52649-7_36

Wagner, M., Baldé, C. P., Luda, V., Nnorom, I. C., Kuehr, R., & Iattoni, G. (2022). Monitoreo regional de los residuos electrónicos para América Latina: Resultados de los trece países participantes en el proyecto UNIDO-GEF 5554. Bonn, Alemania. https://www.unido.org/sites/default/files/unido-publications/2023-01/REM-LATAM-2021-Final-dec-10-es.pdf

Woden Ecuador. (n.d.). Reparación especializada y mantenimiento industrial. Woden. https://www.woden.com.ec/empresas/landings/reparacion-especializada-mantenimiento-industrial

Zhou, Q., & Yuen, K. F. (2020). Analyzing the Effect of Government Subsidy on the Development of the Remanufacturing Industry. International Journal of Environmental Research and Public Health, 17(10), 3550. https://doi.org/10.3390/ijerph17103550

Zhou, Q., Meng, C., Sheu, J.-B., & Yuen, K. F. (2023). Remanufacturing mode and strategic decision: A game-theoretic approach. International Journal of Production Economics, 260, 108841. https://doi.org/10.1016/j.ijpe.2023.108841

09

칠레 재제조 산업의 현황

Chapter

09

칠레 재제조 산업의 현황

Flores Weisser Alejandro Sebastian
칠레 오히긴스주 SERVIU 정보기술부장

1. 칠레의 재제조 및 순환 경제 개요

칠레에서는 매년 약 1,900만 톤의 산업 폐기물이 발생하는데, 이 중 단 22%만이 자원화되고 나머지는 별도의 처리 과정 없이 폐기되고 있다(Ministerio de Economía, 2025). 마찬가지로 2022년 도시 고형 폐기물 발생량은 1,780만 톤에 달했으며, 이 중 대부분은 여전히 매립되고있다(Ministerio del Medio Ambiente, 2023). 환경적 책임과 글로벌 지속가능성 의무에 직면한 칠레는 채굴, 생산, 폐기에 기반한 선형 경제 모델에서 자원 효율성, 제품 수명 연장, 체계적인 폐기물 감축을 강조하는 순환경제로의 전환을 시작했다.

국제적 사례에 따르면, 재제조(remanufacturing) 제품은 부문에 따라 최대 80%의 자재를 절약하고, 배출량을 50~80%까지 줄일 수 있다(Malooly, L., & Daphne, T., 2023). 자원 의존적이고 수출 지향적인 칠레와 같은 국가의 경우, 재제조 시스템을 국가 정책에 통합하는 것이 환경 파괴를 완화하는 동시에 산업기반을 다양화할 수 있다.

최근 몇 년 동안 칠레는 재제조를 환경 및 산업 개발 의제에 통합하기 위해 중요한 조치를 취해왔다. 2021년에 발표된 '2040년까지의 국가 순환경제 로드맵'은 경제 성장과 환경 피해를 분리하기 위한 전략적 조치 중 하나로 재제조를 명시적으로 포함하고 있다.

이와 마찬가지로, 생산자책임재활용제(EPR)법(Law No. 20.920)은 제품 수명 연장, 회수 및 재사용(reuse)을 위한 법적·제도적 기반을 마련하고 있다(Gobierno de Chile, 2016). 공공 및 민간 부문은 재제조 역량 개발을 위한 시범 프로그램과 자금 지원 제도를 추진하고 있으나, 구조적·규제적·문화적 장벽이 여전히 존재한다.

2. 법적 프레임워크 및 정책

칠레에는 재제조 산업만을 위한 특정 법률이 없으며, 대신 일련의 상호 연결된 법적 수단과 공공 전략들이 이를 지원하는 프레임워크로 기능하고 있다. 이 중 가장 중요한 것은 생산자책임재활용(EPR)법으로 알려진 법률 제20.920호로, 부문별 규정과 함께 제품 회수, 폐기물 감축, 수명 주기 연장을 장려함으로써 재제조 산업을 위한 길을 점진적으로 열어왔다.

1) 주요 법률 및 규정

2016년에 제정된 법률 제20.920호는 칠레의 현대적 폐기물 관리 시스템의 주요 법적 토대를 제공한다. 이 법은 특정 "우선순위 제품"의 생산자 및 수입업자가 해당 제품이 수명을 다했을 때 이를 수거 및 회수하는 시스템을 조직하고 그에 대한 재정을 지원하도록 요구하는 확장된 생산자 책임 원칙을 도입했다. 이러한 제품에는 다음이 포함된다: (i) 타이어, (ii) 포장재, (iii) 배터리, (iv) 전기·전자장비(EEE), (v) 윤활유, (vi) 납축전지. 이 법은 일정 비율 이상의 회수 및 가치화(재활용) 목표를 정의하고, 이러한 의무를 준수하기 위한 관리 시스템의 구축을 승인한다.

〈그림 9-1〉에서 2015년부터 2021년까지의 국가 자원화율을 확인할 수 있다.

〈그림 9-1〉 칠레 국가 자원화율(2015-2021)

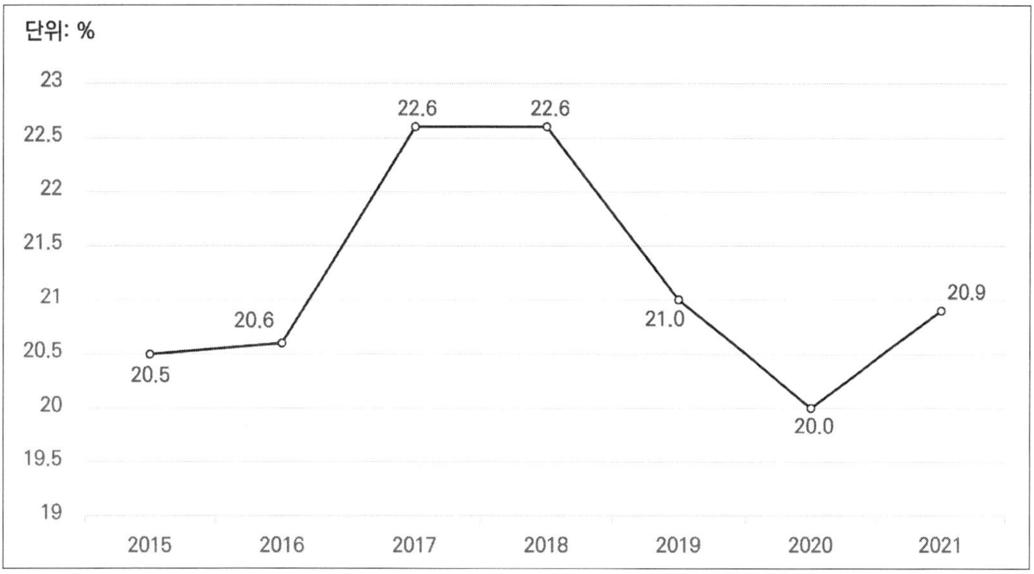

자료: Ministerio del Medio Ambiente de Chile(2023)를 참조해 필자 재구성

이 법은 폐기물 제품의 반환과 적절한 처리를 장려함으로써, 주요 초점은 재활용에 맞춰져 있지만 간접적으로는 재제조를 지원한다. 예를 들어, 자동차 산업에서 흔히 볼 수 있는 순환경제 실천인 타이어 재생(Retreading)과 같은 재제조 활동은 폐타이어 관리 및 의무 회수 목표를 규정한 최고령 제8호/2019(Decree No. 8/2019)에 의해 허용된다(Ministerio del Medio Ambiente, 2019). 이와 유사하게 포장재에 관한 최고령 제12호/2020(Decree No. 12/2020)과 향후 제정될 전기·전자장비(EEE) 관련 규제는 특히 제조업체가 내구성을 갖추고 재사용 가능한 제품을 만들도록 권장하기 때문에 수리 및 재제조에 대한 가능성의 길을 열어준다.

EPR법은 또한 폐기물 가치화 및 분리 인프라를 지원하기 위한 공공 재원 메커니즘인 재활용기금(Recycling Fund)을 만들었다. 2018년부터 2022년까지 이 기금은 폐기물 감축에 중점을 둔 100건 이상의 지자체 및 지역 프로젝트를 지원했으며, 이들 중 상당수는 재사용 및 수리 요소를 포함하고 있었다(Ministerio del Medio Ambiente, 2023). 그러나 이러한 진전에도 불구하고, 이 법은 아직 재제조 제품에 대한 구체적인 규제 정의나 표준을 제공하지 않고 있다. 또한 품질, 안전성, 시장 인지도와 관련된 법적 보증 역시 마련하고 있지 않기 때문에 재제조 산업을 확장하기 위해 해결해야 할 공백이 남아 있다고 볼 수 있다.

2021년에 공포된 일회용 플라스틱 및 병에 관한 법률(Law No. 21.368)은 식품 서비스 분야에서 일회용 플라스틱 제품을 금지하고, 반환 가능한 병 시스템을 통해 포장재의 재사용을 장려하는 또 다른 관련 법적 도구이다(Ministerio del Medio Ambiente, 2021). 이 규제는 포장재의 재설계를 촉진하고, 재사용 물류 분야의 지역 혁신을 자극함으로써 간접적으로 재제조 활동을 뒷받침한다.

부문별 법률 외에도, 칠레는 유해 폐기물 및 중고 전자제품의 수출입에 관한 바젤협약을 비롯한 다자간 협약의 서명국이기도 하다. 칠레는 수명을 다한 제품의 수출입 정책을 바젤 지침과 일치시켜 적절한 환경 통제 하에 전기·전자장비(EEE)에 대한 공식적인 회수 및 재제조 작업이 가능하도록 했다(UNITAR, ITU, UNIDO, & UNU, 2022).

다음 표에서 칠레가 가입한 국제 협약의 요약을 확인할 수 있다.

〈표 9-1〉 라틴 아메리카 국가들의 국제 환경 협약 참여 현황

●: 참여　X: 미참여

	바젤 협약	로테르담 협약	스톡홀름 협약	미나마타 협약
아르헨티나	●	●	●	●
볼리비아	●	●	●	●
칠레	●	●	●	●
코스타리카	●	●	●	●
에콰도르	●	●	●	●
엘살바도르	●	●	●	●
과테말라	●	●	●	X
온두라스	●	●	●	●
니카라과	●	●	●	●
파나마	●	●	●	●
페루	●	●	●	●
우루과이	●	●	●	●
베네수엘라	●	●	●	X

자료: UNU/UNITAR(2022)를 참조해 필자 재구성

2) 국가 전략 및 계획

2021년 환경부가 발표한 '2040 국가 순환경제 로드맵'은 지속가능한 생산과 자원 효율성에 관한 칠레의 가장 포괄적인 정책 문서이다. 이 로드맵은 네 가지 전략적 실행 축을 제시하고 있다: (i) 혁신 및 협력, (ii) 순환 문화, (iii) 규제 및 제도적 프레임워크, (iv) 순환 영토(환경부, 2021). 총 92개의 구체적 실행 과제 중 여러 항목이 재제조 및 리퍼비시

(refurbishment)를 직접 언급하고 있으며, 특히 전자제품, 포장재, 산업 장비와 같은 분야에서 두드러진다. 예를 들어, 실행과제 35는 재사용 및 재제조 제품에 대한 공공 표준 개발을 제안하고 있으며, 실행과제 59는 제품의 수리 및 재정비(reconditioning)를 장려하기 위한 인센티브 프로그램을 촉구하고 있다.

이 로드맵을 보완하기 위해 칠레는 '국가 유기성 폐기물 전략(ENRO 2040)'과 같은 주제별 전략도 수립했다. 이 전략은 2040년까지 퇴비화 및 바이오가스 생산을 통해 도시 유기성 폐기물의 66%를 회수하는 것을 목표로 한다(Ministerio del Medio Ambiente, 2021). 비록 엄격한 산업적 의미에서의 재제조는 아니지만, 이 전략은 생물학적 자원 회수의 한 형태로서 보다 광범위한 순환경제 프레임워크를 지원하고 있다.

'2050 장기 기후전략(ECLP)'은 순환경제 원칙을 탈탄소화 수단으로 통합한 또 다른 주요 계획 문서이다. 이 전략은 칠레가 금세기 중반까지 탄소중립을 달성할 것을 약속하며, 광업·건설업 등 분야에서 원자재 채굴 최소화, 자원 생산성 향상, 산업 배출 감축을 위한 수단으로 재제조를 강조하고 있다(Ministerio del Medio Ambiente, 2021).

이러한 전략에는 국가 기후 목표 및 지속가능개발목표(SDGs)와 연계된 연차 이행보고서 및 성과지표 등 이행 상황을 추적하기 위한 모니터링 메커니즘이 포함되어 있다. 그러나 2024년 현재, 재제조 활동에 대한 구체적인 데이터는 여전히 부족하며, 부처 간 제도적 조율도 단편적인 수준에 머물러 있다.

3) 인센티브 및 자금 지원

칠레는 아직 재제조 산업에 대한 직접적인 재정 보조금이나 세제 혜택을 마련하지는 않았지만, 여러 공공 수단이 간접적으로 그 발전을 지원하고 있다. 앞서 언급한 재활용기금은 인프라 구축 및 인식 제고 캠페인을 위한 주요 재원 메커니즘 중 하나였으나, 폐기물 발생 규모에 비해 예산은 여전히 제한적이다.

칠레의 국가개발청인 CORFO는 최근 순환경제 혁신에 중점을 둔 여러 지역 이니셔티브를 출범시켰다. 주목할 만한 예로는 2024년 12월에 발표된 로스라고스(Los Lagos) 순환경제기술센터가 있으며, 이 센터는 재제조, 수리, 재사용 기술 분야의 연구, 시제품 제작 및 역량 강화의 허브 역할을 할 예정이다(CORFO, 2024). 또한, Territorio Circular 및 청정생산협약(APL)과 같은 공공-민간 파트너십은 순환경제 목표를 포함하고 있으며, 특히 건설, 포장재, 광업과 같은 분야에서 재제조 시범사업을 자주 통합하고 있다(Agencia de Sustentabilidad y Cambio Climático, 2025).

재정적 관점에서 보면, 재제조는 여전히 녹색 투자 포트폴리오에서 저평가되고 있다. 그러나 IDB Invest와 미주개발은행(IDB)과 같은 기관들은 칠레를 포함한 라틴아메리카에서 순환 비즈니스 확장을 지원하기 위해 특화된 신용한도, 보증제도 및 혼합금융(blended finance) 상품의 필요성을 강조해 왔다(IDB Invest, 2021).

〈그림 9-2〉는 재활용기금에서 자금을 조달한 프로젝트와 금액의 차이를 보여준다.

〈그림 9-2〉 연간 프로젝트 및 관련 자금 지원(2018-2023)

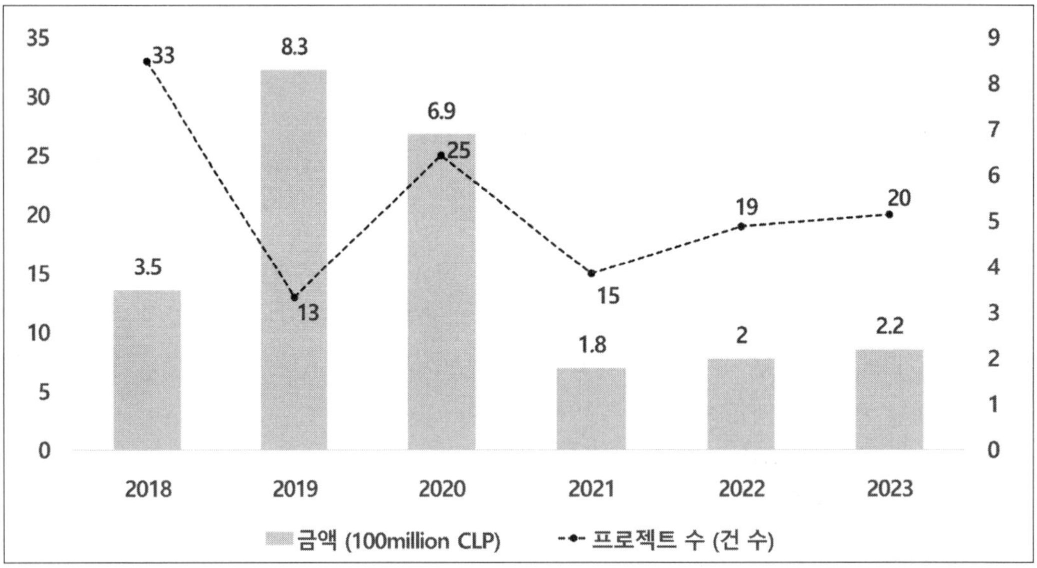

자료: Ministerio del Medio Ambiente de Chile(2024)를 참조해 필자 재구성

3. 칠레의 재제조 산업 부문별 현황

1) 자동차 부품 재제조

칠레에서 자동차 부품 재제조는 비용 효율성, 환경 규제, 저가 교체 부품에 대한 시장 수요에 힘입어 순환경제 산업에서 가장 발전하고 인정받는 분야 중 하나이다. 특히 타이어 재생 산업은 오랜 기간 자리 잡은 관행으로, 물류 차량, 광산 운영, 대중교통 시스템에 서비스를 제공하는 국가 및 지역 공급 업체들이 이미 설립되어 있다. EPR법에 따른 최고령 제8호/2019(Decree No. 8/2019)는 수명을 다한 타이어의 회수 및 가치화를 규정하며, 타이어 재생을 통한 재사용 역시 가치화 목표를 준수하는 것으로 간주된다

(Ministerio del Medio Ambiente, 2019).

칠레의 재생 타이어 공장들은 검사, 연마(buffing), 트레드 교체, 가황(vulcanization)과 같은 표준화된 공정을 적용하여 타이어를 2~3번째 수명 주기에 맞게 복원한다. 이러한 작업은 신품 타이어를 생산하는 것과 비교해 70% 이상의 자재 및 에너지 절감 효과를 낸다(Malooly, L., & Daphne, T., 2023). 또한, 교류발전기, 브레이크 시스템, 라디에이터, 시동기와 같은 기계 부품의 수리 및 재사용은 특히 중고차 시장의 독립 정비소들 사이에서 흔히 이루어지는 관행이다. 그러나 이러한 활동들은 대개 비공식 또는 준공식 부문에서 운영되는 경우가 많으며, 일관된 품질 관리, 인증된 공정, 추적 가능한 문서화가 부족한 경우가 많다.

CORFO 보고서와 업계 인터뷰에 따르면, 물류 회사와 차량 운송사업자들 사이에서 비용 절감 및 환경 영향 최소화를 위해 재제조 공급망을 공식화하는 것에 대한 관심이 점점 높아지고 있다(CORFO, 2024). 그럼에도 불구하고 재제조 자동차 부품에 대한 국가 기술 표준의 부재, 소비자 신뢰 부족 및 품질 보증 제도의 미비는 재제조의 활성화를 저해하고 있다. 또한 OEM(완성차 제조업체)들은 아직 본격적인 재제조 프로그램에 크게 참여하고 있지 않으며, 일부만이 부품 회수 프로그램을 모색하고 있는 수준이다.

2) 전자 및 전기 장비 재제조(EEE)

칠레는 매년 약 18만 6,000톤의 전자폐기물(e-waste)을 생산하지만, 회수 및 재활용 비율은 10% 미만에 불과하다(United Nations University, 2020). 컴퓨터, 프린터, TV, 소형 가전제품 등 전자기기의 재정비 및 재제조는 이러한 증가하는 폐기물 흐름에 대한 대응책으로, 전자제품을 재정비하여 재판매 또는 기부하는 사회적·민간 기업들이 전문적으로 수행하고 있다.

법률 제20.920호(Law 20.920)에서 전기·전자장비(EEE)가 우선순위제품으로 포함됨에 따라 이 분야의 본격적인 성장을 위한 기반이 마련되었다. 계류 중인 시행령에서는 수거 및 가치화 목표를 구체화할 예정이며, 이는 OEM(완성품 제조업체)과 제3자 리퍼비시 업체들이 회수 프로그램, 수리 허브, 인증된 재제조 서비스에 투자하도록 이끌 가능성이 크다. 이미 여러 선도적 이니셔티브가 진행 중이다. 예를 들어, Fundación Chilenter와 같은 NGO는 리퍼비시 센터를 운영하며, 중고 컴퓨터를 수거·수리해 학교와 취약계층 커뮤니티에 재분배하고 있으며 이는 공공 조달 정책과 연계되어 있다(Antón Cerda, E., 2022).

또한, Recycla Chile와 Chilerecicla와 같은 민간 부문에서도 전자폐기물 처리 과정에서 부품의 선별적 재제조를 도입했다. 그럼에도 불구하고 이 분야는 기술 노후화, 분해 친화적 설계 부족, 독점적 수리 도구 및 소프트웨어 접근 제한 등 중대한 과제에 직면해 있다. 자동차 부문과 마찬가지로, 재정비와 재제조 전자제품에 대한 법적 정의나 시장 표준의 부재는 법적 모호성과 낮은 소비자 신뢰로 이어지고 있다.

3) 산업 장비 재제조

칠레의 산업 장비 재제조는 아직 제한적이지만 전략적으로 중요한 분야로, 주로 광업, 임업, 건설업 등 고가의 자본재와 긴 운용주기에 크게 의존하는 산업에서 이루어지고 있다. 광업 분야에서는 국영기업인 Codelco가 선도적 역할을 하며, 엔진, 유압 시스템, 구조 부품 등 광산 장비 구성 요소의 재사용 및 재제조에 중점을 둔 내부 순환경제 부서를 설립했다(Codelco, 2023).

2022년에는 El Teniente 사업부에서 6만 톤 이상의 고철 및 산업 자재를 처리·회수했으며, 여기에는 컨베이어 벨트, 트럭 부품, 강철 구조물의 재제조가 포함되었다(Codelco, 2022). 이러한 이니셔티브를 통해 비용 절감, 기계 가동 중단 감소, 원자재 채굴 및 운송에서 발생하는 배출 저감 등의 성과를 거두고 있다. 이와 같은 성공적인 내부 프로그램은 내부 기술적 역량, 추적 시스템, 지역 공급업체와의 협력에서 시작된다.

광업 외에도, 일부 산업 작업장과 도시 지역의 유지보수 서비스 제공업체들이 펌프, 압축기, 전기기계 장치 등에 대한 임시 재제조 작업에 참여하고 있다. 그러나 다른 분야와 마찬가지로 이러한 활동은 문서화가 미흡하고 대체로 비공식적으로 이루어지고 있다. 현재 칠레에는 재제조 운영자에 대한 국가 등록 또는 인증 시스템이 없어, 데이터 수집, 품질 보증, 정책 지원이 제한되고 있는 상황이다.

〈그림 9-3〉은 2023년 코델코의 재제조 결과를 보여준다.

〈그림 9-3〉 유형별 비위험 폐기물

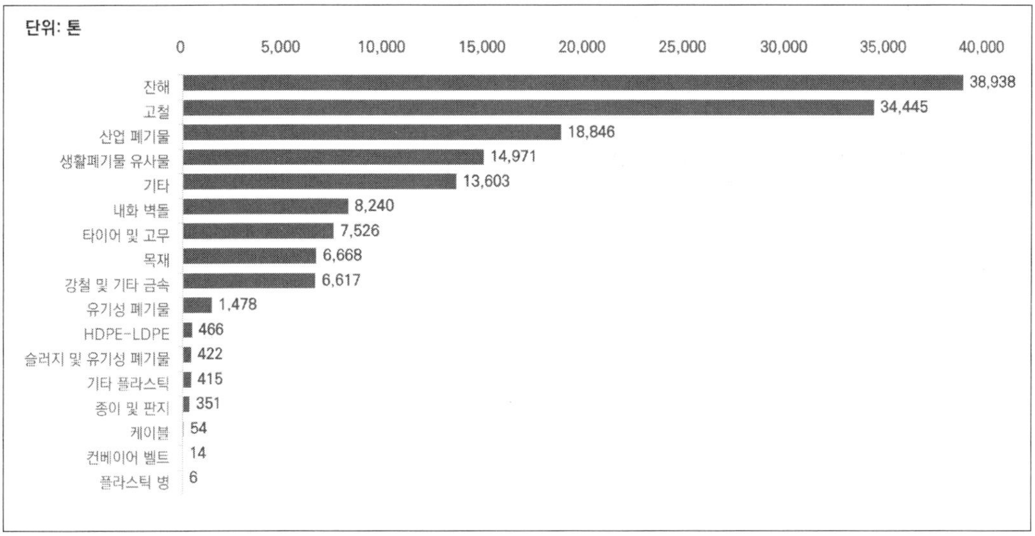

자료: Codelco(2023)를 참조해 필자 재구성

이 분야의 주요 장벽으로는 높은 자본 요구, 제한적인 규모의 경제, 그리고 재제조 투자에 대한 재정적인 인센티브 부족 등이 있다. 그럼에도 불구하고, 가치 보존과 탄소발자국 저감의 잠재력은 상당하며, 특히 국가 순환경제 로드맵에서 추진하는 광범위한 산업공생 프레임워크에 통합될 경우 그 효과가 극대화될 수 있다.

4) 기타 부문의 재제조

앞서 언급한 세 가지 주요 부문 외에도, 칠레의 재제조 산업은 여전히 초기 단계에 머물러 있지만 다음과 같은 분야에서 탐색적 활동이 이루어지고 있다.

- 가구 및 목재 제품: 여러 중소기업(SME)과 사회적 협동조합이 사무용 가구와 목재 부품을 리퍼비시하며, 일부는 지방자치단체와 계약을 체결하기도 한다.
- 포장재: 재사용 및 리필 가능한 용기가 소매 및 식품 서비스 분야에서 점점 주목받고 있으며, 이는 법률 제21.368호(Law 21.368)와 주요 기업들이 포장재 재사용을 약속한 칠레 플라스틱 협약(Chilean Plastics Pact) 이니셔티브에 의해 뒷받침된다(Fundación Chile, 2024)
- 섬유: 업사이클링 방식, 중고 재판매 플랫폼, 순환 패션 모델을 활용하여 의류 및

섬유를 재제조하는 소규모이지만 성장 중인 틈새 시장이 형성되고 있다. 순환경제를 위한 인큐베이터와 시민사회단체들이 이러한 이니셔티브를 지원하고 있다.

3. 칠레의 재제조 산업의 주요 이해관계자

1) 공공 부문

국가 차원에서 환경부(Ministerio del Medio Ambiente, MMA)는 순환경제 및 폐기물 정책의 주무부처로서 역할을 수행하고 있다. 환경부는 생산자책임재활용제(EPR)에 관한 법률 제20.920호(Law 20.920), 2040 국가 순환경제 로드맵(Circular Economy Roadmap to 2040), 국가 유기성 폐기물 전략(National Organic Waste Strategy) 등 주요 정책 도구들을 주도해왔다(Ministerio del Medio Ambiente, 2021). 또한 순환경제 및 자원관리 부서를 통해 규제 시행령의 개발, 재활용 목표 조정, 재활용기금을 포함한 공공 재원의 배분을 총괄하고 있다(Ministerio del Medio Ambiente, 2023).

환경감독청(Superintendency of the Environment, SMA)은 환경 규제 및 EPR 의무 이행을 감독·집행하는 기관이다. SMA는 생산자책임조직(PRO)을 감독하고, SISREP 플랫폼을 통해 보고자료를 검증하며, 위반 시 행정 제재를 부과한다. 2023년 SMA는 생산자들이 제품 회수량, 폐기물의 최종 처리지, 가치화 활동 등을 포함한 제품 흐름 데이터를 보고하는 방법에 대한 세부 지침을 발표했으며, 이를 통해 재제조 활동 추적을 위한 제도적 기반을 마련했다(Superintendencia del Medio Ambiente, 2023). 또한, 산티아고(Santiago), 라핀타나(La Pintana), 쿠라카비(Curacaví)와 같은 지방자치단체들은 건축 자재 재사용, 수리 카페 설립, 그리고 리퍼비시 전자기기 기부 등의 분야에서 앞서 나가고 있다.

또한, CORFO(Corporación de Fomento de la Producción)와 지속가능성·기후변화청(ASCC)과 같은 공공 개발 기관들도 순환 비즈니스 모델을 지원하기 위한 여러 수단을 도입하였다. CORFO는 순환경제기술센터의 설립을 용이하게 하고, 산업 폐기물 가치화(예: 농업 및 식품 분야)를 포함한 혁신 클러스터에 투자하며, ASCC는 산업 협회와 함께 재제조 의무를 포함한 청정생산협약(APL)을 협상한다(Agencia de Sustentabilidad y Cambio Climático, 2025).

광업 부문에서는 Codelco와 같은 국영기업이 핵심 주체로 자리잡고 있다. 이 회사는

2030 지속가능발전전략에 순환경제 목표를 채택했으며, 여기에는 중장비 부품 재제조 및 산업 자재 재활용에 대한 명시적인 목표가 포함되어 있다(Codelco, 2023).

2) 민간 부문

민간 부문은 수명을 다한 제품의 발생원이자 순환 혁신의 잠재적 주체로서 이중적인 역할을 수행한다. 많은 재제조 활동이 여전히 비공식적이거나 소규모에 머물러 있지만, 다수의 기업들이 얼리어답터로 부상하고 있다.

- 자동차 부문: 독립 정비소들은 부품 리퍼비시 및 타이어 재생에 참여하고 있으나, 대부분 공식 인증 없이 운영되고 있다. 반면, 규모가 큰 차량 운송업체와 물류 기업들은 비용 절감과 환경적 이유로 재제조 서비스를 내부화하기 시작했다(Ministerio del Medio Ambiente, 2019).
- 전자제품 부문: Recycla Chile와 Chilerecicla와 같은 기업들은 전자폐기물 재활용과 함께 선택적 전자 부품 재제조 또는 재사용을 결합하고 있다. 기업들은 NGO와의 파트너십을 통해 리퍼비시 전자제품을 학교나 사회 프로그램에 전달하기도 한다(Chilerecicla, n.d.).
- 광업 및 산업 부문: 일부 계약업체들은 펌프, 모터, 금속 부품 재제조 서비스를 제공하고 있으며, 이는 OEM(완성품 제조업체) 부품이 비싸거나 수입이 어려운 경우에 특히 활발하다. 또한 세제 혜택이 도입된다면 성장 잠재력이 매우 높다.

주목할 만한 점은, OEM(완성품 제조업체)들이 아직 칠레의 재제조 시장에 본격적으로 진입하지 않았다는 것이다. 일부 기업들이 EPR 프로그램에 참여하고 있긴 하지만, 대다수는 공식적인 회수나 재정비 서비스를 제공하지 않고 있다. 향후 이들의 참여 여부는 소비자 수요, 규제의 명확성, 기업의 지속가능한 전략과의 연계성에 의해 결정될 가능성이 크다.

한편, SOFOFA와 같은 업종별 상공회의소 및 산업 협회들은 순환경제 문제를 의제에 포함하기 시작했으며, 종종 정부 기관과 협력하고 있다. 예를 들어, SOFOFA Hub, CORFO, 환경부(MMA)는 순환 비즈니스 모델의 촉진 및 확산을 위해 공동으로 Territorio Circular 이니셔티브를 주도하고 있다(SOFOFA Hub, 2022).

3) NGO 및 시민사회 단체

대표적인 비영리기구인 Fundación Chilenter는 설립 이래 10만 개 이상의 전자기기를 재제조하며 환경적 목표와 디지털 포용(digital inclusion)을 결합해 왔다(Antón Cerda, E., 2022). Chilenter는 순환경제 체계 내에서 전자폐기물의 공식 수거를 운영하고 있으며, 사회혁신과 기술 순환성 분야의 선도 기관으로서 국제적으로 인정받고 있다.

또한, Fundación Basura, Amor Circular, Colectivo Sustento와 같은 다른 NGO들은 커뮤니티 워크숍, 공공 캠페인, 비공식 재활용업자들과의 협력을 통해 재사용 및 업사이클링에 대한 정보를 전파하고 있다. 이 단체들은 종종 순환경제 분야의 스타트업을 위한 인큐베이터 역할을 수행하며, 사회적 기업가 정신을 재제조 규제와 연결하는 허브로 기능하고 있다.

4) 연구기관 및 학계

기술적 노하우, 창의성, 정책적 지원을 바탕으로 학술기관과 연구센터들은 칠레의 재제조 생태계에서 중요한 주체로 부상하고 있다. 칠레대학교(University of Chile), 발파라이소 가톨릭대학교(Pontificia Universidad Católica de Valparaíso), 콘셉시온대학교(Universidad de Concepción) 등 여러 대학에서 재제조와 관련된 순환 생산모델, 산업공생, 생애주기분석(LCA)에 대한 연구를 수행하고 있다(Universidad de Chile, 2022).

또한, CORFO가 지원하는 기술개발센터와 FONDEF 자금으로 추진되는 프로젝트들은 중소기업(SME)과 협력해 재제조 공정 시제품을 개발하기 시작했다. 그 사례로 광업 장비용 재제조 예비 부품 개발, 농업 폐기물로 만든 바이오복합소재 개발 등이 있다.

4. 재제조 이니셔티브의의 예시 및 사례 연구

1) 디지털 포용(Digital Inclusion) 및 전자제품 리퍼비시: 칠렌테 재단(Fundación Chilenter)

Fundación Chilenter는 2002년 대통령 재단 네트워크 산하에 설립된 단체로, 전자기기 리퍼비시 및 재사용 분야를 선도적으로 이끌고 있는 비영리 단체이다. 이 재단은 주로 공공기관과 민간 기부자로부터 노후화되거나 활용 빈도가 낮은 IT 장비를 수거하여 이를 재제조한 후 교육 및 사회복지 기관에 기부한다. 2023년 기준, Chilenter는 10만 7,000대 이상의 컴퓨터를 재정비하고 1,500톤 이상의 전자폐기물을 매립지로부터 전환시켰으며, 칠레 전역의 9,000개 이상의 학교 및 기관에 서비스를 제공해 왔다(Antón Cerda, E., 2022).

Chilenter는 진단, 분해, 수리, 부품 교체, 소프트웨어 설치, 품질 검사를 포함한 단계별 재제조 절차를 적용하며, 이 모든 과정은 환경 및 데이터 보호 규정을 준수하여 이루어진다. 이 재단의 공장은 환경 인허가 시스템(RETC/SISREP)에 따라 운영 승인을 받았으며, 환경부 및 교육부와의 협조 하에 운영되고 있다. 이 프로젝트는 사회적 책임과 환경 보호를 위한 지속가능한 방안으로서 재제조의 가능성을 입증했으며, 재제조 프로세스를 녹색 공공정책에 통합하는 데 있어 모범 사례로 활용될 수 있다(Ministerio de Educación de Chile, 2023).

2) 산업 장비 재제조: 칠레 국영 구리 회사 Codelco El Teniente

칠레 국영 구리 회사인 Codelco의 엘 테니엔테(El Teniente) 사업부는 칠레 산업 부문에서 가장 체계적인 재제조 시스템 중 하나를 운영하고 있다. 2022년, 이 사업부의 순환경제부서(Unidad de Economía Circular)는 광산 장비의 수명을 연장하고, 예비 부품 수입을 줄이며, 수리 및 리퍼비시 내부 역량을 강화하기 위한 공식 프로그램을 출범시켰다(Codelco, 2022).

핵심 활동으로는 컨베이어 벨트 시스템, 유압 기계, 기어박스 및 펌프와 같은 기계 부품의 재제조가 포함된다. 이 사업부는 장비의 수명 주기 및 상태를 모니터링할 수 있는 내부 추적 시스템을 구축해 예측 유지보수와 적시 개입을 가능하게 했다. 이를 통해 2022년 한 해 동안 68,000개 이상의 부품이 재제조되거나 재사용되었으며, 1,500만 달러 이상의 비용 절감과 4,500톤의 산업 폐기물 감축 성과를 달성했다.(Codelco, 2022).

이 프로그램은 현지 공급업체, 페데리코 산타 마리아 기술대학교(Universidad Técnica Federico Santa María) 및 순환기술 제공업체들과 협력해 운영되고 있다. Codelco의 사례는 자원 집약적 산업에서도 운영 계획과 지속가능성 목표의 일부로 대규모 산업에서의 재제조가 가능하다는 것을 보여준다. 다만, 여전히 관료적 절차와 다른 국영기업 간의 모범 사례 공유 부족이라는 장애 요인이 존재한다.

3) 재제조 잠재력을 갖춘 순환형 비즈니스 모델: 리사이클 칠레(Recycla Chile)

Recycla Chile는 2003년에 설립된 민간기업으로, 칠레에서 전자·전기 폐기물의 재활용 및 가치화 분야를 개척한 선도 기업 중 하나다. 주력 사업은 자원 회수와 데이터 파기에 집중되어 있지만, 최근에는 재제조 및 리퍼비시 라인을 도입하여 통신 장비, 컴퓨터 주변기기, 전원 장치를 중심으로 운영하고 있다(Recycla Chile, 2023).

Recycla는 ISO 14001 및 ISO 45001 인증을 보유하고 있으며, 기업 고객 및 지방자치단체와 협력해 제품 회수 시스템을 개발했다. 이 회사의 모델은 단순한 분해·재활용을 넘어, 부품을 품질 관리 절차에 따라 테스트 및 재정비하여 재판매 또는 기부하는 활동을 포함한다. 비록 재제조가 Recycla의 주력 사업은 아니지만, EEE(전기·전자장비)에 대한 EPR 규제의 본격 시행을 앞둔 상황에서 재제조는 전략적 확장 라인으로 자리잡고 있다.

4) 재생 산업: 타이어 재제조 클러스터

Biobío 및 Los Lagos 지역에서는 다수의 타이어 재생 기업들이 임업, 물류, 농업 부문을 지원하고 있다. Decree No. 8/2019(Ministerio del Medio Ambiente, 2019)에 명시된 국가 법률에 따라 Insamar Recauchaje, BAILAC Recauchajes, Bacon Chile와 같은 업체들은 냉재생(cold retreading)및 열재생(hot retreading) 공정을 활용한 인증된 재생 서비스를 제공하고 있다.

이들 기업은 매년 35만 개 이상의 타이어를 재생함으로써 제품의 수명을 연장하고 신품 타이어 수입에 대한 의존도를 낮추고 있다. 규모의 경제, 국내 운송업에 대한 강한 수요, 그리고 EPR 규제에서 타이어 재생을 가치 창출의 경로로 인정한 법적 기반이 이 산업 성공의 주요 요인이다. 클러스터 기업들은 CORFO의 공동 자금 지원을 받아 훈련 프로그램, 자동화 설비, 품질관리 연구소 등에 투자해 왔다.

〈그림 9-4〉에서 2016년부터 2021년까지 타이어 재생 통계를 확인할 수 있다.

〈그림 9-4〉 연도별 수량: 타이어 재생 vs 비재생(2016-2021)

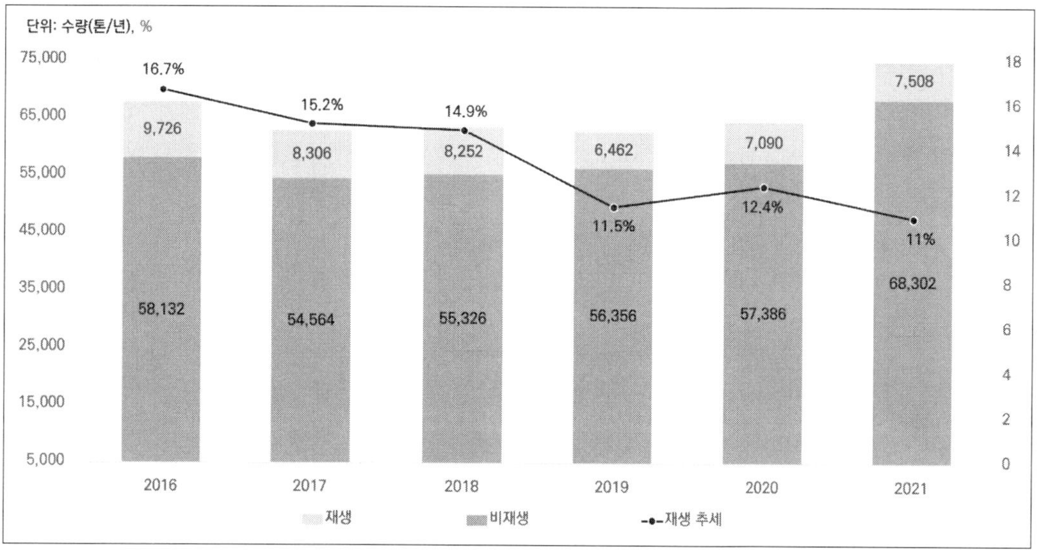

자료: ANIR(2022)를 참조해 필자 재구성

재생 공정을 거치는 타이어는 주로 버스와 트럭용 타이어이다. 2020년 이후 현재까지 타이어 재생은 점진적으로 증가해왔으나, 여전히 몇 가지 지속적인 장애 요인이 존재한다. 대표적으로는 저가 수입 타이어의 경쟁 압력, 재생 타이어에 대한 품질 기준 집행 부족, 그리고 새 제품을 선호하는 소비자 성향 등이 있다. 이 클러스터 기업들의 경험을 바탕으로 재제조 산업이 지속가능하게 성장하기 위해서는 법적 가시성 확보, 공공 인센티브 제공, 소비자 교육이 매우 중요하다는 것을 알 수 있었다.

5) 전기·전자폐기물 재활용: 마이다스 칠레(Midas Chile)

Midas Chile는 전기·전자폐기물(AEE) 재활용의 선구자로, 도시광산(urban mining) 공정을 통해 폐기물을 고순도 금속으로 전환하는 데 주력하고 있다. 이 회사는 자체 기술과 100% 태양에너지를 활용해 휴대전화, 냉장고, 컴퓨터 등의 전자폐기물(RAEE)을 순도 98%의 금속 주괴로 전환한 후 이를 수출하고 있다.

Midas는 칠레에서 환경부(MMA)로부터 전자폐기물 가치화를 공식 인정받은 유일한 기업으로, 마이사 로하스(Maisa Rojas) 환경부 장관이 REP법 최고령 시행을 앞두고 모범 사례로 강조한 바 있다. 현재 칠레에서 폐가전제품(SARs)의 재활용·처리율은 단 4%에 불과하며, 예비사업의 목표는 10년 내에 45%의 수거 및 가치화 달성이다.

Lampa에 위치한 Midas 공장은 대형 기술기업들로부터 자발적으로 폐기물을 수거하고 있으며, 앞으로 시행될 가정 및 지역 수거센터 설치를 포함한 신규 규제에 대비하고 있다. 이 회사는 소매업체들과 협력 관계를 구축하여, 가정 방문 수거 서비스 등을 제공하며 시행령의 요구사항에 선제적으로 대응하고 있다. 또한 Midas는 현재 리튬 배터리 재활용을 시험 중이며, 냉매가스 및 납과 같은 유해폐기물 처리에 있어 높은 환경 기준을 충족할 수 있도록 하기 위한 테스트를 수행하고 있다. 이 회사는 칠레 및 라틴아메리카 최초로 R2 인증을 획득해 책임 있는 재활용 및 데이터 보안을 보장하고 있다. 현재 칠레에서 폐가전제품의 96%가 여전히 관리되지 않는 상황에서, Midas는 칠레의 순환경제 발전과 녹색 일자리 창출에 있어 핵심적인 인프라로 자리 잡고 있다(González Farfán, 2023).

5. 과제와 기회 요인

1) 과제

1-1) 인식 및 이해 부족

정책입안자, 소비자, 그리고 기업들은 여전히 재제조에 대한 이해가 부족하다. 재제조는 종종 재활용, 중고시장, 심지어 비공식 수리와 혼동되며, 이로 인해 규제적·평판적 문제의 회색지대가 존재한다.

1-2) 법적 인정 및 표준의 부재

칠레에는 재제조 제품을 재활용 또는 재사용 제품과 구분하는 기술 표준이나 법적 정의가 없다. 이러한 규제 공백은 품질보증 프로그램, 추적 절차, 재정적 인센티브 개발을 저해하고 있다. 그 결과, 생산자와 소비자는 보증, 책임, 성능 보장과 관련해 불확실성에 직면하고 있다(OECD, 2024).

1-3) 세제·재정적 인센티브 부족

현재 칠레에는 재제조 활동에 대한 구체적인 세제 혜택이나 보조금이 존재하지 않는다. 재활용기금과 CORFO 프로그램이 순환경제 프로젝트를 전반적으로 지원하긴 하지만, 자본 집약적이고 기술적으로 까다로운 재제조의 특성에 맞춰 설계된 것이 아니다. 위험 분담 메커니즘, 전용 신용대출 한도, 공공조달 기준의 부재는 투자를 더욱 위축시키고 있다(Ministerio del Medio Ambiente, 2021).

1-4) 중고제품 접근성과 역물류(reverse logistics)

재제조에 적합한 품질의 중고제품을 안정적으로 확보하는 것은 주요 운영상의 장애물이다. 칠레에는 전국적인 역물류 시스템과 분해 인프라가 부족하며, 특히 수도권 외 지역에서 이러한 문제가 두드러진다. 지방자치단체에 위임된 파편화된 구조의 폐기물 관리 시스템 특성으로 인해 잠재적으로 재제조가 가능한 제품의 수거, 보관, 운송을 복잡하게 만들고 있다(Ministerio del Medio Ambiente, 2021).

1-5) 문화적 저항 및 소비자 인식

'2040 국가 순환경제 로드맵'의 일환으로 실시된 온라인 설문조사에서 응답자들은 자신이 근무하는 기업이 속한 산업에서 순환경제로의 전환을 가로막는 주요 장애물에 대한 질문을 받았다. 이 설문은 네 가지 유형의 장벽으로 구분하여 분석되었으며, 그 결과는 〈그림 9-5〉에 나타나 있다(Ministerio del Medio Ambiente, 2021).

<그림 9-5> 부문별, 유형별 순환 경제의 장벽

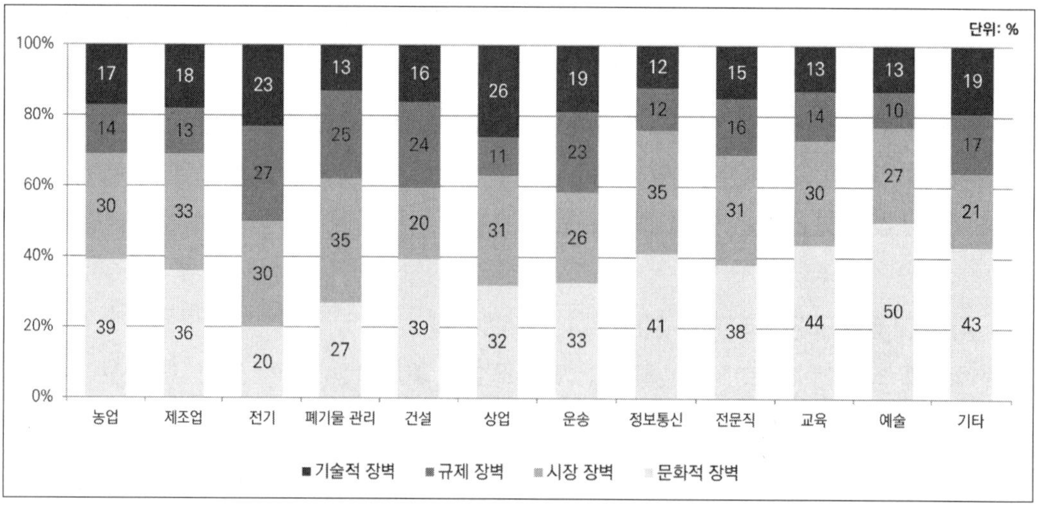

	농업	제조업	전기	폐기물 관리	건설	상업	운송	정보통신	전문직	교육	예술	기타
기술적 장벽	17	18	23	13	16	26	19	12	15	13	13	19
규제 장벽	14	13	27	25	24	11	23	12	16	14	10	17
시장 장벽	30	33	30	35	20	31	26	35	31	30	27	21
문화적 장벽	39	36	20	27	39	32	33	41	38	44	50	43

자료: Ministerio del Medio Ambiente(2021)을 참조해 필자 재구성

설문 결과에 따르면 순환경제로의 전환을 가로막는 가장 큰 장벽은 문화적 차이인 것으로 나타났다. 이러한 결과를 통해 알 수 있는 것은 순환경제는 사회의 모든 이해관계자들이 현재 "정상적"이라고 여기는 소비와 생산 방식을 재정의하는 완전한 사고방식의 전환을 필요로 한다는 것이다.

1-6) 분산된 제도적 조율

재제조 촉진은 환경, 경제, 교육, 노동, 혁신 등 여러 정책 영역과 맞닿아 있다. 그러나 칠레에는 재제조 정책을 총괄할 부처 간 조정 메커니즘이나 중앙화된 거버넌스 기구가 부재하다. 이러한 분산은 권한 중복, 비효율적인 자원 배분, 정책 일관성 부족으로 이어지고 있다.

2) 기회 요인

2-1) 산업 다각화 및 일자리 창출

재제조는 특히 기술 역량이 충분히 활용되지 않거나 실업률이 높은 지역에서 산업 다각화를 위한 기회를 제공한다. 역물류, 진단, 분해, 테스트, 시스템 통합 분야에서 숙련된 녹색 일자리를 창출할 수 있다. 2021년 CORFO 연구에 따르면, 재제조를 포함한 순환경제가 충분한 지원을 받을 경우 2040년까지 최대 10만 개의 일자리를 창출할 수 있을 것으로 예상된다(Ministerio del Medio Ambiente, 2021).

2-2) 자원 보존 및 배출 저감

재제조는 원자재 채굴과 에너지 소비를 줄여 칠레가 장기 기후전략에 따라 추진 중인 탈탄소화 노력에 직접적인 기여를 한다. 글로벌 연구에 따르면, 재제조 제품은 신제품에 비해 온실가스 배출량을 50~80%까지 절감할 수 있다(Malooly, L., & Daphne, T., 2023). 이러한 절감 효과를 칠레의 국가온실가스감축목표(NDCs)에 반영하면, 목표를 보다 효과적이고 모니터링 가능하게 만들 수 있다.

2-3) 글로벌 시장 트렌드와의 정렬

국제 시장에서 녹색 조달 기준과 ESG(환경·사회·지배구조) 준수 요구가 강화됨에 따라, 재제조에 참여하는 칠레 산업은 새로운 수출 틈새시장에 접근할 가능성이 커지고 있다. 특히 광산 장비, 자동차 부품, 전자제품과 같은 분야는 인증 체계가 마련될 경우 글로벌 재제조 공급망에 통합되어 혜택을 누릴 수 있다.

2-4) 기술 혁신 및 산업공생

재제조는 소재 공학, 예지정비, 분해 설계 분야의 혁신을 촉진한다. 이 과정에서 디지털 트윈, 지능형 물류, 3차원 인쇄(3D 프린팅)와 같은 다른 산업들도 이러한 신기술의 혜택을 받을 수 있다. 또한 재제조는 한 산업의 폐기물이나 부산물을 다른 산업의 투입 자원으로 활용하는 산업공생을 활성화시켜 지역 내 생산성을 높인다.

2-5) 범부문 정책 통합 잠재력

재제조는 본질적으로 범부문적 성격을 지니며, 교육(직업 훈련), 혁신(R&D 자금 지원), 공공조달(녹색 조달), 사회정책(디지털 접근성, 일자리 프로그램) 등에서 경쟁 우위를 확보할 수 있다. 재제조를 기후전략, 생산적 개발정책, 녹색 세제 개혁과 같은 국가 전략 내에 위치시킨다면 정책 및 재정의 일관성을 향상시킬 수 있다.

2-6) 공공-민간 파트너십 및 국제 협력

칠레는 인프라, 기술 이전, 클러스터링 분야에서 공공-민간 파트너십(PPPs)을 통해 재제조를 발전시킬 수 있다. 또한 일본, 한국, EU, 다자기구 등과의 국제 협력을 통해 기술 지원, 역량 개발, 재정 접근성을 제공할 수 있다. UNEP를 통해 조직된 라틴아메리카·

카리브해 순환경제 연합(Circular Economy Coalition for Latin America and the Caribbean)과 같은 플랫폼은 이러한 협력을 위한 채널로 활용된다(Ministerio del Medio Ambiente, 2021).

3) 전략 로드맵

칠레는 재제조 산업을 효과적으로 확산시키기 위해 '2040 국가 순환경제 로드맵'에 따라 구조화된 접근 방식을 구상하고 있다.

〈그림 9-6〉 부문별, 유형별 순환 경제의 장벽

2025–2026 **법적 인정 및 기초 표준 수립**
재제조 제품에 대한 국가 표준 및 정의 개발. 부처 간 조정 기구 및 국가 등록부 설립

2026–2027 **인센티브 및 녹색 공공조달 활성화**
재정 인센티브 및 공공 조달 의무 도입. 재제조를 국가 녹색 대출 프로그램에 통합

2027–2028 **클러스터 개발 및 초기 인증**
민관 재제조 클러스터 확대. 품질, 안전성 및 추적 가능성에 대한 초기 인증 체계 설계

2028–2030 **시스템 강화 및 통합**
강력한 인증 제도 시행. 중소기업, 대기업, 학계 통합. 재제조를 국가 고용 전략 및 기후 전략에 통합하기 시작

2031–2035 **순환 문화의 확산 및 심화**
재제조 성공 모델을 전국적으로 확대. 교육 및 인식 개선을 통해 강력한 순환경제 문화 조성. 성숙한 순환 관행을 위한 규제 프레임워크 강화

2036–2040 **국가 목표 통합 및 달성**
2040 로드맵에 명시된 자원 생산성, 폐기물 감축, 녹색 일자리 창출에 대한 주요 국가 목표를 달성.
재제조가 칠레 순환경제에 완전히 통합되고 자립적인 핵심 요소가 되도록 보장. 순환경제 안에서의 지속적인 혁신 촉진

자료: Ministerio del Medio Ambiente(2021); Codelco(2023); CORFO(2024)를 참조해 필자 재구성

〈그림 9-6〉은 2025년부터 2040년까지 칠레의 재제조 산업을 확장하기 위한 전략적 로드맵을 제시한다. 이 로드맵은 9장에서 논의된 과제와 기회 요인을 바탕으로 순차적인 정책 및 제도적 의제를 제시하고 있다. 가장 우선해야 할 과제는 국가 표준 및 정의를 개발하여 재제조 제품의 법적 지위를 확보하는 것이며, 이를 통해 재제조 제품은 법적 확실성과 시장 정당성을 부여받게 된다. 그 다음 단계로는 초기 수요와 투자를 견인하기 위해 재정적 인센티브와 녹색 공공조달 의무화를 도입해야 한다.

중기적 과제로는 지역별 공공-민간 클러스터를 강화하여 기술 역량을 높이고, 규모의 경제를 실현하며, 제품의 품질·안전·추적을 위한 인증 프로그램을 구축 하는 것이 제시된다.

이러한 클러스터에는 대기업, 학술기관, 중소기업(SME)이 모두 포함되어야 한다.

또한, 재제조는 2030년까지 칠레의 국가 고용 전략과 기후 프레임워크에 완전히 통합되어, 자원 생산성 향상과 녹색 일자리 창출과 같은 핵심적 역할을 수행해야 한다. 추가적으로 이 로드맵은 국가 재제조 등록소와 전문 부처 간 조정 기구를 설립해 일관된 거버넌스, 데이터 모니터링, 장기적 정책 일관성을 보장할 것을 제안하고 있다.

참고문헌

Agencia de Sustentabilidad y Cambio Climático. (2025). Acuerdos de Producción Limpia (APL). Retrieved May 30, 2025 from https://www.ascc.cl/pagina/apl

Antón Cerda, E. (2022, August 9). Chilenter o cómo transformar residuos electrónicos en equipos que se ven y funcionan como nuevos. País Circular. Retrieved from https://www.paiscircular.cl/economia-circular/chilenter-o-como-transformar-residuos-electronicos-en-equipos-que-se-ven-y-funcionan-como-nuevos/

Chilerecicla. (n.d.). Chilerecicla – Nosotros. Retrieved from https://www.chilerecicla.com/nosotros.html (Accessed: May 30th, 2025)

Codelco. (2023a). El avance de nuestros compromisos de desarrollo sustentable 2030. Retrieved May 30, 2025 from https://www.codelco.com/compromisos-2030

Codelco. (2023b, January 23). Unidad de Economía Circular revaloriza residuos de El Teniente. Retrieved from https://www.codelco.com/unidad-de-economia-circular-revaloriza-residuos-de-el-teniente

CORFO. (2024, December 4). Aprueban creación de Centro Tecnológico de Economía Circular en la región de Los Lagos. Retrieved from https://corfo.cl/sites/cpp/sala_de_prensa/regional/movil/05_12_2024_centro_economia_circular

Forti, V., Baldé, C. P., Kuehr, R., & Bel, G. (2020). The Global E-waste Monitor 2020: Quantities, flows and the circular economy potential. Bonn/Geneva/Rotterdam: United Nations University (UNU)/United Nations Institute for Training and Research (UNITAR) – co-hosted SCYCLE Programme, International Telecommunication Union (ITU), & International Solid Waste Association (ISWA). Retrieved from https://ewastemonitor.info/gem-2020/

Fundación Chile. (2024). Pacto Chileno de los Plásticos – Hoja de Ruta 2025. Retrieved from https://pactodelosplasticos.cl/wp-content/uploads/2024/12/Hoja-de-Ruta-Plasticos-Flexibles-PCP.pdf

Gobierno de Chile. (2016). Ley Nº 20.920: Marco para la Gestión de Residuos, Responsabilidad Extendida del Productor y Fomento al Reciclaje. Biblioteca del Congreso Nacional de Chile. Retrieved from https://www.bcn.cl/leychile/navegar?idNorma=1090894

González Farfán, C. (2023, April 4). Midas: minería urbana que valoriza los residuos de aparatos eléctricos y electrónicos. País Circular. Retrieved from https://www.paiscircular.cl/economia-circular/midas-mineria-urbana-aparatos/

IDB Invest. (2023). Unlocking Circular Economy Finance in Latin America and the Caribbean: The Catalyst for a Positive Change. Retrieved from https://idbinvest.org/en/download/19683

Malooly, L., & Daphne, T. (2023, November 9). R-Strategies for a Circular Economy. Circularise. Retrieved from https://www.circularise.com/blogs/r-strategies-for-a-circular-economy

Ministerio de Economía. (2025). Programa Desarrollo Sostenible y CORFO adjudican $10 mil millones para revalorizar pasivos ambientales. Retrieved May 30, 2025, from https://www.economia.gob.cl/2025/03/13/programa-desarrollo-sostenible-y-corfo-adjudican-10-mil-millones-para-revalorizacion-de-pasivos-ambientales-en-mineria-acuicultura-manufactura-y-transportes.htm

Ministerio de Educación. (2023). Equipamiento reacondicionado y educación en economía circular 2023. Retrieved May 30, 2025 from https://www.innovacion.mineduc.cl/iniciativas/transformaci%C3%B3n-digital/infraestructura-digital-educativa/equipamiento-reacondicionado-y-educaci%C3%B3n-en-econom%C3%ADa-circular-2023

Ministerio del Medio Ambiente. (2019). Decreto Supremo N°8/2019 – Reglamento de neumáticos fuera de uso. Retrieved from https://rechile.mma.gob.cl/wp-content/uploads/2020/01/DS8-REP-neumaticos-f.pdf

Ministerio del Medio Ambiente. (2021a). Estrategia Climática de Largo Plazo (ECLP) 2050. Retrieved from https://cambioclimatico.mma.gob.cl/wp-content/uploads/2021/11/ECLP-LIVIANO.pdf

Ministerio del Medio Ambiente. (2021b). Estrategia Nacional de Residuos Orgánicos Chile 2040. Retrieved from https://economiacircular.mma.gob.cl/wp-content/uploads/2022/03/Estrategia-Nacional-Residuos-Organicos-Ingles.pdf

Ministerio del Medio Ambiente. (2021c). Hoja de Ruta Nacional de Economía Circular al 2040. Retrieved from https://economiacircular.mma.gob.cl/wp-content/uploads/2022/01/HOJA-DE-RUTA-PARA-UN-CHILE-CIRCULAR-AL-2040-EN.pdf

Ministerio del Medio Ambiente. (2021d). Ley N° 21.368 que regula los plásticos de un solo uso y las botellas plásticas. Retrieved from https://economiacircular.mma.gob.cl/plasticos/

Ministerio del Medio Ambiente. (2023a). Comunas Circulares. Retrieved from https://economiacircular.mma.gob.cl/comunas-circulares/

Ministerio del Medio Ambiente. (2023b). Memoria Fondo para el Reciclaje 2018-2022. Retrieved from https://economiacircular.mma.gob.cl/wp-content/uploads/2025/01/Memoria-FPR-2018-2022.pdf

Ministerio del Medio Ambiente. (2023c). Reporte del Estado del Medio Ambiente 2022. Retrieved from https://sinia.mma.gob.cl/estado-del-medio-ambiente/reporte-del-estado-del-medio-ambiente-2022/

Orrego, G., Espíndola, L., Pogorelow, B., Leal, J., Morales, C., & Saa, R. (2023). Informe País: Estado del Medio Ambiente en Chile 2022. Resumen para tomadores de decisiones. Santiago, Chile: Universidad de Chile. Retrieved from https://uchile.cl/dam/jcr:687ce301-6934-4def-9a32-eb457c7eebf3/_INFORME%20PAÍS%202022%20-%20Resumen.pdf

OECD. (2024). OECD Environmental Performance Reviews: Chile 2024. OECD Publishing. https://doi.org/10.1787/5bc65d36-en

Recycla Chile. (2023). Servicios. Retrieved May 30, 2025 from https://www.recycla.cl/servicios

SOFOFA Hub. (2022). Territorio Circular en representación de SOFOFA Hub es parte del APL para la circularidad de los embalajes de comercio electrónico. Retrieved May 30, 2025 from https://www.sofofahub.cl/territorio-circular

Superintendencia del Medio Ambiente. (2023, December 28). Instrucción SMA establece nueva instrucción para la implementación de la Ley REP. Retrieved from https://portal.sma.gob.cl/index.php/sma-establece-nueva-instruccion-para-la-implementacion-de-la-ley-rep/

UNITAR, ITU, UNIDO, & UNU. (2022). Regional E-waste Monitor for Latin America 2022. United Nations Institute for Training and Research (UNITAR). Retrieved from https://unitar.org/sites/default/files/media/file/REM_LATAM_2022_ENG_Final.pdf

부록

Appendix

01

Thailand's Geological Features and Resource Circulation Policies: The Role of Remanufacturing in Sustainable Development

Chapter

01

Thailand's Geological Features and Resource Circulation Policies:

The Role of Remanufacturing in Sustainable Development

Jantarut Chandech

Geologist, Geological Survey Division, Department of Mineral Resources, Ministry of Natural Resources and Environment, Thailand

1. Introduction

Sustainable development in the 21st century increasingly depends on the circular economy, with remanufacturing playing a crucial role by restoring end-of-life products to like-new condition, thereby extending resource lifespans and reducing environmental impacts. This approach is particularly important for Thailand, where diverse geological resources are at risk of depletion from continuous exploitation. To address these challenges, Thailand has implemented policies such as the Bio-Circular-Green Economy (BCG) model and various waste management strategies, all aimed at promoting resource efficiency, material reuse, and remanufacturing. Integrating remanufacturing with circular economy principles and responsible resource management is thus essential for Thailand to achieve sustainable economic growth while conserving its natural resources.

2. Geological features of Thailand

2-1) Regional Geology and Tectonic Setting

Thailand's geology is shaped by two main crustal terranes, the Shan-Thai in the west and the Indochina in the east, both originating from the ancient Gondwana supercontinent. The Shan-Thai terrane contains rocks from the Precambrian to Cenozoic eras, while the Indochina terrane mainly features Paleozoic to Cenozoic rocks. Tectonic collisions, especially between the Indian and Eurasian plates during the Tertiary period, created major fold belts and fault zones across the country. Thailand's bedrock includes a wide variety of formations: high-grade metamorphic rocks along the west, extensive Paleozoic sedimentary belts, widespread Permian limestones, marine and continental Mesozoic deposits, and Cenozoic sediments in subsiding basins. Igneous rocks, mostly granite and volcanic, are found in three main belts, with mafic and ultramafic rocks exposed along suture zones. This diversity reflects Thailand's complex and rich geological history (Department of Mineral Resources, 2009).

2-2) Mineral Resource

Thailand possesses more than 40 types of mineral resources, covering approximately 95,000 square kilometers. The country's total mineral resources amount to approximately 30 trillion tonnes (Table 1-1). These resources can be categorized into different groups based on their industrial applications. Fuel and energy minerals, such as coal (lignite), have reserves of approximately 2 billion tonnes. Industrial stone, including limestone, basalt, granite, and marble, amounts to approximately 10 trillion tonnes. Decorative stones, such as granite, sandstone, and marble, total approximately 70,000 million cubic meters. Cement industry minerals, including limestone, shale, and gypsum, amount to around 1.2 trillion tonnes. Precious metals and stones, such as gold, have mineral reserves of approximately 213 tonnes, while base metals, including zinc, tin, and copper, total around 27.6 billion tonnes. Iron and iron alloys, including iron ore, are estimated at 235 million tonnes. Ceramic industry minerals, such as feldspar and kaolin, total 3.5 billion tonnes. Other industrial minerals, including dolomite, barite, fluorite, rock salt, and potash, collectively amount to 19 trillion tonnes. Light metals and rare earth elements, such as rare earth metals, have a total resource of approximately 5 million tonnes. Among Thailand's mineral resources, rock salt is the most abundant, with reserves of approximately 18 trillion tonnes, representing 59.87% of the country's total mineral resources. Excluding rock salt, the five most abundant minerals are construction-grade limestone (8 trillion tonnes), cement-grade limestone (1 trillion tonnes), limestone for other industries (700 billion tonnes), potash (400 billion tonnes), and sandstone (200 billion tonnes). These vast mineral resources provide substantial economic value and opportunities for sustainable development and industrial applications in Thailand (Kanchanalangkarn, P., & Tongduang, T., 2023).

〈Table 1-1〉 Summary of Major Mineral Resources of Thailand

Mineral Resource Category	Quantity	Unit	Notes/Examples
Coal (Lignite)	2,000,000,000	tonne	Fuel and energy minerals
Industrial Stone (Limestone, Basalt, Granite, Marble)	10,000,000,000,000	tonne	Construction, industry
Decorative Stones (Granite, Sandstone, Marble)	70,000,000,000	cubic meter	Used for decoration and construction
Cement Industry Minerals (Limestone, Shale, Gypsum)	1,200,000,000,000	tonne	Cement production
Precious Metals and Stones (Gold)	213	tonne	Gold
Base Metals (Zinc, Tin, Copper)	27,600,000,000	tonne	Industrial metals
Iron and Iron Alloys (Iron Ore)	235,000,000	tonne	Steel production
Ceramic Industry Minerals (Feldspar, Kaolin)	3,500,000,000	tonne	Ceramics and related industries

Mineral Resource Category	Quantity	Unit	Notes/Examples
Other Industrial Minerals (Dolomite, Barite, Fluorite, etc.)	19,000,000,000,000	tonnes	Includes rock salt and potash
Light Metals and Rare Earth Elements (Rare Earth Metals)	5,000,000	tonnes	High-tech industry
Rock Salt	18,000,000,000,000	tonnes	Most abundant, 59.87% of total resources
Construction-grade Limestone	8,000,000,000,000	tonnes	Most abundant after rock salt
Cement-grade Limestone	1,000,000,000,000	tonnes	
Limestone for Other Industries	700,000,000,000	tonnes	
Potash	400,000,000,000	tonnes	Fertilizer industry
Sandstone	200,000,000,000	tonnes	Construction

Source: Kanchanalangkarn, P., & Tongduang, T.(2023)

2-3) Policies for Geological Resources for Sustainable Development

- National Strategy and Policy Frameworks: Thailand's 20-Year National Strategy and the 12th National Economic and Social Development Plan focus on balanced management of geological and mineral resources, aiming to harmonize economic growth, social well-being, and environmental protection for sustainable development and improved quality of life (Office of the National Economic and Social Development Council, 2021).
- Legal and Institutional Structure: The Department of Mineral Resources (DMR) is the key authority overseeing geological and mineral resources in Thailand. Its responsibilities include exploration, evaluation, conservation, and administration, ensuring that resource management is efficient, sustainable, and aligned with national development priorities (Department of Mineral Resources, 2021).
- Public Participation and Decentralization: Public participation is required in mining project decisions, with local authorities having the power to approve mining applications. A significant portion of mining royalties is

allocated to local and provincial governments, ensuring that communities directly benefit from resource development (United Nations, 2011).

- Good Governance and Transparency: Thailand promotes transparency and good governance in the mining sector by ensuring open licensing processes, clear revenue flows, and active stakeholder involvement. Artisanal miners are encouraged to form legal cooperatives, and capacity-building programs are supported.
- Environmental Sustainability: The Green Mining Policy encourages mining practices that minimize environmental impacts and prioritize the rehabilitation of mined areas. This policy aims to ensure that resource extraction is conducted responsibly and sustainably.
- Integration with Sustainable Development Goals (SDGs): Thailand incorporates the 2030 Agenda and SDGs into its national strategies, ensuring that geological resource management meets international sustainability standards. The Bio-Circular-Green (BCG) Economy Model further supports sustainable, innovation-driven economic growth.
- Local Implementation and Monitoring: Local governments are empowered to adapt development plans to their specific needs and contexts. They receive support for capacity-building and are responsible for monitoring progress towards SDGs at the municipal level.
- Environmental Policy and Planning: The Office of Natural Resources and Environmental Policy and Planning (ONEP) develops and monitors environmental policies related to geological resources. The office emphasizes decentralization and encourages cooperation with local authorities to ensure effective policy implementation (Office of Natural Resources and Environmental Policy and Planning, 2025).
- Mineral resources are fundamental to Thailand's industrial and economic development, providing essential raw materials for construction, manufacturing, and technology sectors. Among these, critical minerals, such as rare earth elements, lithium, and tin, are especially vital for high-tech industries and the clean energy transition. However, both

mineral resources and critical minerals are finite and increasingly subject to supply risks and environmental concerns. The circular economy model in Thailand addresses these challenges by promoting efficient use, recycling, and recovery of minerals, thus reducing dependence on virgin extraction and minimizing waste. Integrating circular economy principles helps secure a sustainable supply of critical minerals, supports resource conservation, and strengthens Thailand's resilience in global supply chains, ensuring long-term economic and environmental benefits.

3. Circular Economy Policies in Thailand

Thailand's circular economy strategy is anchored in the Bio-Circular-Green Economy (BCG) Model, which merges bioeconomy, circular economy, and green economy principles to foster innovation and sustainable growth.

3-1) BCG Economy Model

Thailand's Bio-Circular-Green Economy (BCG) Model was introduced as a key strategy to advance sustainable development and support the country's recovery after the pandemic. The BCG Model targets four main sectors: agriculture and food, wellness and medicine, energy, materials and biochemicals, and tourism, with the creative economy. The government actively backs this model through investments in research and development, collaborative platforms, incentives, and regulatory measures, with substantial funding dedicated to its implementation. Central to the BCG Model's structure for 2021-2026 are these four sectors, all underpinned by biodiversity and cultural diversity, which serve as a vital foundation. This approach highlights the importance of sustainability, innovation, and the integration of local identity in Thailand's national development.

The main objectives are to conserve and sustainably use biological resources and culture, create value from these assets, and foster self-reliance and resilience within the country (Tambunlertchai, K., & Vassanadumrongdee, S., 2023).

- Main Strategies: The plan promotes sustainability of biological resources by balancing conservation and utilization, strengthens communities using technology and creativity, enhances the competitiveness of BCG industries through innovation and green practices, and builds resilience to global changes by developing manpower, infrastructure, and advanced technologies.
- Key Actions: Actions include developing biological and cultural databases, promoting premium agricultural products, advancing research in health and biochemicals, supporting sustainable tourism, encouraging investment in the circular economy, and building human capital and startups.
- Goals & KPIs: The BCG Action Plan aims to raise GDP by 1 trillion THB, increase high-value products and services by at least 20%, improve income for at least 10 million people, reduce natural resource consumption by 25%, and cut greenhouse gas emissions by 20-25%. Other goals include expanding forest land, increasing energy self-sufficient communities, and supporting BCG startups.
- Management and Monitoring: The implementation is overseen by a policy board chaired by the Prime Minister, with committees and subcommittees for each sector. Progress is monitored and evaluated through national electronic systems to ensure the plan's objectives are achieved.

3-2) 3Rs principle

Thailand's waste management policies place strong emphasis on the 3Rs principle (Reduce, Reuse, and Recycle) as a strategic approach to minimize waste generation and its environmental impact. The government and related agencies have identified plastic and food waste as priority sectors for intervention, given their large contribution to total waste volume and their potential to cause significant environmental harm if not properly managed.

Thailand generates over 3.2 million tonnes of plastic waste annually, equivalent to nearly 44.8 kg per capita, which is significantly higher than both the global average (31.9 kg) and the average for SWITCH-Asia countries (20.1 kg). Of this, approximately 46% or 1.48 million tones, is mismanaged, meaning it is not properly collected, recycled, or disposed of, leading to environmental leakage, particularly into waterways and the ocean. The plastics industry is a major economic driver, valued at USD 30 billion in 2022 and accounting for about 7.7% of Thailand's GDP. The sector is moderately fragmented, with a mix of large corporations and thousands of SMEs. The largest consumer of plastics is the packaging sector, especially for food, beverages, and e-commerce, followed by automotive, construction, electronics, and medical devices. Thailand is also a major exporter of plastics, with a positive trade balance and significant exports of both primary plastics and finished plastic goods (Schulte & Busch, 2025).

Thailand's Roadmap on Plastic Waste Management 2018–2030 sets out a national strategy to drastically reduce and eventually eliminate single-use plastics by promoting environmentally friendly alternatives. In its current phase (2023–2027), the roadmap aims for a 100% reduction of target plastic waste entering landfills, 100% recycling of key plastic products, and a 50% decrease in plastic waste leaking into the sea. Given the widespread use of plastic packaging in Thailand's consumer and food industries, addressing plastic pollution is critical. The roadmap includes measures such as bans and levies on single-use plastics, public awareness campaigns, the promotion of sustainable packaging, extended producer responsibility (EPR), and the expansion of recycling infrastructure to ensure better collection and processing of plastic waste.

Food waste makes up a large share of municipal solid waste in Thailand and, when sent to landfills, generates methane, a powerful greenhouse gas, through anaerobic decomposition. Reducing food waste is crucial for easing landfill pressure, mitigating climate change, and enhancing food security. Key policy actions focus on encouraging food waste separation at the source, supporting food donation and redistribution to minimize edible waste, promoting composting and biogas production from organic waste, and raising public awareness about the environmental and social impacts of food waste.

3-3) EV Battery Recycling in Thailand

Thailand's electric vehicle (EV) market is experiencing rapid growth, fueled by government incentives and a national target for 30% of vehicle production to be electric by 2030. This expansion is expected to lead to a sharp increase in end-of-life (EoL) EV batteries soon. However, the widespread use of lithium-ion batteries, which contain hazardous materials like lithium, nickel, and cobalt, presents significant environmental challenges. If not properly managed, the disposal of these batteries can contaminate soil and water, posing serious risks to both the environment and public health (Thailand Energy Storage Technology Association, 2024).

- Limited Recycling Facilities: Thailand currently lacks dedicated, large-scale lithium-ion battery recycling plants. Most used EV batteries are either stored, exported for recycling, or improperly disposed of, resulting in missed economic and environmental opportunities.
- Pilot Projects and Industry Efforts: Several major companies in Thailand are advancing EV battery recycling initiatives. Toyota Motor Thailand has set up a battery life-cycle management plant for hybrid electric vehicles, capable of recycling 20,000 units per year by collecting, assessing, and sorting used batteries for reuse or recycling. Energy Absolute (EA), a leading Thai energy firm, is collaborating with Chulalongkorn University to develop advanced recycling technologies that focus on extracting valuable metals and ensuring the safe discharge of EV batteries.

Meanwhile, Panasonic Energy (Thailand) and its partners have initiated a circular economy program to collect and recycle used batteries, though their efforts currently concentrate more on consumer batteries rather than large-format EV batteries.

- Lack of Specific Laws: Thailand does not yet have comprehensive legislation dedicated to EV battery waste. Existing policies cover hazardous and electronic waste in general, but do not address the unique challenges of lithium-ion EV batteries.
- Draft Legislation: The government is developing a Waste Electrical and Electronic Equipment (WEEE) Act, which is expected to include extended producer responsibility (EPR) and product recall systems to improve battery collection and recycling.
- Incentives: There are proposals to reduce taxes for manufacturers who implement battery recycling technologies, aiming to encourage the development of domestic recycling capabilities.

EV battery management in Thailand faces several challenges across the value chain. Battery manufacturers encounter issues with customs tariffs, as battery waste is taxed at the same rate as new batteries, and there are no specific regulations for end-of-life battery management, forcing them to handle waste independently. Importing battery waste is not allowed, limiting opportunities for recycling or repurposing. For EV manufacturers and sellers, battery management practices often follow foreign parent company guidelines, and there is concern about the lack of clear local regulations, especially for out-of-warranty batteries, which may be improperly handled by users. Energy storage system designers and installers highlight the high costs of testing batteries for reuse and recommend government support, while battery disposal agencies note that the low volume of battery waste makes domestic recycling unprofitable, leading to costly exports. Overall, stakeholders call for clearer regulations, a national traceability system, financial incentives, and policies to support domestic recycling and safe battery management (Thailand Energy Storage Technology Association, 2024). From what has been mentioned above, it can be seen that remanufacturing is important because it provides a sustainable solution for managing end-of-life EV batteries in Thailand, where recycling opportunities are limited and regulations are unclear. It helps maximize resource use, reduce waste, and lower the environmental and economic costs associated with battery disposal.

4. Circular Economy Policies in Thailand

4-1) Definition and Development of Remanufacturing in Thailand

Remanufacturing activities in Thailand have a history spanning over 30-40 years, initially emerging as semi-formal or semi-remanufacturing operations intermingled with the used goods market, such as tractors and old engines. The main target groups were low-income individuals or those with specialized knowledge of these products. In the past, the expansion of these activities was limited by economic factors and consumers' limited information, resulting in a "lemon market" where buyers lacked confidence in product quality (Kohpaiboon, A. et al., 2012).

4-2) Changes and Current Trends

Since 2000, remanufacturing has gained more attention in government policy, especially from multinational companies relocating production bases to Thailand, such as Fuji-Xerox and Michelin. These companies practice full remanufacturing, with comprehensive steps from collecting used products, disassembling, cleaning, reassembling, and quality testing. This trend aligns with the skilled Thai workforce and the country's strategic geographic location.

4-3) Laws and Regulations on Remanufacturing in Thailand

- No Explicit Prohibition or Support: Thai laws do not clearly ban or actively promote remanufacturing. Activities can proceed, but there is no direct legal encouragement or dedicated policy framework for remanufacturing businesses.
- General Industrial Laws Apply: Remanufacturing operations are subject to general laws such as the Factory Act, Hazardous Substances Act, Customs Act, and various Ministry notifications. However, none specifically address remanufacturing as a distinct industrial process.
- Lack of Separate Classification: Most remanufactured goods are not given unique customs or regulatory codes. They are typically grouped with new products, making it difficult for authorities and consumers to distinguish between new, used, and remanufactured items.
- Importation: The import of remanufactured products is not outright banned, but is subject to the discretion of customs and relevant officials. Decisions may vary depending on the product type, perceived risk, and the official's interpretation of the law. For example, importing remanufactured medical equipment is often restricted due to concerns about quality and safety, while other products may be allowed if they do not fall under specific prohibitions.
- No Mandatory Labeling: There are no clear requirements for labeling remanufactured products. Producers and importers are not legally obligated to disclose whether a product is remanufactured, except in specific cases (like retreaded tires).
- Consumer Awareness: This lack of labeling leads to consumer confusion, as buyers cannot easily tell if a product is new, used, or remanufactured. It also limits the ability of authorities to monitor and regulate the quality of remanufactured goods in the market.
- Official Discretion: Many decisions regarding the import, sale, and regulation of remanufactured goods are left to the judgment of individual

officials. This can result in inconsistent enforcement and uncertainty for businesses.

- No Dedicated Factory Category: Remanufacturing factories are not recognized as a separate category under the Factory Act. They may be registered under broader categories, such as waste processing or machinery repair, depending on their operations.
- Business Uncertainty: The lack of clear, consistent rules increases operational risks and costs for remanufacturing businesses. It can also discourage investment and innovation in the sector.
- Regulatory Gaps: Without specific standards or oversight, there is a risk that low-quality or unsafe remanufactured products enter the market, potentially harming consumers and the reputation of the industry.
- Missed Opportunities: The absence of supportive regulation means Thailand may miss out on economic and environmental benefits that a robust remanufacturing sector could provide.

4-4) Remanufacturing Projects in Thailand

Remanufacturing in Thailand is gaining momentum, driven by the country's focus on the circular economy, sustainability, and the need to manage industrial and electronic waste. Projects span diverse sectors, including automotive, electric vehicle (EV) batteries, plastics, and electronics, with both public and private stakeholders involved.

◆ EV Battery Remanufacturing and Recycling project

Energy Absolute (EA), in partnership with Chulalongkorn University, has launched a three-year project to develop lithium-ion battery recycling and remanufacturing technology. The facility in Chachoengsao, operated by Amita Technology Thailand (a subsidiary of EA), is designed for large-scale battery manufacturing and recycling. The project aims to build domestic capacity for battery remanufacturing and reduce EV costs in Thailand

(Energy Absolute Public Company Limited, 2020).

ACE Green Recycling is planning to establish four lithium-ion battery recycling plants in Thailand, with a combined annual processing capacity exceeding 30,000 tonnes. The primary objective of these facilities is to offer carbon-neutral recycling solutions for spent lithium-ion batteries, supporting both environmental sustainability and the circular economy. Utilizing advanced recycling technologies, including hydrometallurgical and pyrometallurgical processes, the plants will recover valuable metals such as lithium, cobalt, and nickel, which can be reused in the production of new batteries. The initiative is designed to minimize hazardous waste, reduce carbon emissions by integrating renewable energy into operations, and decrease reliance on imported raw materials. These plants are expected to be located in Thailand's strategic industrial zones, with technology partnerships and research collaborations enhancing efficiency and innovation. The project is currently in the planning and construction phase, aligning with the rapid growth of the EV and battery sectors in Thailand and aiming to set new standards for sustainable battery waste management in the region (ACE Green Recycling, 2025).

Toyota Motor Thailand has established a Battery Life Cycle Management Plant in Chachoengsao province, marking the first facility of its kind outside Japan. This plant is a significant step toward sustainable automotive practices in Thailand and the ASEAN region, focusing on the responsible management, reuse, and recycling of automotive batteries, particularly those used in hybrid and electric vehicles.

◆ Industrial and Community Waste Remanufacturing : Material Recovery Facility (MRF) in Ban Chang

Dow Thailand Group, in collaboration with the Thailand Institute of Scientific and Technological Research (TISTR) and the Plastics Institute of Thailand, established Thailand's first high-quality MRF. The facility processes

1,000–1,200 tonnes of waste annually, turning plastics and other materials into value-added products. The project serves as a model for community-level circular economy initiatives.

◆ Upcycling and Circular Economy Projects

Upcycling the Oceans, Thailand led by PTT Global Chemical, this project collects and upcycles ocean plastics into new products, raising awareness and supporting Thailand's circular economy goals.

Thailand is developing policies and pilot projects to empower consumers and small businesses to repair electronics, reducing e-waste and supporting local remanufacturing and repair ecosystems.

◆ Automotive Parts and Heavy Machinery

Remanufacturing of automotive parts, engines, and heavy machinery remains a core activity, with both local SMEs and multinational companies (such as Fuji-Xerox and Michelin) operating remanufacturing lines for photocopiers, tires, and industrial equipment.

◆ Government Policy and Incentives

The Board of Investment (BoI) has introduced new investment promotion categories covering service centers for the repair, repacking, and reuse of used EV batteries, supporting the development of a comprehensive EV supply chain.

remanufacturing projects are aligned with national strategies such as the Bio-Circular-Green (BCG) Economy Action Plan and the Thirteenth National Economic and Social Development Plan (2023–2027), which emphasize resource efficiency, waste reduction, and sustainable industrial growth.

4-5) Remanufacturing Projects in Thailand

The International Remanufacturing Value Chain (IRVC) is essential for

Thailand as the nation accelerates its transition toward a circular economy and sustainable industrial growth. Remanufacturing, as a pillar of the IRVC, involves restoring used products to like-new condition, maximizing resource efficiency, and reducing environmental impact. The necessity of the IRVC in Thailand is driven by economic, environmental, and strategic imperatives.

Thailand has set a long-term direction for economic and industrial development, emphasizing sustainable growth and efficient resource utilization through 3 key policies and strategic plans.

- 20-Year National Strategy(2018-2037): The Strategy lays the foundation for Thailand's long-term economic and social development, aiming for the country to achieve a high-income and sustainable status. The strategy focuses on value creation from circular resource use, waste reduction, and the promotion of green industries.
- 13th National Economic and Social Development Plan(2023-2027): The Plan emphasizes driving the circular economy and restructuring industries towards environmentally friendly production. Remanufacturing is a key mechanism for extending product lifecycles and reducing the use of new resources.
- Bio-Circular-Green (BCG) Economy Action Plan(2021-2027): The plan focuses on integrating science, technology, and innovation to enhance resource efficiency, promote remanufacturing, recycling, and value creation from waste or residual materials.

These policies aim to enhance Thailand's global competitiveness by focusing on the following key aspects.

- Sustainable Production: To encourage industries to shift towards environmentally friendly production processes, reducing energy and raw material consumption, minimizing waste, and lowering greenhouse gas emissions.

- Resource Efficiency: To promote optimal resource use under the concepts of "reuse, repair, remanufacture, and recycle" to reduce production costs and dependence on imported raw materials.
- Innovation-Driven Growth: To support research and development in technologies related to the circular economy, remanufacturing, and waste management to create added value and differentiate Thai products and services.
- Expanding Trade Opportunities: Developing remanufacturing and circular economy industries enables Thailand to export environmentally friendly products and services, meeting the demands of global markets that increasingly prioritize sustainability.

The integration of national policies that focus on the circular economy and remanufacturing is crucial for driving Thailand towards sustainable development. It builds competitive advantages and addresses economic, social, and environmental challenges in the long term.

Thailand's remanufacturing industry not only offers environmental benefits but also provides tangible advantages to the overall national economy. In particular, due to the following economic reasons, remanufacturing is emerging as a strategically important industry.

- Extending Product Lifecycles: By remanufacturing used products and components, Thai industries can maximize the value extracted from each unit of raw material. This reduces the need for constant production of new goods and allows companies to offer high-quality products at lower costs, appealing to both domestic and international markets.
- Reducing Raw Material Imports: Remanufacturing decreases dependence on imported raw materials, which are subject to price volatility and supply chain disruptions. By reusing existing materials, Thailand can stabilize production costs and improve trade balances.

- Expanding Export Opportunities: As global demand for sustainable and cost-effective products grows, remanufactured goods open new export markets. Thailand's participation in the IRVC allows it to supply remanufactured products, such as automotive parts and electronics, to countries with strong circular economy policies, enhancing foreign exchange earnings and international competitiveness.
- New Employment Opportunities: The shift to a circular economy, with remanufacturing as a core activity, stimulates job creation across various skill levels. This includes roles in collection, reverse logistics, disassembly, reconditioning, quality assurance, and sales.
- Workforce Development: Remanufacturing requires specialized technical skills, driving investment in training and upskilling programs. This not only creates jobs but also raises the overall skill level of the Thai workforce, making it more adaptable to future industrial trends.
- Economic Multiplier Effect: The growth of remanufacturing industries supports ancillary sectors such as logistics, maintenance, and recycling, generating indirect employment and stimulating broader economic activity.
- Moving Up the Value Chain: Remanufacturing involves advanced processes, such as precision disassembly, component testing, and reassembly, that require higher technological and managerial capabilities. This pushes Thai industries to adopt more sophisticated production methods, increasing their value-added contribution.
- Sectoral Transformation: Key sectors like automotive, electronics, and industrial equipment benefit from remanufacturing by shifting from basic assembly or low-cost production to high-value services and products. This transformation enhances Thailand's reputation as a regional hub for advanced manufacturing.
- Strengthening ASEAN Supply Chain Position: By developing robust remanufacturing capabilities, Thailand solidifies its role as a supply chain leader in Southeast Asia. This attracts foreign direct investment, promotes

technology transfer, and supports regional integration, especially under frameworks like ASEAN and RCEP.

These economic imperatives demonstrate that the IRVC is not only beneficial but also essential for Thailand's sustainable growth, competitiveness, and resilience in the evolving global economy.

Remanufacturing is also gaining attention as a key means of achieving the dual goals of resource conservation and environmental protection. The following are the main benefits of remanufacturing in terms of environmental and resource efficiency.

- Waste Reduction: Remanufacturing emphasizes the reuse of components and materials from end-of-life products instead of discarding them. As a result, this approach directly decreases the amount of waste sent to landfills and helps lower environmental pollution. By keeping valuable materials in circulation, especially in challenging sectors like automotive and electronics, Thailand can more effectively address its growing waste management issues. Ultimately, the country benefits from improved waste management systems, reduced reliance on landfills, and a significant reduction in environmental contamination.
- Resource Conservation: Remanufacturing under the International Remanufacturing Value Chain (IRVC) focuses on maximizing the use of materials and components from existing products, rather than depending solely on new raw materials. This strategy significantly reduces the demand for virgin resources like metals, plastics, and rare minerals. By prioritizing the reuse of materials, Thailand can decrease its reliance on imported resources, which are often affected by global price fluctuations and supply uncertainties. As a result, the country can conserve its natural resources, maintain more stable production costs, and lessen the environmental impact that comes with extracting and processing new raw materials.

- Carbon Emissions Reduction: Remanufacturing uses significantly less energy than producing new products from raw materials, sometimes up to 85% less, especially in sectors like automotive parts. This substantial reduction in energy consumption directly lowers greenhouse gas emissions, which is crucial for Thailand as the country strives to meet its target of reducing emissions by 30% by 2030. By embracing sustainable manufacturing practices such as remanufacturing, Thailand not only makes meaningful progress toward its climate goals but also fulfills international environmental commitments and reinforces its role as a leader in sustainable development.

The remanufacturing industry serves as a strategic tool for Thailand to actively respond to the international trade system and regional economic integration. The following are the key benefits expected through its linkage with global supply chains and regional agreements.

- Global Supply Chain Participation: Participation in the International Remanufacturing Value Chain (IRVC) enables Thailand to integrate more deeply into global supply chains by producing remanufactured goods that meet international standards. This allows Thai industries to deliver high-quality, sustainable products to a wide range of markets worldwide. As global demand for environmentally friendly and cost-effective products rises—especially in sectors like automotive parts, electronics, and industrial equipment—the IRVC provides Thailand with opportunities to expand exports and increase foreign exchange earnings. Moreover, aligning remanufacturing processes with international regulations and quality benchmarks makes it easier for Thai manufacturers to access advanced markets in Europe, North America, and Asia. This not only boosts Thailand's competitiveness and market access but also enhances its reputation as a reliable and sustainable trading partner, attracting further international business collaborations.

- ASEAN and RCEP Opportunities: Regional agreements such as ASEAN and the Regional Comprehensive Economic Partnership (RCEP) create significant advantages for Thailand's remanufacturing sector by simplifying customs procedures, harmonizing standards, and reducing tariffs on remanufactured goods. These measures make it much easier for Thai products to move freely across borders within the region. By utilizing these agreements, Thailand can diversify its trade partners, reducing dependence on any single market and increasing the country's economic resilience against global uncertainties. Furthermore, active engagement in ASEAN and RCEP enhances Thailand's role as a leader in circular economy practices in Southeast Asia, fostering technology transfer, knowledge sharing, and collaborative innovation among member states. Streamlined regulations and regional cooperation also help lower logistical barriers, reduce costs, and improve the efficiency and reliability of supply chains for remanufactured goods, strengthening Thailand's position in the regional and global marketplace.

Before participating in the global value chain, it is essential to establish institutional and industrial foundations within Thailand. In particular, the following tasks are crucial for laying the groundwork to foster the remanufacturing industry.

- Policy and Regulatory Needs: Thailand's current lack of clear legal definitions distinguishing remanufactured goods from used or second-hand products creates significant uncertainty for businesses, particularly in areas of import, export, and domestic sales. This regulatory ambiguity makes it challenging for authorities to enforce quality standards and for consumers to trust the products they purchase. Developing the International Remanufacturing Value Chain (IRVC) is therefore essential, as it provides a framework for establishing specific standards and certification processes that differentiate high-quality remanufactured goods from generic used items. Such regulations not only protect market integrity but also facilitate trade by enabling remanufactured goods to meet both domestic and international requirements more easily, reducing customs delays and supporting smoother cross-border transactions. Ultimately, when remanufactured products are properly certified and regulated, consumer confidence increases, leading to greater acceptance, expanded domestic markets, and more sustainable consumption patterns..

- SME Empowerment: Empowering small and medium enterprises (SMEs) through the International Remanufacturing Value Chain (IRVC) provides a clear and structured pathway for these businesses to enter and thrive in the remanufacturing sector. By granting SMEs access to best practices, technical standards, and valuable industry networks, the IRVC enables them to adopt advanced manufacturing processes more efficiently. Clear regulations and supportive mechanisms further allow SMEs to participate in both domestic and international markets for remanufactured goods, opening new revenue streams and reducing dependence on traditional markets. Additionally, the IRVC fosters technology transfer and innovation, helping SMEs upgrade their capabilities, enhance product quality, lower costs, and remain competitive. Despite common challenges such as limited capital, technical expertise, and complex regulations, targeted support, like training, financial incentives, and partnerships with larger firms, enables SMEs to overcome these barriers and fully participate in the remanufacturing value chain.

5. Summary and recommendations

5-1) Summary

Thailand's abundant geological resources, such as limestone, potash, and rare earth elements, form a strong foundation for industrial and economic development. However, continuous exploitation without sustainability considerations risks resource depletion and long-term environmental impacts. The country has adopted circular economy policies, including the Bio-Circular-Green (BCG) model, plastic waste management, and electronic waste strategies, to promote efficient resource use, waste reduction, and the advancement of recycling and remanufacturing.

Remanufacturing plays a crucial role in extending product lifespans, reducing the need for new raw materials, and minimizing waste, especially in sectors like automotive, electronics, and EV batteries. Despite these efforts, Thailand faces challenges such as unclear regulations, a lack of specific standards for remanufactured goods, underdeveloped reverse logistics, and insufficient support for SMEs. Addressing these issues is essential for Thailand to fully benefit from integrating into the International Remanufacturing Value Chain (IRVC), which would enhance competitiveness, sustainability, and economic resilience.

5-2) Recommendations

To strengthen Thailand's position in the global remanufacturing value chain and achieve sustainable economic growth, it is essential to implement a comprehensive set of recommendations. First, establishing clear regulations and standards is crucial; remanu-factured goods should be distinctly defined and separated from second-hand products, with robust quality standards and certification systems in place to build confidence among consumers and businesses. Promoting investment and supporting SMEs is equally important;

this can be achieved through tax incentives, low-interest loans, or grants for companies investing in remanufacturing technologies, as well as through training and technology transfer programs that enhance the capabilities of small and medium enterprises. Improving infrastructure and reverse logistics by investing in collection and sorting centers for used materials and developing effective tracking and management systems will increase the efficiency of material recovery and reuse. Integrating policy with international cooperation, by encouraging participation in agreements such as ASEAN and RCEP, will help harmonize standards and facilitate trade in remanufactured goods, while also promoting technology transfer and innovation through global partnerships. Finally, raising public awareness and acceptance through educational campaigns and consumer incentives will foster greater demand for remanufactured products. By adopting these strategies, Thailand can not only boost its competitiveness and resilience but also ensure long-term economic, environmental, and social benefits.

REFERENCES

ACE Green Recycling. (2025). Advancing sustainable global electrification. Retrieved July 9, 2025, from https://www.acegreenrecycling.com/

Bangkok Post. (2019, August 22). Toyota group opens plant for recycling car batteries. Bangkok Post. https://www.bangkokpost.com/business/general/1739851/toyota-group-opens-plant-for-recycling-car-batteries

Chulalongkorn University. (2023, August 24). Chula signs MOU with EA affiliate to develop technology for proper lithium-ion battery disposal. Retrieved from https://www.chula.ac.th/en/news/34004/

Department of Mineral Resources. (2007). Geology of Thailand (2nd ed., revised). Bangkok, Thailand: Department of Mineral Resources, Ministry of Natural Resources and Environment.

Department of Mineral Resources. (2021). Action Plan of the Department of Mineral Resources B.E. 2565 (2022). Division of Conservation and Management of Geological Resources.

Department of Mineral Resources. (2023). Mineral potential areas map of Thailand. Department of Mineral Resources, Ministry of Natural Resources and Environment, Thailand.

Energy Absolute Public Company Limited. (2020). Annual Report 2020. Bangkok, Thailand: Energy Absolute Public Company Limited.

Kanchanalangkarn, P., & Tongduang, T. (2023). Geological characteristics of major critical minerals in Thailand. In Critical minerals and strategy for sustainable environment in ASEAN (pp. 1–21). Department of Primary Industries and Mines.

Kohpaiboon, A., Junhom, K., Thanasrithanyagul, A., Rojananoknaksak, K., & Wongwat, K. (2012). Remanufacturing in Thai industry. Thammasat Economic Journal, 30(4), 24–46.

Newswit. (2024, May 27). A first in Thailand – Kick off of full-scale used battery recycling initiative, transforming waste into economic value in support of

circular economy.
https://www.newswit.com/en/ifdtemuc1ntzj8pnuh5acwp3dt41mahc

Office of Natural Resources and Environmental Policy and Planning. (2025). Background & history of the Office of Natural Resources and Environmental Policy and Planning. Ministry of Natural Resources and Environment, Thailand.

Office of the National Economic and Social Development Board. (2017). Thailand's voluntary national review on the implementation of the 2030 Agenda for Sustainable Development. Office of the National Economic and Social Development Board.

Royal Thai Embassy, Washington, D.C. (2023, December). Bio-Circular-Green Economic Model (BCG). Retrieved from
https://washingtondc.thaiembassy.org/en/page/bio-circular-green-economic-mode-bcg?menu=641d7fac4f13e1579a67e3b4

Schulte, M. L., & Busch, P.-O. (2025). Plastic policies in Thailand: Country profile. SWITCH-Asia Policy Support Component.

Tambunlertchai, K., & Vassanadumrongdee, S. (2023). Circular economy in Thailand: Steps towards a transition in plastic packaging and food waste management. Friedrich-Ebert-Stiftung Thailand Office.

Thailand Energy Storage Technology Association. (2024). Analysis of EV battery end-of-life: Situation, issues, and recommendations for end-of-life battery management. National Energy Technology Center, National Science and Technology Development Agency (NSTDA).

United Nations. (2011, February 22). Statement: Thailand. United Nations Sustainable Development Goals. https://sdgs.un.org/statements/thailand-7921

02

Driving the Circular Economy: Malaysia's Automotive Remanufacturing Opportunity - Economic Gains and Green Growth

Chapter

02

Driving the Circular Economy:
Malaysia's Automotive Remanufacturing Opportunity - Economic Gains and Green Growth

Nawwar Binti Nik Pa
Senior Engineer, Tenaga Nasional Berhad (TNB), Malaysia

1. Introduction to Remanufacturing in Malaysia

Remanufacturing represents a sophisticated form of product life extension that goes beyond simple recycling or repair. Unlike recycling, which breaks down materials for reuse in lower-value applications, remanufacturing systematically restores used products to their original performance specifications through disassembly, cleaning, part replacement, and reassembly(Abdul Malek et al., 2025). This process maintains the product's core identity while replacing only worn components, resulting in goods that meet or exceed original equipment manufacturer(OEM) standards. Similarly, remanufacturing differs from repair by addressing comprehensive performance restoration rather than localized fixes(Malaysian Standard MS 2697:2018, cited in MITI, 2024).

〈Figure 2-1〉 Review on current challenges and future opportunities in Malaysia sustainable manufacturing: Remanufacturing industries

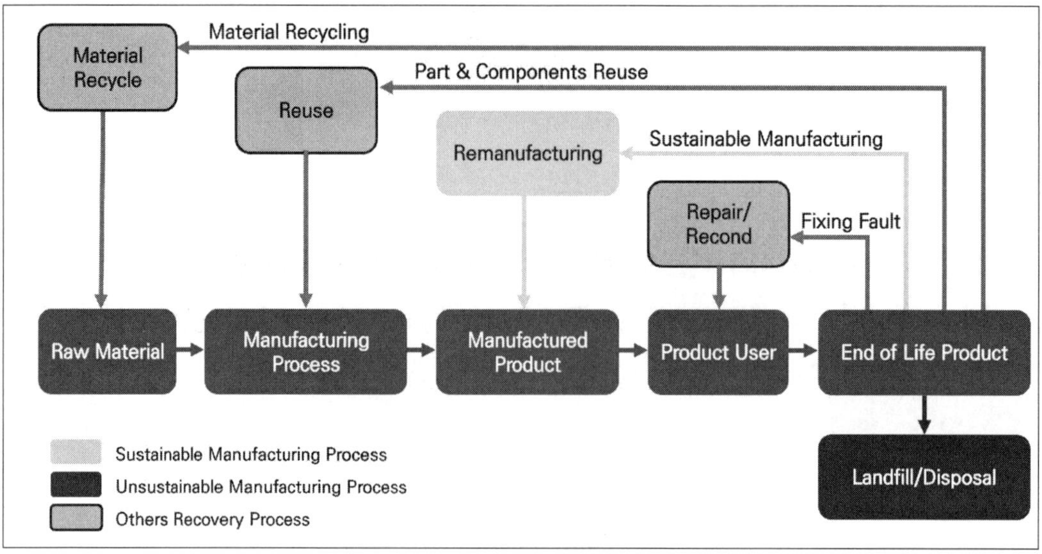

Source: Reconstructed by the author with reference to Ngu, H. J., Lee, M. D., & Osman, M. S. B.(2020)

1) Strategic Role in Malaysia's Circular Economy

Malaysia has positioned remanufacturing as a key pillar of its circular economy transition, aligning with both environmental sustainability and industrial growth objectives. The 12th Malaysia Plan(2021–2025) explicitly promotes remanufacturing as part of its strategy to achieve sustainable consumption and production under Sustainable Development Goal(SDG) 12 (Prime Minister's Department, 2021). Concurrently, the National Automotive Policy(NAP 2020) integrates remanufacturing into Malaysia's automotive future, particularly for end-of-life vehicle(ELV) management(MITI, 2020). These policies reflect Malaysia's commitment to reducing industrial waste—especially critical given the projected 500,000 ELVs annually by 2040—while capitalizing on the economic value of recovered materials(Abdul Malek et al., 2025; DOSM, 2025).

2) Key Sectors and Contributions

Three sectors dominate Malaysia's remanufacturing landscape, each contributing uniquely to the nation's industrial ecosystem:

- Automotive: As the backbone of Malaysia's manufacturing sector, automotive remanufacturing focuses on high-value components like engines and transmissions. The industry benefits from established OEM networks, including Proton and Perodua, and contributes 24%(RM360 billion) to Malaysia's annual manufacturing GDP(DOSM, 2025; MITI, 2023).
- Electronics: Centred in Penang, electronics remanufacturing addresses semiconductor recovery and e-waste valorisation. Firms like Western Digital have pioneered circular practices, achieving 16% waste reduction through advanced reprocessing(MITI, 2024). The sector's growth is further supported by Malaysia's status as a global electronics exporter.
- Machinery: Industrial equipment remanufacturing, particularly hydraulic systems, retains 70–80% of original product value(MITI, 2024). Selangor's infrastructure, including Port Klang, facilitates the sector's integration into regional supply chains.

3) Policy and Standardization Frameworks

Malaysia's remanufacturing ecosystem is underpinned by technical and regulatory frameworks. The Malaysian Standard MS 2697:2018 provides clear definitions for automotive aftermarket processes, including remanufacturing(Abdul Malek et al., 2025). Meanwhile, the Circular Economy Policy Framework for Manufacturing(2024) outlines sector-specific roadmaps, such as prioritizing critical materials like lithium and aluminium for recovery(MITI, 2024). These efforts are complemented by ASEAN-wide agreements like the ASEAN Trade in Goods Agreement(ATIGA), which simplifies cross-border trade of remanufactured goods through standardized

Rules of Origin(ASEAN, 2009).

4) Challenges and Forward Momentum

While Malaysia's remanufacturing sector shows promise, it faces hurdles such as disjointed end-of-life vehicle collection networks and limited consumer awareness of remanufactured product quality(Wong et al., 2018). Additionally, the country's research output remains modest, with only 71 Scopus-indexed articles on remanufacturing published over two decades(Ngu et al., 2020). However, upcoming initiatives like the National Automotive Policy 2020 updates and 2025 ASEAN Chairmanship agenda aim to address these gaps through stronger legislation and international collaboration(MITI, 2024).

2. Economic and Environmental Benefits of Remanufacturing

Remanufacturing plays a pivotal role in driving both economic development and environmental preservation. This section examines these cross-sector benefits, supported by empirical data and policy frameworks that are driving Malaysia's transition to a circular economy.

1) Economic Advantages

The remanufacturing industry has emerged as a significant contributor to Malaysia's economic growth. Current estimates indicate the sector contributes approximately RM2.3 billion annually to GDP, with potential for further expansion as adoption increases across industries(MITI, 2024). A key benefit lies in employment generation, where the sector provides employment for more than 10,000 people spanning technical, engineering, and supply chain roles(DOSM, 2025). These positions often require mid-to-high skill levels, aligning with Malaysia's goal to increase its highly skilled workforce to 40%(Prime Minister's Department, 2021).

Cost efficiencies represent another major economic benefit. Remanufactured products typically are 30-50% cheaper than comparable new products while maintaining comparable quality and performance standards(Ngu et al., 2020). This price advantage benefits both businesses through reduced operational costs and consumers through more affordable product alternatives. The manufacturing sector has particularly benefited, with sub-sectors like basic metals and fabricated metal products recording 9.8% and 4.6% growth respectively in early 2025(DOSM, 2025).

2) Environmental Impact

The environmental benefits of remanufacturing are also substantial. Energy consumption reductions of 80-90% compared to new manufacturing have been documented across multiple product categories(MITI, 2024). For instance, remanufacturing a single automotive engine can prevent approximately 850kg of CO2 emissions that would otherwise be generated in producing a new unit(Ngu et al., 2020). These savings align with Malaysia's commitment to reduce its greenhouse gas emission intensity by 45% by 2030 relative to 2005 levels(NRES, 2024).

Material conservation represents another critical environmental benefit. Remanufactured products typically incorporate 60-70% recycled content by weight, dramatically reducing demand for virgin materials(MITI, 2024). This is particularly valuable for scarce resources like rare earth metals in electronics and alloys in machinery components. The process also prevents large volumes of waste from reaching landfills - an important consideration given Malaysia's status as one of ASEAN's largest waste importers(TalentCorp, 2024).

3) Policy Support and Incentives

The Malaysian government has implemented several initiatives to accelerate remanufacturing adoption. The Green Investment Tax Allowance(GITA) offers 100% tax exemption for qualifying capital expenditure in green technology projects, including remanufacturing facilities(MIDA, 2022). Similarly, the Circular Economy Catalyst Grants provide direct funding for high-impact projects, such as PETRONAS's advanced chemical recycling facility that will process 33 kilo tonnes of plastic waste annually when operational in 2026(MITI, 2024).

The National Energy Transition Roadmap(NETR) further supports the sector by targeting a 70% share of renewable electricity capacity by 2050, which will enhance the sustainability of remanufacturing operations(NRES, 2023). These policies collectively create an enabling environment for businesses to invest in remanufacturing while meeting sustainability objectives.

〈Table 2-1〉 Circular Economy Policy Framework for the Manufacturing Sector in Malaysia

Policy	Lead Ministry	Description	CE considerations in each policy	Key takeaways of our study
12th Malaysia Plan 2021-2025 (RMK-12)	KE	Strategic economic plan for a prosperous, inclusive and sustainable Malaysia	"Embracing the Circular Economy" as a game-changer under the theme of "Advancing Sustainability"	CE Policy Framework should contribute to environmental and economic targets
New Industrial Master Plan 2030 (NIMP)	MITI	Industrial policy for the manufacturing and manufacturing-related services sector	"Develop CE policy framework" as a new green growth area under Mission 3 "Push for Net Zero"	CE Policy Framework should help contribute to targets for manufacturing sector

Policy	Lead Ministry	Description	CE considerations in each policy	Key takeaways of our study
National Energy Policy 2022-2040 (NEP)	KE	Policy charting energy sector strategies and priorities	Industrial energy efficiency Bioenergy (e.g. from agricultural waste)	CE Policy Framework should complement, not duplicate, NEP initiatives for the energy sector
National Energy Transition Roadmap (NETR)	KE	Roadmap to accelerate energy transition and improve climate resilience	Industrial energy efficiency Bioenergy (incl. solid waste management, waste-go-energe) CCUS for industry	CE Policy Framework should complement, not duplicate, initiatives for the energy sector
Malaysia Plastics Sustainability Roadmap 2021-2030	NRES	Strategies and action plans to achieve greater plastics circularity levels in Malaysia	Circularity for plastics, with initiatives across the value chain including design, EPR, recycling	CE Policy Framework should complement plastic initiatives, take into account other material use and focus on role of manufacturers
Circular Economy Blueprint for Solid Waste (2021-2040)	KPKT	Strategic framework to transform solid waste management system into a circular economy	Circularity aimed at reducing volume of solid waste with initiatives across the value chain including design, EPR, recycling	CE Policy Framework should complement proposed initiatives, take into account non-solid waste(e.g. heat) and focus on role of manufacturers

Source: Reconstructed by the author with reference to Ministry of Investment, Trade and Industry(2024)

4) Implementation Challenges

While the benefits are clear, realizing remanufacturing's full potential requires addressing several implementation barriers. Supply chain coordination remains complex, particularly in securing consistent quality cores for remanufacturing. Consumer perceptions also present a hurdle, with studies indicating reluctance to adopt remanufactured products despite their certified quality(Mohamed et al., 2018). These challenges highlight the need for continued policy improvements and public education efforts to fully capitalize on remanufacturing's economic and environmental advantages.

The following sections will explore how these general benefits manifest in specific sectors and regions, along with detailed analysis of growth opportunities and risk factors that stakeholders should consider when engaging with Malaysia's remanufacturing ecosystem.

3. Geographic Distribution of Remanufacturing Hubs

Malaysia's remanufacturing industry has developed distinct regional specializations, leveraging each area's industrial strengths and strategic advantages. These hubs form the backbone of the country's circular economy transition, supported by targeted investments and infrastructure development.

1) Johor: Automotive Remanufacturing Centre

Johor has emerged as Malaysia's primary hub for automotive remanufacturing, attracting over RM1.2 billion in investments focused on end-of-life vehicle(ELV) recovery and parts reprocessing(MITI, 2024). The state benefits from its proximity to Singapore's automotive market and well-developed industrial zones like Iskandar Malaysia. Johor's logistics network, including the Port of Tanjung Pelepas, facilitates efficient material flows for both domestic and ASEAN markets under the ASEAN Trade in Goods Agreement(ATIGA)(ASEAN, 2009). Major automotive manufacturers, including Proton and Perodua, have established aftermarket operations in the region, creating an integrated ecosystem for vehicle dismantling, parts testing, and remanufacturing(Abdul Malek et al., 2025).

2) Penang: Electronics Remanufacturing Leader

Penang's established electronics manufacturing sector has naturally evolved into a hub for electronics remanufacturing, with RM800 million invested in circular economy initiatives(MITI, 2024). The state's Bayan Lepas Free Industrial Zone hosts global firms like Western Digital that have implemented advanced e-waste recovery systems, achieving 16% waste reduction through remanufacturing processes(MITI, 2024). Penang's strategic port infrastructure and proximity to international shipping routes enable efficient export of remanufactured electronics components throughout Asia. The state government has further supported this growth through initiatives like the Penang i-Remanufacture Program, which provides technical assistance to small and medium enterprises adopting circular practices(Penang Development Corporation, 2023).

3) Selangor: Machinery and Industrial Remanufacturing

Selangor's position as Malaysia's most industrialized state has made it the centre for machinery remanufacturing, particularly for hydraulic systems and industrial equipment. The area's advantages include access to Port Klang, ASEAN's second busiest port, and well-developed rail and highway connections that streamline material transportation(DOSM, 2025). Selangor's mature manufacturing sector provides a steady supply of used equipment cores for remanufacturing, while its concentration of engineering talent supports the technical demands of the process. The state has also become a testing ground for innovative remanufacturing business models, including product-as-a-service offerings for industrial machinery(MITI, 2024).

4) Emerging Clusters

While these three states dominate current remanufacturing activity, new clusters are developing to serve niche markets. The Kuala Lumpur International Airport(KLIA) aero polis is emerging as a centre for aerospace component remanufacturing, leveraging Malaysia's growing maintenance, repair, and overhaul(MRO) capabilities(DOSM, 2025). Similarly, Pahang is piloting projects in renewable energy equipment remanufacturing, aligned with the National Energy Transition Roadmap(NRES, 2023).

This geographic specialization creates complementary ecosystems across Malaysia, allowing each region to build on its existing industrial strengths while contributing to national circular economy goals. The concentration of expertise and infrastructure in these hubs provides investors with clear entry points into Malaysia's remanufacturing sector, backed by regional support programs and connectivity to broader ASEAN markets.

4. Resource Recovery Potential in Malaysian Remanufacturing

Malaysia's remanufacturing sector presents significant opportunities for high-value material recovery across key industries. This section examines the resource potential by sector, focusing on recoverable materials, their economic value, and the systemic challenges that must be addressed to fully realize this potential.

〈Figure 2-2〉 Quantity of Scheduled Wastes Generated by Industry in Malaysia, 2022

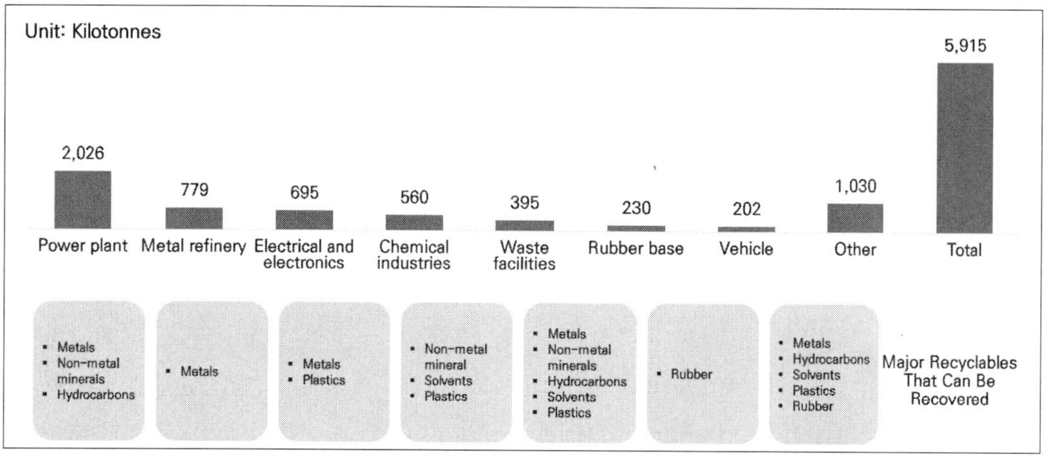

Source: Reconstructed by the author with reference to Ministry of Investment, Trade and Industry(2024)

1) Automotive Sector Recovery Potential

The automotive industry offers the most mature resource recovery ecosystem in Malaysia. Annually, recoverable components like engines and transmissions represent a RM2.1 billion market opportunity(Abdul Malek et al., 2025). These complex assemblies contain valuable metals including aluminium, steel, and copper that can undergo multiple lifecycles through remanufacturing. The Malaysian Standard MS 2697:2018 provides clear guidelines for automotive part recovery processes, enabling standardized quality across remanufactured components(MITI, 2024).

Current recovery rates for ELVs remain suboptimal, with only about 60% of materials systematically collected through formal channels(Wong et al., 2018). The remaining volume enters informal dismantling operations that often prioritize quick returns over proper material segregation. This results in the loss of high-value components that could otherwise enter the remanufacturing value chain.

2) Electronics Material Recovery

Malaysia's robust electronics manufacturing sector generates substantial recoverable materials, particularly from semiconductor production and end-of-life devices. Industry estimates suggest 12-15 tonnes of gold could be recovered annually from e-waste streams through advanced urban mining techniques(MITI, 2024). Other valuable materials include rare earth elements from printed circuit boards and high-grade plastics from device housings.

Several electronics manufacturers in Penang have adopted closed-loop production strategies aimed at maximizing internal scrap reuse, supported by local green initiatives(Penang Development Corporation, 2023). However, consumer electronics present greater challenges, with low collection rates for mobile phones and laptops due to inadequate take-back systems and consumer hoarding behaviours(TalentCorp, 2024).

3) Machinery and Industrial Equipment

Industrial machinery remanufacturing demonstrates particularly strong value retention, with hydraulic systems and precision equipment maintaining 70-80% of their original value post-remanufacturing(MITI, 2024). The heavy machinery sector benefits from well-established core return systems, where equipment owners routinely send used units back to manufacturers for refurbishment.

High-value components like pumps, valves, and drive systems offer multiple remanufacturing cycles when properly maintained. However, the diversity of equipment types and specifications creates challenges in standardizing recovery processes across the sector.

4) Key Challenges in Material Recovery

◆ Collection Infrastructure Gaps

Only seven Malaysian states have fully adopted the Solid Waste and Public Cleansing Management Act 2007, resulting in inconsistent collection systems nationwide(NRES, 2017). This fragmentation particularly affects ELV and e-waste streams, where geographic coverage determines recovery rates.

◆ Design Limitations

Industry surveys show 100% of firms consider poor Design for Disassembly(DfD) a major barrier to efficient material recovery(Abdul Malek et al., 2025). Many products entering the waste stream were not originally designed with end-of-life recovery in mind, increasing processing costs.

◆ Consumer Awareness Deficits

Low public understanding of remanufactured product quality contributes to weak demand, with studies showing 50% consumer hesitancy to purchase remanufactured goods(Mohamed et al., 2018). This perception challenge limits market pull for recovered materials.

◆ Regulatory Gaps

Unlike regional leaders Japan and South Korea, Malaysia lacks specific legislation governing ELV recycling, creating uncertainty for investors in recovery infrastructure(Wong et al., 2018). The absence of extended producer responsibility(EPR) regulations for many product categories further weakens material collection incentives.

5) Emerging Solutions

The Circular Economy Policy Framework for Manufacturing(2024) addresses several challenges by proposing:

- Mandatory waste sorting for non-hazardous industrial waste by 2027
- Development of a waste-to-value marketplace
- CE taxonomy to guide investment incentives(MITI, 2024)

PETRONAS's upcoming advanced chemical recycling facility, capable of processing 33 kilo tonnes of plastic waste annually, represents the type of large-scale recovery infrastructure needed to transform waste streams into valuable feedstock(MITI, 2024).

This analysis of resource recovery potential demonstrates significant untapped value across Malaysia's industrial sectors. Realizing this potential requires coordinated improvements in product design, collection systems, and consumer engagement—areas that subsequent sections will explore in greater detail.

5. Automotive Remanufacturing - Current Landscape and EV Potential

Malaysia's automotive remanufacturing sector stands at a critical juncture, balancing established internal combustion engine(ICE) vehicle operations with emerging opportunities in electric vehicle(EV) component recovery. This section examines the current market structure, evolving EV landscape, and policy environment shaping this transition.

〈Table 2-2〉 New Industrial Master Plan 2030: Automotive Industry.

Action Plan	Action Plan Description	Alignment to NIMP 2030 Missions
AP1	Enhance component testing activities by improving existing facilities and establish new facilities	Mission 1 1.1 Expand to high value-added activities of the value chain
AP2	Conduct a study to promote local development activity and reduce imports	

Action Plan	Action Plan Description	Alignment to NIMP 2030 Missions
AP3	Development of Centre of Excellence for Future Industry(CoEFi) - Electric Vehicle Interoperability Centre(EVIC)	Mission 1 1.4 Foster R&D, Commercialisation and Innovation(RDCI) Ecosystem
AP4	Tighten cybersecurity for automotive sector	Mission 2 2.1 Accelerate technology adoption
AP5	Establish training programmes for parts and components suppliers towards smart manufacturing	
AP6	Promote development of new system integrator companies and enhance existing companies	Mission 2 2.3 Spur technology innovation
AP7	Apply well-to-wheel concept in the calculation of emission from EV	Mission 3 3.1 Accelerate transition towards sustainable practices
AP8	Introduce Corporate Average Fuel Economy Standards to improve the fuel economy of vehicles produced for sale	
AP9	Decarbonise the sector driven by Zero-Emission Vehicles(ZEV)	Mission 3 3.3 Catalyse new green growth areas
AP10	Promote remanufacturing activities	
AP11	Improve existing automotive related education programmes in line with current and future industry needs	Enablers E2 Foster talent development and attraction
AP12	Uniformise, review and promote new TVET programmes	

Source: Reconstructed by the author with reference to Ministry of Investment, Trade and Industry(2023)

1) Current Market Dynamics

The Malaysian automotive aftermarket generates approximately RM1.8 billion annually in remanufactured parts sales, dominated by domestic manufacturers Proton and Perodua which collectively control 80% of the local OEM network(MITI, 2023; DOSM, 2025). These manufacturers have established certified remanufacturing programs focusing on high-value components including transmissions, alternators, and starter motors. The aftermarket ecosystem benefits from Malaysia's 12 million passenger vehicles in operation, providing a steady supply of cores for remanufacturing(Abdul Malek et al., 2025).

OEM-led programs follow the Malaysian Standard MS 2697:2018 for aftermarket operations, ensuring standardized processes across repair, reuse, and remanufacturing(4R) activities(MITI, 2024). Independent operators face greater challenges in sourcing quality cores and meeting certification requirements, though initiatives like the Malaysian Automotive Remanufacturers Council are working to bridge this gap through technical assistance programs(MITI, 2023).

2) EV Transition and Battery Remanufacturing

The shift toward electric mobility presents both opportunities and challenges for Malaysia's remanufacturing sector. Proton's joint venture with Geely includes plans for a battery remanufacturing facility targeting second-life applications for EV batteries at 65-70% of original capacity(MITI, 2024). This aligns with global best practices where recovered batteries are repurposed for stationary energy storage before final recycling.

Technically, EV battery remanufacturing requires different competencies than traditional auto parts.

The process involves:

- Capacity testing and module replacement
- Battery management system recalibration
- Thermal management system refurbishment

These technical requirements have exposed workforce skill gaps, with only 28% of technical institutes currently offering EV-specific remanufacturing training(TalentCorp, 2024). The National Automotive Policy 2020 addresses this through dedicated EV workforce development programs, including partnerships with German and Japanese technical experts(MITI, 2020).

3) Policy and Incentive Framework

The Malaysian government has implemented a multi-pronged approach to support automotive remanufacturing:

- Fiscal Incentives
  The Green Investment Tax Allowance(GITA) provides 100% tax exemption for qualifying capital expenditure in EV component remanufacturing facilities(MIDA, 2022). Additionally, the Pioneer Status incentive offers 10-year income tax exemptions for companies developing advanced battery recycling technologies(MITI, 2024).
- R&D Support
  The Malaysian Research Accelerator for Technology and Innovation(MRANTI) funds joint industry-academia projects on EV battery refurbishment, with RM50 million allocated for 2023-2025(MITI, 2024). Priority areas include lithium-ion battery disassembly automation and cathode material recovery.
- Infrastructure Development
  The National Energy Transition Roadmap includes plans for integrated EV battery collection centres co-located with remanufacturing facilities(NRES, 2023). These hubs will leverage Malaysia's existing top 20% globally ranked logistics infrastructure to create efficient reverse supply chains(DOSM, 2025).

4) Market Challenges

Despite progress, several barriers constrain faster adoption:

- Core availability uncertainty as EV penetration remains low(3% of total vehicles)
- High capital costs for battery testing and refurbishment equipment
- Regulatory ambiguity around liability for remanufactured EV components

The Circular Economy Policy Framework for Manufacturing(2024) proposes solutions including extended producer responsibility(EPR) rules for EV batteries and standardized testing protocols(MITI, 2024). These measures aim to provide clearer guidelines for investors while ensuring safety and performance standards.

5) Strategic Positioning

Malaysia's automotive remanufacturing sector is strategically emerging as a regional centre for remanufacturing innovation for both conventional and EV components. The country's ASEAN centrality provides duty-free access to neighbouring markets under ATIGA rules, while its established automotive supply chain offers ready infrastructure for scaling remanufacturing operations(ASEAN, 2009; MITI, 2023).

As the industry evolves, successful players will need to balance traditional ICE component expertise with new capabilities in EV systems. Government and industry collaborations through platforms like the National Automotive Policy Steering Committee are critical to navigating this transition while maximizing the economic and environmental benefits of automotive remanufacturing.

6. Risks in Automotive Remanufacturing

While Malaysia's automotive remanufacturing sector presents significant opportunities, several persistent risks threaten its growth potential. These challenges span consumer markets, competitive pressures, supply chain vulnerabilities, and workforce limitations, each requiring careful consideration by industry stakeholders.

1) Consumer Perception Barriers

Market studies indicate 40-50% of Malaysian consumers remain reluctant to purchase remanufactured automotive components, primarily due to perceived quality concerns(Mohamed et al., 2018). This scepticism persists despite OEM-certified remanufactured parts meeting identical performance standards as new components. The perception gap is particularly acute for critical systems like braking and steering components, where safety concerns dominate purchasing decisions. Even when price differentials reach 30-50% compared to new parts, hesitation frequently leads consumers to opt for cheaper, non-certified alternatives rather than properly remanufactured components(Abdul Malek et al., 2025). This preference undermines the formal remanufacturing sector while reinforcing informal repair markets that often disregard proper recycling protocols.

2) Intensifying Competitive Pressures

The rapid electrification of vehicles introduces new competitive dynamics that threaten traditional remanufacturing business models. Chinese manufacturers have flooded ASEAN markets with new EV components priced 20-30% below equivalent remanufactured alternatives(MITI, 2024). This price pressure particularly affects electronic control units and power management systems, where China's manufacturing scale creates nearly insurmountable cost advantages. Additionally, the increasing simplicity of EV drivetrains—with 60% fewer moving parts than internal combustion engines—reduces the addressable market for conventional remanufactured components(TalentCorp, 2024).

3) Supply Chain Vulnerabilities

Malaysia's remanufacturing sector faces material security challenges across multiple fronts. The industry remains 90% dependent on imported cores for certain high-demand components like turbochargers and fuel injection systems(MITI, 2023). This reliance creates vulnerability to regional trade disruptions and fluctuating scrap metal prices. For emerging EV battery remanufacturing, the situation is more acute—Malaysia currently imports 100% of lithium and cobalt needed for battery refurbishment(NRES, 2023). These dependencies compound existing challenges in maintaining consistent core quality and supply volumes necessary for profitable remanufacturing operations.

4) Critical Workforce Shortages

The technical requirements of modern automotive remanufacturing outpace current workforce capabilities. Only 15% of Malaysia's technical and vocational education training(TVET) programs currently include curriculum covering EV battery diagnostics and refurbishment(TalentCorp, 2024). This skills gap is particularly problematic as battery systems require specialized knowledge in electrochemistry and battery management systems—competencies largely absent from traditional automotive repair training. The shortage extends to engineering staff, with only 28% of mechanical engineering graduates receiving exposure to circular manufacturing principles during their studies(TalentCorp, 2024).

These intersecting risks create a complex operating environment for

Malaysia's automotive remanufacturers. Consumer distrust limits market growth, while competitive and supply chain pressures squeeze profitability. Meanwhile, workforce gaps threaten the sector's ability to transition effectively toward EV component remanufacturing. These challenges underscore the need for coordinated responses from industry, government, and educational institutions—a theme explored in subsequent sections addressing solutions and policy recommendations.

7. Investment Opportunities in Malaysia's Remanufacturing Sector

Malaysia's automotive remanufacturing sector offers compelling opportunities for foreign investors, supported by strategic partnerships, financial incentives, and regional market access. The country's transition toward electric mobility and circular economy principles creates multiple entry points for investors with relevant expertise.

1) Strategic Joint Venture Potential

Proton's planned EV battery remanufacturing line presents partnership opportunities for investors with battery testing and refurbishment capabilities. The national automaker seeks technical collaborators to establish Malaysia's first OEM-certified battery remanufacturing facility, targeting second-life applications for 65-70% of recovered batteries(MITI, 2024). Similarly, Turbo Dynamics Malaysia's turbocharger remanufacturing operation welcomes technology partners to expand into hybrid vehicle components, leveraging existing machining infrastructure and ASEAN distribution networks(MITI, 2023).

2) Financial Incentive Landscape

Investors can capitalize on Malaysia's robust incentive framework:

- The Green Investment Tax Allowance(GITA) provides 100% tax exemption for qualifying capital expenditure in remanufacturing facilities(MIDA, 2022)
- Penang's i-Remanufacture Program offers grants covering 30-50% of automation equipment costs for electronics remanufacturing projects(Penang Development Corporation, 2023)
- Pioneer Status incentives deliver 5-10-year income tax exemptions for advanced material recovery operations(MITI, 2024)

3) ASEAN Market Integration

Malaysia's participation in the ASEAN Trade in Goods Agreement(ATIGA) enables duty-free export of remanufactured automotive components to neighbouring markets when meeting 40% regional value content requirements(ASEAN, 2009). This advantage is particularly valuable for investors targeting Thailand's growing EV market and Indonesia's extensive vehicle fleet. Malaysia's top 20% ranked logistics infrastructure ensures cost-efficient regional distribution(DOSM, 2025).

4) Technology Transfer Pathways

The National Automotive Policy 2020 actively encourages knowledge sharing in battery management systems(BMS) and motor controller refurbishment(MITI, 2020). International investors can structure technology transfer agreements through:

- MRANTI innovation hubs that connect foreign firms with local research institutions

- Vendor Development Programs pairing multinationals with Malaysian SMEs
- Customized training programs eligible for HRDF skills development grants

These opportunities position Malaysia as an ideal testbed for investors to develop and scale remanufacturing innovations before expanding regionally. The combination of financial support, market access, and technology transfer mechanisms creates a favorable environment for establishing profitable, sustainable operations in Southeast Asia's growing circular economy.

8. Outlook and Conclusion

Malaysia's remanufacturing sector stands at an inflection point, with multiple indicators suggesting sustained growth and increasing regional significance. Industry projections estimate 12-15% annual expansion through 2030, potentially elevating the sector's contribution to 5% of manufacturing GDP as it evolves from its current RM2.3 billion valuation(Department of Statistics Malaysia [DOSM], 2023). This growth trajectory reflects both domestic industrial maturation and broader ASEAN demand for circular economy solutions, particularly in automotive and electronics value chains.

The policy landscape continues to evolve in support of this expansion. The upcoming National Automotive Policy review introduces specific frameworks for electric vehicle battery refurbishment, while the Industrial Master Plan 2030 allocates targeted funding for automation in remanufacturing processes(MITI, 2023). These developments complement existing initiatives like the Green Investment Tax Allowance, creating a comprehensive support ecosystem for industry players(Ministry of Finance [MOF], 2023).

Collection infrastructure requires significant enhancement, particularly for emerging waste streams like lithium-ion batteries. These are recognized as a key focus product groupfor circular economy efforts, and battery recyclingis identified as a high-value-added activity for promoting circular economy exports(MITI, 2024). The National Automotive Policy(NAP 2020)actively promotes the development of standards for recycling and disposal of batteries, and its Critical Component Development Phase 1(2020-2024) includes a focus on battery recycling processes(MITI, 2020). Furthermore, initiatives like Proton's planned EV battery remanufacturing facility, targeting second-life applications for 65-70% of recovered batteries, highlight the growing significance of managing these waste streams. The Malaysia Green Technology Corporation(MGTC), as an initiative lead in areas such as promoting circular business models and taxonomy, contributes to the broader green technology landscape in which these battery-related efforts are situated.

Malaysia's geographic and industrial advantages position it uniquely to become ASEAN's remanufacturing hub. The established clusters in Johor(automotive), Penang(electronics), and Selangor(industrial equipment) provide ready platforms for regional service provision(MITI, 2023). When combined with Malaysia's participation in ASEAN free trade agreements and its developing expertise in EV component refurbishment, these assets create a compelling value proposition for regional leadership.

The sector's future will be defined by its ability to balance economic and environmental objectives. As remanufacturing scales, it must maintain rigorous quality standards while adapting to technological disruptions like electrification and Industry 4.0. Malaysia's experience in navigating this balance offers valuable insights for developing economies pursuing sustainable industrialization, showing that environmental stewardship and industrial growth can progress together. With continued policy support and private sector innovation, remanufacturing can become both an economic pillar and an environmental solution for Malaysia and the broader ASEAN region.

REFERENCES

Ministry of Investment, Trade and Industry (MITI). (2024). *Circular Economy Policy Framework for the Manufacturing Sector in Malaysia.* https://www.miti.gov.my/

Ministry of Investment, Trade and Industry (MITI). (2023). *New Industrial Master Plan 2030.* https://www.miti.gov.my/

Ministry of Investment, Trade and Industry (MITI). (2023). *New Industrial Master Plan 2030: Automotive Industry.* https://www.miti.gov.my/

Ministry of Investment, Trade and Industry (MITI). (2023). *New Industrial Master Plan 2030: Manufacturing-Related Services Industry.* https://www.miti.gov.my/

Ministry of Investment, Trade and Industry (MITI). (2022). *New Investment Policy.* https://www.miti.gov.my/

Ministry of Investment, Trade and Industry (MITI). (2020). *National Automotive Policy 2020.* https://www.miti.gov.my/

Prime Minister's Department. (2021). *Twelfth Malaysia Plan 2021-2025.* https://www.malaysia.gov.my/

Department of Statistics Malaysia (DOSM). (2025). *Manufacturing Industry Capacity Utilisation Statistics.* https://www.dosm.gov.my/

Department of Statistics Malaysia (DOSM). (2025). *Monthly Manufacturing Statistics.* https://www.dosm.gov.my/

Kementerian Perumahan dan Kerajaan Tempatan (KPKT). (2025). *Blueprint Ekonomi Kitaran Sisa Pepejal di Malaysia 2025-2035.* https://www.kpkt.gov.my/

DRB-HICOM (2022). *Sustainability report 2022.* https://www.drb-hicom.com/

Ministry of Human Resources (MOHR). (2025). *Statistik Pekerjaan dan Pemburuhan.* https://www.mohr.gov.my/

Talent Corporation Malaysia Berhad (TalentCorp). (2024). *Impact Study of Artificial Intelligence, Digital, and Green Economy on the Malaysian Workforce Volume 2.* https://www.talentcorp.com.my/

Talent Corporation Malaysia Berhad (TalentCorp). (2024). *Impact Study of Artificial Intelligence, Digital, and Green Economy on the Malaysian Workforce Volume 2 Energy and Power.* https://www.talentcorp.com.my/

Ministry of Finance (MOF). (2023). *2023 National Budget.* https://www.mof.gov.my/

Ministry of Natural Resources and Environmental Sustainability (NRES) (2009). *National Green Technology Policy.* https://www.nres.gov.my/

Ministry of Natural Resources and Environmental Sustainability (NRES) (2017). *Green Technology Master Plan Malaysia 2017-2030.* https://www.nres.gov.my/

Ministry of Natural Resources and Environmental Sustainability (NRES). (2024). *National Climate Change Policy 2.0.* https://www.nres.gov.my/

Ministry of Natural Resources and Environmental Sustainability (NRES). (2025). *Malaysia's Nationally Determined Contribution Roadmap and Action Plan (NDC RAP)* https://www.nres.gov.my/

Malaysia Investment Development Authority (MIDA). (2022). *Malaysia Investment in the Manufacturing Sector.* https://www.mida.gov.my/

Malaysia Investment Development Authority (MIDA). (2022). *Malaysia-Your Southeast Asian Automotive Hub.* https://www.mida.gov.my/

Malaysia Investment Development Authority (MIDA). (2024). *Malaysia Investment Performance Report.* https://www.mida.gov.my/

Malaysia Productivity Corporation (MPC). (2022). *Productivity Report 2022.* https://www.mpc.gov.my/

Malaysia Productivity Corporation (MPC). (2023). *Productivity Report 2023.* https://www.mpc.gov.my/

Malaysia Productivity Corporation (MPC). (2024). *Productivity Report 2024.* https://www.mpc.gov.my/

Penang Development Corporation (PDC). (2023). *Annual Report 2023.Penang: PDC.* https://www.pdc.gov.my/

Association of Southeast Asian Nations (ASEAN). (2009). *ASEAN Trade in Goods Agreement (ATIGA).* https://www.asean.org/

Korea Automotive Technology Institute (KATECH). (2023).

https://www.katech.re.kr/

Ngu, H. J., Lee, M. D., & Osman, M. S. B. (2020). Review on current challenges and future opportunities in Malaysia sustainable manufacturing: Remanufacturing industries. *Journal of Cleaner Production, 273,* 123071.

Abdul Malek, N., Abd Wahab, D., Harun, Z., Abd Aziz, N., Azman, A.H., Abu Mansor, M.R. (2025). End-of-Life Vehicle Recovery Framework: An Industry Perspective on Auto Parts Reuse, Recycling and Remanufacturing in Malaysia. *Management and Production Engineering Review,* 15(2).

Mohamad-Ali, N., Raja Ghazilla, R.A., Abdul-Rashid, S.H., Ahmad-Yazid, A. (2019). Aftermarket survey on end-of-life vehicle recovery in Malaysia: Key findings. *Journal of Cleaner Production, 211,* 468-480.

Gunasekara, H., Gamage, J., Punchihewa, H. Remanufacture for Sustainability: A review of the barriers and the solutions to promote remanufacturing.

Mohamed, N., Saman, M.Z.M., Sharif, S., Hamzah, H.S. (2018). Strategic Factors on Interpreting Remanufacturing Quality Certifying Framework to Address Warranty Aftermarket for Malaysia Industry. *IOP Conf. Series: Material Science and Engineering, 328,* 012033.

Mohd Yusop, N., Abdul Wahab, D., Saibani, N. (2012). Analysis of Remanufacturing Practices in the Malaysian Automotive Industry. *Jurnal Teknologi.*

Wong, Y.C., Al-Obaidi, K.M., Mahyuddin, N. (2018). Recycling of End-of-Life Vehicles (ELVs) for building products: Concept of processing framework from automotive to construction industry in Malaysia. *Journal of Cleaner Production,* 12726.

Yusop, N.M., Wahab, D.A., Saibani, N. (2015). Realising the automotive remanufacturing roadmap in Malaysia: challenges and the way forward. *Journal of Cleaner Production, 1-10.*

Ernst & Young PLT (EY). (2021). *Roundtable: Advancing Innovation in Green*

Technologies and the Circular Economy in Malaysia, Malaysia's Green and Circular Economy.

PricewaterhouseCoopers (PWC). (2024). *Towards sustainable growth in ASEAN: Circular economy research report 2024.*

03

The Establishment of a Sustainable Resource Circulation Policy Between Underground Resources and Economic Growth in Myanmar

Chapter

03

The Establishment of a Sustainable Resource Circulation Policy Between Underground Resources and Economic Growth in Myanmar

Zaw Htet

Deputy Director (Senior Geologist),

Department of Geological Survey and Mineral Exploration, Myanmar

1. Introduction

Myanmar's industrial and national income is largely supported by the country's mineral wealth, particularly its mineral and non-mineral resources, oil and natural gas, and other important raw materials. While they support the country's economic development, the long-term exploitation of minerals and ores has led to depletion of natural resources, environmental degradation, and social and environmental impacts, including sustainable development. These missed opportunities for long-term value creation are due to rapid extraction rates, lack of effective recycling, ineffective management, and inadequate policy coordination. As mineral resources are subject to depletion due to exploitation, they need to be systematically extracted and used sustainably. In the economic sector, it is needed to choose methods such as the circular economy that promote long-term development and reduce environmental impact instead of the linear ("take-make-dispose") approach. To address these issues, Myanmar urgently needs to establish a Sustainable Resource Circulation (SRC) framework, such as recycling and remanufacturing, that balances economic expansion and environmental conservation.

2. Background

1) Myanmar

The Union of Myanmar, the largest mainland country in Southeast Asia, covers a surface area of 676,552.7 square kilometers, making it the 40th largest country in the world. It has a coastal strip of 2,832 kilometers facing the Bay of Bengal and the Andaman Sea. It shares borders totaling 5,858 kilometers with Bangladesh, India, China, and Thailand. Myanmar belongs to the Association of Southeast Asian Nations (ASEAN). As a developing country, Myanmar had a population of 51.3 million in 2024.

2) Underground Resources

Myanmar possesses a rich and diverse geological profile, making it one of Southeast Asia's resource-endowed countries. From mineral exploration activities, it is now recorded 60 mineral occurrences for more than 2000 mineral occurrences . Every year, all mineral occurrences and deposits are checked and recorded to build and update the mineral database. Myanmar is endowed with a diverse range of mineral resources, as well as significant oil and gas reserves, all of which play a crucial role in its economic development. The country's underground resources span a wide range of commodities (Figure 3-1), including:

- Metallic minerals (Metals) such as copper, gold, tin-tungsten, lead, zinc, nickel, and rare earth elements.

- Industrial mineralslike graphite, manganese, barite, silica sand, limestone, and gypsum.
- Gemstonessuch as high-quality rubies, sapphires, and jade.
- Energy resourcesinclude natural gas (offshore and onshore), coal, and potentially shale oil and geothermal energy.

〈Figure 3-1〉 Overview of underground resources, oil, and gas projects in Myanmar

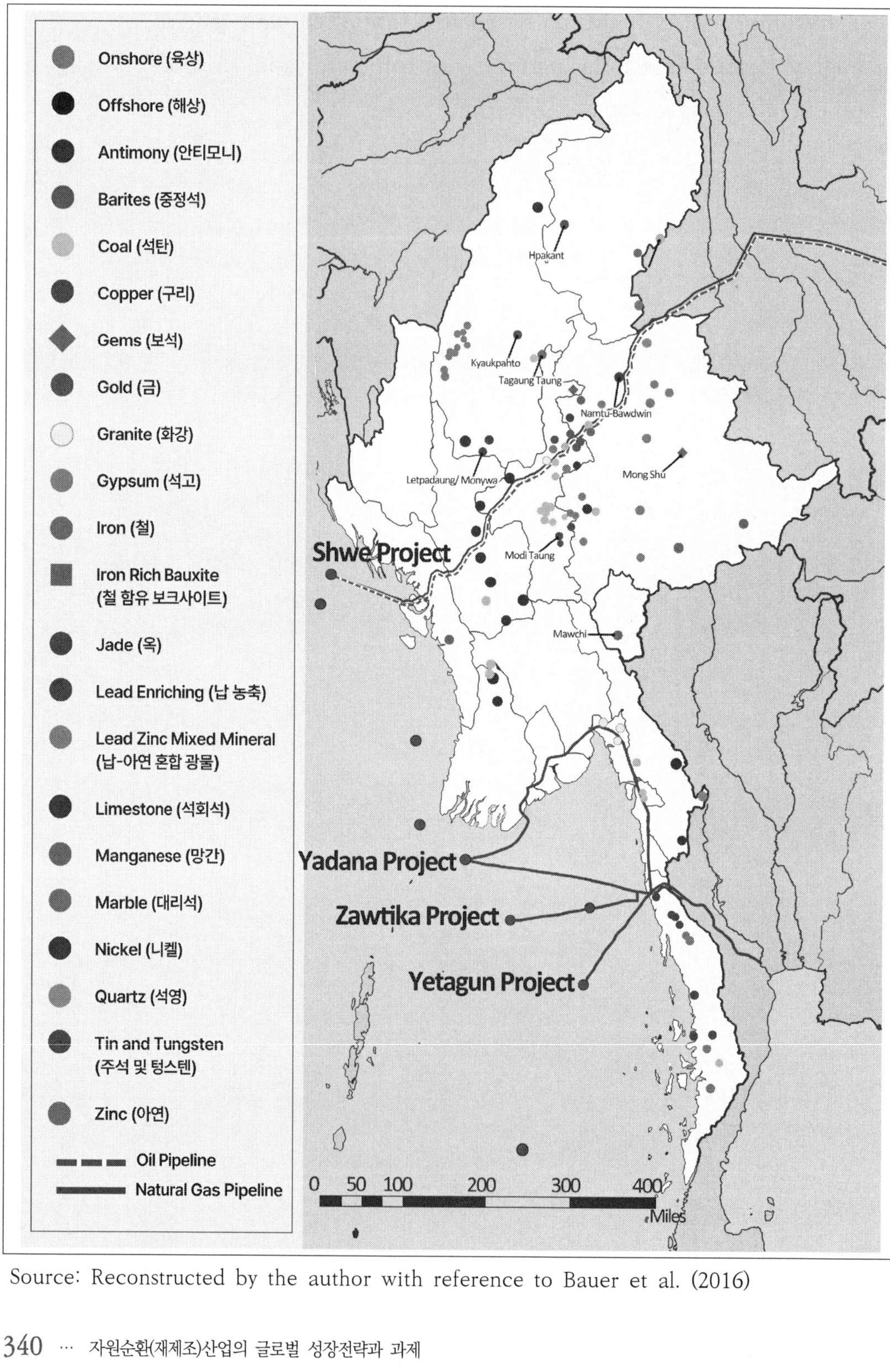

Source: Reconstructed by the author with reference to Bauer et al. (2016)

2-1) Underground Resources

Myanmar's mining sector in the Ministry of Natural Resources and Environmental Conservation oversees all geology, mineral resources, and mining activities. Myanmar has extensive mineral resources and a rich mining history, including gold, silver, copper, tin-tungsten, lead, antimony, nickel, gas, petroleum, coal, and gemstones such as jade, ruby, and sapphire. Notably, minerals like copper, lead, zinc, tin, and tungsten are abundant, while others, such as antimony, nickel, and iron, are fairly rich. However, resources like chromite, manganese, platinum group minerals (PGMs), radioactive minerals, rare earth elements (REEs), bauxite, graphite, mercury, lithium, and uranium are relatively limited .

Indonesia is the second largest, and Myanmar is the third largest, tin producer in the world after China. Moreover, Myanmar has experienced a significant surge in rare earth elements (REEs) production since the mid-2010s, now constituting 13% of global output and ranking third worldwide after China and the United States

〈Table 3-1〉 Rare Earth Production by Country

	Rare Earth Production(Unit : Tonne)	
	2023	2024
USA	41,600	45,000
Australia	16,000	13,000
Brazil	140	20
Myanmar	43,000	31,000
China	255,000	270,000
India	2,900	2,900
Madagascar	2,100	2,000
Malaysia	310	130
Nigeria	7,200	13,000
Russia	2,500	2,500
Thailand	3,600	13,000
Vietnam	300	300
Other	1,440	1,100

	Rare Earth Production(Unit : Tonne)	
	2023	2024
Total	**376,000**	**370,000**

Source: US Geological Survery, 2025

〈Table 3-2〉 Tin Production by Country

	Tin Production(Unit : Tonne)	
	2023년	2024년
Australia	9,850	9,900
Bolivia	18,700	21,000
Brazil	29,300	29,000
Myanmar	34,000	34,000
China	70,000	69,000
Congo	20,000	25,000
Indonesia	69,000	50,000
Laos	1,700	1,500
Malaysia	3,770	3,000
Nigeria	7,000	7,000
Peru	26,200	31,000
Russia	270	3,000
Rwanda	3,600	3,600
Vietnam	7,600	6,700
Other	1,840	1,800
Total	**305,000**	**300,000**

Source: US Geological Survery, 2025

Myanmar and Malaysia rank tenth and twelfth, respectively, in manganese production, accounting for over 3% of global output. Meanwhile, Indonesia, Myanmar, and the Philippines are key copper producers in the region, collectively representing about 4% of global production.

Furthermore, it accounts for almost 90% of the world's rubies and is the main producer of jade. Myanmar's official production value of minerals and gemstones is estimated at USD 1.5 billion, but overall output from the mining industry is usually considered to be substantially more.

2-2) Oil and Gas Sector

The oil and gas industries are also a significant source of revenue for Myanmar, contributing to government income through taxes and exports. The key resources include both onshore and offshore natural gas fields, along with limited crude oil production. Myanmar is ranked 41st globally in terms of proven natural gas reserves and 78th for proven crude oil reserves.

- Natural Gas Reserves: Myanmar's proven gas reserves of offshore and onshore are 23 trillion cubic feet (Tcf) in 2017, and it is ranked 71st in the world and accounting for about 0.33% of the world's total gas reserves of 6,923 (Tcf). Offshore reserves are significantly larger than onshore reserves, which are relatively underexplored. Myanmar is predominantly a natural gas exporter, with much of its production being sent to regional markets, particularly Thailand and China. Crude Oil Reserves:Historically, before 2021, the average for Myanmar's oil reserves from 1980 to 2021 was 0.06 billion barrels. Currently, the latest value of oil reserves is 0.14 billion barrels in 2021.

These resources, not only minerals but also oil and gas, have supported Myanmar's economy for decades, with mining and extractive industries contributing significantly to government revenues, foreign exchange earnings, and rural employment.

3) Economic Growth

Myanmar, a Southeast Asian country rich in natural resources and strategically located between China, India, and ASEAN markets.

3-1) Gross Domestic Product (GDP) Growth Rate Trends

Annually, Myanmar's GDP grew at an average of 6-7% between 2011 and 2019, driven by reforms, foreign investment, and expanding natural resource exports. Growth sharply declined after the COVID-19 pandemic (2020) and further contracted following the 2021 political issues(Figure 3-3). According to the Asian Development Outlook 2024, Myanmar's GDP is forecasted to grow at a modest rate of 1.5% to 2.0%, contingent on macroeconomic stability and limited recovery in trade and investment channels. Current GDP per Capita in Myanmar is estimated to be $1,359 US dollars at the end of 2024 (Figure 3-2).

〈Figure 3-2〉 Myanmar's current GDP Per Capita PPP

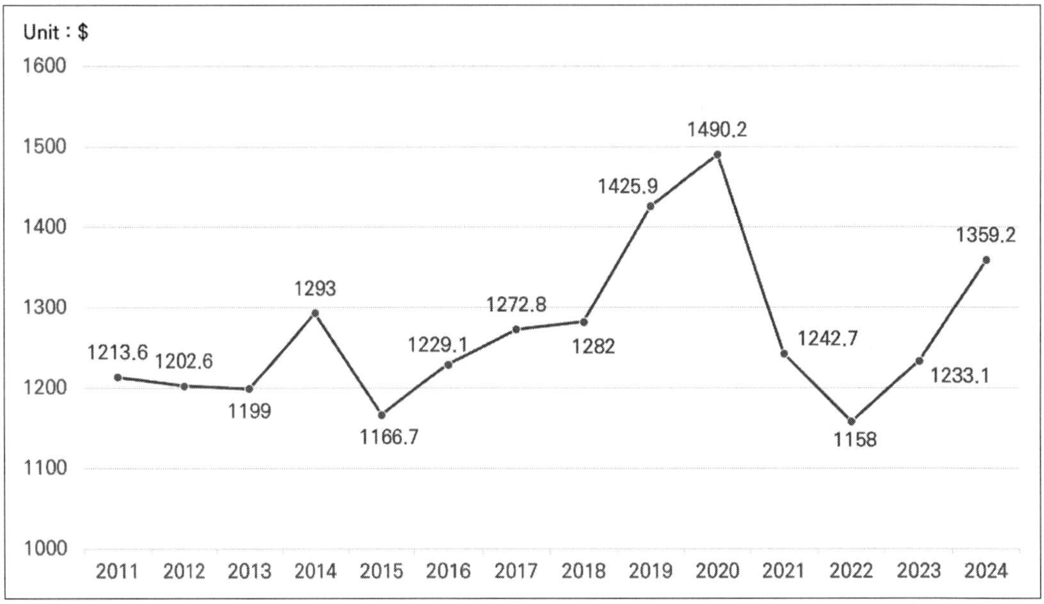

Source: Reconstructed by the author with reference to World Bank (n.d.)

〈Figure 3-3〉 Myanmar GDP Growth Rate(2011-2024)

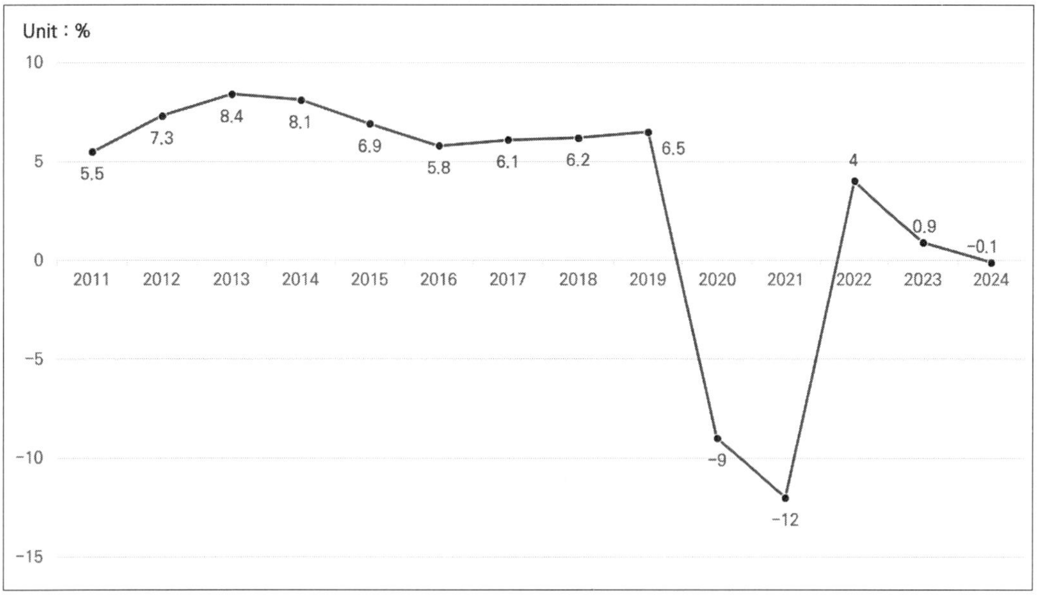

Source: Reconstructed by the author with reference to ADB (2024)

3-2) Sectoral Contributions to Growth

- Agriculture : Employing over 50% of the labor force, agriculture remains central to Myanmar's economy, although its contribution to GDP has gradually declined due to urbanization and industrialization efforts (Figure 3-4)
- Industry : Myanmar's industrial sector, especially manufacturing, energy, and mining (including extractives), expanded in response to growing foreign demand for apparel, food products, and raw materials(Figure 3-4)
- Services : Tourism, transport, and financial services gained momentum after 2013/2015, contributing to diversification and employment generation(Figure 3-4)

〈Figure 3-4〉 Share of Gross Domestic Product by Sector (2015-2020)

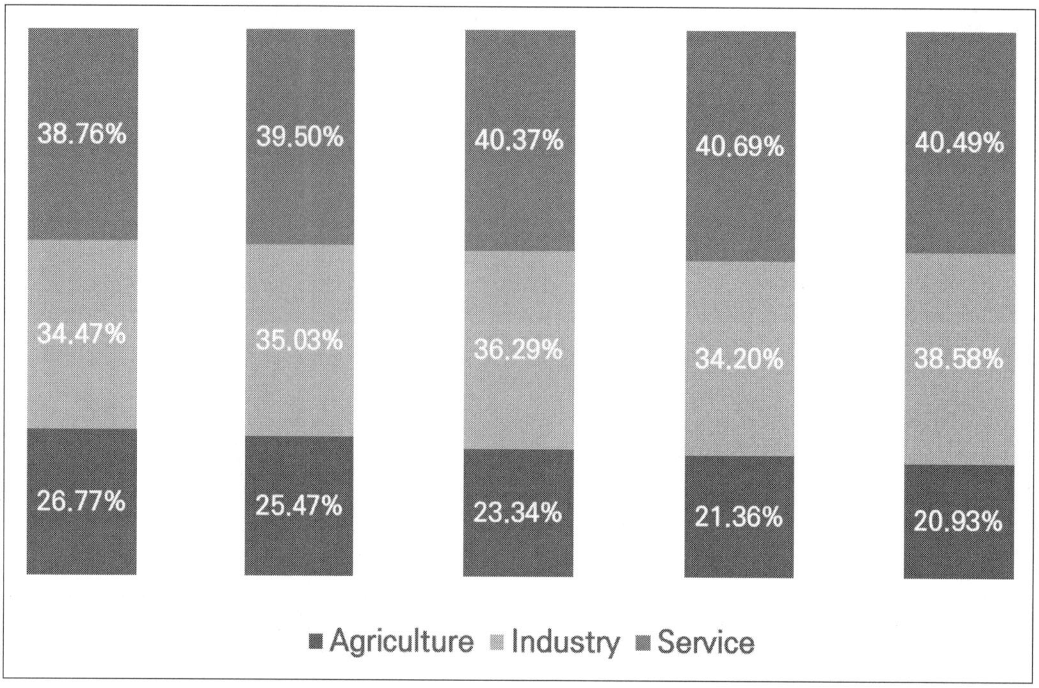

Source: Reconstructed by the author with reference to MPF (2021)

3-3) Underground Resources' Role in National Economic Development

The economic activities involved in exploring and extracting these underground resources are known as extractive industries. Jade is one of the world's largest manufacturers and exporters of Myanmar. Additionally, Myanmar is one of the oldest exporters of oil and the 10th biggest exporter of natural gas. Moreover, it produces a variety of minerals, including copper, tin, tungsten, and zinc.

Underground resources play a pivotal role in Myanmar's economic growth in several ways:

- Gross Domestic Product (GDP):The extractive sector contributes a substantial share to GDP, particularly in resource-rich states and regions
- Exports:Among Myanmar's major foreign exchange earners are natural gas and mineral exports (especially jade, copper, and gold). Myanmar is a major regional source of natural gas to China and Thailand. Around 70%

of Myanmar's 2012–2013 revenue came from natural resources, including gas, oil, coal, gemstones (E.g., jade), metals, and timber. Exports of natural gas alone are valued at USD 3.6 billion, which represents all exports and contributed about 10% to the national GDP

- Natural gas revenues were projected to peak at 6.5% of GDP in 2014–2015, making them the largest source of foreign income for the government. State-owned enterprises (SOEs), particularly those operating in the oil, gas, and mining sectors, remain central to government revenue generation and the national budget framework.

  In 2015–2016, the mining sector, including copper production, contributed approximately 6% of GDP and represented 23.6% of total state revenue. While oil, gas, jade, and gemstones have historically dominated revenue streams, copper has emerged as a key and expanding contributor, supported by increased production in recent years. Gem sales reached $975 million in 2017-18, underscoring their economic importance
- Investment Attraction: The mining and energy sectors have attracted foreign direct investment (FDI), particularly in large-scale copper mining and offshore gas development.
- Employment and Livelihoods:Though large-scale projects drive exports, artisan and small-scale mining (ASM) supports hundreds of thousands of people, especially in jade, gold, tin-tungsten, and other precious stones.

Myanmar's economic growth has depended much on natural resources, especially underground minerals, oil, and gas. Overdependence on extractive sectors without inclusive benefit-sharing or environmental protection, however, has created resource curse dynamics. With good governance and policy, moving toward a resource-efficient, circular economy can provide a path for sustained growth.

3) Waste Management, Recycling, and Remanufacturing Landscape

3-1) Current Status of Waste Management

Rapid urbanization, industrialization, inadequate infrastructure, and poor institutional capability present major difficulties for Myanmar in waste management and recycling. Daily waste generation has greatly risen, especially in three of the country's biggest cities, such as Yangon, Mandalay, and Nay Pyi Taw. With significant metropolitan regions providing a sizable proportion, the nation produces an estimated 10,000 to 15,000 tonnes of municipal solid waste (MSW) per day. Mostly organic (over 60%), waste composition is followed by plastics, paper, and inert materials (Figure 3-5). Formal recycling programs are, however, still minimal and underutilized.

〈Figure 3-5〉 Waste composition of Myanmar's Biggest Cities of Yangon and Mandalay

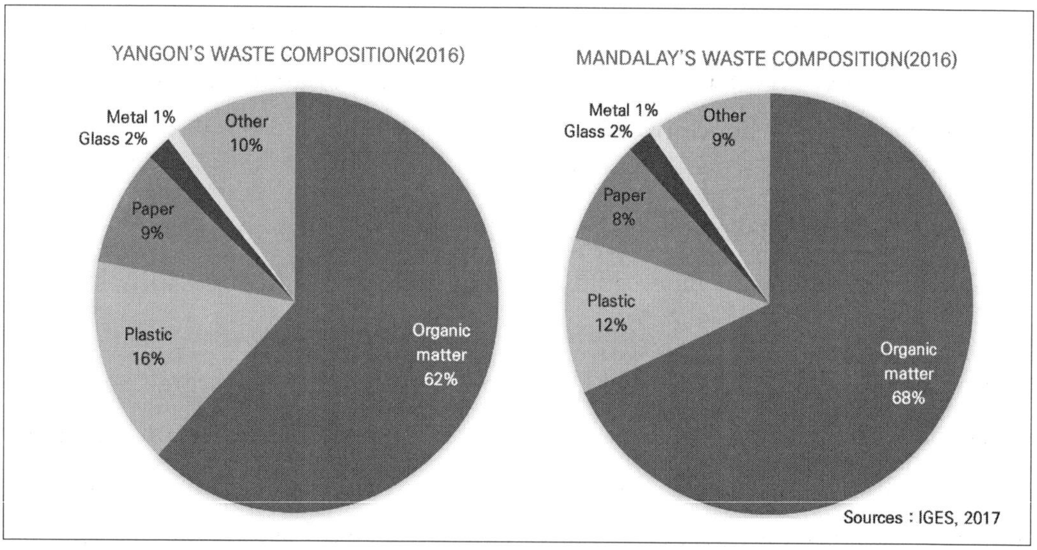

Source: Reconstructed by the author with reference to IGES (2017)

Municipal governments mostly handle waste collection services, although their effectiveness varies. In many regions, particularly peri-urban and rural ones, collection coverage is lacking. Collected garbage is sometimes dumped in rudimentary landfills lacking environmental protection or open dumpsites. Particularly outside major cities, the lack of waste collection infrastructure causes significant trash to be dumped, burned, or to leak into rivers and other waterways.

3-2) Recycling Sector

The recycling sector is largely informal in Myanmar. It is mostly driven by waste pickers, small enterprises, and cooperatives that collect, sort, and process recyclable materials. These performers gather materials such as paper, plastics, glass, and metals from household waste and garbage dump (landfills) sites. In urban areas, this informal recycling is relatively effective. The formal recycling rates of Myanmar are still lower situation. The quantities, rates, and number of recycling facilities in the biggest cities lack precise and dependable information. The type and amount of recycling waste collected in Yangon and Naypyitaw cities are described in Figure 3-6. Under the limited systematic collection and treatment for recycling, the most value chains for plastics, metals, and other materials remain linear stage. Only a small fraction of recyclable materials is processed in country. Particularly for challenging materials such as plastic film and contaminated waste, the nation lacks modern sorting, cleaning, and recycling capabilities.

〈Figure 3-6〉 Type and amount of waste collected by informal waste recycling shops in Naypyitaw(2019) & Recycle materials directed to waste dealers in Yangon(2016)

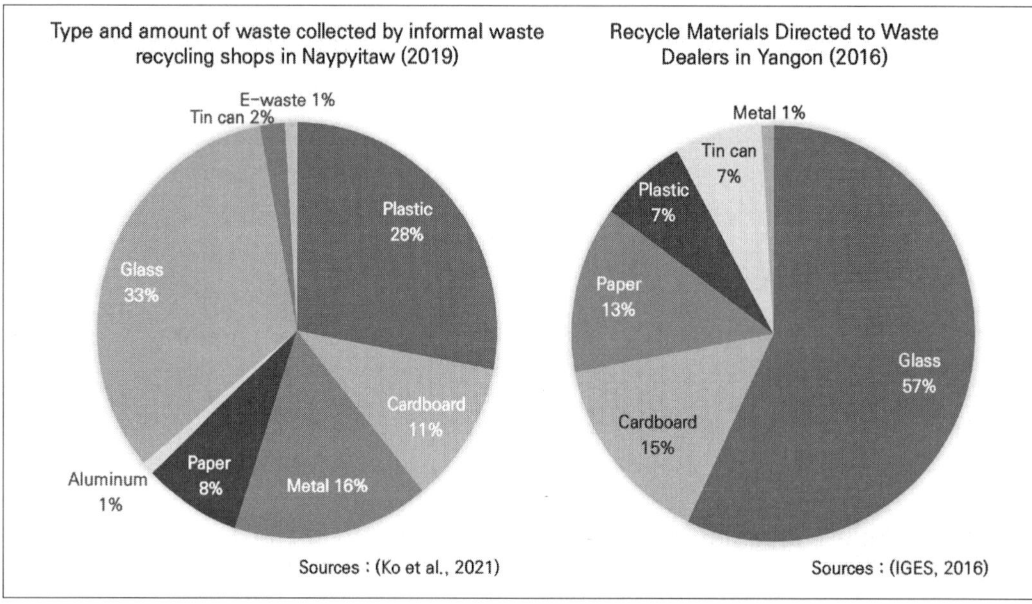

Source: Reconstructed by the author with reference to Ko et al. (2021); IGES (2016)

The recycling system in Myanmar operates primarily through informal networks, beginning with households and waste generators, where recyclable materials are separated and sold to household collectors or local buyers. These items are then aggregated by wholesalers, who play a central role in the value chain by sorting and reselling the materials to factories or recyclers. Wholesalers supply to Factories/Recyclers, where the actual recycling or remanufacturing process begins. Some factories process plastic, aluminum, or paper into reusable raw materials. Others may produce low-grade products for local consumption. A portion of the sorted recyclable material, especially high-value items like metal scrap or e-waste, is exported to neighboring countries (e.g., China, Thailand) due to limited local recycling infrastructure(Figure 3-7).

〈Figure 3-7〉 Structure of the Recycling Market

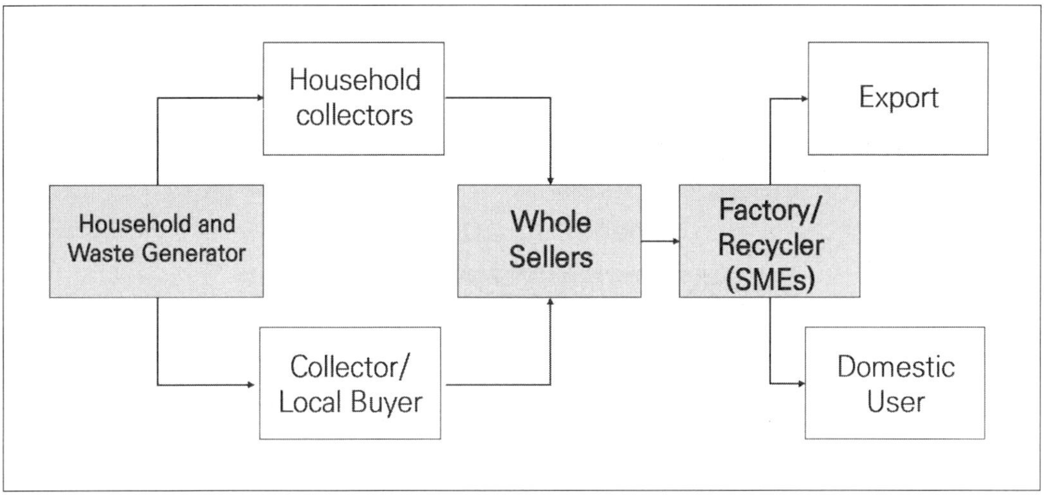

Source: Reconstructed by the author with reference to IGES (2016)

Small and medium-sized enterprises (SMEs) play a central and vital role in Myanmar's recycling sector and shape virtually every stage of the value chain are SMEs. Representing 90% of all businesses. In Myanmar, SMEs are involved in the recycling sector to a small extent as formal recyclers, such as collectors, junk shops, aggregators, pre-processing manufacturers, and domestic recycling value chains(Figure 3-8). Handling 40-60% of municipal waste via formal networks, they employ more than 6,000 people only in Yangon's recycling industry. Only 10% of recyclable materials are processed locally, but the majority are exported or dumped.

〈Figure 3-8〉 Domestic Recycling Value Chain

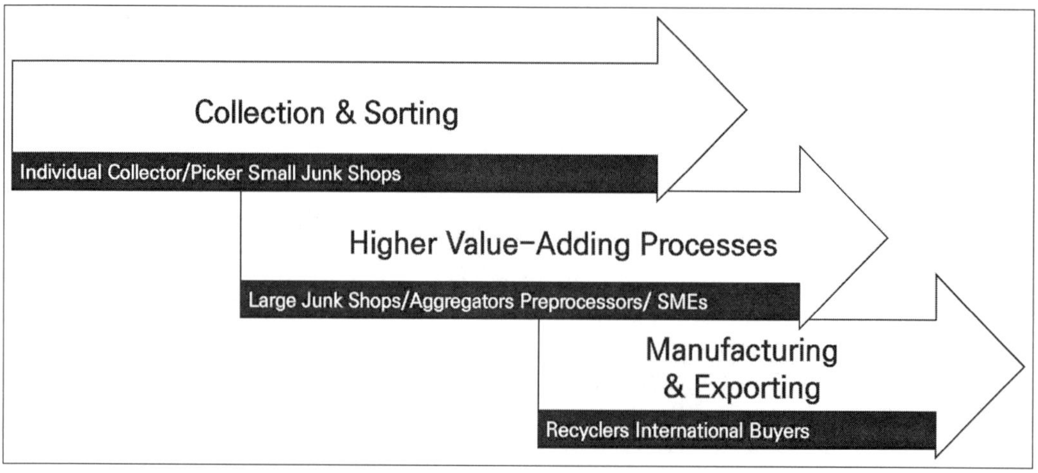

Source: Reconstructed by the author with reference to Building Martets (2019)

Some creative grassroots and commercial initiatives as well as Myanmar's recycling sector and reuse, depend on a strong culture of repair. Nevertheless, it is limited by the low formal recycling rates, limited infrastructure, reliance on informal actors, and poor policy enforcement. Strengthening domestic processing capacity, supporting local recyclers (like SMEs), and fully implementing national strategies will be crucial for Myanmar to realize the economic and environmental benefits of recycling. Conversely, energy instability and inadequate logistics continue to hinder large-scale industrial recycling.

3-3) Remanufacturing Sector

Myanmar's remanufacturing sector is still early stages under limited formal development and recognition within the broader industrial and environmental policy context. This sector is facing several constraints that impede its development. It is not formally acknowledged or regulated in Myanmar as a distinct industrial practice for the process of restoring used goods or parts to like-new condition. In the urban area, informal activities like vehicle part refurbishment, machine maintenance, and electronic equipment recycling exist, but often without adherence to quality standards, environmental conservation, or safety procedures.

With Myanmar's abundant mineral resources, the mining and minerals sector holds great potential for Myanmar to establish a recycling industry. However, due to a lack of industrial integration, technological capabilities, and favorable policies, the link between mining and recycling in Myanmar is still lacking. Presently, there is no formal remanufacturing of mining equipment or materials in the country. The industry primarily focuses on primary extraction, with little attention given to product lifecycle extension, parts reuse, or industrial refurbishment. Most mining machinery and components are imported and discarded after their useful life because local remanufacturing services are absent. Although still in its early stages, Myanmar's remanufacturing industry has the potential to become a key component of industrial sustainability and resource efficiency.

3-4) Underground Resources (Metal-Related) Recycling and Remanufacturing Sector

Important and changing components of Myanmar's industrial ecosystem, meta-related recycling and remanufacturing sector promote resource conservation, economic value creation, and environmental sustainability.

- Scrap Metal Recycling:The scrap metal recycling industry in Myanmar involves the collection, processing, and conversion of ferrous and non-ferrous metals, such as iron, aluminum, copper, lead, and zinc, into reusable materials for the manufacturing and construction sectors. This industry is supported by both formal businesses and a significant network of informal participants, which includes individual collectors, small and large junk shops, aggregators, and preprocessors
- Aluminum and Iron: Myanmar's most recycled metals are iron and aluminum. Private foundries and SMEs often process iron (including steel), transforming discarded products into building materials, spare parts, and machine components. Aluminum recycling is also significant, with formal

and informal participants engaged in collection, smelting, and resale

- Zinc and Copper: Though to a lesser degree than aluminum and iron, copper and zinc are likewise recycled. While zinc is recovered from several industrial scrap streams, copper recycling is crucial for electrical and industrial uses
- Lead: Lead recycling is especially under the advanced situation in Myanmar, where companies such as Yangon Metal Industry (YMI) run large-scale secondary smelters
- Bronze and Brass: Particularly in small family-run and traditional workshops, some foundries recycle bronze and brass by casting them into engine blocks, pumps, and other machine components

〈Table 3-3〉 Domestic Recycling Value Chain

Metal Type	Description & Use	Key Industry Actors
Iron/Steel	Construction, machinery, spare parts, and foundry products	Private foundries, SMEs, and junk shops
Aluminum	Cans, sheets, construction, and consumer goods	SMEs, aggregators, and formal recyclers
Copper	Electrical wiring, industrial components	SMEs, informal sector
Zinc	Industrial scrap, galvanizing, alloys	SMEs, informal sector
Lead	Battery recycling, high-purity lead, and alloys	Yangon Metal Industry (YMI), SMEs
Bronze/ Brass	Engine blocks, pumps, machine parts	Family-run foundries, SMEs

3-5) Key Players and Technologies

- SMEs and Local Enterprises : SMEs control the metal recycling value chain, from collection and sorting to processing and resale. There are few formal recyclers (factories), but businesses like YMI have influence and help determine quality standards and prices
- Yangon Metal Industry (YMI) : YMI operates advanced secondary smelters that recover high-purity pure lead from used batteries, setting the

standard for sustainable recycling and reuse. Generating 99.99% pure lead and alloys from scrap batteries, YMI also ranks second among Myanmar's leading secondary smelters, therefore complying with global safety and environmental standards

- Four Seasons FZE Companyis one of the leading companies in the metal recycling industry in Myanmar, providing top-notch prices. This company provides buyers and sellers with plastic scrap, metal scrap, paper rolls, stock bags, plastic film rolls, polymers, etc. In addition, the company provides recycling services for electric motors, aluminum, copper, brass, alloys, carbide, stainless steel, heavy-duty steel HMS, ingots and silicon sheets
- Founded in Thilawa Special Economic Zone, GOLDEN DOWA ECOSYSTEM MYANMARis the first private enterprise waste management facility in Myanmar. Their business service includes transport, pretreatment, recycling, and final disposal
- Automotive Parts Remanufacturing : Projects (such as emerging), including the construction of technical centers for automotive remanufacturing through used vehicle part repair and refurbishment, are in progress. Machining and Reassembly Facilities can be incorporated into project

A brief description of Key Players and Technologies in Myanmar is shown in Appendix 1.

3-6) Market Dynamics and Economic Impact

- Resource Conservation and Circularity : Metal recycling reduces the need for virgin material extraction, conserves energy, and supports the circular economy. Moreover, recycled metals are a crucial feedstock for Myanmar's manufacturing and construction sectors, which face high demand and significant import dependence
- Export and Import Trends : Myanmar exports certain recycled metals and alloys, particularly lead, to Asian and European markets; it also imports

scrap and finished metal products to satisfy local needs

- Job Creation : Particularly in cities (Industrial Zone) such as Yangon, Mandalay, and Mawlamyine, the industry supports thousands of jobs. A strong SME network and a few sophisticated businesses like YMI support Myanmar's metal recycling and manufacturing industry. Although this industry significantly promotes resource preservation and economic growth, infrastructure, technology, and rules present problems

4) Circular Economy in Myanmar Content

4-1) Conceptual Rationale for a Circular Economy

Sustainable Resource Circulationrefers to a systemic approach that maximizes resource utility through reuse, recycling, and responsible extraction. Therefore, this approach can reduce dependency on virgin materials and minimize waste. This helps reduce the need for new materials and lowers waste. For a country like Myanmar, which has a lot of natural resources but is still developing, a Sustainable Resource Circular policycan be a smart strategy. It can extend the lifespan of resource value chains, increase the value of domestic value, encourage innovation of technologies, and support the country's environmental and development goals.

The main reasons recycling and remanufacturing are important in Myanmar's Sustainable Resource Circulation Policy are due to the urgent need to break the cycle of resource depletion and harm to the environment. Additionally, this policy connects natural resources with economic growth. At the same time, it can create new economic values and make the economy more resilient.

Myanmar has abundant underground resources like minerals, metals, and materials used in industries. These resources have been very important for the country's economy for a long time. But the way the economy, such as a linear economic model, has worked so far by extracting resources, producing, using them, and then throwing them away has caused problems.

It's using up resources too fast, causing environmental degradation, creating too much waste without control, and missing out on the value-added sector and economic opportunities in the downstream.

Moreover, Myanmar's rapid economic growth, urbanization, and industrialization have led to a surge in waste generation and resource extraction, overwhelming existing waste management systems and causing significant pollution to the environment. This is making it hard for the country's waste management systems to keep up and is causing serious pollution in the land, water, and air. Without recycling and making products again from old materials, a lot of the country's waste, including useful things from mining and manufacturing, ends up being pollution. This means valuable resources are lost and the use of limited underground resources increases.

Myanmar can turn waste into useful secondary resources by integrating recycling and remanufacturing. This helps reduce the need to extract new raw materials and makes the most of its natural resources for longer. This method helps conserve resources, lowers environmental damage, and helps the economy grow in a sustainable way by making supply chains more stable, lowering the need for imports. In Myanmar, it is one of creating new jobs and business opportunities for SEMs and local communities.

The economy of Myanmar has long depended on using natural resources such as wood, minerals, and agricultural products. Adopting a circular economy can be a suitable alternative for businesses in Myanmar to deal with both environmental and economic concerns.

4-2) Institutional and Regulatory Governance

The approach to sustainable resource circulation of Myanmar, especially regarding underground resources and economic growth is organized through a series of strategies, policies, plans, and laws. The balance of economic development with environmental conservation and social equity is aimed at by these frameworks to balance.

〈Table 3-4〉 Table of Strategic Frameworks, Policies, and Plans

Strategy/Plan	Connection to Recycle & Remanufacturing
National Waste Management Strategy (2018-2030)	Promote waste reduction, recycling, and reuse. Lays a conceptual foundation for industrial-scale remanufacturing
National Environmental Policy (2019)	Supports circular economy and sustainable consumption/production, indirectly backing remanufacturing initiatives
National Industrial Policy (2016)	Aims to modernize manufacturing and integrate green industry principles. May support remanufacturing via industrial parks and SMEs
Myanmar Sustainable Development Plan (2018)	Emphasizes responsible resource management, industrial innovation, and green growth. Recycling and Remanufacturing fit within these strategic goals

〈Table 3-5〉 Table of Laws and Acts

Legal Instrument	Relevance to Recycle & Remanufacturing
Environmental Conservation Law (2012)	Provides the basis for pollution control, Environmental Impact Assessment (EIA)/ Environmental Management Plan (EMP), and waste management practices. It could support recycling and remanufacturing as a pollution prevention measure
Myanmar Mines Law (Revised 2015)	Addresses are responsible for mineral use but lack provisions for the reuse or reprocessing of waste or machinery. It could be amended to integrate recycling and remanufacturing
Import and Export Law (2012)	Controls trade in second-hand goods; impacts recycling and remanufactured product import/export. Needs a clearer distinction between refurbished and waste imports.
Myanmar Investment Law (2016)	Enables the Myanmar Investment Committee (MIC) to offer incentives for green investment, including possible recycling and remanufacturing operations
Factories Act (1951) (amended in 2016)	Regulates the safety and operations of industrial facilities but is weak for modern recycling and remanufacturing contexts

〈Table 3-6〉 Table of Institutions & Society

Institution and Society	Key Responsibilities in SRC Policy Implementation	Role in Recycling and Remanufacturing
Ministry of Natural Resources and Environmental Conservation	Overseas sustainable resource extraction, environmental conservation, and mining regulation.	Regulates eco-friendly mining practices and sets environmental standards for recycling/mineral recovery.
Ministry of Industry	Develops industrial policy, supports manufacturing sector transformation, and promotes green industry initiatives.	Supports industrial symbiosis, cleaner production technologies, and remanufacturing in the industrial sector.
Ministry of Commerce	Regulates trade policies and standards, including the import/export of recyclable and secondary raw materials.	Facilitates market access for recycled materials and supports circular supply chains.
Ministry of Science and Technology	Leads Reserve and Development (R&D), innovation, and technology transfer in sustainable development and resource management.	Promotes research in recycling tech, supports innovation hubs, and encourages local remanufacturing solutions.
Myanmar Engineering Society	Provides technical expertise, training, and professional standards in engineering and environmental management.	Supports technical design, skill development, and certification for recycling and remanufacturing processes.

Several Non-Governmental Organizations NGOs and development partners support Myanmar to sustainably manage its natural resources. Supporting policy reform, capacity building and environmental conservation are also helped by the involvement of the United Nations Development Programme (UNDP), United Nations Environment Programme (UNEP), World Bank, and Asian Development Bank (ADB). Moreover, the Extractive Industries Transparency Initiative (EITI) Myanmar enhances transparency in the extractive industries and the Mining sector.

The effective implementation of sustainable resource circulation policyin Myanmar depends on the collaboration of multiple organizations. Each ministry and department, when coordinated through policy frameworks, brings specific responsibilities that will help ensure the exploitation and utilization of underground resources in a manner that is inclusive and promotes sustainable economic growth.

5) Lessons Learned from the European Union (EU) and South Korea's Circular Resource Strategies

The EU and South Korea's experiences provide insightful lessons for Myanmar as it attempts to establish a sustainable resource circulation policy. These two countries describe how effective circular economy transitions are powered by integrated governance, strong legal frameworks, strategic investments in stakeholder involvement and innovation. Myanmar can design more efficient and inclusive solutions fit to its developmental context by studying its policy tools, institutional cooperation and sectoral approaches.

5-1) EU Circular Economy Practices

Myanmar can learn important lessons from the EU; it is the importance of and unified and coherent policy framework. The circular economic success of the EU is based on its capacity to unify many sectors under a shared strategic vision with quantifiable objectives and goals. Setting targets for the resource economy roadmap for Myanmar, and aligning laws, ministerial responsibilities, and the national circular economy plan could help to bring about the systematic transformation.

- Another important lesson is the EU's application of the Extended Producer Responsibility (EPR) and eco-design criteria. Encouragement of durability and recyclability, these policies hold manufacturers responsible for their products' whole lifecycle. The beginning with plastics, electronics, and mining by implementing EPR in Myanmar, could drive innovation and boost recycling infrastructure

- The importance of stakeholder engagement and public awareness is underscored by the EU. Partnerships between government, industry, civil society, and communities have made possible achievements in Europe. Myanmar can replicate this by creating multistakeholder platforms and awareness initiatives. These inclusive initiatives will support the circular economic policies throughout the nation to be accepted and efficient
- One pillar of the European Green Deal, the EU's Circular Economy Action Plan (CEAP), aims to move towards a circular economy to minimize waste, improve resource efficiency, and foster sustainable development. Their focus is on sustainable product design, waste reduction, and consumer empowerment, with specific actions targeting high-impact sectors such as textiles, plastics, and electronics. Myanmar could implement comparable regulations to ensure products are created for remanufacturing

5-2) South Korea's Circular Resource Strategies

Myanmar can learn some important lessons from South Korea's successful, sustainable resource policies to forward its resource circulation and green growth plan

- Strong National Vision and Policy Integration:South Korea's “Low Carbon Green Development” agenda has elevated sustainability as a top priority, including economic, environmental, and social goals within a single framework. Similarly, by adopting a comprehensive long-term vision supported by strong political leadership, Myanmar can benefit from a multi-sectoral (e.g., cross-ministerial) coordinated drive for resource sustainability
- Circular Economy Across Key Industries:The circular economy policy of Korea focuses on the nine important industries (such as petrochemicals,

steel, batteries, electronics, textiles, automobiles, machinery, cement, nonferrous metals) with committed projects for resource efficiency, recycling and green technologyu. This sector-based approach to give sustainability priority to manufacturing, agriculture, energy, and mining can be used for Myanmar

- Innovation and Technology Investment:Korean companies are pushing their transition to green business models and investing in the latest recycling technologies, such as pyrolysis for polymers/plastics, rare earth recovery, and battery recycling. Myanmar should support research and development (R&D), technology transfer, and pilot projects to improve resource management and encourage domestic innovation
- South Korea's Industry-Specific "CE 9" Strategy: South Korea's industry-specific "CE 9" Strategy emphasizes resource recycling and effective utilization within nine sectors. the sector seeks to shift from a linear take-make-dispose model to a circular one: 1. Petrochemicals, 2. Steel (maximizing use of scrap metal in manufacturing), 3. Nonferrous metals, 4. Batteries (developing lithium/nickel recovery from EV batteries), 5. Electronics, 6. Textiles, 7. Automobiles, 8. Machinery (promoting resource efficiency and recycling in machinery manufacturing), and 9. Cement. The remanufacturing roadmaps for the mining, metals and electronics sector should be prioritized in Myanmar

The need for coherent policy integration, sector-targeted strategies, and circular economy goals is illustrated by strategies and policies from the EU and South Korea. By adapting these two countries' best practices, Myanmar can significantly improve its resource management and economic resilience. Strategic adoption of extended producer responsibility, multi-stakeholder collaboration, and green technology investment will be vital for aligning natural resource management with sustainable and inclusive economic growth.

6) Opportunities and Problems

Myanmar faces a significant challenge in balancing the need for sustainable economic development with the exploitation of its underground resources. While current practices are inefficient and environmentally damaging, there are significant opportunities to adopt a circular economy approach that supports inclusive growth, innovation, and resource efficiency in Myanmar.

- Opportunity : The key opportunity is to reposition Myanmar's resource-dependent economy through a sustainable resource circulation policy that balances environmental sustainability and economic growth. By adopting circular economy principles such as recycling, remanufacturing, green mining, and resource efficiency, Myanmar can reduce its reliance on virgin extraction. Furthermore, there are opportunities in Myanmar to stimulate green industries, create jobs, attract foreign investment and cooperation, and create an enabling environment for a more resilient, inclusive, and low-carbon economy
- Problem : Because Myanmar has not yet adopted an integrated circular economy, its abundant underground resources, including minerals, metals, natural gas, and gemstones, are still largely managed in a linear, extraction-driven manner. The main challenges are outlined below
- Fragmented governance and weak institutions : Myanmar has overlapping or outdated laws and limited inter-ministerial coordination and insufficient enforcement capacity, on the other hand, leading to regulatory confusion
- Infrastructure and technological gaps : Infrastructure and technological deficits exacerbate the issue. Outside of major cities, waste collection, sorting, recycling, and safe disposal systems are underdeveloped, while local businesses lack access to advanced recycling and remanufacturing technologies

- Environmental degradation and resource mismanagement : Uncontrolled extraction leads to soil erosion, air and water pollution, biodiversity loss, and the production of hazardous waste that threatens ecosystems and public health, while accelerating the depletion of finite underground resources
- Underdevelopment of recycling and remanufacturing sectors : These sectors are dominated by informal actors. Onthe other hand, investment, infrastructure, technology,and regulatory support are lacking
- Financial and economic barriers : These barriers further constrain progress, as SMEs struggle to obtain capital for technological upgrades. They have limited access to incentives for investing in circular practices and face unstable market conditions that reduce their profits

Finally, lack of reliable data on resource flows, low awareness, and a dominant informal sector undermine evidence-based policymaking and complicate regulatory oversight. By addressing the core issues of weak governance, fragmented policies, and underdeveloped recycling systems, Myanmar can transform its resource economy. Accepting a sustainable resource circulation policy offers a path toward environmental conservation, economic resilience, and long-term national prosperity.

7) Strategic Pillars for a Sustainable Resource Circulation Policy

A strong policy framework is needed to transform Myanmar from a resource-dependent and extractive economy to a circular economy that is resource-efficient, environmentally sustainable, and sustainable. The following pillars are the backbone of a Sustainable Resource Circulation policy that addresses economic, environmental, and social aspects while aligning with global sustainability standards, including national development goals.

- Green Mining and Industrial Transformation : Improving the efficiency of material extraction, processing, and consumption is essential for the sector to reduce waste generation and environmental impact. This strategic pillar focuses on modernizing mining technologies (Green Mining) to lower resource and energy consumption, optimizing mineral beneficiation and energy production processes, and promoting eco-design principles to extend the lifecycle of manufactured products. In addition, it will encourage the adoption of industrial integration, where the outputs of one industrial process are reused as inputs for another, thereby reducing resource losses
- Circular Use, Recycling, and Remanufacturing for Extracted Materials : Promoting circular use, recycling, and remanufacturing of extracted materials is essential for reducing dependence on finite virgin resources and mitigating the environmental impacts of extraction. In Myanmar, where the mining and construction sectors generate substantial waste streams, circular economy practices present a valuable opportunity to improve resource efficiency and stimulate green industrial development. Establishing a thorough legal and regulatory framework to control recycling sectors, especially for high-value materials like e-waste, metal scraps, and construction aggregates, is one of the main techniques to further this agenda. Investment in essential infrastructure, such as material recovery facilities (MRFs), recycling and remanufacturing plants, and logistics systems, that can effectively gather, sort, and reprocess waste materials nationwide, should be implemented. Additionally, institutional demand for recycled materials will be created, and market growth must be promoted by including secondary raw materials in national and subnational procurement procedures, especially in public infrastructure and building projects
- Institutional Coordination and Policy Integration : Effective resource circulation in Myanmar requires robust institutional coordination and the integration of policies across ministries and governance levels. A

dedicated inter-ministerial task force should be established to oversee policy development, involving key government agencies, private sector actors, and civil society. National and sectoral plans, including the Myanmar Sustainable Development Plan and other related policies, need to include mainstream objectives for resource flow. Harmonizing legislative tools, including mining, environmental, and industrial policies, is crucial to minimizing disputes and enabling consistent execution. Furthermore, creating a unified data system to track waste, recycling, and material flows can support evidence-based planning and increase openness

- Data, Innovation, and Capacity Building : Enabling a circular economy in Myanmar calls for the development of technical, institutional, and human capacity. Extensive vocational training in sustainable mining, recycling, and green engineering should foster a skilled workforce. Collaborations with universities, international agencies, and the business sector can drive innovation and local Research and Development (R&D) in circular technologies. Encourage environmental responsibility, waste reduction, and material efficiency can be encouraged by Public awareness initiatives. Establishing innovation hubs and incubators will help startups and SMEs concentrate on clean technologies and remanufacturing. It will create not only a knowledge-driven but also a future-ready resource economy
- Public-Private Partnerships and International Cooperation : Promoting inclusive and equitable resource governance is essential for Myanmar's long-term sustainability and social legitimacy. Active engagement with local communities, civil society, and indigenous groups ensures transparency and shared ownership in decision-making. Strengthening SMEs in recycling and sustainable materials management expands green jobs and enhances domestic capacity. Public-private partnerships and international cooperation can facilitate technology transfer, infrastructure development, and equitable revenue distribution. Moreover, there also needs to be an exploration of ways to build a strong network of local and

international recycling companies and foster positive collaboration

By implementing the above pillars in line with best practices, Myanmar can significantly improve its resource management and economic resilience. The strategic adoption of extended producer responsibility, multi-stakeholder collaboration, and investment in green technology will be key to aligning natural resource management with sustainable, inclusive economic growth.

8) Conclusion and Recommendation

Myanmar stands at a pivotal moment in its development trajectory, with abundant underground resources offering both opportunities and challenges for sustainable economic growth. The country's current reliance on extractive industries has significantly contributed to its GDP and export earnings. However, it has also led to environmental degradation, inefficient resource use, and negative social impacts. This report highlights how a well-designed resource circulation framework for a circular economy can reconcile a country's economic goals with environmental stewardship and social welfare.

By promoting resource efficiency, reuse and recycling, remanufacturing, sustainable mining (Green mining), and institutional integration, Myanmar can move beyond a linear extraction model and onto a resilient, regenerative development path. On the other hand, recycling and remanufacturing minerals from underground resources is one of the effective ways to reduce the environmental impact of mineral extraction. Therefore, the state should strive to develop these sectors. For this, it is necessary to invite good technologies and find ways to cooperate with the international community.

The strategic pillars and policy recommendations outlined in this report are practical and provide a roadmap for integrating underground resource management into national development planning. They emphasize the importance of not only technological and regulatory reform but also education, capacity building, and inclusive stakeholder participation. Successful implementation will inevitably require strong political will, institutional coordination, and broad-based public participation.

It will also require investment in infrastructure, innovation, and human capital. International cooperation and development, particularly through financing pilot projects involving partners, building technical expertise, and sharing best practices, can further support Myanmar's efforts. This approach aligns with Myanmar's commitments under the Sustainable Development Goals (SDGs), the Paris Agreement, and its own National Waste Management Strategy and Master Plan (2018–2030).

In conclusion, establishing a sustainable resource circulation policy is not merely a policy option; it is a critical step toward securing Myanmar's economic resilience, environmental integrity, and intergenerational equity. As global trends shift towards green and circular economies, Myanmar must seize existing opportunities to transform its resource wealth into a foundation for sustainable prosperity and create the best possible future.

Appendix 1: A brief description of Key Players and Technologies of Recycling and Remanufacture in Myanmar

Aspect	Description	Key Players/Examples
Industry Structure	Highly fragmented, with both formal enterprises and a large informal sector. Value chain includes individual collectors, small/large junk shops, aggregators, preprocessors, and a few formal recyclers.	SMEs, Yangon Metal Industry (YMI), Four Seasons FZE, DOWA Eco-System Myanmar
Major Metals Recycled	Iron, aluminum, copper, zinc, lead. Lead recycling is especially advanced, with high-purity secondary smelters.	YMI (lead), various SMEs
Processes & Technology	Collection, manual and mechanical sorting, shredding, baling, smelting, refining. Advanced facilities use international standard smelting and environmental controls; most SMEs use basic equipment.	YMI, DOWA Eco-System, Four Seasons FZE

Aspect	Description	Key Players/Examples
Formal vs Informal	Majority of collection and preliminary processing is informal; few formal recyclers exist, but they have the most influence on market pricing and quality standards.	SMEs, junk shops, YMI
Remanufacturing	Still nascent; informal practices include auto parts refurbishment, machinery repair, and component reuse. Formal remanufacturing (restoring to like-new) is rare but growing in lead and battery sectors.	YMI, local auto/machinery workshops
Market Drivers	Resource conservation, demand for recycled metals in manufacturing/construction, environmental regulations, and the economic value of scrap metals.	-
Policy & Regulation	Government promotes sustainable waste management, offers tax incentives for advanced recycling investments, and enforces environmental standards (especially in SEZs).	MONREC, DOWA Eco-System
Notable Projects	Construction of Myanmar's first controlled landfill and metal recycling facility in Thilawa SEZ by DOWA Eco-System (Japan); YMI's lead smelting and export operations.	DOWA Eco-System, YMI
Export/ Import	Myanmar exports some recycled metals (notably lead) to Asian and European markets; also imports scrap and finished metal products to meet domestic demand.	YMI (lead exports)

REFERENCES

6Wresearch. (2021, January). *Myanmar scrap metal recycling market (2025-2031).* Retrieved from https://www.6wresearch.com/industry-report/myanmar-scrap-metal-recycling-market-2020-2026

Argus Media. (2023, June 22). *S. Korea unveils strategy to promote circular economy.* Retrieved from https://www.argusmedia.com/en/news-and-insights/latest-market-news/2461867-s-korea-unveils-strategy-to-promote-circular-economy

ASEAN. (n.d.). *SME development policies in Myanmar* [PDF]. Retrieved from https://asean.org/wp-content/uploads/images/archive/documents/SME%20Development%20Policies%20in%204%20ASEAN%20Countries%20-%20Myanmar.pdf

Asian Development Bank. (2016). *Myanmar energy sector assessment, strategy, and road map.* Development Bank. https://www.adb.org/sites/default/files/institutional-document/218286/mya-energy-sector-assessment.pdf

Asian Development Bank. (2024). *Asia development outlook: Myanmar.*

Bauer, A., Shortell, P., & Delesgues, L. (2016). *Sharing the wealth: A roadmap for distributing Myanmar's natural resource revenues* [PDF report]. Natural Resource Governance Institute.

Building Markets. (2019). *An overview of Myanmar's recycling industry* [PDF report]. Building Markets. https://connect.buildingmarkets.org/wp-content/uploads/2021/08/buildingmarkets-myanmar_recycling_industry_overview_december_2019.pdf

Burma Library. (n.d.). *IRON, STEEL AND BASE METAL PRODUCTION IN MYANMAR* [PDF]. Retrieved from https://www.burmalibrary.org/docs2/copperMetal.pdf

Circular Action Hub. (2020, August 4). *Project spotlight: Myanmar Recycles.* Retrieved from https://www.circularactionhub.org/project-spotlight-myanmar-recycles/

Department of Geological Survey and Mineral Exploration. (2018). *Mineral occurrences of Myanmar* (Unpublished manuscript). Ministry of Natural Resources and Environmental Conservation.

Department of Population. (2024). *Myanmar census 2024.* Ministry of Immigration and Population.

Dowa Eco-System Co. Ltd. (2014, December 25). *News archive.* Retrieved from https://www.dowa-eco.co.jp/en/news/archive/20141225.html

Environmental Conservation Department, Ministry of Natural Resources and Environmental Conservation, Republic of the Union of Myanmar. (2018). *National waste management strategy and action plan for Myanmar (2018–2030).*

European Commission. (n.d.). *Circular economy action plan.* Retrieved from https://environment.ec.europa.eu/strategy/circular-economy-action-plan_en

Fours FZE. (n.d.). *Metal recycling in Myanmar.* Retrieved from https://www.foursfze.com/metal_recycling-in-myanmar.html

Global Green Growth Institute. (2015). *Korea's green growth experience: Process, outcomes and lessons learned.*

Institute for Global Environmental Strategies. (2016). *Quick study of waste management in Myanmar: Current situation and key challenges.* First National/City Workshops for Developing National/City Waste Management Strategies in Myanmar, June 2016, Nay Pyi Taw & Mandalay, Myanmar.

Institute for Global Environmental Strategies. (2017). *Waste management in Myanmar: Current status, key challenges and recommendations for national and city waste management strategies.*

International Energy Agency. (2022). *Southeast Asia Energy Outlook 2022.*

Japan External Trade Organization (JETRO). (n.d.). *Trade fair detail.* Retrieved from https://www.jetro.go.jp/en/database/j-messe/tradefair/detail/122755

Ko, C. O., Tun, Y., Lwin, N. H., Moe, T., & Eaindray, J. (2021). *Estimation of the recyclable waste amount collected by informal recycling shops: Case study in Nay Pyi Taw, Myanmar. Environmental and Natural Resources Journal, 19*(2), 130–111.

Korea Development Strategy Institute. (n.d.). *KDS stories.* Retrieved from https://eng.kds.re.kr/News/KDSStories.html?gid=homepage_eng&bid=story&step=read&aid=1540000000000

Korea.net. (2017, December). *S. Korea unveils strategy to promote circular economy.* Retrieved from https://www.korea.net/Government/Briefing-Room/Press-Releases/view?articleId=1501800&type=N&insttCode=A260112

Kyaw, A. (2008). *Financing small and medium enterprises in Myanmar.*

Lynn, T. A., & Oye, M. (2014). *Natural resources and subnational governments in Myanmar: Key considerations for wealth sharing* (Discussion Paper No. 4). Subnational Governance in Myanmar: Discussion Paper Series.

Ministry of Commerce. (2012). *The export and import law 2012.* Myanmar.

Ministry of Industry, Government of the Republic of the Union of Myanmar. (2016). *Industry policy.*

Ministry of Natural Resources and Environmental Conservation. (2012). *Environmental conservation law 2012 (Law No. 9/2012).*

Ministry of Natural Resources and Environmental Conservation. (2015). *The law amending the Myanmar Mines Law (2015).*

Ministry of Planning and Finance. (2018). *Myanmar Sustainable Development Plan.*

Ministry of Planning and Finance. (2021). *Myanmar statistical yearbook.* Government of the Republic of the Union of Myanmar.

Myanmar Centre for Responsible Business. (n.d.). *Sector-wide impact assessment: Mining* [PDF]. Retrieved from https://www.myanmar-responsiblebusiness.org/pdf/SWIA/Mining/06-Sector-Level-Impacts.pdf

Natural Resource Governance Institute. (2016). *Myanmar and the Natural Resource Charter: 28 priority issues for the extractive industries.*

Nyunt, T. T., Moe, A. K., Kyaw, Z., & Sai, P. S. (2023). *Some critical mineral and element occurrences and potential in Myanmar. Thai Geoscience Journal, 4*(5), 11–32. https://doi.org/10.14456/tgj.2023.2

Open Development Myanmar. (n.d.). *Extractive industries.* Retrieved from

https://opendevelopmentmyanmar.net/topics/extractive-industries/
Organisation for Economic Co-operation and Development. (2022). *OECD investment policy reviews: Myanmar 2020.*
Source Intelligence. (n.d.). *What are the EPR directives in the EU.* Retrieved from https://blog.sourceintelligence.com/what-are-the-epr-directives-in-the-eu
The Factories Act. (1951). *The law amending the Factories Act, 1951 (The Pyidaungsu Hluttaw Law No. 12, 2016).*
The Myanmar Investment Law. (2016). *The Myanmar Investment Law.*
The Public of the Union of Myanmar. (2019). *National environmental policy.*
TheGlobalEconomy.com. (2021). *Burma (Myanmar): Oil reserves.* Retrieved from https://www.theglobaleconomy.com/BurmaMyanmar/oil_reserves/
World Bank. (2019, June 11). *Myanmar country environmental analysis: Solid waste management* [Video]. Retrieved from https://www.worldbank.org/en/news/video/2019/06/11/myanmar-country-environmental-analysis-solid-waste-management?utm_source=chatgpt.com
World Bank. (n.d.). *GDP per capita (current US$) - Myanmar.* Retrieved from https://data.worldbank.org/indicator/NY.GDP.PCAP.CD?end=2024&locations=MM&start=1961
World Bank Group. (2022). *Myanmar Economic Monitor: Contending with constraints.*
Worldomcter. (2015). *Myanmar natural gas reserves, production and consumption statistics.* Retrieved from https://www.worldometers.info/gas/myanmar-natural-gas/
Yangon Metal. (n.d.). *Yangon Metal.* Retrieved from https://yangonmetal.com/
Yin Myo Wai. (n.d.). *Why Myanmar needs circular economy* [Post]. LinkedIn. Retrieved from https://www.linkedin.com/pulse/why-myanmar-needs-circular-economy-yin-myo-wai-efztc

04

Circular Economy in Lao PDR's Energy and Mineral Sectors: Pathways to Sustainable Development and Green Growth

Chapter

04

Circular Economy in Lao PDR's Energy and Mineral Sectors:

Pathways to Sustainable Development and Green Growth

XAYAVONG Xaybandith

Deputy Director, Ministry of Industry and Commerce, Lao PDR

1. Executive Summary

The Lao People's Democratic Republic (Lao PDR), a nation abundant in natural resources, is at a critical juncture in its development, transitioning from a linear economic model, particularly in its energy and mineral sectors, towards sustainable practices. While the country aims to become the "Battery of Southeast Asia" through hydropower exports, its domestic energy consumption increasingly relies on fossil fuels, creating a tension with its green growth ambitions. Despite foundational environmental policies, a comprehensive national circular economy (CE) strategy is notably absent, leading to fragmented efforts. Key challenges include underdeveloped infrastructure, financial constraints, and data limitations. Nevertheless, substantial opportunities exist for fostering green growth, economic diversification, and enhanced resource security through circular practices such as urban mining and industrial symbiosis. Proactive planning for future waste streams from green infrastructure is essential. This report outlines a series of recommendations, emphasizing the urgent need for a national CE roadmap, strategic investments in circular infrastructure, strengthened governance, and robust regional and international partnerships to secure a prosperous and environmentally responsible future for Lao PDR.

2. Introduction: Embracing the Circular Economy in Lao PDR

1) Defining the Circular Economy: Principles and Global Relevance

The circular economy (CE) represents a fundamental paradigm shift from the conventional linear "take-make-waste" model to a system where materials never become waste and natural systems are regenerated. This approach operates on three core principles: eliminating waste and pollution, circulating products and materials at their highest value, and regenerating natural systems. By decoupling economic activity from finite resource consumption, it addresses global challenges like climate change and pollution.

For developing economies like Lao PDR, the circular economy offers significant benefits, enhancing economic resilience and diversification. Circular practices create new jobs in repair, parts recovery, and recycling, reducing reliance on volatile raw material exports. Nations investing in circular infrastructure and skilled workforces can become regional hubs for refurbishment and recycling, attracting multinational investment and securing long-term economic growth less dependent on primary extraction. Furthermore, the circular economy supports governments in achieving carbon abatement goals through sustainable resource strategies.

The circular economy is not merely an environmental concept but a strategic economic tool for developing nations like Lao PDR, enabling them to decouple economic growth from unsustainable resource use. Lao PDR's economy has historically relied heavily on natural resource exploitation, characteristic of a linear economic model. This model, while driving initial growth, carries inherent risks of resource depletion and global commodity price volatility. The emphasis that the circular economy brings "significant benefits, enhancing economic resilience and diversification" and "decouples economic activity from finite resource consumption" frames the circular economy as a path to more stable and sustainable economic growth, elevating the discussion from environmental compliance to a core economic strategy.

The Circular Economy "Butterfly Diagram" is an essential tool for illustrating the fundamental concepts of the circular economy. It divides into technical and biological cycles, demonstrating how products and materials are kept in circulation within the system through processes such as reuse, repair, remanufacturing, and recycling.

2). Lao PDR's Development Path: Resource Dependence and Green Growth Ambitions

Lao PDR's economy has historically relied on its abundant natural resources, including water, minerals, and forests. For instance, gold and copper mining significantly contributed to the GDP, accounting for approximately 30% in 2005. The nation's vision to become the "Battery of Southeast Asia" leverages its vast hydropower potential (estimated 26,000 MW) for electricity export. This resource-intensive growth is evident in the rapid surge of annual resource use from 17 million tonnes in 2005 to 214 million tonnes in 2019, driven by mining and forestry.

Lao PDR is committed to sustainable development, reflected in its adherence to international agreements like Agenda 21 and the UNFCCC. The 9th Five-Year National Socio-Economic Development Plan (2021-2025) acknowledges sustainable development, and the National Green Growth Strategy (2018) aims for economic growth through resource efficiency and sustainability. The country has set ambitious climate targets in its 2021 Nationally Determined Contribution (NDC), including an unconditional 60% emissions reduction by 2030 and carbon neutrality by 2050.

The ambition to be the "Battery of Southeast Asia," promoting clean energy exports, creates a fundamental tension with Lao PDR's increasing domestic reliance on fossil fuels and overall rising resource use. This situation points to a significant gap between policy and practice and an urgent need to decarbonize the domestic energy sector and enhance overall resource efficiency to align with the country's green growth and carbon neutrality goals. The document explicitly states that "While the country aims to become the 'Battery of Southeast Asia' through hydropower exports, its domestic energy consumption increasingly relies on fossil fuels, creating a tension with its green growth ambitions". This direct contradiction is further underscored by data showing the rapid surge in overall resource use from 17 million tonnes to 214 million tonnes. This indicates that a sole focus on clean energy exports may overlook growing internal environmental impacts, making the achievement of carbon neutrality by 2050 challenging without concerted efforts to circularize the domestic economy.

3) The Urgency for a Circular Economy in the Energy and Mineral Sectors

Given the rapid increase in resource use and the inherent environmental liabilities of a linear economic model, adopting circular economy principles is not merely an environmental option but an economic strategic imperative for Lao PDR. Circular practices offer a pathway to economic diversification, enhanced resource security, and genuine green growth, shifting away from primary resource extraction towards higher-value activities. Proactive planning for future waste streams, especially from expanding green infrastructure like solar panels and wind turbines, is critically important to prevent new environmental issues from arising as the country expands its renewable energy capacity.

Considering the rapid increase in overall resource consumption and ambitious climate targets, the adoption of circular economy principles is not just a desirable outcome but a fundamental pillar for Lao PDR to achieve its national development goals and ensure long-term economic and environmental sustainability. The data indicating "the rapid surge of annual resource use from 17 million tonnes in 2005 to 214 million tonnes in 2019" , coupled with "ambitious climate targets" , suggests that the current linear trajectory is unsustainable and will actively undermine the country's stated goals. Therefore, embracing circular economy principles becomes a critical and non-negotiable strategy for the nation's future, shifting from reactive waste management to proactive resource optimization.

3. Lao PDR's Energy Sector: Current Landscape and Circular Economy Potential

1). Current Energy Mix and Consumption Trends

Lao PDR's energy sector is dominated by hydropower, which supplies nearly 100% of domestic electricity and is a major export. The nation aims to export 161 terawatt-hours (TWh) of electricity by 2050 under carbon-neutral scenarios. However, the total primary energy supply (TPES) shows a growing reliance on fossil fuels for domestic consumption. Coal's share in TPES surged to 33% by 2015, with coal and oil together accounting for 60% of total energy supply in 2017. This increasing fossil fuel dependence has led to a rise in carbon dioxide (CO_2) emissions, with per capita CO_2 emissions increasing by 6.3% from 2015 to 2016, primarily due to industrial development. The Hongsa coal-fired power plant alone increased Laos's CO_2 emissions five-fold in four years after its commissioning.

Future projections anticipate renewables (hydro, solar, wind, biomass) to constitute 80% of TPES by 2050, with plans for 4.8 GW of solar and 4.9 GW of wind capacity by 2035.

〈Table 4-1〉, presented below, provides an overview of Lao PDR's primary energy supply and consumption trends. This table is crucial as it illustrates the historical shift towards fossil fuel dependence for domestic consumption despite significant hydropower exports, and contrasts this with ambitious future targets for renewable energy. This makes the inherent contradictions in Lao PDR's energy strategy apparent and provides a clear baseline for assessing progress towards a circular economy and decarbonization.

〈Table 4-1〉 Lao PDR's Primary Energy Supply and Consumption Trends (ktoe/Mtoe)

Cataegory	Fuel sourece	2000 (ktoe)	2015 (ktoe)	2017 (Mtoe)	2050 Projection
TPES	Biomass	1,262 (78%)	1,620 (34%)	-	-
	Petroleum	243 (15%)	953 (20%)	-	3.15 (39% of TFEC, Oil)
	Hydropower	81 (5%)	429 (9%)	-	Dominant (Renewables)
	Coal	8 (0.5%)	1,572 (33%)	-	Expected to fall to ~20% (Coal & Oil)
	Solar	-	-	-	Dominant (Renewables)
	Wind	-	-	-	Dominant (Renewables)
TFEC	Total	1,509	3,122	-	-
	Coal	-	406 (13%)	-	-
	Electricity	-	375 (12%)	0.45 (13%)	3.4 (42-43%)
	Petroleum	-	1,280 (41%)	1.34 (39%)	-
	Biomass	-	1,170 (37%)	1.63 (48%)	1.2 (15%)

TPES = Total Primary Energy Supply; TFEC = Total Final Energy Consumption. Percentages are shares of TPES/TFEC for the respective year

The ambitious 2050 renewable energy targets (80% of TPES) and overall carbon neutrality goals are contingent on reversing the current trend of increasing domestic fossil fuel dependence, particularly coal. This requires not only the development of new renewable energy capacities but also significant strategies for phasing out or reducing fossil fuel use in domestic industrial and transport sectors, coupled with robust energy efficiency measures. Table 1 clearly shows that coal's share in TPES dramatically increased from 0.5% in 2000 to 33% in 2015, and coal and oil combined accounted for 60% of total energy supply by 2017. While 2050 projections aim for 80% renewables, this current trajectory presents a significant challenge. The contradiction identified in the document indicates that simply expanding hydropower for export or adding new solar/wind capacity is insufficient if domestic consumption continues to rely on polluting fossil fuels. Achieving true "net-zero carbon neutrality" by 2050 necessitates a comprehensive domestic energy transition strategy that actively reduces fossil fuel dependence across all sectors, not just through clean energy generation.

2) Energy Sector Waste Streams and Environmental Impacts

Carbon dioxide (CO2) emissions are a major concern, increasing by 6.3% per capita from 2015 to 2016, primarily due to industrial development. The Hongsa coal-fired power plant significantly increased Laos's CO2 emissions five-fold in four years after its commissioning. Beyond emissions, electricity transmission and distribution losses were substantial, reaching 2,565 GWh in 2015, representing a significant loss of generated energy. While specific data on coal ash from power plants like Hongsa is limited, coal ash is a known byproduct with potential for utilization in construction or rare earth element extraction, but also environmental risks if improperly disposed. Water quality degradation from industrial waste and sewerage is also an issue.

The substantial electricity transmission and distribution losses represent not only economic inefficiency but also an "invisible waste" stream of generated energy, undermining the overall sustainability of the energy sector, increasing the demand for primary energy supply, and exacerbating overall environmental impacts, even from "clean" hydropower sources. By reducing these losses, the overall resource efficiency of the energy system improves, lessening the need for additional energy generation (whether fossil fuel or renewable) and mitigating associated environmental impacts. The statement that "electricity transmission and distribution losses were substantial, reaching 2,565 GWh in 2015" is a critically important piece of data. This is energy that was generated but never consumed, effectively "wasted" from a circular economy perspective. This is a direct resource inefficiency. Reducing these losses would improve the overall resource efficiency of the energy system, lessen the need for additional generation capacity (whether fossil fuel or renewable), and mitigate associated environmental impacts (e.g., land use for dams, emissions from thermal power plants). This highlights an often-overlooked area for circular economy improvements.

3) Opportunities for Circularity and Energy Efficiency

Lao PDR has significant potential for circularity and energy efficiency in its energy sector.

- Renewable Energy Integration:Abundant hydropower, solar, wind, and biomass resources offer a strong foundation for decarbonizing the domestic energy system and increasing clean energy exports. Agreements for large-scale wind projects and plans for 4.8 GW solar and 4.9 GW wind by 2035 demonstrate clear commitment
- Energy Efficiency Programs:The National Policy on Energy Efficiency and Conservation (2016) targets a 10% reduction in energy consumption by 2030. Initiatives include promoting energy management systems, Energy Service Companies (ESCOs), and energy performance standards, with digitalization as a key enabler

- Waste-to-Energy Projects:The NDC Implementation Plan supports investments in waste-to-energy and organic waste recycling, targeting 500 tonnes per day for Vientiane Capital. A tangible example is the Lao Brewery Company (LBC) establishing Laos's first biomass energy factory, using biomass waste to replace fossil fuels for over 80% of its steam needs by February/March 2025. This project is expected to significantly reduce carbon emissions and help LBC achieve its zero brewery emissions target five years ahead of schedule, demonstrating the potential to valorize industrial and agricultural waste streams
- Material Recovery from Energy Infrastructure:As renewable energy infrastructure expands, proactive planning for end-of-life management is crucial. Recycling technologies can recover valuable materials like silver, copper, glass, and silicon from solar panels. Breakthroughs in wind turbine blade recycling allow transformation into usable plastics and recovery of glass fibers. Without robust recycling strategies, new environmental challenges from green technology waste could arise

The success of waste-to-energy projects, such as LBC's biomass factory , demonstrates a tangible and replicable circular economy model that directly addresses both waste management and decarbonization. This highlights the significant yet underexploited potential of agricultural and industrial waste streams in Lao PDR for energy generation, which can be scaled up to reduce fossil fuel dependence and contribute to the nation's energy security. The LBC project is presented as a concrete example , utilizing "biomass waste to replace fossil fuels". This is a direct application of circular principles (waste as a resource) to the energy sector, yielding clear environmental benefits (reduced carbon emissions). Given Lao PDR's agricultural base and significant biomass resources , this model is highly replicable. This indicates that with addressing infrastructure challenges in waste collection and processing , this circular pathway can be significantly expanded.

4. Lao PDR's Mineral Sector: Resource Dependence and Circular Economy Interventions

1) Key Minerals, Extraction, and Processing Activities

Lao PDR is rich in a variety of minerals, including gold, copper, zinc, lead, tin, iron, aluminum, potash, limestone, and gypsum. Gold and copper mining are economically vital, contributing significantly to the nation's GDP and exports. For example, Lane Xang Minerals Limited (LXML) Sepon has produced over 1.1 million tonnes of copper cathode and 1.7 million ounces of gold, generating over US$1.7 billion in direct revenue for the government since 2003.

Extraction typically involves conventional Drill, Blast, Shovel, and Truck methods from open pits. Ore processing includes crushing, grinding, and flotation to recover copper and precious metals. Historical evidence also indicates smelting activities, which produced slag waste.

〈Table 4-2〉 provides a snapshot of the most economically significant minerals in Lao PDR and their contribution to the national economy. This table is crucial as it offers a concise quantitative overview of the economic importance of specific minerals and key operations in Lao PDR, confirming the scale and significance of the mining sector and why circular economy interventions in this sector are critically important for the nation's economic sustainability and resource management.

〈Table 4-2〉 Economically Significant Minerals in Lao PDR

Mineral Type	Economic Contribution / Significance	Major Operations / Examples
Gold	Main contributor to GDP (30% in 2005, with copper); LXML Sepon produced over 1.7 million ounces since 2003; US$1.7 billion in direct revenue to Lao Government from LXML Sepon	LXML Sepon, Phu Kham (copper-gold)
Copper	Main contributor to GDP (30% in 2005, with gold); LXML Sepon produced over 1.1 million tonnes of copper cathode since 2003; Significant export	LXML Sepon, Phu Kham (copper-gold), Vilabouly Complex (historical)
Lignite (Coal)	Significant increase in TPES (33% by 2015); Fuel for Hongsa Power Plant	Hongsa Lignite Mine and Power Plant

2). Mineral Sector Waste Streams and Environmental Impacts

Mining generates vast waste, primarily waste rock and tailings. In 2015, metal ores accounted for over 21% of material inflow, with waste rock and tailings representing 71% of total waste and emissions. One copper mine was projected to produce 36.9 million tonnes of waste over 12 years. Tailings require specialized storage in Tailings Storage Facilities (TSFs) for stability and to minimize environmental impacts.

Environmental impacts from mining are extensive, including forest clearance, water pollution, land degradation, air pollution (dust, noise), and habitat loss. Pollutants like mercury, arsenic, and lead can be released during copper processing, and improperly managed tailings can generate harmful chemicals and cause water quality issues, including acid rock drainage. Informal e-waste handling, often linked to mineral recovery, involves unsafe practices like open burning, releasing hazardous metals and causing widespread contamination and health hazards.

〈Table 4-3〉 provides a systematic overview of the waste streams generated by Lao PDR's mineral sector, their associated environmental impacts, and the current management practices and regulatory requirements in place. This table is crucial as it illustrates the significant environmental liabilities and risks associated with waste streams in the mineral sector, providing a clear and comprehensive rationale for urgent circular economy interventions. It also highlights the scale of the problem and the often insufficient or risky nature of current management practices.

〈Table 4-3〉 Mineral Sector Waste Streams, Impacts, and Management

Waste Type	Estimated Quantities / Sources	Specific Pollutants / Impacts	Current Management Practices / Regulations
Waste Rock & Tailings	71% of total waste & emissions from metal ores (2015); 36.9 million tonnes from a copper mine in 12 years; Stored in Tailings Storage Facilities (TSFs)	Forest clearance, habitat loss, water/land/air pollution; Potential for harmful chemical generation	Dedicated TSFs for stable storage; Law on Minerals (2017) mandates environmental management plans, rehabilitation, mine closure plans, anti-pollution techniques
Wastewater	From processing activities, pit dewatering, surface runoff	Dissolved metals, cyanide, odor, salinity; Water quality degradation from industrial waste/sewerage	Treatment required to ensure health/life of people, animals, environment; Specialized companies provide wastewater treatment solutions
Air Emissions	From mining operations (dust, noise), processing (volatilized metals), informal e-waste burning	Mercury, arsenic, lead (from copper processing); Dioxins, furans, greenhouse gases (from waste burning)	Mandated anti-pollution techniques; LXML Sepon focuses on reducing carbon footprint
Slag	Byproduct from smelting ore	-	-
E-waste	Increasing generation, significant imports; Informal handling	Lead, mercury, cadmium, organic pollutants (from unsafe practices)	Ban on e-waste imports (due to old tech/pollution); Limited official collection/recycling infrastructure

The immense volume of waste rock and tailings (71% of total waste from metal ores) represents not only a massive environmental liability but also a significant untapped resource for material recovery. This underscores the urgent need for a paradigm shift from waste disposal to resource recovery within the mining sector, transforming environmental burdens into potential economic assets. The data stating that waste rock and tailings account for "71% of total waste and emissions" indicates that the vast majority of material extracted from mining is currently treated as waste. The document also mentions the potential for reprocessing tailings to extract valuable metals, including rare earth elements. This creates a direct link: current linear practices lead to massive waste and significant environmental damage, while circular practices offer the opportunity to mitigate these damages, reduce the need for new primary resource extraction, and create new economic value from what was once considered waste.

3) Current Waste Management and Responsible Mining Practices

Lao PDR has established a legal framework to govern environmental protection and waste management within its mineral sector. The Law on Minerals (2017) outlines principles and measures for mineral management, protection, and utilization in conjunction with environmental protection and social responsibility. This law mandates environmental management plans, resettlement plans, anti-pollution techniques, rehabilitation, and mine closure plans. Financial provisions require contributions to an Environmental Protection Fund and compensation for damages.

Lane Xang Minerals Limited (LXML) Sepon exemplifies responsible mining practices, with ISO 14001 accreditation for its environmental management systems. LXML reports significant investments in environmental management, rehabilitation, and monitoring, alongside a sustainable mine closure plan. The company actively promotes the "3-R" waste principles: " Reduce, Reuse, and Recycle" within its operations, particularly concerning plastic waste management. LXML received a Certificate of Excellence for environmental compliance in 2024.

Despite a robust legal framework and exemplary cases like LXML adhering to high environmental standards, the immense volume of mining waste and general waste management challenges across Lao PDR suggest a potential gap between regulatory intent and widespread implementation capacity.

The coexistence of a robust legal framework (e.g., Law on Minerals) and examples of responsible companies (e.g., LXML) alongside widespread informal waste handling and general operational capacity shortcomings points to a significant "policy implementation chasm". This indicates that the primary challenge is not a lack of policy but systemic weaknesses in enforcement, resource allocation, and public awareness/engagement that hinder the transition from high-level goals to effective, nationwide circular economy outcomes. The document highlights the disparity between strong legislation and exemplary practices versus prevalent poor practices and capacity issues. This suggests that the problem is not merely a lack of good legal frameworks or knowledge from leading companies, but a deeper systemic challenge in enforcement, monitoring, and resource allocation. The prevalence of informal e-waste handling, often involving unsafe and polluting practices, despite existing regulations , further underscores this gap, indicating that for circular economy principles to be effective nationwide, efforts must focus on strengthening institutional capacity, improving governance, and actively engaging and formalizing the informal sector.

4) Opportunities for Circularity in the Mineral Sector

The mineral sector in Lao PDR presents significant opportunities for adopting circular economy principles.

- Resource Recovery from Waste: The mining industry has substantial potential to reduce its environmental footprint by prioritizing resource optimization, reprocessing waste materials, and implementing closed-loop systems. Tailings, a significant waste stream currently, can be reprocessed to extract valuable metals, including gold, copper, nickel, cobalt, and rare earth elements. Scaling up recycling efforts could reduce the need for new mining capacity for critical minerals by 25-40% by 2050

- Urban Mining for E-waste: Urban mining, the extraction of valuable materials from e-waste and other discarded products, is a crucial circular economy practice. While Lao PDR's per capita e-waste generation is low (2.5 kg/person/year in 2019, comparable to Vietnam's 2.7 kg/person/year), it is increasing due to significant electronic imports. The absence of an official e-waste collection system leads to informal dismantling and export, often involving unsafe practices
- Industrial Symbiosis: The concept where waste or by-products from one industry become valuable inputs for another offers promising opportunities. For example, waste rock from mining operations could be repurposed for construction materials. Similarly, industrial waste could be utilized for power generation. The National Green Growth Strategy explicitly includes the promotion of industrial symbiosis
- Challenges in Mineral/E-waste Recycling: Despite the potential, several challenges impede widespread adoption of circular practices. Globally, recycling rates for critical minerals remain low. In Lao PDR, these challenges are compounded by limited waste management infrastructure, reliance on uncontrolled dumping and burning, and the e-waste import ban. Informal e-waste operations often lack safety measures and contribute to contamination

The current e-waste import ban represents a significant policy contradiction. While intended to prevent pollution from outdated recycling technologies, it inadvertently hinders the development of a formal, high-standard urban mining industry within Lao PDR. This policy pushes valuable resources into environmentally damaging informal channels and prevents the country from capitalizing on its potential to become a regional recycling hub for critical minerals. Re-evaluating this policy to allow for controlled, high-standard processing under strict environmental safeguards is crucial. The document states that the e-waste import ban is due to "pollution concerns from outdated recycling technologies". However, it immediately points out that this ban "inadvertently hinders formal urban mining and resource recovery, pushing domestic e-waste into environmentally damaging informal channels". This highlights a policy contradiction: a well-intentioned protective measure inadvertently creates negative consequences, impeding the development of a formal circular economy sector. Re-evaluating this policy to allow for controlled, high-standard imports under strict safeguards is crucial to fully unlock the potential of urban mining and position Lao PDR as a regional player in resource recovery.

5. Overall Challenges and Opportunities for Strengthening Cooperation for Circular Economy Implementation

1) Cross-Sectoral Challenges

The transition to a circular economy in Lao PDR's energy and mineral sectors faces several interconnected challenges.

- Policy Gaps: A significant impediment is the absence of a specific, comprehensive national strategy focused solely on the circular economy, leading to fragmented efforts across ministries and sectors
- Infrastructure and Capacity Limitations: Lao PDR's current waste management infrastructure is largely underdeveloped, with low collection rates (e.g., Vientiane collection below 70%), limited segregation at source, widespread open dumping and burning, and poorly managed

landfills. Recycling infrastructure, especially for complex waste streams like e-waste, is very limited, with an average recycling rate of only 5.2%

- Financial Barriers: Implementing circular economy initiatives typically demands substantial initial investment and upfront costs for new technologies and infrastructure. Environmental protection activities have historically been heavily dependent on donor funding, which has declined, making sustainable financing a significant challenge
- Data Availability and Monitoring Issues: Effective circular economy implementation requires robust, accurate, and reliable data on waste quantities, composition, and material flows. However, Lao PDR faces challenges in obtaining such data, with reported waste generation rates in cities varying (0.7 to 1.4 kg/person/day). Monitoring capacity for environmental and natural resources is constrained by a lack of reliable time-series data and insufficient institutional resources
- Informal Sector Integration: A substantial portion of Lao PDR's labor force, particularly in environmentally linked jobs like waste collection, operates within the informal economy. While informal workers play a crucial role in waste collection, their activities often lack safety measures and contribute to environmental contamination (e.g., unsafe e-waste dismantling)

These challenges collectively create a "policy implementation chasm," where high-level environmental and sustainable development aspirations struggle to translate into tangible circular outcomes due to fragmented efforts, limited institutional capacity, data deficits, and financial constraints.

The pervasive issue of informal waste handling, characterized by unsafe practices and contamination , highlights a significant social and economic challenge. Formalizing and integrating this sector is not just about environmental improvement but also about enhancing livelihoods, health, and unlocking a potential, undervalued workforce for the circular economy. Data from multiple sources consistently points to the significant role of the informal waste management sector and its associated negative impacts (unsafe practices, pollution). However, these workers are already engaged in waste collection , indicating that the informal sector is not merely a problem but an existing, albeit suboptimal, workforce for a formal circular economy. Formalization brings a "triple dividend": improved environmental outcomes, enhanced social equity (better working conditions, stable income), and increased economic efficiency by integrating these activities into structured recycling networks.

〈Table 4-4〉 Key Challenges and Opportunities for Circular Economy Implementation in Lao PDR

Category	Challenges	Opportunities
Policy & Governance	No dedicated national CE strategy; Fragmented environmental policies; Enforcement and compliance gaps	Develop national CE roadmap; Integrate CE into sectoral plans; Strengthen inter-ministerial coordination; Leverage existing legal frameworks (e.g., Law on Minerals)
Infrastructure & Capacity	Limited waste collection/segregation; Underdeveloped recycling infrastructure (e.g., e-waste); Reliance on open dumping/burning	Invest in modern waste management & recycling facilities; Develop skills for CE jobs; Promote R&D in circular technologies
Financial & Investment	High initial investment costs; Dependence on donor funding for environmental protection; Limited local expertise for green investment	Explore green financing & PPPs; Provide incentives for circular business models; Re-evaluate e-waste import policies for controlled recycling
Data & Monitoring	Lack of reliable waste data; Insufficient monitoring capacity for environment/resources	Strengthen data systems & regulatory frameworks; Improve MRV for climate action
Social & Informal Sector	Large informal labor force in waste management; Unsafe informal practices	Formalize & integrate informal waste pickers; Create jobs & economic diversification

Category	Challenges	Opportunities
Regional & International	-	Leverage ASEAN initiatives; Seek international partnerships for knowledge/tech transfer

2) Opportunities for Strengthening Cooperation

Lao PDR possesses unique synergistic opportunities to advance its circular economy transition.

- Leveraging Strategic Location: Its central "land-linked" position in Southeast Asia allows Lao PDR to become a regional hub for circular services, including remanufacturing and advanced recycling, moving beyond raw material export to higher-value activities. This attracts higher-value investments and enhances economic resilience
- Job Creation and Economic Diversification: Circular practices create diverse jobs in repair, refurbishment, remanufacturing, and recycling. Formalizing the informal waste sector can integrate workers into safer, structured, and economically viable networks. By 2050, the number of jobs in the circular economy could reach 1.6 million, up from approximately 16% of the workforce in 2020
- Attracting Green Investment and Technology Transfer: A proactive CE stance enhances attractiveness for green investment. The Joint Programme on Green and Climate Finance aims to strengthen policies and financial mechanisms for this. International cooperation is vital for technology transfer and capacity building
- Decoupling Growth from Resource Use: The circular economy enables Lao PDR to decouple economic development from unsustainable resource consumption, fostering prosperity while significantly reducing emissions and environmental footprint. This could lead to a GDP increase of US$16

billion by 2050 and an 86% reduction in solid waste disposal

The significant economic benefits projected from adopting a circular economy, including the potential for a US 16 billion increase in GDP and 1.6million jobs by 2050 ,provide acompelling economic figure (US16 billion GDP, 1.6 million jobs). These quantitative projections carry significant weight for economic policymakers and political leaders. This shifts the perception of the circular economy from a cost center to a significant economic opportunity, making it a core component of national development strategy rather than a peripheral environmental concern.

6. Policy and Regulatory Framework: Gaps and Enhancements

1) Existing Environmental and Development Policies

Lao PDR has a foundational policy and regulatory framework that provides a basis for CE advancement.

- Constitutional and Legal Basis: The Constitution supports natural resource protection. The Environmental Protection Law (1999, amended 2012) is the primary legal instrument. The Law on Minerals (2017 Edition) mandates environmental management, pollution control, waste/wastewater treatment, and mine closure plans
- National Development Plans: The 9th Five-Year National Socio-Economic Development Plan (2021-2025) guides development with sustainable development principles but lacks a specific circular economy focus. The National Green Growth Strategy (2018) aims for economic growth through resource efficiency
- Green Growth and Climate Strategies: The 2021 Nationally Determined Contribution (NDC) sets ambitious greenhouse gas emission reduction

targets (60% reduction by 2030, carbon neutrality by 2050 ambition) with conditional targets for waste and energy

- Waste Management Specifics: The World Bank-supported Pollution and Waste Management Project (2025-2031) aims to improve municipal solid waste services in Vientiane Capital, targeting 100% collection and material recovery. A draft National Plastics Action Plan promotes the 3R principles (Reduce, Reuse, Recycle) and better management. The waste hierarchy is recognized. However, a ban on e-waste and old battery imports has been in place since 2017 due to pollution concerns from outdated recycling technologies
- Resource Efficiency Initiatives: Various ministries are involved in identifying resource efficiency opportunities. The National Policy on Energy Efficiency and Conservation (2016) targets a 10% reduction in energy consumption by 2030

〈Table 4-5〉 lists the relevant policy and regulatory instruments in Lao PDR for the circular economy. This table serves as a quick and systematic reference for the existing policy landscape, clearly outlining the foundational laws, national plans, and specific strategies already in place. This demonstrates that Lao PDR has a basis for environmental protection and sustainable development that can be leveraged and built upon for circular economy implementation.

〈Table 4-5〉 Relevant Policy and Regulatory Instruments in Lao PDR for Circular Economy

Policy/Law Name	Year	Key Provisions / Relevance to CE
Lao PDR Constitution	-	Supports protection, restoration, and development of natural resources
Environmental Protection Law	1999 (amended 2012)	Backbone of environmental management; includes environmental health and social impact
Law on Minerals	2017	Defines principles for management, protection, utilization of minerals with environmental protection; mandates environmental management plans, resettlement plans, anti-pollution techniques, mine closure plans, waste/wastewater treatment, regular reporting
9th Five-Year National Socio-Economic Development Plan (NSEDP)	2021-2025	Key national development plan; includes sustainable development principles but no specific CE focus
National Green Growth Strategy	2018	Aims for economic growth with poverty reduction and quality of life improvement by improving resource use efficiency
Nationally Determined Contribution (NDC)	2021 (updated)	Unconditional 60% emissions reduction by 2030; carbon neutrality by 2050 ambition; conditional targets for waste and energy
National Policy on Energy Efficiency and Conservation	2016	Sets 10% reduction target in energy consumption by 2030
Pollution and Waste Management Project	2025-2031	World Bank-backed; focuses on municipal solid waste in Vientiane Capital; aims for 100% collection, material recovery, and strengthening legal framework for waste management
National Plastics Action Plan (Draft)	2022 (draft)	Goals: reduce single-use plastics, promote 3Rs, effective plastic waste management
E-waste Import Ban	2017	Prohibits e-waste and old battery imports due to pollution concerns from old recycling technologies

2) Gaps and Recommendations for Policy Enhancement

A critical gap is the absence of a specific and integrated national circular economy strategy. This creates a "policy implementation chasm" due to fragmented efforts, limited institutional capacity, data deficits, and financial constraints.

Recommendations for policy enhancement:

- Develop a Dedicated National CE Roadmap:Establish a comprehensive and integrated national circular economy strategy and action plan, integrated into the forthcoming 10th National Socio-Economic Development Plan, with clear, measurable targets for waste reduction, material circulation, and resource efficiency across all key sectors
- Strengthen Enforcement and Compliance:Enhance the enforcement of existing laws, such as the Law on Minerals, through improved capacity, monitoring, and accountability mechanisms to address the current gap between regulatory intent and widespread implementation
- Incentivize Private Sector Participation:Introduce financial incentives, subsidies, and supportive regulatory frameworks (e.g., extended producer responsibility schemes) to make circularity economically attractive for businesses and stimulate private sector investment
- Re-evaluate and Modernize E-waste Import Policies:Conduct a comprehensive review of the current ban on e-waste imports. Develop a revised policy that allows for controlled, high-standard processing of e-waste by advanced recycling facilities under strict environmental safeguards. This will help leverage resource recovery opportunities and attract investment in formal urban mining, rather than pushing domestic e-waste into polluting informal channels
- Integrate the Informal Sector:Develop and implement programs aimed at formalizing and integrating informal waste pickers into the official waste management system, providing vocational and occupational health and

safety training, protective equipment, and improved working conditions

The repeated emphasis on the "policy implementation chasm" across multiple sections of the report indicates that the primary barrier to circular economy adoption in Lao PDR is not a lack of awareness or ambition, but systemic weaknesses in translating high-level policy goals into effective on-the-ground implementation. This suggests that future efforts must prioritize strengthening governance, institutional capacity, and enforcement mechanisms, rather than simply creating new policies. The fact that environmental protection has "historically been heavily dependent on donor funding, which has declined" further exacerbates this issue. Therefore, the focus must shift from "what policies should exist" to "how can existing and new policies be effectively and sustainably implemented," which requires robust governance, capacity building, and financial mechanisms.

7. Recommendations for Advancing the Circular Economy in Lao PDR

To effectively transition towards a circular economy in its energy and mineral sectors, Lao PDR must adopt a multi-faceted approach encompassing strategic policy, infrastructure development, financial mechanisms, public awareness, and international cooperation.

1) Strategic Policy and Governance

- Develop a National CE Roadmap with Clear Targets : Establish a dedicated national circular economy strategy and action plan, integrated into the forthcoming 10th National Socio-Economic Development Plan, with clear, measurable targets for waste reduction, material circulation, and resource efficiency across all key sectors

- Integrate Circular Economy Principles into Sectoral Plans : Explicitly embed circular economy principles, such as eco-design, extended producer responsibility (EPR), and industrial symbiosis, into specific energy and mineral sector policies and regulations
- Strengthen Inter-Ministerial Coordination : Enhance collaborative mechanisms between the Ministry of Energy and Mines, Ministry of Natural Resources and Environment, Ministry of Industry and Commerce, and other relevant ministries for holistic CE implementation, overcoming fragmented efforts

2) Infrastructure and Capacity Building

- Invest in Modern Waste Management and Recycling Infrastructure : Prioritize significant investment in advanced facilities for waste collection, segregation, and processing, including for plastics, e-waste, and mineral tailings, shifting away from prevalent open dumping and burning
- Develop Skills for Circular Economy Jobs : Implement targeted education and training programs aimed at equipping the national workforce with specialized skills for circular economy practices, including repair, refurbishment, remanufacturing, and advanced recycling technologies
- Promote Research and Development in Circular Technologies : Foster an environment conducive to research and development in technologies relevant to Lao PDR's context, such as innovative recycling techniques for critical minerals and efficient biomass waste-to-energy solutions

3) Financial Mechanisms and Investment

- Explore Green Financing and Public-Private Partnerships:Actively leverage existing initiatives, such as the Joint Programme on Green and Climate Finance, to attract both public and private investment into circular economy projects, addressing historical reliance on donor funding

- Provide Incentives for Circular Business Models:Introduce a range of financial incentives, subsidies, and supportive regulatory frameworks (e.g., extended producer responsibility schemes) to make circularity more economically attractive for businesses and individuals, stimulating market demand for circular products and services
- Re-evaluate and Modernize E-waste Import Policies:Undertake a comprehensive review of the current ban on e-waste imports. Develop a revised policy that allows for controlled, high-standard processing of e-waste by advanced recycling facilities under strict environmental safeguards

4) Awareness and Stakeholder Engagement

- Educate Consumers and Businesses:Launch multi-pronged, sustained educational campaigns to raise public and business awareness about the economic and environmental benefits of a circular economy, emphasizing proper waste segregation and active participation in recycling
- Formalize and Integrate Informal Waste Sector Workers:Develop and implement programs aimed at formalizing and integrating informal waste pickers into the official waste management system, providing vocational and occupational health and safety training, protective equipment, and improved working conditions

5) Regional and International Cooperation

- Leverage ASEAN Initiatives:Actively participate in and learn from existing ASEAN circular economy frameworks and initiatives, including collaborating on regional energy integration projects and sharing best practices in waste management and resource recovery
- Seek International Partnerships for Knowledge and Technology Transfer:Continue to strengthen collaborations with international

organizations such as the United Nations Development Programme (UNDP), World Bank, Global Green Growth Institute (GGGI), and United Nations Environment Programme (UNEP) for technical assistance, capacity building, and technology transfer in circular economy technologies and practices

The comprehensive nature of these recommendations, spanning policy, infrastructure, finance, awareness, and cooperation, underscores that a successful transition to a circular economy in Lao PDR requires a holistic and integrated approach, rather than fragmented interventions. This indicates the necessity of a national coordinating body or framework to ensure synergy and avoid disparate efforts. The document outlines a diverse set of recommendations, demonstrating that single interventions will be insufficient. For example, investing in recycling infrastructure without educating the public on waste segregation or formalizing informal waste pickers would lead to inefficiencies. This indicates that a successful circular economy transition requires a "systems thinking" approach, where all components are coordinated and mutually reinforcing, necessitating a strong central coordinating mechanism or a comprehensive national roadmap that links all these aspects.

8. Conclusion

Lao PDR stands at a pivotal juncture where its national commitment to sustainable development and green growth can be profoundly advanced by a strategic embrace of circular economy principles. While the country has a robust legal foundation for environmental protection and ambitious climate targets, the absence of a dedicated, comprehensive national circular economy strategy represents a significant policy gap. This, coupled with existing challenges in infrastructure, financial investment, and data availability, creates a “policy implementation chasm” that hinders the full realization of circularity.

However, the opportunities for Lao PDR are immense. By transforming its “land-locked” status into a “land-linked” advantage within Southeast Asia, the country can position itself as a strategic hub for regional circular services, moving beyond mere raw material export to higher-value activities like remanufacturing and specialized recycling. This transition promises not only substantial economic diversification and resilience against volatile global markets but also significant job creation, improved resource security, and a tangible reduction in environmental impact.

The path forward requires a concerted, multi-stakeholder effort. Strategically investing in modern circular infrastructure, strengthening governance and enforcement mechanisms, fostering innovation through research and development, and creating attractive financial incentives are paramount. Equally important are public awareness campaigns and the formal integration of the informal waste sector, recognizing its potential contribution to a circular economy. By proactively leveraging regional partnerships and international cooperation for knowledge and technology transfer, Lao PDR can effectively bridge its implementation gaps. This comprehensive approach will enable the nation to transform its resource-dependent economy into a resilient, prosperous, and environmentally responsible circular hub, securing a sustainable future for its people and the natural environment.

The conclusion strongly reiterates the core message: the circular economy is not merely about waste management but a fundamental transformation of Lao PDR's entire economic model for long-term sustainability and resilience. The concept of turning a perceived geographical disadvantage (“land-locked”) into a strategic asset (“land-linked”) for circular services is a crucial and forward-thinking vision. The document consistently identifies Lao PDR as a “nation abundant in natural resources” and highlights its “resource-intensive growth.” The emphasis in the conclusion on transforming its "resource-dependent economy into a resilient, prosperous, and environmentally responsible circular hub" signifies a complete shift in economic identity. The reframing from "land-locked" to "land-linked" is an excellent strategic insight, turning a perceived weakness into a strength for regional circular service trade, aligning with the circular economy's emphasis on value retention and collaborative networks. This provides a compelling long-term vision for the country.

REFERENCES

ASEAN Centre for Energy. (2025, March 25). An energy sector roadmap to net zero emissions for Lao PDR. Retrieved June 24, 2025, from https://accept.aseanenergy.org/an-energy-sector-roadmap-to-net-zero-emissions-for-lao-pdr

Asian Institute of Technology, Regional Resource Centre for Asia and the Pacific (RRCAP), Asian Development Bank (ADB), Global Environment Facility (GEF), & United Nations Environment Programme (UNEP). (2006, March). Lao P.D.R. National Environmental Performance Assessment(EPA) Report [PDF report]. Retrieved June 24 from https://www.rrcap.ait.ac.th/Publications/Lao%20PDR%20National%20Environmental%20Performance%20Assessment%20Report.pdf

Carlsberg Group. (2025, March). Biomass facility shrinks emissions in Laos. Retrieved June 24, 2025, from https://www.carlsberggroup.com/sustainability/case-stories/biomass-facility-shrinks-emissions-in-laos/

Circle Economy. (2022). Circular GHG mitigation opportunities Lao PDR - A metabolic approach. Retrieved June 24, 2025, from https://knowledge-hub.circle-economy.com/article/12781

ClimateWorks Centre. (2025, March, 28). Multi-sector energy modelling 2022: Methodology and results Final report. Retrieved June 24, 2025, from https://aemo.com.au/-/media/files/major-publications/isp/2025/stage-2-submissions/climateworks-centre.pdf?la=en

Ellen MacArthur Foundation. (2021, February 12). The butterfly diagram: Visualising the circular economy. Retrieved June 24, 2025, from https://www.ellenmacarthurfoundation.org/circular-economy-diagram

ERIA - Regional Knoledge Centre for Marine Plastic Debris. (2022, August 29). Recycling rate. Retrieved June 24, 2025, from https://legacy.rkcmpd-eria.org/recycling-rate/

Global Energy Monitor. (n.d.). Hongsa power station. Retrieved June 24, 2025, from https://www.gem.wiki/Hongsa_power_station

Green Climate Fund. (n.d.). Policies and strategies. Retrieved June 24, 2025, from https://www.greenclimate.fund/about/policies

Hildebranski. (n.d.). Slag Use in Heavy Highway Construction. Retrieved June 24, 2025, from https://hildebranski.com/draft-post-slag-use-in-construction/

ICEM- International Centre for Environmental Management. (n.d.). Responsible Forestry Preparation Project. Retrieved June 24, 2025, from https://icem.com.au/portfolio-items/responsible-forestry-preparation-project/

International Union for Conservation of Nature. (n.d.). Lao PDR. Retrieved June 24, 2025, from https://iucn.org/our-work/region/asia/countries/lao-pdr

Japan International Cooperation Agency. (n.d.). JICA in the Lao PDR 2014-2015. Retrieved June 24, 2025, from https://www.jica.go.jp/english/overseas/laos/others/__icsFiles/afieldfile/2025/02/19/brochure.pdf

Soudachanh, S., & Salhofer, S. (2025). Unveiling environmental potential in smartphone repair practices in Vientiane Capital, Laos. Sustainability, 17(2), 711. https://doi.org/10.3390/su17020711

USASCP. Patihoub Recycled Plastics for Construction Boards. Retrieved June 24, 2025, from https://www.usascp.org/wp-content/uploads/2024/08/7.17-Patihoub-Recycled-Plastics-for-Construction-Boards_Viengvilay-Phimmasone.pdf

Vilaysouk, X., Schandl, H., & Murakami, S. (2018). A Comprehensive Material Flow Account for Lao PDR to Inform Environmental and Sustainability Policy. Journal of Industrial Ecology, 23(3), 649–662. https://doi.org/10.1111/jiec.12764

Weir Minerals Australia Ltd. (2021). Phu Kham Copper-Gold Operation. Retrieved June 24, 2025, from https://www.global.weir/siteassets/pdfs/case-studies/linatex-808-hose-bend-phu-bia-mining-external-case-study-003.pdf

WHO. (2024, August 21). Addressing solid waste management and climate change:

A triple win for Lao PDR. Retrieved June 24, 2025, from https://www.who.int/laos/news/detail/21-08-2024-addressing-solid-waste-management-and-climate-change--a-triple-win-for-lao-pdr

World Bank. (2025, June 16). World Bank backs Lao efforts to manage waste, plastics, and pollution. Retrieved June 24, 2025, from http://www.worldbank.org/en/news/press-release/2025/06/16/world-bank-backs-lao-efforts-to-manage-waste-plastics-and-pollution

World Economic Forum. (2025, June 23). How ASEAN can be an example in the fight against plastic pollution. Retrieved June 23, 2025, from https://www.weforum.org/stories/2025/06/how-asean-can-lead-world-on-plastic-pollution/

05

Remanufacturing in Indonesia's Circular Economy: Industry, Landscape, Investment Opportunities and Policy Challenges

Chapter

05

Remanufacturing in Indonesia's Circular Economy: Industry, Landscape, Investment Opportunities and Policy Challenges

Haera Ade
Senior Policy Analyst, Directorate General of Mineral and Coal,
Ministry of Energy and Mineral Resources, Republic of Indonesia

1. Overview of Manufacturing, Circular Economy and Remanufacturing in Indonesia

1) Manufacturing in Indonesia

Manufacturing industry is an economic activity that changes raw materials into more valuable finished or semi-finished goods through various processes, tools, and operations, either mechanically, chemically, or manually, and then ready for use or sale. In addition, this activity includes industrial work as well as assembly work. Industrial service businesses involve providing raw materials to other parties to meet the needs of other parties, while the processor only carries out the processing process to get compensation.

Manufacturing companies or industrial businesses are types of businesses that carry out economic activities in the processing industry. They operate in a specific location or building, such as a factory or workshop, and are managed by one or more responsible people.

Manufacturing industries are grouped according to their main activities and products produced based on the International Standard Industrial Classification (ISIC) of All Economic Activities. The classification of manufacturing industries according to the two-digit Indonesian Standard Industrial Classification (KBLI) 2020 adopted from ISIC Rev 4 is as follows:

〈Table 5-1〉 Manufacturing's KBLI and the classification

KBLI	Classification	KBLI	Classification
KBLI 10	Food industry	KBLI 22	Rubber industry, rubber and plastic products
KBLI 11	Beverage industry	KBLI 23	Non-metallic mining industry
KBLI 12	Tobacco processing industry	KBLI 24	Basic metal industry
KBLI 13	Textile industry	KBLI 25	Non-machinery metal goods and equipment industry
KBLI 14	Ready-to-wear industry	KBLI 26	Computer, electronic and optical goods industry
KBLI 15	Leather industry, leather goods and footwear	KBLI 27	Electrical equipment industry
KBLI 16	Wood industry, wood and cork products (excluding furniture) and woven products from rattan, bamboo and the like	KBLI 28	Machinery and equipment industry n.e.c. (not included in others)
KBLI 17	Paper and paper products industry	KBLI 29	Motor vehicle, trailer and semi-trailer industry.
KBLI 18	Printing and reproduction industry of recorded media	KBLI 30	Other transportation equipment industry
KBLI 19	Coal products and petroleum refining industry	KBLI 31	Furniture industry
KBLI 20	Chemicals and chemical products industry	KBLI 32	Other processing industry
KBLI 21	Pharmaceutical industry, chemical drug products and traditional medicines	KBLI 33	Repair and installation services for machinery and equipment

Source: Central Bureau of Statistics(2025)

Manufacturing, or the processing industry, remains an important part of the national economy, despite problems with deindustrialization. The manufacturing industry remains the largest sector, contributing 19.0 percent to Gross Domestic Product (GDP) in 2024, although this contribution is down from 19.9 percent in 2020. Large and medium-scale industries contribute almost 90% of the manufacturing sector's output, with small and home industries contributing the rest. What happens in the manufacturing industry, especially large and medium-scale, will have an impact on Indonesia's economic growth, given its significant contribution to the national GDP.

〈Figure 5-1〉 Manufacturing Sector Contribution to Indonesia's GDP

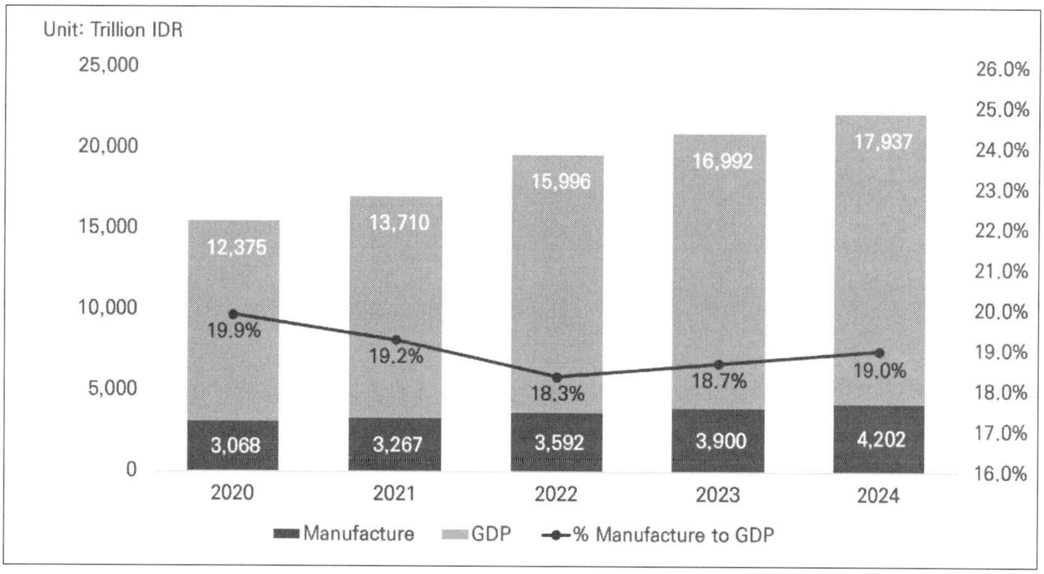

Source: Reconstructed by the author with reference to Central Bureau of Statistics(2025)

2) Overview of Circular Economy in Indonesia

The future national development planning, the National Long-Term Development Plan (RPJPN) 2025–2045 and the National Medium-Term Development Plan (RPJMN) 2025–2029, focuses on the implementation of green economy and circular economy. The inclusion of circular economy and green economy into the development plan shows Indonesia's long-term commitment to transform the economy to be more sustainable than usual. Indonesia has created a Circular Economy Roadmap and Action Plan in Indonesia to accelerate the shift towards a more environmentally friendly economy. The roadmap describes Indonesia's circular economy strategies, actions, and goals with three main indicators: circular material input rate, product durability rate, and recycling rate.

In national development planning, Indonesia includes a circular economy. In the National Long-Term Development Plan (RPJPN) 2025-2045, the circular economy model applies a systemic approach to reducing the amount of resources used, making the most energy-efficient products, and returning the money that has been spent.

〈Table 5-2〉 Indonesia Circular Economy Framework

9R Principle		Definition
R0	Refuce	Avoid redundancy in creating a product with the same function.
R1	Rethink	Using the product more intensively.
R2	Reduce	Increase production efficiency and product usability by using less material.
R3	Reuse	Reusing products that are still usable without changing their function.
R4	Repair	Repair damaged products.
R5	Refurbish	Restoring a product, usually an old product, so that it can function again.
R6	Remanufacture	Using some components from old products that are no longer functional for use in new products with the same function.
R7	Repurpose	Utilizing products that are no longer functional to be reused with a different function.
R8	Recycle	Processing materials to produce the same material (of the same or lower quality).
R9	Recover	The process of converting materials into energy sources.

Source: National Development Planning Agency(2024)

Indonesia uses the Framework for the preparation of circular economy strategies is the 9R Framework, which consists of 10 circular economy strategies, ranging from R0 to R9. The stratification of the 10 principles into the 9R framework illustrates the level of circularity in supporting a circular economy, where the smaller the R number, the higher the circularity value, and the smaller the system implemented is closer to a linear economy. Like the 3R waste management pyramid (Reuse, Reduce, Recycle), initiatives at the highest level are a priority in waste management.

Food and beverage, textiles, construction, retail, and electronics are the five main industries driving the development of a circular economy in Indonesia. More than 43 million people work in these sectors, which generate significant amounts of waste and contribute a third of the national GDP. (Tempo, 2025). By implementing a circular economy, it is expected to increase GDP by IDR 593-638 trillion, create 4.4 million green jobs, and reduce greenhouse gas emissions by 126 million tonnes(Bappenas, 2024).

However, there are several major challenges to implementing a circular economy in Indonesia, including the dominance of a top-down approach, a lack of incentives, limited infrastructure, and the need to increase awareness and capacity of business actors(Bappenas, 2024).

〈Figure 5-2〉 Comparison of Linear Value Chain with Circular Value Chain

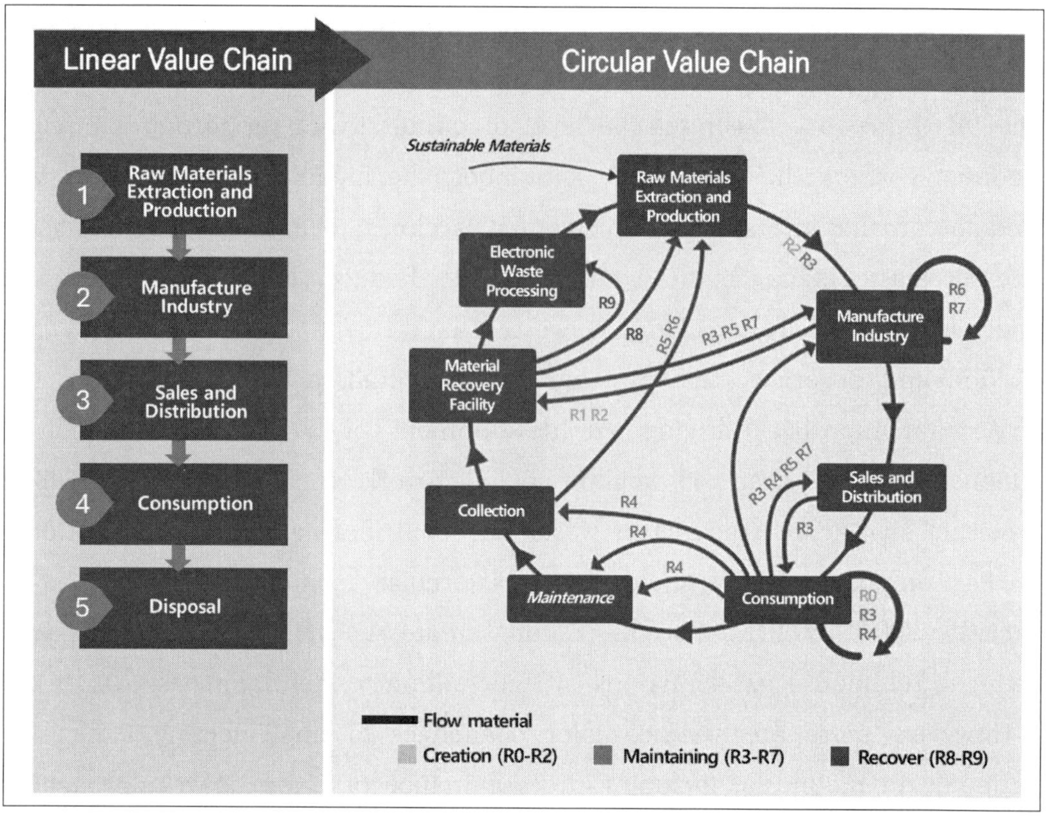

Source: National Development Planning Agency(2024)

3) Overview of Remanufacturing in Indonesia

Remanufacturing is an important part of the circular economy because it is the process of converting obsolete goods into reusable products through dismantling, cleaning, repairing, and replacing damaged parts. (Niaga Asia, 2023; Pristiandaru on Kompas, 2023). Remanufactured products often have comparable quality and warranties to new products, but they are also less expensive and have less negative impact on the environment (Pristiandaru on Kompas, 2023).

In terms of business group classification, the Remanufacturing Industry is currently only specifically classified in the Indonesian Standard Industrial Classification (KBLI) for heavy equipment component activities.

Remanufacturing activities, specifically for heavy equipment components, are listed in KBLI 28240. Companies wishing to run a heavy equipment remanufacturing business are required to have a remanufacturing industry business license with this KBLI code, which is specifically used for the heavy equipment and component remanufacturing industry. Activities included are processing non-new heavy equipment components into reusable final products, often with quality assurance and warranties equivalent to new products. Remanufacturing companies wishing to import non-new heavy equipment components for the remanufacturing process are also required to use this KBLI as the basis for their business licensing.

Outside of heavy equipment component activities, there is no specific classification for remanufacturing. For example, for electronics remanufacturing in Indonesia, there is no KBLI code that specifically and exclusively regulates electronics remanufacturing, as it does for heavy equipment (KBLI 28240). However, activities similar to electronics remanufacturing, such as repair, material recovery, and the trade of used electronics, are covered by the following KBLIs:

- KBLI 95210 – Consumer Electronics Repair
- KBLI 38302 – Recovery of Non-Metallic Materials
- KBLI 47744 – Retail Trade of Used Electrical and Electronic Goods
- KBLI 26120 – Semiconductor and Other Electronic Components Industry

Likewise with the automotive sector, there is no KBLI that exclusively regulates automotive remanufacturing. Automotive remanufacturing activities are generally categorized in the KBLI 3312 group (Machine and Equipment Repair and Maintenance), especially KBLI 33122 (Machine Repair for Special Purposes, which includes repair and maintenance of automotive engines, heavy equipment, and other industrial machines).

Industrial machinery remanufacturing also does not have a special KBLI, but can use the following codes, namely KBLI 33122 (Machine Repair for

Special Purposes, which includes repair and maintenance of industrial machinery, construction machinery, food processing machinery, textile machinery, and other special purpose machinery) and KBLI 28221 (Metalworking Machinery and Machine Tool Industry, if the remanufacturing activity involves the production or reassembly of machinery and its components). Meanwhile, for the installation or reassembly of remanufactured machinery, KBLI 33200 (Installation/Setup of Industrial Machinery and Equipment) can be used.

However, the remanufacturing industry in Indonesia is growing rapidly, particularly in the heavy equipment sector. Several major companies, such as Komatsu, Caterpillar, and Hitachi, have implemented remanufacturing in Indonesia, with processes ranging from receiving used components, disassembly, quality control, reassembly, and final testing before the product is returned to the customer (KOMI, 2020).

The advantages of remanufacturing include:

- Extends product life and reduces the need for new production, thereby reducing greenhouse gas emissions(Pristiandaru onKompas, 2023).
- Higher efficiency of energy and raw material use compared to recycling(Asia Niaga, 2023).
- Potential for new job creation in various sectors, including manufacturing, construction and logistics (Asia Niaga, 2023).
- Support the government's efforts to achieve carbon neutrality and sustainable development(Pristiandaru onKompas, 2023).

The remanufacturing business model in Indonesia is classified into four: Original Equipment Re/Manufacturer (OEM-R), Authorized Remanufacturer (AR), Semi-Authorized Remanufacturer (AR-IR), and Independent Remanufacturer (IR), each with its own drivers and barriers. Challenges include a lack of policy understanding, the need for standardization, and the need for incentives for industry players. (Fairyanto, 2024).

2. Legal Framework and Policy for Remanufacturing in Indonesia

1) Key Laws and Regulations

The legal and policy framework for remanufacturing in Indonesia has begun to develop through the integration of various cross-sectoral regulations, such as consumer protection, environmental protection, waste management, and import regulations for used capital goods. Although there is currently no single regulation comprehensively addressing remanufacturing, strategic support has been outlined in the circular economy roadmap, the National Long-Term Development Plan (RPJPN), and national industrial policy. Furthermore, fiscal incentives, financing, and support for SMEs are crucial for encouraging the growth of the remanufacturing industry as a pillar of the circular economy and sustainable development in Indonesia. The following are the key relevant regulations:

- Law No. 8 of 1999 concerning Consumer Protection. Guarantees consumer rights to correct, clear, and honest information regarding the condition and guarantee of goods and/or services, including remanufactured products. Standards and labeling of remanufactured products are important for consumer protection.
- Law No. 6 of 2023 concerning the Stipulation of Government Regulation in Lieu of Law No. 2 of 2022 concerning Job Creation. Regulates the precautionary principle in the management of waste and used products, which is relevant to remanufacturing practices.
- Law No. 18 of 2008 concerning Waste Management and Regulation of the Minister of Environment No. P.75 of 2019. Contains the principle of Extended Producer Responsibility (EPR), which requires producers to be responsible for managing product waste, including through reuse, repair, refurbishment, and remanufacturing practices. Producers in the

manufacturing, retail, and food & beverage service sectors are required to prepare and implement 3R-based waste reduction plans.

- Government Regulation Number 22 of 2021 concerning the Implementation of Environmental Protection and Management. Regulates the management of hazardous and toxic waste, including waste from the remanufacturing process.
- Regulation of the Minister of Trade of the Republic of Indonesia No. 77 of 2012. Regulates the provisions for importing non-new capital goods, including heavy equipment components for remanufacturing. Remanufacturing companies must have a remanufacturing industry business license (KBLI 28240) (Niaga Asia, 2023).
- Regulation of the Minister of Industry of the Republic of Indonesia No. 14 of 2016 concerning Technical Criteria for Importing Capital Goods in Non-New Condition. Regulates procedures and requirements for remanufacturing companies, including production processes, quality assurance, and export destinations or domestic order fulfillment.
- Regulation of the Minister of Industry of the Republic of Indonesia Number 9 of 2021 concerning Standards for Business Activities and/or Products in the Implementation of Risk-Based Business Licensing in the Industrial Sector. This regulation regulates the classification of remanufacturing businesses, which are part of manufacturing activities, specifically for heavy equipment components, as listed in KBLI 28240.
- Regulation of the Minister of Trade of the Republic of Indonesia No. 25 of 2022. Clarifying the definition of remanufacturing companies and regulating the import of Non-New Capital Goods (Barang Modal Tidak Baru, BMTB) for remanufacturing purposes.

2) National Strategy and Plan

- Indonesia's National Circular Economy Roadmap & Action Plan 2025-2045. This document serves as a strategic reference for circular economy development, including remanufacturing, with key indicators of circular material input, recycling rate, and waste reduction.

- The National Long-Term Development Plan (RPJPN) 2025–2045. Establishes the vision of Golden Indonesia 2045, with remanufacturing as part of the economic transformation towards a green and sustainable industry.
- National Industry Development Master Plan (RIPIN) 2015-2035, by Government Regulation Number 14 of 2015. It is a long-term master document (20 years) which is the main reference for national industrial development, as well as being a reference in the preparation of the Strategic Plan (Renstra), RPJMN, and other sectoral policies.
- National Industrial Policy (KIN) 2020–2024 (Presidential Decree No. 74 of 2022). This serves as the policy direction for national industrial development, including strengthening the remanufacturing industry sector as part of the circular economy.
- Remanufacturing Industry Development Roadmap. The Ministry of Industry has conducted initial mapping and is currently developing a roadmap for remanufacturing industry development to support carbon neutrality and sustainable development goals(SDGs)

3) Incentive and Funding Policy

- Fiscal and Tax Incentives
  The Indonesian government provides various incentives to support remanufacturing, although they are not always specifically referred to as "remanufacturing".
- Through the Regulation of the Minister of Trade Number 22 of 2022, the Import of Capital Goods in Non-New Condition by remanufacturing companies (KBLI 28240) can be subject to 0% import duty and VAT Borne by the Government.
- The Ministry of Industry provides a credit interest subsidy of around 5%

for investment in machine renewal—this scheme can be utilized by remanufacturing companies to upgrade production facilities.

- The government also provides financing incentives for labor-intensive industries that can be used to revitalize machinery and production processes, including remanufacturing.
- For investment and Research and Development, through fiscal regulations (PP 78/2019) and tax packages, the Indonesian Government provides Tax holidays / Tax allowances in the form of Corporate Income Tax reductions of up to 50%-100% for 5-20 years for priority sectors (including manufacturing with high local content (Tingkat Komponen Dalam Negeri, TKDN) or high technology), a 30% reduction in gross income or accelerated depreciation / amortization for investment in fixed assets and R&D activities.
- The Indonesian government also provides incentives in Special Economic Zones (SEZ) in the form of exemptions from income tax, import duties, VAT, final income tax, and VAT on the use of goods and services in SEZs, including the remanufacturing sector if it operates in SEZs (Minister of Finance Regulation 33 of 2021).
- Green Project-Based Funding
  Several funding programs are directed to support projects that contribute to emission reductions and the implementation of a circular economy, including remanufacturing, in line with SDGs and national carbon neutrality targets.

3. Key Stakeholders in the Remanufacturing Industry in Indonesia

Remanufacturing in Indonesia involves various stakeholders from the public sector, the private sector, civil society organizations, research centers, and academics. The following is a mapping of the roles and key contributions of each group:

1) Public Sector

The role and contribution of the public sector in Indonesia's remanufacturing industry is vital to establishing an ecosystem that supports the transition to a circular economy, resource efficiency, and carbon emission reduction. The following is a breakdown of the public sector's role structure based on its policy, institutional, incentive, and industry facilitation functions:

- The Role of the Central Government (Regulator and Facilitator)

  The Ministry of Industry has set a business license and KBLI 28240 (Machinery and Equipment Industry for Other Special Purposes, Non-Metal) as the legal basis for remanufacturing. For remanufacturing of automotive commodities, electronic devices, non-metallic material goods, and the semiconductor industry, related KBLIs such as 95210, 38302, 47744, 26120, 33122, or 28221 can be used. The Ministry of Industry has also issued Permenperin No. 14/2016 and Permenperin No. 16/2019 which regulate the import of non-new capital goods for remanufacturers, and develop a remanufacturing roadmap as part of the green industry strategy and circular economy.

  The Ministry of Trade grants permits and supervises the import of Non-New Capital Goods as the main input for the remanufacturing process.

  The Ministry of Finance provides fiscal incentives in the form of tax holidays, tax allowances, and import duty exemptions for remanufacturing actors (through GR 78/2019, MoFR 130/2020, etc.).

  The Ministry of Environment and Forestry supports the waste and emission reduction agenda through the Extended Producer Responsibility (EPR) and circular economy policies, which indirectly support the growth of the remanufacturing industry.

- Role of Local Government (Local Implementers and Supporters)
  The Provincial/City Industry Office provides technical assistance and training to SMEs wishing to enter the remanufacturing sector, as well as encouraging local small and medium industry (SME) players to develop product reconditioning or rejuvenation units.
  The Regional Environmental Agency provides waste management facilities, which are often part of the initial or final remanufacturing process.
- The Role of (State Own Companies) SOCs & Educational Institutions
  SOCs such as PT INKA, PT Pindad, and PT PLN have begun to develop or support remanufacturing activities, especially for engine components, railways, and electrical infrastructure. SOCs together with universities also conduct R&D in the development of remanufacturing technology.
- Role as Provider of Incentives and Financing
  The Ministry of Industry and the Ministry of Finance provide incentives for exemption from VAT and import duties for imports of used goods for remanufacturing, interest subsidies for investment credit for machinery, and facilitation of access to financing for small industries.
- Role in Building Ecosystems & Standardization
  The government, through the National Standardization Agency (BSN) and the Ministry of Industry, develops technical and quality standards for remanufactured products, promotes ISO certification and quality systems, and ensures that remanufactured products are accepted by domestic and international markets.

2) Private Sector

The role and contribution of the private sector in Indonesia's remanufacturing industry is crucial, particularly as a key driver of operations, technological innovation, and market penetration. The private sector not only performs business functions but also acts as a catalyst in the implementation of circular economy principles and resource efficiency.

The following is a breakdown of the private sector's role in Indonesia's remanufacturing industry:

- Key Players in Remanufacturing Production

  The private sector is a direct actor in the remanufacturing process of various products and components, especially in the heavy equipment, automotive, and industrial machinery sectors. Heavy equipment and automotive remanufacturing includes alternators, gearboxes, diesel engines, truck components, starter motors, and transmissions. In addition, private companies are also active in the remanufacturing of industrial equipment such as electric motors, compressors, pumps, valves, and hydraulic cylinders. For the electronics and IT sectors, remanufacturing is carried out on printers, laptops, cartridges, servers, and telecommunications devices. Expansion also occurs in the renewable energy sector, such as wind turbines, solar panels, and electric vehicle batteries.

  Examples of companies active in this field include PT United Tractors which has a heavy equipment component rejuvenation unit, and PT Komatsu Remanufacturing Asia which has established a remanufacturing facility in Cikarang. Private automotive companies also carry out spare part reconditioning and resell them to the aftermarket with standardized quality assurance. In addition, industrial equipment after-sales service providers offer remanufacturing programs as part of their lifecycle management solutions for customers.

- Technology Development & Innovation

  The private sector is actively driving process and technology innovation to improve the quality and efficiency of remanufacturing. Innovations implemented include reverse engineering to analyze and redesign components, the use of 3D printing to produce hard-to-find spare parts, and the development of sensor and IoT(Internet of Things) systems for predictive maintenance and product history tracking. In addition, production line efficiency is improved through CNC remachining, system-based quality control (e.g. ISO 9001 certification), rigorous performance testing, and the adoption of automation and robotics in disassembly, cleaning, and assembly processes.

- Absorption of Skilled Labor and Human Resources
  Indonesia's remanufacturing industry employs thousands of workers with specific technical skills, such as mechanical technicians, welders, machinists, quality assurance specialists, and design engineers. The private sector also plays a role in the training and development of young technicians through internships and in-house training programs, as well as collaboration with polytechnics and vocational high schools (SMK) to align their curricula with industry needs.
- Investment and Market Expansion
  The private sector is a major investor in the construction of remanufacturing facilities, demonstrating a commitment to business and environmental sustainability. For example, Komatsu invested in the construction of a remanufacturing plant with a capacity of thousands of units per year. In addition, private companies are expanding the market for remanufactured products both domestically and for export, especially to Southeast Asian countries and other global markets, by offering high-quality products at competitive prices.
- Implementation of Circular Economy and ESG
  Large companies are beginning to integrate remanufacturing into their Environmental, Social, and Governance (ESG) strategies and sustainability reporting. Extended Producer Responsibility (EPR) practices are implemented through product take-back programs, core management, responsible handling of electronic and automotive waste, and the reuse of component casings and the use of recycled materials. These efforts contribute to reducing carbon footprints and primary resource consumption.

- Partnership with Government and Institutions
  The private sector actively participates in the preparation of technical regulations together with the Ministry of Industry and related institutions. In addition, private companies are involved in circular economy pilot projects with international institutions such as United Nations Development Programme(UNDP) and Deutsche Gesellschaft für Internationale Zusammenarbeit(GIZ), and have formed B2B consortia for the expansion of remanufacturing of new components, such as electric vehicle batteries. Industry associations also act as a communication bridge between remanufacturing actors and the government.

3) NGOs and Civil Society Organizations

The role and contribution of NGOs (Non-Governmental Organizations) and Civil Society Organizations (CSOs) in the remanufacturing industry in Indonesia may not be as strong as the public and private sectors in the technical aspects of production, but they have a crucial role in advocacy, education, awareness raising, and policy facilitation that supports the circular economy—which is the broad framework of remanufacturing practices.

One of their strategic roles is providing policy and regulatory advocacy. NGOs and CSOs often act as bridges between communities and policymakers, pushing for pro-environmental regulations, including support for circular economy policies and Extended Producer Responsibility (EPR), which encourages manufacturers to design products that can be repaired and remanufactured (UNEP, 2025). They also advocate for the reduction of electronic and plastic waste, which can be directed towards remanufacturing-based solutions (KLHK, 2021).

For example, the Indonesia Circular Economy Forum (ICEF) is a multi-stakeholder forum (CSOs, government, and businesses) that consistently addresses remanufacturing as part of the national circular economy agenda.

ICEF serves as a platform for discussion and the development of policy recommendations.

In addition, NGOs and CSOs also play a role in increasing public awareness and education. CSOs play an important role in educating the public and small and medium industry players (SMEs) about the benefits of remanufacturing in reducing waste, saving costs, and extending the life of products (Ellen McArthur Foundation, 2015). CSOs also educate about the importance of responsible consumption and choosing remanufactured products as an alternative to new products (UNEP, 2020).

Another role is to provide Pilot Project Facilitation and Local Partnerships. Several international and local NGOs are involved in pilot projects for remanufacturing or reconditioning of household appliances, electronics, or automotive components, often at the community or SME level, and facilitating take-back programs with local manufacturers to encourage the collection of obsolete products. Assistance to SMEs and cooperatives in repairing and remanufacturing local products (such as agricultural machinery, motorcycles, printers, etc.). One of them is the GIZ through the RISE (Reduce, Reuse, Recycle, Remanufacture Initiative) project, which focuses on developing a circular economy in Indonesia, including the potential for remanufacturing (GIZ, 2022) and the UNDP Indonesia which supports the strengthening of a circular economy that includes the potential for remanufacturing EV (Electric Vehicle) components and other sectors, as part of the sustainable development goals.

4) Research Center and Academics

Research centers and academics in Indonesia play an important role in transferring knowledge and developing technological innovations that are relevant to the needs of the remanufacturing industry. The output produced can be:

- Efficient Remanufacturing Process Development research to optimize stages such as disassembly, cleaning, inspection, repair, assembly, and testing of remanufactured products. This aims to reduce the cost, time, and energy required.

- Materials Innovation and Repair Techniques: Developing new methods to repair worn or damaged components, such as advanced welding techniques, additive manufacturing (3D printing) for rare parts, or surface coatings that increase durability (Priyono, 2017).
- Sensor and IoT Technology Development: Research to utilize sensors and the Internet of Things (IoT) in monitoring component conditions, predicting remaining useful life (RUL), and identifying potential for remanufacturing.

Through university-industry collaborations, they produce applied research, scientific publications, and technical solutions that support improved quality and efficiency of remanufacturing processes. These knowledge transfer mechanisms include seminars, scientific publications, technical consultations, and training for industry players, thus accelerating the adoption of new technologies in the remanufacturing sector.

Universities such as ITS (Sepuluh Nopember Institute of Technology), Gadjah Mada University, and other engineering universities actively conduct research, develop remanufacturing technologies, and train human resources for industry. Research centers such as the ITS Pusdi ILB and the BKPSL (Environmental Studies Coordinating Board) network conduct collaborative research, consultations, and develop evidence-based policies to support remanufacturing and the circular economy. Research and development collaboration between universities and industry is key to technological innovation, product standardization, and increasing the competitiveness of the national remanufacturing industry.

4. Remanufacturing Industry in Indonesia

The remanufacturing industry in Indonesia is dominated by the heavy equipment, automotive, and machine component sectors. According to an analysis by (Fairyanto, 2024), there are four main remanufacturing business models in Indonesia: Original Equipment Re/Manufacturer (OEM-R), Authorized Remanufacturer (AR), Semi-Authorized Remanufacturer (AR-IR), and Independent Remanufacturer (IR).

Original Equipment Re/Manufacturer (OEM-R) is a model implemented by original equipment or vehicle manufacturers (OEMs) who remanufacture their own branded products. OEM-Rs have full access to the design, technical specifications, and quality standards of the original products. The resulting remanufactured products generally receive warranties and certifications equivalent to new products. Examples of companies implementing this model include Komatsu, Caterpillar, and Hitachi, which remanufacture heavy equipment components to global standards and official warranties. Key characteristics include the remanufacturing process being fully controlled by the OEM, with official quality assurance and warranties, and full support from the manufacturer, including access to spare parts and technical data.

Authorized Remanufacturer (AR) is a remanufacturing model carried out by a third party that has obtained official authorization or license from the OEM. AR has access to technical information, training, and quality standards from the OEM, so that the resulting remanufactured product still meets the manufacturer's specifications. AR products generally also receive a warranty from the OEM, although not always equivalent to a new product. The main characteristics of this model are that remanufacturing is carried out by a third party approved by the OEM, has access to standards, training, and official spare parts, and the product receives recognition and sometimes a warranty from the OEM.

Independent Remanufacturer (IR), is a model run by a company or workshop that is completely independent of the OEM. IR carries out the remanufacturing process without support or authorization from the original manufacturer. They rely on their own experience, reverse engineering, and spare part sources. The products produced generally do not have a warranty or recognition from the OEM, so their quality and reliability are highly dependent on the competence of the business actor. The main characteristics of this model include no access to technical data, training, or official spare parts from the OEM, the remanufacturing process is completely independent, and quality standards and warranties vary widely, without OEM recognition.

Semi-Authorized Remanufacturer (AR-IR) is a combination of remanufacturing with partial OEM authorization and independent initiative. AR-IR typically has limited access to OEM technical data or training, but still independently performs the remanufacturing process for some products or components. The resulting products have varying quality standards, depending on the level of OEM support received. Key characteristics of this model include limited access to OEM technical data or training, some products have OEM approval, others do not, and more variable quality standards than AR or OEM-R.

1) Remanufacturing in the heavy equipment industry

In Indonesia, demand for heavy equipment, especially in industries such as mining, construction, and oil and gas, continues to experience steady growth. As these sectors rely heavily on expensive machinery that requires regular maintenance and component replacement to minimize downtime, remanufacturing offers a valuable solution. By adopting remanufacturing practices, Indonesia can reduce its dependence on importing expensive new machinery and components, while addressing sustainability and cost-efficiency challenges. This approach is also in line with global trends, where major manufacturers such as Caterpillar, Komatsu, and Hitachi have demonstrated the success of remanufacturing programs in reducing costs and extending the life of heavy equipment.

In these industries, remanufacturing plays a crucial role in the heavy equipment sector, where machines such as excavators, mining trucks, and hydraulic systems are very expensive and designed to operate under extreme conditions. By remanufacturing critical components such as engines, transmissions, and hydraulic cylinders, companies can extend the life cycle of machines, providing more cost-effective and reliable solutions for customers (Ellen MacArthur Foundation, 2021).

In Indonesia, based on internal market research by Komatsu, the heavy equipment market for mining and construction activities is dominated by Komatsu products (28%), followed by Sany (22%), Hitachi (16%), and Caterpillar (11%). Although Sany controls 22% of the Indonesian market, currently, through PT Sany Perkasa, Sany only provides sales, technical support, and after-sales service.

However, heavy equipment manufacturers Caterpillar, Komatsu, and Hitachi have integrated remanufacturing into their business models to provide high-performance components at lower costs. These companies have established global networks of remanufacturing facilities, enabling faster parts replacement times and minimizing machine downtime.

- Komats

  Komatsu product remanufacturing in Indonesia is carried out by several key entities within the heavy equipment industry ecosystem: PT Komatsu Remanufacturing Asia (KRA), PT United Tractors, PT United Tractors Pandu Engineering (UTPE), and PT Komatsu Indonesia (Plant Remanufacturing). Each has a distinct focus, role, and specialization within the Komatsu heavy equipment remanufacturing value chain.

  PT Komatsu Remanufacturing Asia (KRA) is the main remanufacturing center for Komatsu heavy equipment components in Indonesia, specifically for the national mining and construction markets as well as regional exports. Jointly owned by PT Komatsu Indonesia (51%) and PT

United Tractors Tbk (49%). PT United Tractors Tbk as the main distributor of Komatsu in Indonesia, United Tractors carries out remanufacturing services as part of after-sales solutions and customer operational efficiency. It has a network of 40 workshops and 8 remanufacturing facilities throughout Indonesia. PT United Tractors Pandu Engineering (UTPE) is a subsidiary of United Tractors that focuses on engineering, manufacturing, and remanufacturing of attachments and heavy equipment components. Serves the needs of reconditioning and manufacturing of Komatsu heavy equipment attachments according to customer requests. Finally, PT Komatsu Indonesia (Plant Remanufacturing), part of Komatsu Global, operates remanufacturing plant facilities in Indonesia, located in Cibitung (West Java), Balikpapan (East Kalimantan), and KBN Cakung (North Jakarta). It supports domestic and export demand for Komatsu remanufactured components.

〈Table 5-3〉 Companies that carry out remanufacturing practices on Komatsu products in Indonesia

Entity	Main Focus	Main Products	Typical Process	Scale of Operation and Excellence
PT Komatsu Remanufacturing Asia (KRA)	Remanufacturing of major components of Komatsu heavy equipment	Engine, transmisi, power module, Final drive, Rear axle, Main pump, Travel motor, Swing machinery	Salvaging, CMM, metal spray, dyno test	Thousands of units/year, ISO certification, export
PT United Tractors	After sales service & customer efficiency	Engine, transmission, hydraulic cylinder, power module, undercarriage, tires, components through the Component Exchange (Comex) program	Component exchange, Zero Overhaul to Scrap	40 workshops, 8 reman centers, extensive warranty

Entity	Main Focus	Main Products	Typical Process	Scale of Operation and Excellence
PT United Tractors Pandu Engineering (UTPE)	Custom attachments & components	Buckets, arms, booms, rippers, and custom and non-standard components for Komatsu heavy equipment.	Engineering & custom remanufacturing	Flexible, custom order, Komatsu attachments
PT Komatsu Indonesia (Plant Remanufaktur)	Plant remanufaktur global Komatsu	Engine, power module, transmission, cylinder, and main components of Komatsu heavy equipment.	Salvaging, CMM, main line assembly	Large capacity, global standard, export

Source: Reconstructed by the author with reference to PT Kobexindo Tractors Tbk, n.d.

- Hitachi

  Hitachi product remanufacturing in Indonesia is carried out by two main entities: PT Hitachi Construction Machinery Indonesia (HCMI) and PT Hexindo Adiperkasa Tbk. Both have different roles in the Hitachi heavy equipment ecosystem, with a focus on after-sales service, cost efficiency, and industry sustainability.

  PT Hexindo Adiperkasa Tbk is the official distributor of Hitachi heavy equipment in Indonesia, providing sales, distribution, after-sales service, remanufacturing, and reconditioning of Hitachi heavy equipment components, as well as technician training and welding services. PT Hexindo Adiperkasa Tbk has more than 19 branches, 16 representative offices, and a major remanufacturing facility in Balikpapan, serving the mining, construction, forestry, and other industrial sectors.

  PT Hitachi Construction Machinery Indonesia is a subsidiary of Hitachi Construction Machinery Co., Ltd. Japan, Engaged in heavy equipment manufacturing, especially hydraulic excavators and rigid dump trucks, as well as remanufacturing of major components of heavy equipment for the domestic market and Southeast Asian exports. PT Hitachi Construction Machinery Indonesia Has a factory in Cibitung, Bekasi, including a modern remanufacturing facility that has been operating since 2021.

〈Table 5-4〉 Remanufacture Business on Hitachi's Products in Indonesia

Aspect	PT Hitachi Construction Machinery Indonesia (HCMI)	PT Hexindo Adiperkasa Tbk
Main Focus	Hitachi OEM component manufacturing & remanufacturing	Distribution, after-sales service, remanufacturing of Hitachi components
Product	Main components of excavators & heavy equipment (hydraulic, travel device)	Main components, attachments, custom parts, heavy equipment reconditioning
Process	OEM remanufacturing, global standards, regional export base	Remanufacturing, reconditioning, national after-sales service
Scale of Operation	900 m^2 facility, Southeast Asia base, export and domestic	National network, Balikpapan facilities, multi-sector services
Strategy	Supply efficiency, emission reduction, OEM warranty	Integrated services, training, strengthening service networks

Source: Reconstructed by the author with reference to Hitachi Construction Machinery Indonesia, n.d.

- Caterpillar

  Caterpillar, as one of the leading manufacturers in the mining and construction market in Indonesia, operates a remanufacturing business in Indonesia. Caterpillar product remanufacturing in Indonesia is carried out in an integrated manner by PT Caterpillar Remanufacturing Indonesia (a global OEM standard) and PT Trakindo Utama (a national after-sales service provider). Both support the cost efficiency, sustainability, and productivity of the national heavy equipment industry with complementary processes, innovations, and service coverage.

  PT Trakindo Utama's remanufacturing facilities, the Component Rebuild Centers (CRCs), are located in Balikpapan, Jakarta, and other strategic locations. Trakindo Utama remanufactures Caterpillar heavy equipment components such as engines, transmissions, hydraulic cylinders, pumps, turbochargers, final drives, and other key components.

PT CRI's manufacturing and remanufacturing facility is located in Bogor, West Java, where components and products such as mining trucks and shovels are refurbished. The Bogor facility is an extension of the OEM-R (Original Equipment Manufacturer - Remanufacturing) model, where Caterpillar itself owns and operates a remanufacturing facility. PT CRI receives "cores" (used components) and remanufactures them according to OEM standards, including disassembly, cleaning, testing, and re-marketing as official CAT-Reman products. The main products that are remanufactured include.

- Diesel engines and major engine components
- Transmission, hydraulic cylinder, pump, turbocharger
- Heavy equipment components such as mining trucks, shovels, and excavators
- Other important spare parts for Caterpillar heavy equipment

The remanufacturing process carried out by PT CRI begins with core collection, total disassembly, cleaning and inspection, salvaging and reconditioning, reassembly, performance testing and distribution. This remanufactured product will be given a 12-month warranty, the same as a new product. Based on the Caterpillar report, the advantages of this remanufacturing are that customers can save up to 50-60% compared to buying new components, with quality and warranty equivalent to new products, the availability of remanufactured components accelerates repairs and reduces heavy equipment downtime, and the core deposit model encourages the return of used components, maintaining the continuity of the supply chain. From an environmental perspective, this remanufacturing activity reduces industrial waste, saves raw materials and energy, produces far less greenhouse gas emissions than making new components and prioritizes material recycling and extends the product life cycle.

5. Opportunities and Challenges of the Remanufacturing Industry in Indonesia

1) Opportunities

- Growth of Strategic Industrial Sectors. Demand for heavy equipment and machinery in the mining, construction, and oil and gas sectors in Indonesia continues to increase. These sectors are in dire need of cost-efficient and sustainable solutions, making remanufacturing an important strategy to extend the life of machinery and reduce operational costs.
- Cost and Resource Efficiency. Remanufacturing offers significant cost savings to customers (up to 50–60% compared to purchasing new components) and reduces dependence on expensive imports of new machinery. In addition, this process supports material and energy efficiency, and reduces industrial waste.
- Policy and Regulatory Support. The Indonesian government has issued several regulations to encourage the development of the manufacturing and remanufacturing industry, such as Presidential Regulation No. 18/2020 (RPJMN 2020–2024), Minister of Industry Regulation No. 15/M-IND/PER/2/2011 and Minister of Energy and Mineral Resources Regulation No. 34/2017 which require the use of domestically produced machinery in strategic sectors. This policy opens up opportunities for remanufacturing players to meet domestic demand.
- The Potential of a Circular Economy. Remanufacturing is part of a national circular economy strategy, which can provide simultaneous economic, social, and environmental benefits, while supporting sustainable development targets and reducing carbon emissions.
- Export Opportunities and Market Expansion. With the manufacturing sector contributing IDR 4,202.87 trillion to the national economy by 2024 (Indonesia Central Bureau of Statistic, 2025), with heavy equipment

remanufacturing in Indonesia contributing only IDR 26.04 trillion (0.62% of manufacturing output), remanufacturing holds significant potential for domestic and export market expansion, particularly in Southeast Asia.

〈Figure 5-3〉 Remanufacturing contribution to the national economy

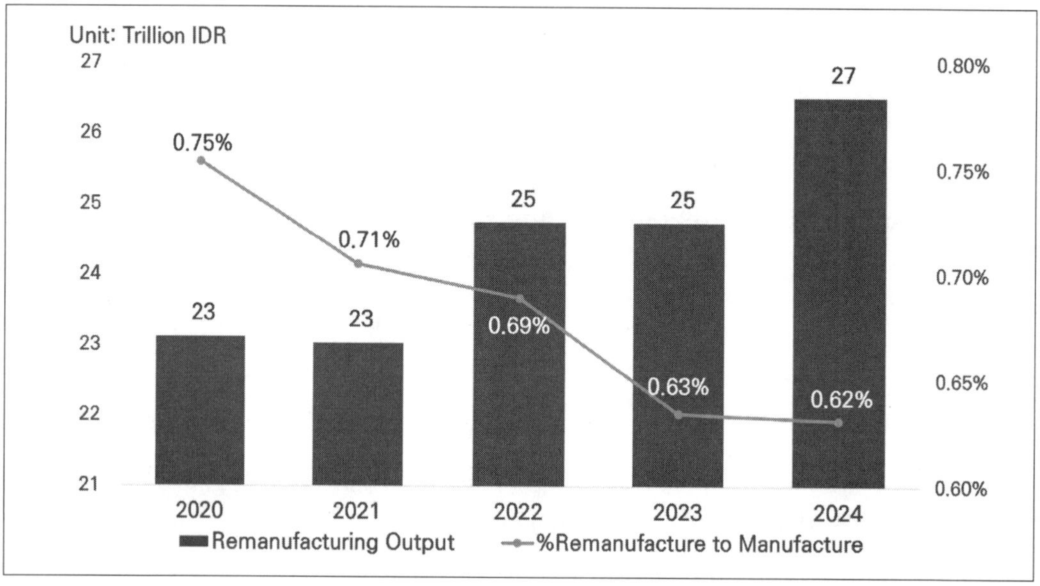

Source: Reconstructed by the author with reference to Central Bureau of Statistics(2025)

2) Challenges

- Lack of Clear National Definition and Standards. The absence of standard and definition of remanufacturing causes inconsistencies in industry practices, complicates business processes, and communication between business actors and consumers (Anityasari et al, 2025).
- Limited Special Regulations and Incentives. Government policies focus more on developing new manufacturing, while specific incentives for remanufacturing remain limited. The lack of specific regulations also makes it difficult for companies to obtain legal support and protection (Anityasari et al, 2025; Desyanti, 2025).
- Availability and Quality of Cores (Used Components). The main challenge

is the collection of high-quality cores for the remanufacturing process, which greatly determines the quality of the final product. Logistical and infrastructure limitations are also obstacles (Anityasari et al, 2025; Desyanti, 2025).

- Market Perception and Consumer Education. Many consumers still perceive remanufactured products as low-quality used products, resulting in suboptimal market trust. Public education and quality certification are essential (Anityasari et al, 2025; Desyanti, 2025).
- Imported Product Competition. Imported remanufactured products from developed countries are often sold at lower prices, thus suppressing the competitiveness of local producers. This requires strengthening the national remanufacturing ecosystem in order to be able to compete in the domestic market (Anityasari et al, 2025).

3) Foreign Investment Opportunities in the Remanufacturing Sector

- High Foreign Investment Interest in the Manufacturing Sector. The manufacturing sector, including remanufacturing, is one of the largest recipients of foreign investment in Indonesia. From 2017-2023 alone, foreign investment in the manufacturing sector reached US$115.4 billion, and this trend continues to increase, with a focus on the heavy equipment, automotive, and machine component industries.

〈Figure 5-4〉 Foreign Direct Investment in Manufacture Sector 2017-2023

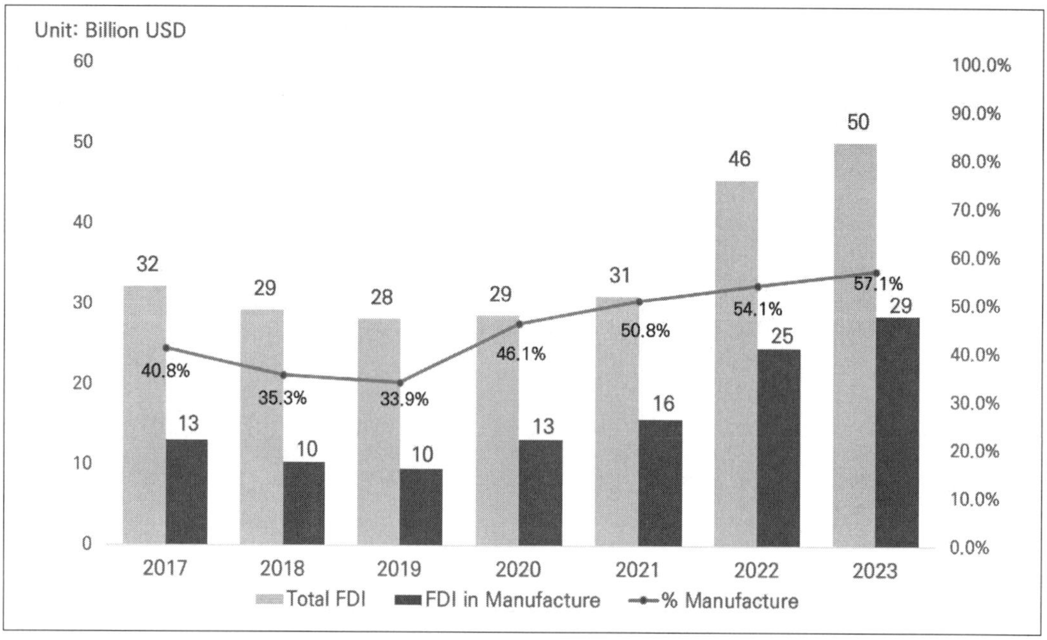

Source: Reconstructed by the author with reference to Central Bureau of Statistics(2025)

- Policy Support and Foreign Direct Investment(FDI) Incentives. The Indonesian government actively promotes investment opportunities in the remanufacturing sector through investment forums, fiscal incentives, and the establishment of industrial estates and manufacturing agglomerations. These policies aim to attract foreign investors to build remanufacturing facilities and facilitate technology transfer (ERIA, 2023).
- Opportunities for Collaboration and Technology Transfer. Many multinational companies, such as Komatsu, Caterpillar, Hitachi, and SKF, have established remanufacturing facilities in Indonesia, either directly or through joint ventures with local companies. This collaboration accelerates the adoption of cutting-edge technology and strengthens national human resource capacity (Anityasari et al, 2025).
- Regional Market Expansion. Indonesia is a key base for remanufactured product exports to Southeast Asia, supported by industrial downstreaming policies and international trade agreements (e.g., Comprehensive Economic

Partnership Agreement(CEPA), Asia Pacific Economic Cooperation(APEC), Indo-Pacific Economic Framework(IPEF)). This opens up opportunities for foreign investment to develop Indonesia's regional market (Anityasari et al, 2025).

〈Table 5-5〉 Opportunities and Challenges of Foreign Investment in Remanufacturing Indonesia

Aspect	Opportunity	Challenge
Market Demand	High demand in mining, construction and oil and gas sectors	Competition between cheaper imported products
Government policy	FDI incentives, industrial estates, investment promotion	Remanufacturing regulations are not yet specific and incentives are limited.
Technology Transfer	Collaboration with global companies, adoption of cutting-edge technology	Availability of skilled human resources and supporting infrastructure
Regional Expansion	Export base to Southeast Asia, international trade agreements	Product quality standards and certification

Source: Reconstructed by the author

REFERENCES

Lusiantoro, L. (2025). Mewujudkan ekonomi sirkular lewat pendidikan. Kompas. Retrieved June 20, 2025, from https://www.tempo.co/info-tempo/mewujudkan-ekonomi-sirkular-lewat-pendidikan-1237635

Bappenas. (2024). Mainstreaming circular economy for transformative and sustainable change in Indonesia. Retrieved June 20, 2025, from https://www.un-page.org/knowledge-hub/key-takeaways-mainstreaming-circular-economy-for-transformative-and-sustainable-change-in-indonesia-id/

Bappenas. (2024). Peta Jalan dan Rencana Aksi Nasional: Ekonomi Sirkular Indonesia 2025-2045.

Siaran Pers Kemenperin via Niaga Asia. (2023). Pengembangan industri remanufaktur kunci mencapai netralitas emisi gas rumah kaca. Retrieved June 20, 2025, from https://www.niaga.asia/pengembangan-industri-remanufaktur-kunci-mencapai-netralitas-emisi-gas-rumah-kaca/

Pristiandaru, D. L. (2023). Pengembangan industri remanufaktur berperan penting capai netralitas karbon. Kompas. Retrieved June 20, 2025, from https://lestari.kompas.com/read/2023/11/16/160000086/pengembangan-industri-remanufaktur-berperan-penting-capai-netralitas-karbon

Komi. (2020). Remanufaktur. Retrieved June 24, 2025, from https://www.komi.co.id/remanufaktur

Fairyanto, A. P. (2024). Perspektif kegiatan remanufaktur di Indonesia: Pengklasifikasikan dan eksplorasi proses bisnis remanufaktur (Unpublished master's thesis). Institut Teknologi Sepuluh Nopember. https://repository.its.ac.id/114490/

Peraturan Menteri Perdagangan Republik Indonesia Nomor 8 Tahun 2014 tentang Ketentuan Impor Barang Modal Bukan Baru. (2014). Retrieved

June 19, 2025, from
https://jdih.kemendag.go.id/backendx/image/old/2014/02/14/8-1392378443.pdf

Kementerian Lingkungan Hidup dan Kehutanan (KLHK). (2021). Strategi nasional pengelolaan sampah rumah tangga dan sampah sejenis sampah rumah tangga.
https://info3r.menlhk.go.id/berita/detail/berita-15-v_berita

Niaga Asia. (2023). Pengembangan industri remanufaktur kunci mencapai netralitas emisi gas rumah kaca. Siaran pers Kementerian Perindustrian. Retrieved June 20, 2025, from
https://www.niaga.asia/pengembangan-industri-remanufaktur-kunci-mencapai-netralitas-emisi-gas-rumah-kaca/

United Nations Environment Programme (UNEP). (2025). Circular economy handbook.

Kementerian Lingkungan Hidup dan Kehutanan. (2021). Strategi nasional pengelolaan sampah rumah tangga dan sampah sejenis sampah rumah tangga. Retrieved June 25, 2025, from
https://info3r.menlhk.go.id/berita/detail/berita-15-v_berita

Indonesia Circular Economy Forum. (n.d.). Official website. Retrieved July 3, 2025, from https://www.indonesiacircular.org

United Nations Environment Programme (UNEP). (2020). Sustainable consumption and production: A handbook for policymakers.

Ellen MacArthur Foundation. (2015). Towards a circular economy: Business rationale for an accelerated transition.

Deutsche Gesellschaft für Internationale Zusammenarbeit (GIZ). (2022). RISE project Indonesia factsheet.

Priyono, A. (2017). Understanding the benefits of product-service system for involved parties in remanufacturing. Journal of Industrial Engineering and Management, 10(2), 323-351.

Anityasari, M., Fernando, A., Suhariyanto, T. T., Sari, K. N., Kusumawardani, R., & Akbar, R. A. (2025). Understanding remanufacturing business in

Indonesia. Proceedings of ISETH 2024. Retrieved from https://proceedings.ums.ac.id/iseth/article/download/5413/4688

Desyanti, R., Suparno, & Arvitrida, N. I. (2025). Bearing remanufacturing practices: A case study in PT. SKF Indonesia. BIS Energy and Engineering, 2, V225047. https://doi.org/10.31603/biseeng.372

ICCC. (2017). Investment opportunities in Indonesia: Manufacturing. Indonesia Canada Chamber of Commerce. Retrieved from https://www.iccc.or.id/wp-content/uploads/2020/08/Investment-Opportunities-in-Indonesia-Manufacturing-May-2017_compressed.pdf

Economic Research Institute for ASEAN and East Asia (ERIA). (2023). Foreign direct investment, agglomeration, and production networks in Indonesian manufacturing (ERIA Discussion Paper Series No. 473). Retrieved from https://www.eria.org/research/foreign-direct-investment-agglomeration-and-production-networks-in-indonesian-manufacturing/

Kentjana, N. R. (2017). Opportunities for foreign direct investment in Indonesia. Board of Investment of Thailand. Retrieved from https://www.boi.go.th/upload/bkpm_updated_84830.pdf

Hitachi Construction Machinery. (2021). Newly establish a base in Indonesia to strengthen parts remanufacturing. Retrieved from https://www.hitachicm.com/global/en/news/press-releases/2021/21-04-15/

06

Ecuador's Remanufacturing Industry Response Strategy to Environmental Regulations and Circular Economy

Chapter

06

Ecuador's Remanufacturing Industry Response Strategy to Environmental Regulations and Circular Economy

Ponce Delgado Beatriz Estefania

Head of Climate Change Management, Zonal Directorate 4, Ministry of Environment and Energy of Ecuador

1. Introduction

The Impact of climate change in Ecuador are evident in the country's vulnerability and its significant environmental problems, including the management of solid waste, water resource contamination, and deforestation (Subia-Cabrera & Subia-Cabrera, 2022). These challenges encourage the country to develop strategies focused on sustainability towards a circular economy within the strategy sectors. Indeed, for the Ecuadorian government, promoting sustainable practices in the industry to transform the linear economy model into a national production model is a need (Ministerio de Producción, Comercio Exterior, Inversiones y Pesca, & Ministerio del Ambiente, Agua y Transición Ecológica, 2024).

Through these mechanisms, Ecuador seeks to reduce dependence on natural resources and its extractivism to position the country towards a sustainable circular economy. Furthermore, there is a lack of information and strategies of the remanufacturing industry in Ecuador. The remanufacturing industry uses different processes to restore used products and to return them to their original condition to make them functional, which reduces the use of resources or materials, minimizing the generation of waste and extending the useful life of the products (Rea-Reinoso et al., 2024). Notably, the remanufacturing process represents an essential strategy within the circular economy.

However, to comply with environmental regulations and thus promote the circular economy, it should be governed by compliance with existing environmental laws, such as the Organic Environmental Code, with its respective regulations, as well as the implementation of innovative manufacturing practices.

To comply with the policies and norms, these strategies and actions seek to promote environmental sustainability and, at the same time, recover the social and popular economy in Ecuador. However, the remanufacturing industry is relatively nascent, but with future initiatives to comply with environmental regulations, towards the development of a circular economy. For instance, the interest of the government and the industry in promoting sustainable production and consumption models through waste reduction is noted (Zhou & Yuen, 2020).

2. Ecuador National Context towards Remanufacturing

Ecuador has a population of over 16,938,986 inhabitants, distributed across urban and rural areas. In this context, 63.1% of the population resides in cities, while 36.9% reside in rural areas (Instituto Nacional de Estadística y Censos (INEC), 2023). According to data from Ministerio del Ambiente, Agua y Transición Ecológica (2024), through the Solid Waste Management and Inclusive Circular Economy Project, 5,317,194 million tonnes of solid waste are generated per year in Ecuador, since its disposal is 14,568 Tn/day. This means that the estimated per capita generation of solid waste per day is 0.81 kilograms. The estimated value of organic waste generation is 61.45%, which amounts to 8.9 tonnes/day, and the remaining 38.55% is inorganic waste. Since most of the waste is disposed of in open-air dumps without adequate management, generating 4,790.54 kt of CO2-eq in the waste sector, representing 5.43% of total emissions of the country (República del Ecuador, 2025).

This shows the urgency of acting from citizens adopting lifestyles, responsible production, and consumption, aiming at sustainable development promoting circular economy strategies such as the development of the remanufacturing industry, which can be way to reduce the amount of waste by extending the life cycle of raw material, and reducing the extraction from it.

Ecuador is a country in Latin America that has demonstrated a commitment to implementing sustainability practices and circularity strategies aligned with the 2030 development goals. The general concept of remanufacturing aims to recover used products to restore them to their optimal operating conditions, which generates benefits not only economically due to the reduction of production costs, waste, and demand for materials from natural resource extraction, but also helps create jobs, contributing to environmental sustainability and thus to the circular economy. At the national level, the country has significant manufacturing industries for economic and business development; however, it faces challenges in the remanufacturing industry due to a lack of technologies, infrastructure, and a legal framework.

The sustainable production practices implemented by the industry sector help to improve its competitiveness as well as reduce environmental impacts towards a circular economy model. The remanufacturing process in not only recover the main features of products but also represent a shift perception about these produces by the consumers because valuable resources can be recycled and reused, contributing to the circular economy which are at the forefront from a global perspective towards sustainability and the fight against climate change due to emission reductions.

Considering global trends in circularity and environmental management, such as public policies and robust regulatory frameworks in developed countries, these are a great example for developing countries like Ecuador, as policies can be adapted and improved to promote remanufacturing practices and investment in clean technologies. The opportunities and challenges that the country faces regarding remanufacturing industries go beyond regulatory frameworks and clean technologies; it also depends on strengthening the workforce's capabilities for the progress of the remanufacturing industry in Ecuador. Education is a fundamental pillar for the development of technical skills, especially in concepts of sustainability and circular economy, to innovate and improve remanufacturing processes. Not only does the government play an important and decisive role in implementing strategies in this sector, but academia and the business sector do as well. Although there is no specific regulation for the remanufacturing industry in Ecuador, the country is committed to implementing initiatives and strategies to transition from a linear model to a circular economy.

The strategy for responding to environmental regulations and the circular economy is primarily categorized into general Environmental regulations, Extended Producer Responsibility (EPR) regulations, and national circular economy strategies, as described before. The remanufacturing industry in Ecuador represents an opportunity for economic development in the region, as well as a key sector for improving sustainability towards a circular economic model, leaving behind the bad practices of the linear model. In conclusion, the inclusion of appropriate policies, specialized training in remanufacturing processes, and the promotion of cultural changes related to the perception of remanufactured products will help Ecuador move towards a sustainable future that is at the forefront with developed countries in remanufacturing and circular economy, thereby improving its competitiveness.

3. Ecuador's evolution of legal framework from Environmental Policies and Regulations

The National Framework of Ecuador regarding of execution and implementation of laws and norms is described by its hierarchical order in Article 425 of the National Constitution of the Republic of Ecuador, issued in 2008, through which regulations and laws are applied and governed mainly by the Constitution, followed by international treaties and agreements, organic and ordinary laws, regional norms, decrees and regulations, agreements and resolutions, and other elements or documents issued by the national authorities.

The Ministry of Environment, Water, and Ecological Transition of Ecuador is the national environmental authority that sets the fundamental principles of environmental management and protection of natural resources. The environmental law and norms are mainly governed by the Organic Environmental Code and its regulations. Furthermore, there are norms to promote Extended Producer Responsibility (EPR) by the principle of prioritization of waste management from its generation to its final disposal.

Hence, Ecuador has made important progress towards circular economy with strategies and initiatives that are mainly described in Figure 1 and remarks the first approach with the creation of Circular Economy White Book in 2020, the Organic Law on the Inclusive Circular Economy in 2021, the Regulation of the Organic Law on the Inclusive Circular Economy in 2023 and finally in 2025 it has the National Strategy for Inclusive Circular Economy until 2035.

〈Figure 6-1〉 Ecuador's Regulatory and Legal Framework of the Advances in Circular Economy

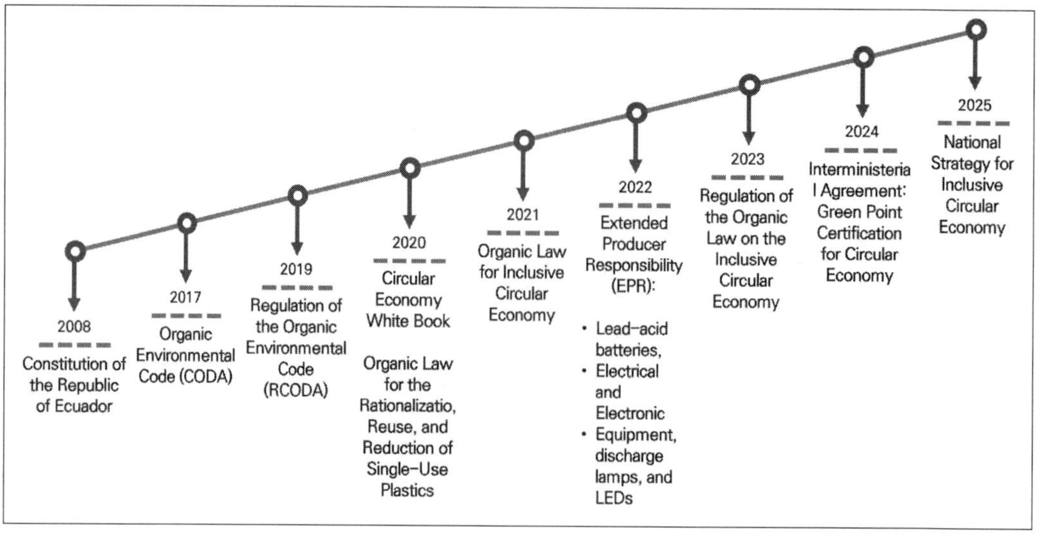

Source: Reconstructed by the author with reference to the Ministerio de Producción, Comercio Exterior, Inversiones y Pesca & Ministerio del Ambiente, Agua y Transición Ecológica(2024)

1) Circular Economy Initiatives and Strategies

Ecuador is one of the countries in South America that has one of the most comprehensive roadmaps of actions and strategies for the circular economy compared to other countries like Brazil, Colombia, Peru, Argentina, and Uruguay. Figure 2 summarizes those actions driven, which are categorized in a generation of Circular Economy culture, innovation, public policies, financing, governance, and circular cities.

〈Figure 6-2〉 Circular Economy Strategies in South America

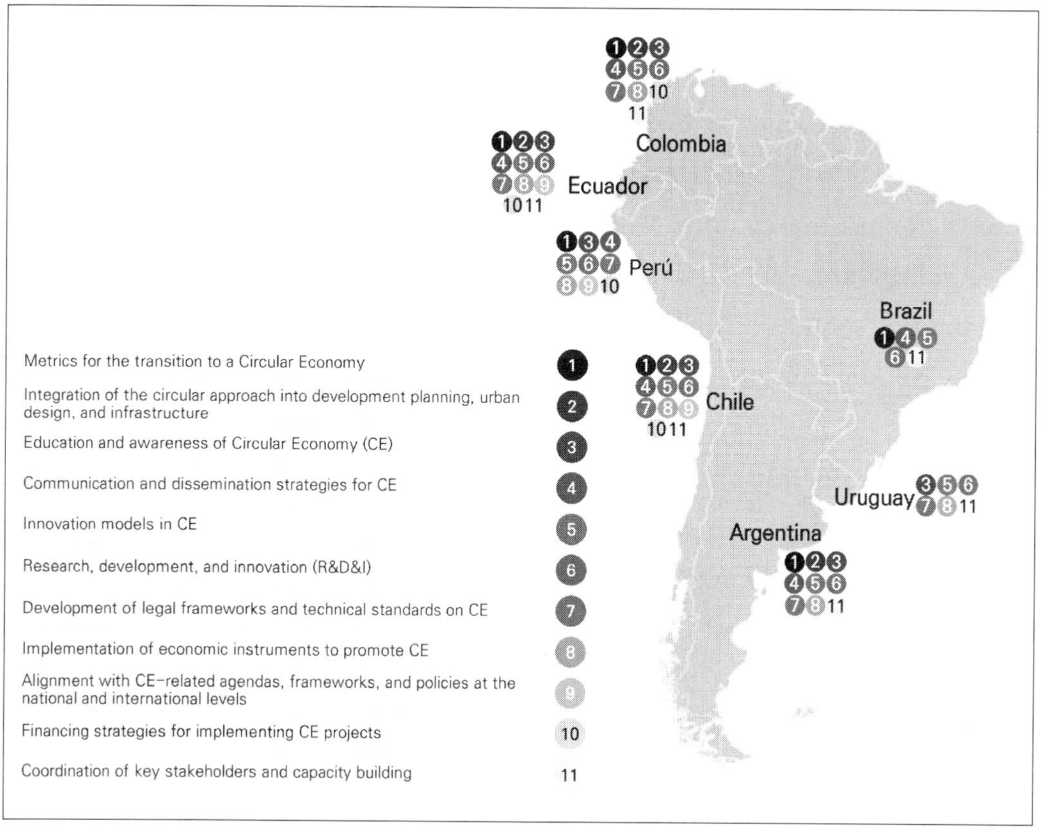

Source: Reconstructed by the author with reference to the Samaniego et al.(2022)

The first approach to a circular economy for Ecuador began with the creation of *the White Book on Circular Economy*in 2019 and will continue until its publication in 2020. Through this, fundamental intervention axes were developed focusing on Policy and Financing, Sustainable Production, Responsible Consumption, and Integrated Waste Management.

- The *Extended Producer Responsibility (EPR)* requires producers, importers, and marketers to take responsibility for the product once its life cycle has been completed for its subsequent comprehensive management and handling. In Ecuador, the products that are subject to strict compliance regimes (ministerial agreements) focused on Extended Product Responsibility include: agricultural plastic waste, used lead-acid batteries, used lubricating oils, portable batteries, end-of-life tires (ELT), electrical and electronic equipment (EEE), medicines and pharmaceutical products, discharge lamps and/or unused LED lamps.

- *The Organic Law on Inclusive Circular Economy* (LOECI), approved in 2021, aims to establish responsibilities to achieve the goals of the circular economy in the country, which seek to reduce waste, increase green jobs, recycling, and change the productive matrix towards independence from natural resources.
- The National *Strategy for Inclusive Circular Economy* (NSICE) until 2035, presents a milestone and commitment of the country to change its current economic model for a more sustainable one, promoting a transition towards an inclusive circular economy as well as the promotion of the implementation of environmental practices, responsible consumption, innovation, research, public and private cooperation to guarantee the welfare of future generations in Ecuador. This strategy has 8 principles to ensure aligning public policy and actions under the same effective strategy towards a Circular Economy in Ecuador: Environmental Responsibility, Social Inclusion, Just Transition and Quality Employment, Sustainable and Resilient Territorial Development, Sustainable Production and Resilient Value Chains, Digital Transformation, Research and Innovation for Responsible and Sustainable Consumption, Progressivity and adaptability, Transparency and access to information (Ministerio de Producción, Comercio Exterior, Inversiones y Pesca, & Ministerio del Ambiente, Agua y Transición Ecológica, 2024).

Although there is no specific regulation for the remanufacturing industry in Ecuador, the country is committed to implementing initiatives and strategies to transition from a linear model to a circular economy. The strategy for responding to environmental regulations and the circular economy is primarily categorized into general Environmental regulations, Extended Producer Responsibility (EPR) regulations, and national circular economy strategies, as described before.

4. Current State of the Remanufacturing Industry in Ecuador

A study conducted by *Garabiza et al.* (2021) shows the most representative industries in Ecuador that implemented Circular Economy Initiatives, as described in Table 1. Activities are applied in different sectors according to each type of company, such as Telecommunications, Food, Retail, Cement, Packaging, and Processing Companies etc. However, there is no exact number of companies that apply circular economy strategies, as it is a relatively new concept, and the lack of information is a limitation in knowing the current state of the remanufacturing industry in Ecuador.

〈Table 6-1〉 Industries that implement Circular Economy initiatives in Ecuador

Name of the Company	Activity	Circular Economy Initiative
Corporación Favorita	Retail Company	Gira Project
Movistar	Telecommunications	Mobile phone recycling
Arca Continental	Bottling Company	Bottle recycling
Nestlé Ecuador	Food Company	Recycling of packaging, efficient use of food
Holcim Ecuador	Cement	Geocycle - Waste co-processing
Unacem Ecuador	Cement	Co-processing of used oils and waste
Tetra Pak	Packaging and food processing	Development of sustainable products and increased recycling
Small Cooking Oil Companies	Recycled Cooking Oil	Collection of used cooking oil to transform it into biodiesel
Incinerox	Steel Production	Integral management of industrial waste
Ecocaucho	Tire Company	Tire reuse

Name of the Company	Activity	Circular Economy Initiative
Tritubot	Recycling of plastic bottles - ECOBLOQ	Recycling of plastic bottles - ECOBLOQ

Source: Reconstructed by the author with reference to the Garabiza et al.(2021)

Even though Ecuador's economic development still depends on extractive activities like oil, the industry and adjacent businesses have bet on developing a new economic model towards the circular economy, focusing on the environment, economy, and society (Ordóñez Olivo & Martins, 2023). As a result, the manufacturing of new products based on green innovation and energy efficiency has been one of the few success stories in the country, of which there is not much recorded information. In Ecuador, citizenship has been involved in activities related to the circular economy, such as equipment repair, for several years, compared to understanding the concept of the circular economy, which is relatively new to Ecuadorians.

Nevertheless, according to the Business and Establishments Directory, now called the Statistical Register of Companies, there are currently 135,367 jobs related to repair and remanufacturing in Ecuador, in line with the International Standard Industrial Classification of all economic activities (Instituto Nacional de Estadisticas y Censos (INEC), 2024). These activities contributing to the circular economy, such as waste collection and treatment, and recovery, represent 1.7% of the formally economically active population in the country.

Furthermore, Figure 3 shows the number of people employed in circular economy-related activities, totaling 635,357, including artisans, recyclers, and repairers as the main groups, which together represent about 7.9% of the economically active population in Ecuador.

〈Figure 6-3〉 People Employed in Activities Related to the Circular Economy

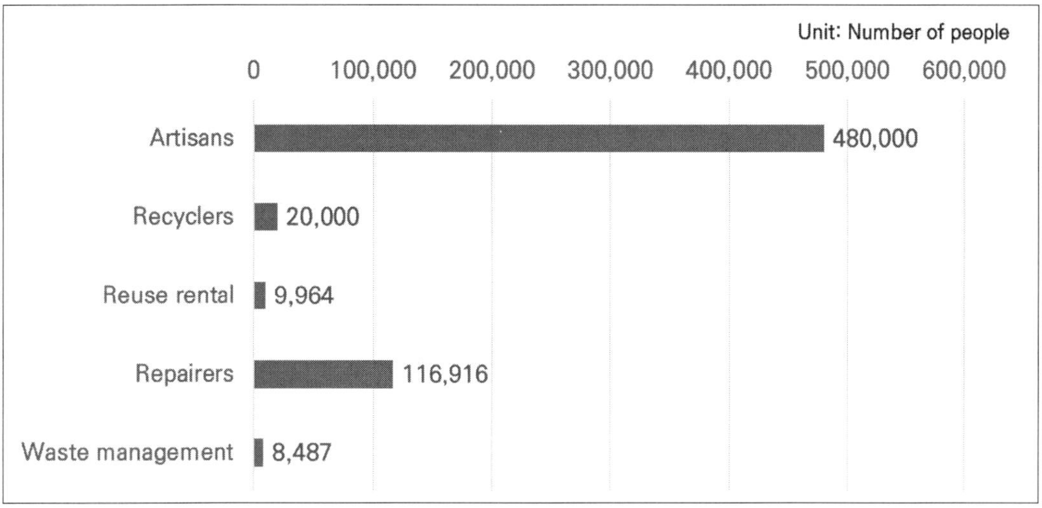

Source: Reconstructed by the author with reference to the Ministerio de Producción, Comercio Exterior, Inversiones y Pesca (MPCEIP) & Deutsche Gesellchaft für Internationale Zusammenarbeit(2021)

The remanufacturing industry in Ecuador is just now positioning itself as a key point in the circular economy, through which companies are seeking to improve their businesses by reducing costs and waste by extending the useful life of products and restoring their functionality. In this sense, remanufacturing activities in Ecuador play a fundamental role in the local economy of the country due to sustainability practices and the participation of other sectors.

5. Ecuador's Representative Sectors in the Remanufacturing Industry

1) Automotive Sector (auto parts and reconditioning)

The Ecuadorian automotive sector comprises two main sub-activities: the manufacturing of vehicles, the trade of auto parts, and the repair of cars and motorcycles. The repair of vehicles and the sale of spare parts or auto parts form part of circularity activities through the recycling of materials. An example of this is the dismantling as a source of raw material for the metalworking sector, which offers the opportunity for the recirculation of vehicles of between 50% and 85%.(Ministerio de Producción, Comercio Exterior, Inversiones y Pesca (MPCEIP) & Deutsche Gesellschaft für Internationale Zusammenarbeit (GIZ), 2021). Figure 4 shows the main exports of auto parts in March 2025, with a value of 7 million dollars.

〈Figure 6-4〉 Auto Parts Exports - March 2025

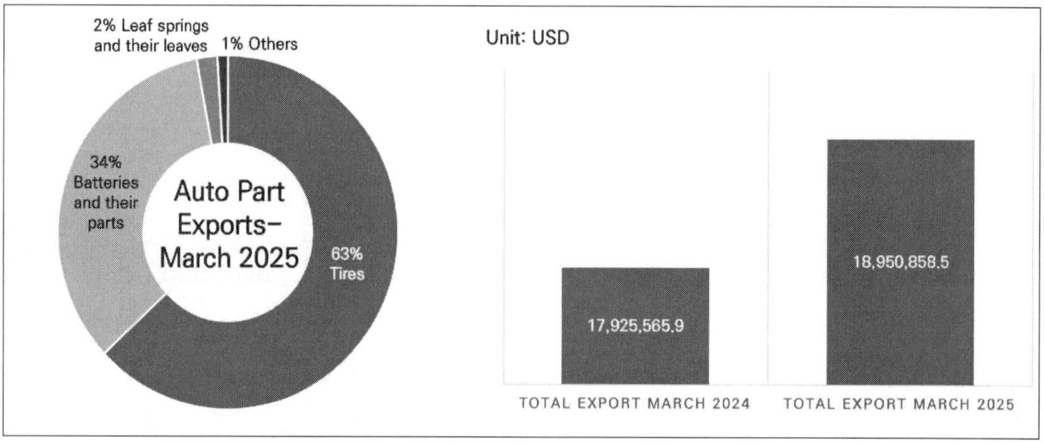

Source: Reconstructed by the author with reference to the Cámara de Industria Automotriz Ecuatoriana(CINAE)(2025)

Additionally, it can be seen that the accumulated values of auto parts exports, in Free on Board (FOB) values as of March 2025, have grown by 6%, which represents about one million dollars compared to the same period in 2024. (Cámarade Industria Automotriz Ecuatoriana (CINAE), 2025).

According to Díaz et al. (2023), the automotive sector looks up to reconditioning and repairing rather than remanufacturing. The recovery of Internal Combustion Engines (ICE) from heavy-duty vehicles is applied based on empirical experience from street mechanics who have applied methodology and processes at artisanal workshops, where process expertise has been gained over the years. Indeed, the lack of information is one of the main barriers, followed by the lack of standardized methodologies and logistical deficiencies in developing a remanufacturing business model in Ecuador. Figure 5 shows the Internal combustion engine's remanufacturing process from a case study applied to the CAT3116 diesel engine, where the remanufacturing process reaches 95% of the nominal values from heavy-duty vehicles.

〈Figure 6-5〉 Internal combustion engine's remanufacturing process

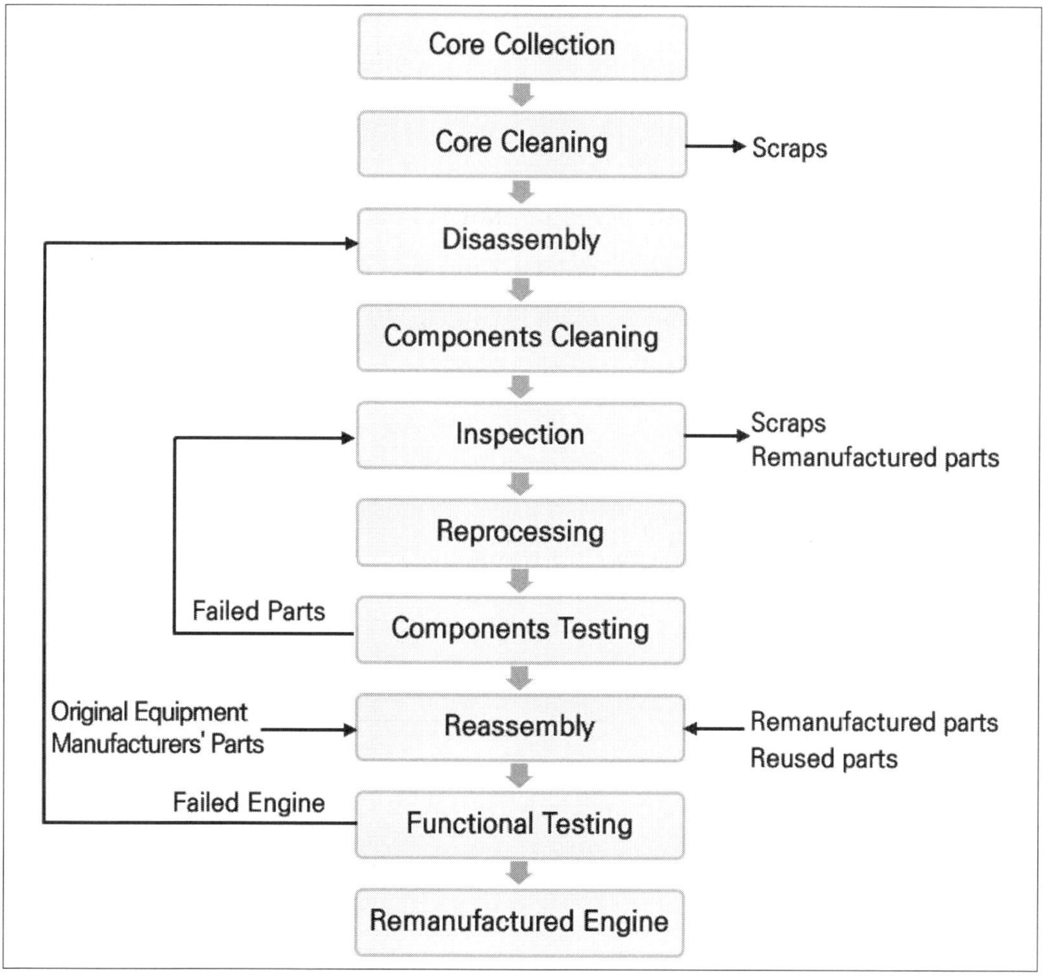

Source: Reconstructed by the author with reference to the Díaz et al.(2023)

The use of vehicles has an environmental impact due to energy consumption and the carbon footprint associated with the use of fossil fuels. Although there are incentives for the transition to electric vehicles, they do not represent a significant market in Ecuador. According to data from the Ecuadorian Automotive Companies Association (AEADE), one in every 13 inhabitants owns a vehicle, and the average occupancy per trip is 1.2 people (Ministerio de Producción, Comercio Exterior, Inversiones y Pesca (MPCEIP) & Deutsche Gesellschaft für Internationale Zusammenarbeit (GIZ), 2021).

2) Electronics (remanufacturing of equipment and components)

The electronics manufacturing industry is not well-established in the country, as most activities are focused on companies that assemble and repair electrical devices. Figure 6 illustrates the number of electrical devices placed on the market and the amount of electronic waste generated, indicating that the latter has increased from 5.6 kg/person (82.1 kt) in 2009 to 7.5 kg/person (129.9 kt) in 2019 (Wagner et al., 2022). In this regard, both the number of electrical and electronic devices marketed or placed on the market and the amount of electronic waste generated are lower than the average in the Latin American region. According to data from the Ministerio de Ambiente, Agua y Transición Ecológica (2024), Ecuador ranks eighth in Latin America in terms of per capita e-waste generation compared to the regional average.

〈Figure 6-6〉 Electrical and electronic devices marketed or placed on the market and waste Electrical and Electronic Devices in Ecuador

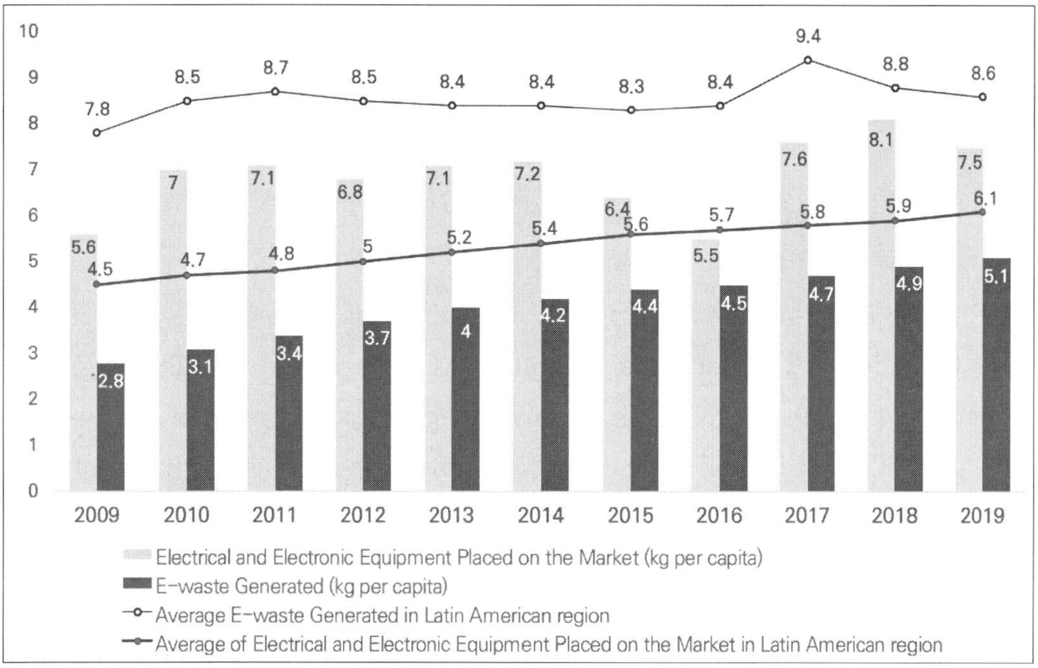

Source: Reconstructed by the author with reference to the Wagner et al.(2022)

Currently, statistics on electronic or electrical appliance waste are not being collected; however, informally in Ecuador, there are repair workshops for household electronic and electrical devices, which are repaired and can be reused and sold in the second-hand market, thereby extending the lifespan of the device. Indeed, there is no regulation governing the activities of repair, remanufacturing, and recycling of electrical and electronic devices, as well as the use of materials and components derived from them. (Secretaría General Iberoamericana (SEGIB), 2024).

It is worth noting that, according to the Foreign Trade Committee - COMEX, Ecuador adopted Resolution 049-2015, which establishes a global quota for the import of new cellular phones, as the importation of remanufactured, refurbished, or repaired cell phones is prohibited. Regarding the import and export of electronic or electrical waste, Ecuador is a signatory to international agreements such as the Basel, Rotterdam, and

Stockholm Conventions, and has ratified the Minamata Convention. Furthermore, the current constitution and other prevailing environmental regulations prohibit the importation throughout the national territory of persistent organic pollutants (POPs), international agrochemicals, harmful technologies, and toxic nuclear waste. (Wagner et al., 2022).

3) Tires - (recycling of materials)

Padilla & Díaz-Márquez (2023) exposed that before the implementation of the Extended Producer Responsibility (EPR) policy in Ecuador, the management of used tires was linear, meaning from use to waste without any type of recycling or subsequent utilization of the rubber material from the tires, as they were rather incinerated or disposed of in open dumps. That is why starting in 2013, the EPR required producers and importers of tires to progressively recover used tires and be responsible for the entire product life cycle. Regarding the Management of Recovered Waste Under the Extended Producer Responsibility Principle, the total number of units managed in the period of 2020-2023, according to figures from the Ministry of Environment, Water, and Ecological Transition (2023), is around 9,528,345 tires. On one hand, in Figure 7, it is visualized that 65.6% (1,659,591) of tires come from the automobile sector, followed by bicycles and motorcycles with 24.1% (606,434) respectively.

On the other hand, the same figure shows the quantity of tires managed for subsequent recovery; in this graph, it is observed that 75.1% of tires are managed through technical recycling (1,756,272 tire units) followed by processes like pyrolysis with 11.0% (258,370) and retreading with 9.2% (216,004). In this context, in Ecuador, the remanufacturing processes in tires are carried out through the recap process of used tires, for the subsequent recovery of the materials from the tires and their insertion as raw material for other products. However, the country continues to depend on the import of tires, as local production is only 30% and 70% is imported from countries such as China and the United States (Padilla & Díaz-Márquez, 2023).

〈Figure 6-7〉 Tire Management in Ecuador 2023

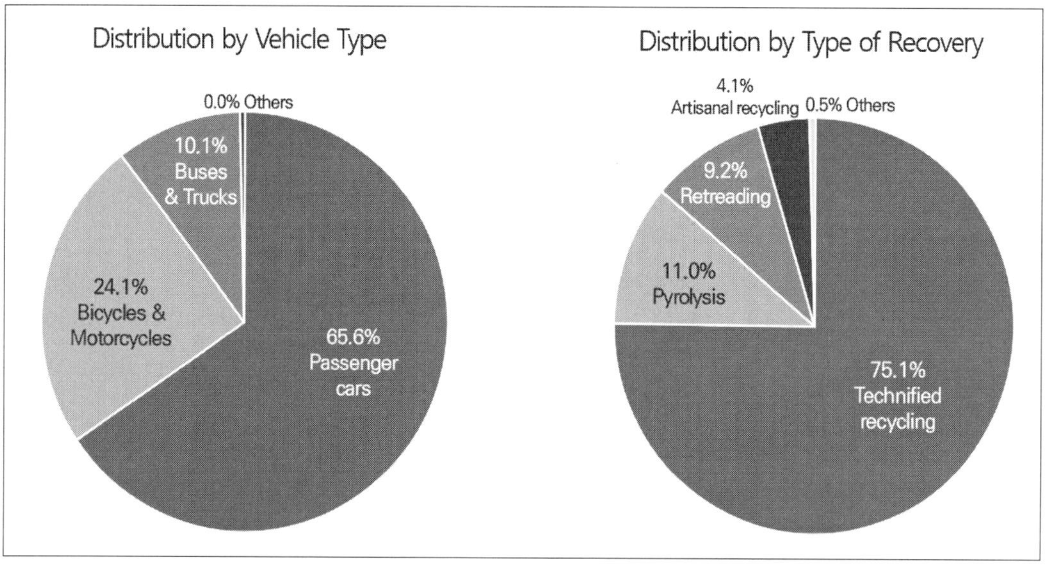

Source: Reconstructed by the author with reference to the Ministerio de Ambiente, Agua y Transición Ecológica(2023)

4) Remanufacturing in Other Sectors

Alongside the main remanufacturing sector in Ecuador, some others have been growing in recent years, or are they considered within the government's agenda as strategic axes for future development and implementation as follows:

- Metalworking Sector
  The remanufacturing process in the metalworking sector is focused on the repair of materials related to the sector, such as steel, iron, and aluminum, since through recycling metals, depending on their composition and properties, they can be restored through physical or chemical processes. In the case of Ecuador, the government promotes the Scrap Program for Public Goods of vehicles, road and transport

equipment, which was created based on the good results of the Automotive Fleet Renewal Program - Plan RENOVA implemented from 2008 to 2015, through which 18,624 units were scrapped and 20,241 units were delivered (Ministerio de Producción, Comercio Exterior, Inversiones y Pesca (MPCEIP) & Deutsche Gesellschaft für Internationale Zusammenarbeit (GIZ), 2021).

- Mining Sector

  For the mining sector, the government proposes strategies for the remanufacturing and repair of equipment used in mining, with the aim of its subsequent recirculation. To this end, the government suggests establishing incentives for the development of Microenterprises that provide remanufacturing and repair services for equipment used in mining, which could lead to the creation of new green jobs. (Ministerio de Producción, Comercio Exterior, Inversiones y Pesca (MPCEIP) & Deutsche Gesellschaft für Internationale Zusammenarbeit (GIZ), 2021). Although this sector is not as developed, the automotive sector could serve as a basis for extending initiatives and strategies to other sectors, such as household appliances, footwear, and textiles.

6. Companies that implement remanufacturing practices in Ecuador

In terms of sustainability, there are Technology companies in Ecuador that have adopted circular economy practices related to the remanufacturing sector, which is seen as a response to compliance with environmental regulations as well as the different business opportunities that this emerging market represents in Ecuador. Some of the companies and sectors that implement remanufacturing practices are the following:

- Woden Ecuador

  Woden is a Mexican company with over 21 years of experience operating in various countries in Latin America, including Ecuador, Colombia, Peru, Paraguay, Panama, Honduras, Costa Rica, and El Salvador. Woden is a leader in circular economy solutions in the telecommunications and technology sectors, offering services such as remanufacturing and refurbishment, industrial maintenance, and rework. These services focus on repairing equipment to extend its lifespan, as well as managing the return of devices like modems, set-top boxes, and mobile phones, reducing waste by recovering 4.6 million transformed products per year, which has resulted in annual savings of 1.6 million m^3 of water and avoids 3,900 tonnes of CO_2 emissions per year (Woden Ecuador, n.d.).

- Vertmonde and Toner Ec

  It is an Ecuadorian company specializing in the management of E-waste, providing environmental services that promote the comprehensive management of electrical and electronic waste. It features a laboratory for the refurbishment and remanufacturing of IT equipment, certified to ISO 9001 standards. According to the company's sustainability report, 343.66 tonnes of materials have been recovered for final disposal (Vertmonde, 2023). In addition, from the remanufacturing program for IT equipment, a total of 521 units of devices such as CPUs, monitors, laptops, among others, were repaired in 2023.

  Toner Ec is an Ecuadorian company that provides services as an environmental manager, and they are experts in the remanufacturing of laser toners, in addition to marketing supplies for all types of printers and copiers, with a special focus on Circular Economy, sustainability, and carbon footprint reduction.

  Other initiatives for the circular economy and material recovery.

- Industrial Symbiosis EC

  Industrial symbiosis is an online platform that allows citizens and businesses in general to obtain information for the use of raw materials through the identification of synergies of exchange and utilization among various industrial actors and society. This represents a benefit in competitiveness and sustainability in the raw materials market at the business level, allowing companies to develop circular economy projects in Ecuador.

- Gira

  Gira is an Ecuadorian company specializing in the comprehensive management of waste, with collection points nationwide that collect all types of recyclable materials, including plastics, glass, paper, and cardboard. People who use the recycling application at Gira points receive economic incentives in the form of discounts on products from participating supermarket chains. The materials are recovered and recycled, enabling them to be transformed into raw materials that will be used in the production of new products. Discounts on products.

- Reciveci

  Reciveci was born as a citizen initiative in 2015 in the city of Quito, where neighbors from a neighborhood joined together to create a mobile application that allows connections between grassroots recyclers and recycling points in the city. Thus, ReciApp was born, becoming a means of inclusive recycling. In addition to promoting waste separation at the source and recycling, it aims to strengthen community capacities for behavioral change towards a more environmentally friendly setting.

7. Opportunities and Challenges of the Remanufacturing Industry in Ecuador

Although the remanufacturing industry in Ecuador is not as advanced compared in other countries, the Ecuadorian government has set strategic objectives for the medium to long term by 2035 regarding circularity, which ranges from eco-innovation to remanufacturing, repair, and inclusive recycling. Indeed, the following opportunities can be found:

- Job creation: The remanufacturing industry could help in the creation of jobs and thus in the reactivation of popular and solidarity economy for the benefit of Ecuadorians, as it promotes investment in human capital and recognizes the need to enhance the work of artisans and technicians in the repair of second-hand goods. Being able to generate 200 times more jobs in the field of repair, remanufacturing generates 30 times more jobs, and recycling generates 50 times more jobs than landfills and incinerators, respectively. (Ribeiro-Broomhead & Tangri, 2021).
- Promotes the circular economy: Remanufacturing is an alternative to the traditional extraction and consumption model, which involves recovering the functional value of used products. This approach can reduce carbon emissions, decrease waste, and provide a low-cost alternative from the perspective of sustainable production (Zhou et al., 2023). Remanufacturing not only provides an opportunity to reduce carbon emissions and efficiently utilize resources through reusing or recovering materials, but also represents a low-cost alternative.
- Reduction of production costs and savings for consumers: The production costs of the remanufacturing industry are reflected in the significant savings offered to consumers through remanufactured products, as the price is relatively lower than that of a new product while maintaining quality, which is appealing to consumers. Additionally, companies that use fewer new raw materials help save energy, water, and consequently produce a lower environmental impact.
- Inclusion of new public policies: The inclusion of the remanufacturing industry in Ecuador is aligned with the white paper on circular economy, the National Circular Economy Strategy, and the 2030 Sustainable Development Agenda, which represents an alternative for activating green financing mechanisms as well as strengthening capacities, in addition to promoting regulations, laws, or policies adapted to the reality of the

country that promote remanufacturing as a cross-cutting axis of the circular economy

Despite having great opportunities in the remanufacturing industry for Ecuador, there are still important challenges to consider, as follows:

- Lack of remanufacturing culture: Ecuadorians do not have a culture and education regarding remanufacturing, in addition to being unaware and misinformed about the benefits of the remanufacturing industry. This is reflected in the supply chain and consequently in the supply and demand for remanufactured products. It is important to mention that resistance to change due to misinformation can serve as an important inflection point for consumers because of incorrect perceptions of remanufactured products, which are often classified as lower quality, resulting in an impact on their sales.
- Limited regulatory and normative framework: According to Ecuadorian regulations and regulatory framework, there is no clear legislation for remanufactured equipment, as there has been confusion regarding the concepts and terminology between remanufactured, repaired, or refurbished products. This has led to stagnation in the advancement of the remanufacturing industry and the circular economy.
- Lack of infrastructure and technological limitations: There are no formal systems for the remanufacturing of equipment since it is an industry that is still not developed in the country, which limits the existence and application of processes for the recovery of products in addition to the initial investment or financing costs for the acquisition of these types of technologies.
- Insufficient technical capacity building for labor: In Ecuador, there are informal workers who are responsible for repairing or refurbishing equipment of all kinds, from engines to electronic devices. However, their learning and expertise are based on empirical practice day by day, which

highlights the lack of large-scale technical training focused on remanufacturing and the circular economy.

8. Conclusion

Developing countries such as Ecuador depend on exporting raw materials from exploiting natural resources and industrial transformation, which has little knowledge of compliance with environmental regulations. Hence, as there is an extractivism model that exerts pressure on the exploitation of resources, the importance of moving towards more sustainable models such as the circular economy has become evident. In this context, adopting a circular economy model appears to be a viable approach for achieving sustainable development and mitigating environmental impacts compared to a linear economy model (Echavarría Heras et al., 2023). Worldwide, it is well known that the European Union is one of the main benchmarks in circular economy initiatives and strategies, as it aspires to achieve carbon neutrality by 2050. Moreover, the Circular Economy proposes a model that will have positive implications for the environment because of the reduction of waste and emissions, representing an economic and social advantage (Singhal et al., 2020). For instance, the inclusion of circular economy initiatives will reduce the operational cost, avoiding the pressure on natural resources and raw materials, creating more green jobs, and providing the opportunity to innovate in the industry, which will enhance the supply chain. The need to integrate remanufacturing into the value chain in Ecuador is based on the benefits of the circular economy in remanufacturing to extend the cycle of extracted resources, restoring functionality to products, which are a crucial challenge in addressing climate change. Indeed, promoting more efficient practices in resource management to reduce waste generation contributes to the transition to a circular economy, which also supports the development of the Sustainable Development Goals (SDGs), such as SDG 12 and SDG 13, which focus on sustainable consumption and production, and climate action, respectively. The relevance of circular economy principles for the remanufacturing industry is the savings of resources and materials as opposed to the use of many resources or raw materials for the manufacture of a new product. Among the advantages of remanufacturing, important aspects could be mentioned for both the consumer and the company. The prices of remanufactured products are more affordable due to manufacturing costs, which allows industries to make considerable savings by reducing the number of raw materials and energy. Indeed, it supports the transition to the generation of ecological products with designs that allow for greater optimization of materials, reduction of waste, and greenhouse gases (Rodríguez Amador et al., 2023).

REFERENCES

Cámara de Industria Automotriz Ecuatoriana (CINAE).2025. Boletín Estadístico y Autopartes. https://www.cinae.org.ec/wpcontent/uploads/2025/05/BOLETIN_ESTADISTICO_AUTOPARTES_MAR25.pdf

Díaz, J. P., Parra, A., Tapia, C. B., Maldonado, F. G., Helguero, C. G., Ben Rejeb, H., Zwolinski, P., Hidalgo, J. C., & Amaya, J. L. R. (2023). Remanufacturing in developing countries – A case study in automotive sector in Ecuador. Procedia CIRP, 116, 534–539. https://doi.org/10.1016/j.procir.2023.02.090

DEUMAN. (2022). Diagnóstico de la situación actual de la Economía Circular para el desarrollo de una Hoja de Ruta en Ecuador, El Salvador, Cuba, Paraguay y República Dominicana. Consultancy for the Climate Technology Centre and Network (CTCN). https://www.ctcn.org/system/files/dossier/3b/Producto%206.2_DEU_EC_Hoja%20de%20Ruta_Ecuador_VF.pdf

Echavarría Heras, H., Leal Ramírez, C., Millán Núñez, E., Montiel Arzate, E., & Rodríguez Reyes, C. (2023). (Ensayo1.2,ComunicacionesdelGrupodeModelaciónyAnálisisTeorético.SerieDivulgación).ColecciónsobreEpistemologíadelaCrisisAmbientalyEconomía.DepartamentodeEcologíaMarina,CICESE.https://cicese.repositorioinstitucional.mx/jspui/handle/1007/4003

Garabiza, B. R., Prudente, E. A., & Quinde, K. N. (2021). La aplicación del modelo de economía circular en Ecuador: Estudio de caso. Espacios, 42(02), 222–237. https://doi.org/10.48082/espacios-a21v42n02p17

Ministerio de Producción, Comercio Exterior, Inversiones y Pesca (MPCEIP) & Deutsche Gesellschaft für Internationale Zusammenarbeit (GIZ). (2021). Libro Blanco de Economía Circular de Ecuador. https://www.produccion.gob.ec/wp-content/uploads/2021/05/Libro-Blanco-final-web_mayo102021.pdf

Ministerio de Producción, Comercio Exterior, Inversiones y Pesca, & Ministerio del Ambiente, Agua y Transición Ecológica. (2024). .Quito,Ecuador. https://www.ambiente.gob.ec/wp-content/uploads/downloads/2024/10/Estrategia-Nacional-de-Economia-Circular-Inclusiva-ENECI.pdf

Ministerio del Ambiente, Agua y Transición Ecológica. (2023). Gestión de Residuos Recuperados Bajo el Principio de Responsabilidad Extendida del Productor (REP).[Tablero interactivo Power BI]. https://app.powerbi.com/view?r=eyJrIjoiY2M1YTIxYzQtYjhjMy00YmZmLTgxZDUtMjAyYzhjYmMxYjExIiwidCI6ImI5MmFkMDkzLTRhODYtNGZiNS1hY2VhLWNlMWU1ZmJiYWIxMyJ9

Ministerio del Ambiente, Agua y Transición Ecológica. (2024). Generación y caracterización de residuos y desechos sólidos no peligrosos[Tablero interactivo Power BI]. https://app.powerbi.com/view?r=eyJrIjoiYWNiNjA0MzktZTEzZi00Y2NhLTljNmQtMDM2MWYyN2E5YmVkIiwidCI6ImI5MmFkMDkzLTRhODYtNGZiNS1hY2VhLWNlMWU1ZmJiYWIxMyJ9

Ministerio del Ambiente, Agua y Transición Ecológica. (2024). Guía informativa sobre la gestión de Residuos de Aparatos Eléctricos y Electrónicos (RAEE) en Ecuador. https://residuoselectronicosal.org/wp-content/uploads/2024/06/Maqueta-RAEE_una-pagina_en-baja_28-03-FINAL-fkqglg.pdf

Instituto Nacional de Estadisticas y Censos (INEC). (2024). Registro Estadístico de Empresas y Establecimientos (REEM) 2023: [Boletín informativo, primer semestre]. https://www.ecuadorencifras.gob.ec/documentos/web-inec/Estadisticas_Economicas/Registro_Empresas_Establecimientos/2023/Semestre_I/Boletin_REEM_2023.pdf

Instituto Nacional de Estadística y Censos (INEC). (2023). Resultados nacionales – Censo de población y vivienda 2022. https://www.censoecuador.gob.ec/wp-content/uploads/2023/09/InfoNaci

onalDatos.pdf

Ordóñez Olivo, M. L., & Martins, C. (2023). . Regional and Business Studies, 15(2), 17–36. https://doi.org/10.33568/rbs.4685

Padilla, L., & Díaz-Márquez, Á. M. (2023). Determinants of tire imports in Ecuador. Interciencia, 48(9), 461–468. https://www.interciencia.net/wp-content/uploads/2023/09/04_6909_Com_Padilla_v48n9_7.pdf

Rea-Reinoso, A. E., Beltrán-Ureña, N. M., Chicaiza-Chanaluisa, S. D., & López-Freire, P. S. (2024). Descentralización de los gobiernos autónomos y la delegación de la competencia ambiental. Verdad Y Derecho. Revista Arbitrada De Ciencias Jurídicas Y Sociales, 3(2), 116-124. https://doi.org/10.62574/ys7jtp63

República del Ecuador. (2025). .Quito,Ecuador. https://unfccc.int/sites/default/files/2025-02/Segunda%20NDC%20de%20Ecuador.pdf

Ribeiro-Broomhead, J. & Tangri, N. (2021). Basura cero y reactivación económica: el potencial de creación de empleos de las soluciones de basura cero. https://www.no-burn.org/wp-content/uploads/Jobs-Report-SPANISH.pdf

Rodríguez Amador, L. G., Zapata Rebolloso, A., Treviño Uribe, J. J., & Alcalá Salinas, C. A. (2023). Creación de proceso de remanufactura para renovación de bomba electro-hidráulica EHPS. Ciencia Latina Revista Científica Multidisciplinar, 7(5), 420–432. https://doi.org/10.37811/cl_rcm.v7i5.7728

Samaniego, J., Rondón Toro, E., Herrera Jiménez, J., & Santori, S. (2022). Panorama de las hojas de ruta de economía circular en América Latina y el Caribe, Documentos de Proyecto No LC/TS.2022/235).Comisión Económica para América Latina y el Caribe (CEPAL). https://repositorio.cepal.org/server/api/core/bitstreams/037778b3-04da-4351-a558-3dded786ab50/content

Secretaría General Iberoamericana (SEGIB). (2024). Anexo 3: Informe diagnóstico - Ecuador. Universidad de Santiago de Compostela. https://assets.usc.gal/sites/default/files/paragraphs/moreinfo/2024-03/Anexo-3_-Informe-diagnostico-Ecuador.pdf

Singhal, D., Tripathy, S., & Jena, S. K. (2020). Remanufacturing for the circular economy: Study and evaluation of critical factors. Resources, Conservation and Recycling, 156, 104681. https://doi.org/10.1016/j.resconrec.2020.104681

Subía-Cabrera, A C., Subía-Cabrera, J. (2022). Política ambiental ecuatoriana sobre cambio climático como garantía del derecho a un ambiente sano. Letras Verdes. Revista Latinoamericana De Estudios Socioambientales, (32), 147-166. https://doi.org/10.17141/letrasverdes.32.2022.4940

Vertmonde. (2023). Memoria de sostenibilidad. https://www.vertmonde.com/quienes-somos/#:~:text=MEMORIA%20DE%20SOSTENIBILIDAD

Wahjudi, D., & Yamin, I. Y. (2024). Product design evaluation of refrigerators to facilitate remanufacturing process. En M. Fera, M. Caterino, R. Macchiaroli, & D. T. Pham (Eds.), Advances in Remanufacturing. IWAR 2023. Lecture Notes in Mechanical Engineering (pp. 459–467). Springer. https://doi.org/10.1007/978-3-031-52649-7_36

Wagner, M., Baldé, C. P., Luda, V., Nnorom, I. C., Kuehr, R., & Iattoni, G. (2022). Monitoreo regional de los residuos electrónicos para América Latina: Resultados de los trece países participantes en el proyecto UNIDO-GEF 5554. Bonn, Alemania. https://www.unido.org/sites/default/files/unido-publications/2023-01/REM-LATAM-2021-Final-dec-10-es.pdf

Woden Ecuador. (n.d.). Reparación especializada y mantenimiento industrial. Woden. https://www.woden.com.ec/empresas/landings/reparacion-especializada-mantenimiento-industrial

Zhou, Q., & Yuen, K. F. (2020). Analyzing the Effect of Government Subsidy on the Development of the Remanufacturing Industry. International Journal of Environmental Research and Public Health, 17(10), 3550. https://doi.org/10.3390/ijerph17103550

Zhou, Q., Meng, C., Sheu, J.-B., & Yuen, K. F. (2023). Remanufacturing mode and strategic decision: A game-theoretic approach. International Journal of Production Economics, 260, 108841. https://doi.org/10.1016/j.ijpe.2023.108841

07

Current Status of the Chilean Remanufacturing Industry

Chapter

07

Current Status of the Chilean Remanufacturing Industry

Flores Weisser Alejandro Sebastian

Head of Information Technology, SERVIU, Region of O'Higgins, Chile

1. Introduction: Overview of Remanufacturing and the Circular Economy in Chile

Chile generates about 19 million tonnes of industrial waste each year, of which only 22% is valued, while the rest is disposed of without processing (Ministerio de Economía, 2025). Similarly, municipal solid waste generation reached 17.8 million tonnes in 2022, of which the majority was still landfilled (Ministerio del Medio Ambiente, 2023). Confronted with environmental liabilities and global sustainability commitments, Chile has begun the transition from a linear economic model, based on extraction, production, and disposal, to a circular economy that highpoints resource efficiency, product-life extension, and methodical waste reduction.

International evidence shows that remanufactured goods can save up to 80% of materials and reduce emissions by 50% to 80%, depending on the sector (Malooly, L., & Daphne, T., 2023). For a country like Chile, resource dependent and export-oriented, the integration of a remanufacturing system into national policy, has the potential to both mitigate environmental degradation and stimulate a diversified industrial base.

In recent years, Chile has taken significant steps to incorporate remanufacturing into its environmental and industrial development agendas. The National Circular Economy Roadmap to 2040, published in 2021, explicitly includes remanufacturing among the strategic measures to decouple economic growth from environmental harm. Similarly, the Extended Producer Responsibility (EPR) Law (Law No. 20.920) establishes legal and institutional foundations for product-life extension, recovery, and reuse (Gobierno de Chile, 2016). The public and private sectors have launched pilot programs and funding schemes to develop remanufacturing capabilities, though structural, regulatory, and cultural barriers remain.

2. Legal Framework and Policies

In Chile, there is no specific law dedicated exclusively to the remanufacturing industry, instead, a set of interconnected legal instruments and public strategies provide an enabling framework. Main among these is the Law No. 20.920, known as the Extended Producer Responsibility (EPR) Law, which, along with its sector-specific regulations, has gradually opened paths for remanufacturing by incentivizing product recovery, waste reduction, and lifecycle extension.

1) Key Laws and Regulations

Law No. 20.920, enacted in 2016, provides the principal legal foundation for Chile's modern waste management system. It introduces the principle of Extended Producer Responsibility, requiring producers and importers of certain "priority products" to organize and finance systems for their collection and recovery once they reach the end of their useful life. These products include: (i) tires, (ii) packaging, (iii) batteries, (iv) electrical and electronic equipment (EEE), (v) lubricating oils, and (vi) lead-acid batteries. The law defines minimum collection and valuing targets and authorizes the creation of management systems to comply with these obligations.

〈Figure 7-1〉 Chile's national valuation rate(2015-2021)

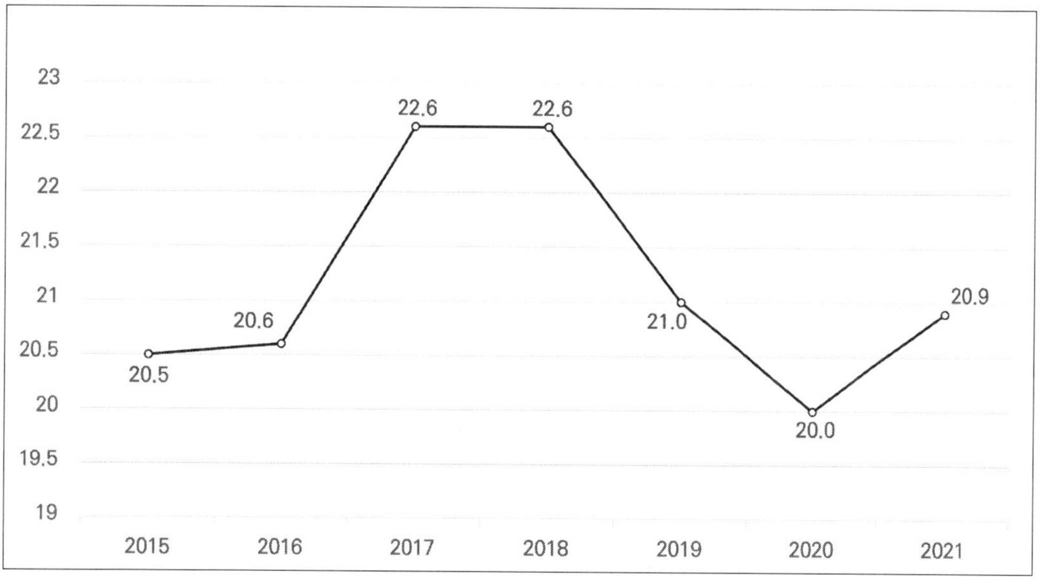

Source: Reconstructed by the author with reference to Ministerio del Medio Ambiente de Chile (2023); Reporte del Estado del Medio Ambiente(2023).

The law encourages the return and appropriate handling of end-of-life products, which indirectly supports remanufacturing even though its primary focus is recycling. For example, remanufacturing activities like retreading, a common circular practice in the automotive industry, are permitted by Supreme Decree No. 8/2019, which governs the management of scrap tires and sets mandatory recovery targets (Ministerio del Medio Ambiente, 2019). Similar to this, Supreme Decree No. 12/2020 on packaging and upcoming EEE regulations present possible avenues for reconditioning and remanufacturing operations, particularly since manufacturers are encouraged to create durable and reusable products.

The EPR Law also created the Recycling Fund, a public financing mechanism to support waste valuing and separation infrastructure. From 2018 to 2022, this fund financed over 100 municipal and regional projects focused on waste reduction, many of which included reuse and repair components (Ministerio del Medio Ambiente, 2023). Despite these advances, the law does not yet provide specific regulatory definitions or standards for remanufactured products, nor does it offer legal guarantees regarding their quality, safety, or market recognition, a gap that must be addressed to scale the industry.

The Law No. 21.368 on Single-Use Plastics and Bottles is another relevant instrument, promulgated in 2021, bans disposable plastic items in food service and encourages the reuse of packaging through systems of returnable bottles (Ministerio del Medio Ambiente, 2021). This regulation boosts the redesign of packaging and stimulates local innovation in reuse logistics, indirectly fostering remanufacturing practices.

In addition to sectoral law, Chile is also a signatory to multilateral conventions such as the Basel Convention, among others, for the export and import of hazardous waste and used electronics. The country has aligned its import/export policies for end-of-life products with Basel guidelines, enabling formal recovery and remanufacturing operations for EEE under proper environmental controls (UNITAR, ITU, UNIDO, & UNU., 2022).

〈Table 7-1〉 Overview of the status of party and signatory countries of international agreements.

●: Participation	X: Non-Participation			
Argentina	●	●	●	●
Bolivia	●	●	●	●
Chile	●	●	●	●
Costa Rica	●	●	●	●
Ecuador	●	●	●	●
El Salvador	●	●	●	●
Guatemala	●	●	●	X
Honduras	●	●	●	●
Nicaragua	●	●	●	●
Panama	●	●	●	●
Peru	●	●	●	●
Uruguay	●	●	●	●
Venezuela	●	●	●	X
	Basel	Rotterdam	Stockholm	Minamata

Source: Reconstructed by the author with reference to UNU/UNITAR(2022).

2) National Strategies and Plans

The National Circular Economy Roadmap to 2040, published in 2021 by the Ministry of Environment, is Chile's most comprehensive policy document on sustainable production and resource efficiency. It outlines four strategic lines of action: (i) innovation and collaboration, (ii) circular culture, (iii) regulatory and institutional framework, and (iv) circular territories (Ministerio del Medio Ambiente, 2021). Among its 92 specific actions, several directly mention remanufacturing and refurbishment, especially in sectors such as electronics, packaging, and industrial equipment. For instance, Action 35 proposes the development of public standards for reused and remanufactured goods, and Action 59 calls for incentive programs to encourage product repair and reconditioning.

Complementing the roadmap, Chile has developed thematic strategies such as the National Organic Waste Strategy (ENRO 2040), which aims to recover 66% of municipal organic waste by 2040 through composting and biogas production (Ministerio del Medio Ambiente, 2021). While not remanufacturing in the strict industrial sense, this strategy represents a form of biological resource recovery that supports the broader circular economy framework.

The Long-Term Climate Strategy 2050 (ECLP) is another important planning document; it integrates circular economy principles as a tool for decarbonization. The strategy commits Chile to achieving carbon neutrality by mid-century, and highlights remanufacturing as a means to reduce industrial emissions, minimize raw material extraction, and increase material productivity in sectors such as mining and construction (Ministerio del Medio Ambiente, 2021).

These strategies include monitoring mechanisms to track implementation, such as annual progress reports and performance indicators linked to national climate goals and the Sustainable Development Goals (SDGs). However, as of 2024, specific data on remanufacturing activities remains scarce, and institutional coordination between ministries is still fragmented.

3) Incentives and Funding

Although Chile has yet to establish a direct financial subsidy or tax incentive for remanufacturing, several public instruments indirectly support its development. The Recycling Fund mentioned earlier has been one of the main mechanisms for financing infrastructure and awareness campaigns, although its budget remains limited relative to the scale of waste generation.

CORFO, the national development agency, has recently launched a number of regional initiatives focused on circular economy innovation. One notable example is the Circular Economy Technology Center in Los Lagos, announced in December 2024, which will serve as a hub for research, prototyping, and capacity building in remanufacturing, repair, and reuse technologies (CORFO, 2024). Additionally, public-private partnerships such as Territorio Circular and Clean Production Agreements (APL) include circular economy targets and often incorporate remanufacturing pilots, particularly in sectors like construction, packaging, and mining (Agencia de Sustentabilidad y Cambio Climático, 2025).

From a financial perspective, remanufacturing remains underrepresented in green investment portfolios. However, institutions such as IDB Invest and the Inter-American Development Bank have emphasized the need for specific credit lines, guarantee schemes, and blended finance instruments to support the scaling of circular businesses in Latin America, including Chile (IDB Invest, 2021).

The ⟨Figure 7-2⟩ shows the difference between Projects Financed by the Recycling Fund and the amounts:

⟨Figure 7-2⟩ Projects Financed by the Recycling Fund (2018–2023)

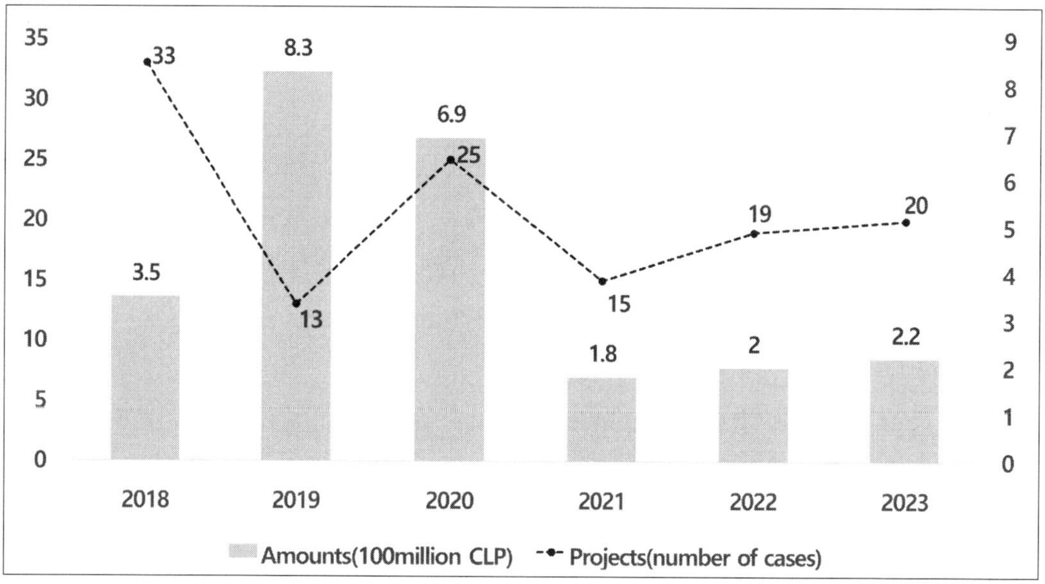

Source: Reconstructed by the author with reference to Ministerio del Medio Ambiente de Chile(2024)

3. Current Status of the Remanufacturing Industry in Chile by Sector

1) Remanufacturing of Automotive Parts

The remanufacturing of automotive parts in Chile is one of the most developed and recognized areas of circular industrial activity, largely driven by cost-efficiency, environmental regulation, and market demand for low-cost replacement parts. The practice of tire retreading, in particular, has a long-standing presence, with established national and regional providers servicing logistics fleets, mining operations, and public transport systems. The Decree No. 8/2019 under the EPR Law dictates the recovery and valuing of end-of-life tires, including reuse through retreading, which is counted as compliance with valuing targets (Ministerio del Medio Ambiente, 2019).

In Chile, retreading facilities apply standardized processes like inspection, buffing, tread replacement, and vulcanization, to restore tires for a second or third lifecycle. These operations generate material and energy savings of over 70% compared to producing new tires (Malooly, L., & Daphne, T., 2023). Moreover, repair and reuse of mechanical parts such as alternators, brake systems, radiators, and starters are a common practice among independent workshops, especially in the used-vehicle market. However, these activities often operate in the informal or semi-formal sector, without consistent quality controls, certified processes, or traceable documentation.

According to CORFO reports and industry interviews, there is growing interest among logistics companies and fleet operators in formalizing remanufacturing supply chains to reduce costs and environmental impact (CORFO, 2024). Nonetheless, the lack of national technical standards for remanufactured automotive parts, combined with limited consumer confidence and warranty structures, hampers broader adoption. OEMs (Original Equipment Manufacturers) are not yet significantly involved in formal remanufacturing programs, though some are exploring component recovery schemes.

2) Electronic and Electrical Equipment Remanufacturing (EEE)

Chile produces approximately 186.000 tonnes of e-waste per year, but having a recovery and recycling percentage lower than 10% (United Nations University, 2020). The refurbishment and remanufacturing of electronic equipment, such as computers, printers, TVs, and small home appliances, are the answer to this growing waste stream, with social and private companies specialized in the reconditioning of electronics for resale or donation.

The inclusion of EEE as a priority product under Law 20.920 sets the stage for significant growth in this area. Pending implementation decrees are expected to define collection and valuing targets, which may drive OEMs and third-party refurbishers to invest in take-back schemes, repair hubs, and certified remanufacturing services. Several pioneering initiatives are already underway. For example, NGOs such as Fundación Chilenter have established refurbishment centers that collect, repair, and redistribute used computers to schools and vulnerable communities, in coordination with public procurement policies (Antón Cerda, E., 2022).

Private-sector actors like Recycla Chile and Chilerecicla have also incorporated selective remanufacturing of parts into their e-waste processing operations. Nevertheless, the sector faces significant challenges including technological obsolescence, lack of disassembly-friendly design, and restricted access to proprietary repair tools and software. As in the automotive sector, the absence of legal definitions or market standards for "refurbished" versus "remanufactured" EEE products leads to legal ambiguities and low consumer trust.

3) Industrial Equipment Remanufacturing

Remanufacturing of industrial equipment in Chile remains limited but strategically significant, mainly in the mining, forestry, and construction sectors, which depend heavily on high-value capital goods with long operational cycles. In the mining industry, state-owned company Codelco has taken a leadership role by establishing internal circular economy units focused on the reuse and remanufacture of mining equipment components such as engines, hydraulic systems, and structural elements (Codelco, 2023).

In 2022, El Teniente division processed and recovered over 60,000 tonnes of scrap metal and industrial materials, which included the remanufacturing of transporter belts, truck parts, and steel structures (Codelco, 2022). These initiatives have resulted in cost savings, reduced machinery outages and limited emissions from the extraction and transport of materials. Successful internal programs can be attributed to internal technical capabilities, traceability systems, and local supplier partnerships.

Beyond mining, some industrial workshops and maintenance service providers in urban regions are engaging in ad hoc remanufacturing of pumps, compressors, and electromechanical assemblies. However, as in other sectors, these activities remain under-documented and often informal. There is no national registry or certification system for remanufacturing operators, which limits data collection, quality assurance, and policy support.

〈Figure 7-3〉 Codelco's Remanufacturing Outcomes in 2023

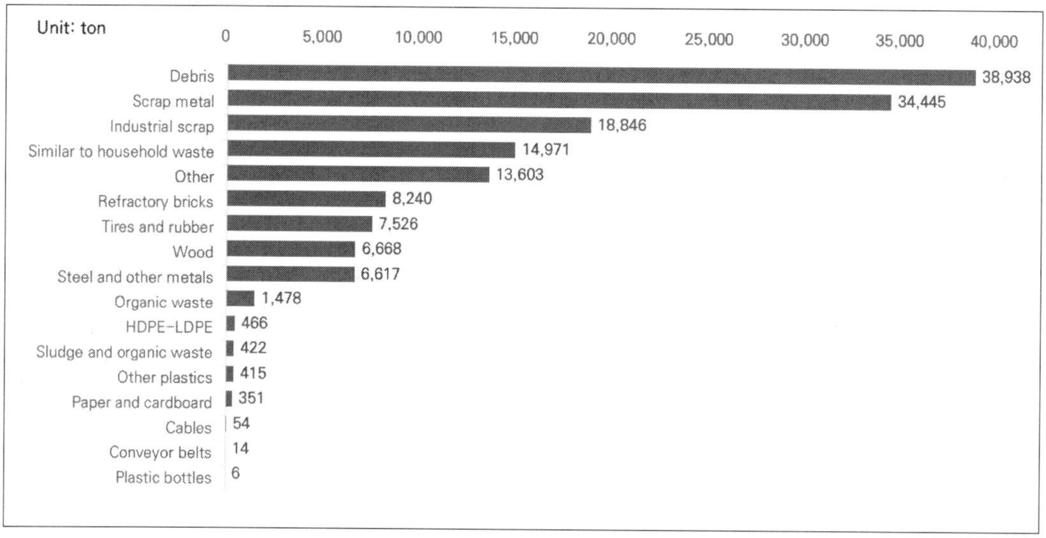

Source: Reconstructed by the author with reference to Codelco(2023)

The main barriers in this sector include high capital requirements, limited economies of scale, and a lack of fiscal incentives for remanufacturing investment. Nonetheless, the potential for value retention and carbon footprint reduction is significant, especially when integrated into broader industrial symbiosis frameworks promoted by the National Circular Economy Roadmap.

4) Remanufacturing in Other Sectors

- Furniture and wood products: Several SMEs and social cooperatives refurbish office furniture and wood components, sometimes under municipal contracts.
- Packaging: Reusable and refillable containers are gaining traction in retail and foodservice, supported by Law 21.368 and initiatives under the Chilean Plastics Pact, which includes commitments by major companies to reuse packaging (Fundación Chile, 2024).
- Textiles: Using upcycling methods, second-hand resale platforms, and

circular fashion models, a small but expanding niche of businesses are remanufacturing clothing and textiles. Incubators for the circular economy and civil society organizations support these initiatives.

These industries serve as test sites for expanding decentralized remanufacturing operations and integrating circular practices into consumer-facing industries, despite the fact that they are not yet statistically significant. Campaigns to raise consumer awareness, funding sources, and policy alignment will all be necessary for their growth.

3. Key Stakeholders in the Remanufacturing Industry in Chile

1) Public Sector

At the national level, the Ministry of the Environment (Ministerio del Medio Ambiente, MMA) serves as the lead agency for circular economy and waste policy. It has spearheaded major instruments such as the Law 20.920 on Extended Producer Responsibility (EPR), the Circular Economy Roadmap to 2040, and thematic strategies such as the National Organic Waste Strategy (Ministerio del Medio Ambiente, 2021). Through its Division of Circular Economy and Resource Management, the MMA oversees the development of regulatory decrees, coordination of recycling targets, and the allocation of public funds, including the Recycling Fund (Ministerio del Medio Ambiente, 2023).

The Superintendency of the Environment (SMA) enforces compliance with environmental regulations and EPR obligations. It is responsible for supervising producer responsibility organizations, verifying reporting through the SISREP platform, and issuing administrative sanctions in cases of non-compliance. In 2023, the SMA issued detailed instructions on how producers must report product flow data, including take-back volumes, waste final destination, and valuing activities, setting the institutional basis for tracking remanufacturing activities where applicable (Superintendencia del Medio Ambiente, 2023).

Municipalities are key players at both the regional and local scale to design, implement or run circular initiatives. A program, Comunas Circulares, launched in 2021, has made it easier for local authorities promote public procurement practices of remanufacturing and reuse, and develop educational programs for communities, including their integrated urban waste management systems (Ministerio del Medio Ambiente, 2023). Moreover, municipalities such as Santiago, La Pintana, and Curacaví, have advanced in reusing construction materials, setting up repair cafés and donating refurbished electronic devices.

In addition, public development institutions such as CORFO (Corporación de Fomento de la Producción) and the Agency for Sustainability and Climate Change (ASCC) have also launched instruments to aid circular business models. CORFO makes it easier to initiate Circular Economy Technology Centers, invests in innovation clusters involving industrial waste valuing (e.g. agriculture and food), and ASCC negotiates Clean Production Agreements (APL) with industry associations that embed remanufacturing obligations (Agencia de Sustentabilidad y Cambio Climático, 2025).

In the mining sector, state-owned enterprises such as Codelco have become central actors. The company has adopted circular economy goals in its Sustainable Development Strategy 2030, including explicit targets for remanufacturing heavy machinery components and recycling industrial inputs (Codelco, 2023).

2) Private Sector

The private sector plays a dual role as both a generator of end-of-life products and a potential agent of circular innovation. While many remanufacturing activities remain informal or limited in scale, a number of companies have emerged as early adopters.

- In the automotive sector, independent workshops engage in part refurbishment and tire retreading, though often without formal certification. Larger fleet operators and logistics firms are beginning to internalize remanufacturing services for cost and environmental reasons (Ministerio del Medio Ambiente, 2019).
- In the electronics sector, companies such as Recycla Chile and Chilerecicla combine e-waste recycling with selective remanufacturing or reuse of electronic components. Partnerships with NGOs allow companies to channel refurbished electronics to schools or social programs (Chilerecicla, n.d.).
- In the mining and industrial sectors, contractors offer remanufacturing services for pumps, motors, and metal components, especially where original equipment (OEM) parts are expensive or difficult to import. The growth potential is high, especially if tax incentives are introduced.

Notably, Original Equipment Manufacturers (OEMs) have not yet made a complete entry into Chile's remanufacturing market. Although some businesses take part in EPR programs, the majority don't provide official recovery or reconditioning services. Consumer demand, regulatory clarity, and alignment with business sustainability strategies will probably determine their future involvement.

Sectoral chambers and industry associations like SOFOFA have started to include circular economy issues on their agendas, frequently in coordination with government organizations. To promote and scale circular business models, for example, SOFOFA Hub, CORFO, and MMA co-lead the Territorio Circular initiative (SOFOFA Hub, 2022).

3) NGOs and Civil Society Organizations

An important example is Fundación Chilenter which has remanufactured more than 100,000 electronic devices since it was founded, merging environmental objectives with digital inclusion (Antón Cerda, E., 2022). The organization operates in the formal e-waste collection at the circular economy system and is internationally recognized as a leader in social innovation and technological circularity.

Through community workshops, public campaigns, and cooperative efforts with informal recyclers, other comparable NGOs, such as Fundación Basura, Amor Circular, and Colectivo Sustento, disseminate information about reusing and upcycling. These groups frequently serve as incubators for startups in the circular economy and connect social entrepreneurship with remanufacturing regulations.

4) Research Centers and Academia

With their technological know-how, inventiveness, and policy backing, academic institutions and research centers are becoming significant players in Chile's remanufacturing ecosystem. Several universities, including the University of Chile, Pontificia Universidad Católica de Valparaiso, and Universidad de Concepción, conduct research on circular production models, industrial symbiosis, and life cycle analysis relevant to remanufacturing (Universidad de Chile, 2022).

The Technological Development Centers supported by CORFO and FONDEF-funded projects have begun to prototype remanufacturing processes in collaboration with SMEs. Examples include the development of remanufactured spare parts for mining equipment and biocomposite materials from agricultural waste.

4. Examples of Remanufacturing Initiatives and Case Studies

1) Fundación Chilenter: Digital Inclusion and Electronics Refurbishment

Established in 2002 under the presidential foundation network, Fundación Chilenter operates as a leading nonprofit organization focused on the refurbishment and reuse of electronic equipment. The foundation gathers obsolete or underused IT equipment, mostly from public agencies and private donors, and remanufactures them for donation to educational and social institutions. As of 2023, Chilenter had refurbished more than 107,000 computers, diverted over 1,500 tonnes of e-waste from landfills, and served more than 9,000 schools and organizations across Chile (Antón Cerda, E., 2022).

Chilenter uses a step-by-step remanufacturing procedure including diagnosis, disassembly, repair, replacement of components, software installation, and quality inspection, all this in compliance with environmental and data protection regulations. Its factories are authorized to work under the environmental permitting system (RETC/SISREP), and it runs under coordination with the Ministry of Environment and Ministry of Education. This project has confirmed the remanufacturing as a sustainable option for social responsibility and environmental protection and can serve as a model in integrating these processes into green public policies (Ministerio de Educación de Chile, 2023).

2) Codelco El Teniente: Industrial Equipment Remanufacturing

The El Teniente Division of Codelco, Chile's state-owned copper company, operates one of the most structured remanufacturing systems in the country within the industrial sector. In 2022, the division's Unidad de Economía Circular launched a formal program to extend the useful life of mining equipment, reduce imports of spare parts, and increase internal capacity for repair and refurbishment (Codelco, 2022).

Among its core activities are the remanufacturing of conveyor belt systems, hydraulic machinery, and mechanical components such as gearboxes and pumps. The division established an internal tracking system to monitor the lifecycle and condition of equipment, allowing predictive maintenance and timely intervention. During 2022, more than 68,000 components were remanufactured or reused, resulting in cost savings of over USD 15 million, and a reduction of 4,500 tonnes of industrial waste (Codelco, 2022).

The program works with local suppliers, universities like Universidad Técnica Federico Santa María, and circular technology providers. Codelco's situation shows that large-scale industrial remanufacturing can happen in resource-heavy industries when it is part of operational plans and sustainability aims. However, there are still obstacles, including bureaucratic processes and the limited sharing of practices among other state-owned companies.

3) Recycla Chile: Circular Business Model with Remanufacturing Potential

Recycla Chile, a private company founded in 2003, is one of the pioneers in the country in the recycling and valuing of electronic and electrical waste. While its main business is focused on material recovery and data destruction, the company has begun incorporating remanufacturing and refurbishment lines, mainly for telecommunications equipment, computer peripherals, and power units (Recycla Chile, 2023).

Recycla maintains ISO 14001 and ISO 45001 certifications and has developed take-back systems in collaboration with corporate clients and municipalities. The company's model includes not only dismantling and recycling but also testing and reconditioning components for resale or donation, following quality control protocols. Although remanufacturing is not its principal business, it represents a strategic line for expansion in the context of the EPR regulation for EEE, pending full implementation.

4) Retread Industry: Tire Remanufacturing Cluster

A group of tire retreading companies supports the forestry, logistics, and agricultural sectors in the Biobío and Los Lagos regions. In compliance with national laws outlined in Decree No. 8/2019 (Ministerio del Medio Ambiente, 2019), businesses like Insamar recauchaje, BAILAC Recauchajes, and Bacon Chile provide certified retreading services utilizing cold and hot retreading procedures.

By retreading more than 350,000 tires annually, these companies lengthen the lifespan of their products and decrease the need for imports of new tires. Economies of scale, strong demand for domestic freight operations, and legal acceptance under EPR of retreading as a path to value creation are among the reasons for the industry's success. Cluster firms have invested in training schemes, automation, and quality control labs, frequently with CORFO co-finance.

We can see the tire retreading statistics from 2016 to 2021 in 〈Figure 7-4〉.

〈Figure 7-4〉 Material Quantity by Year: Retreaded vs No Retreaded

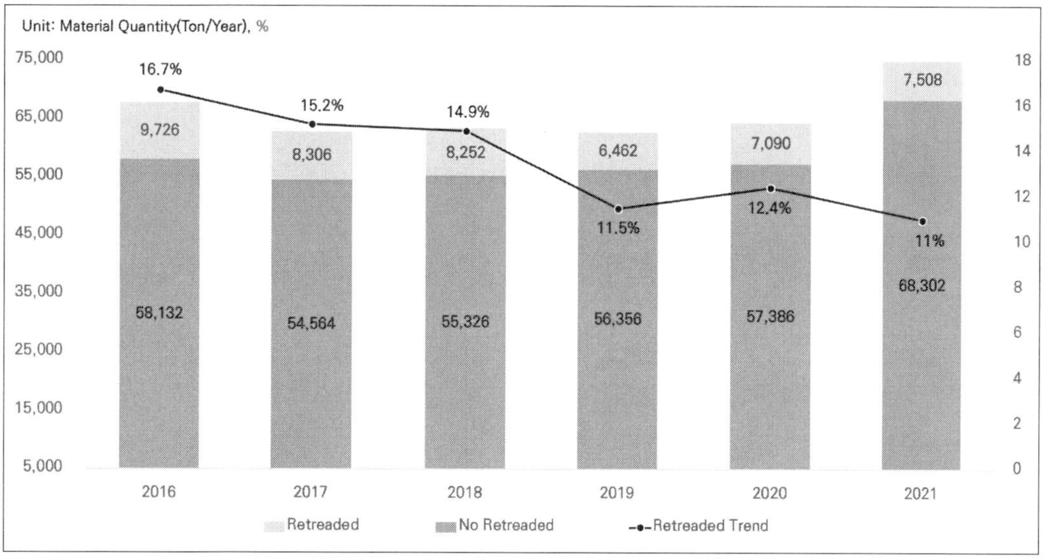

Source: Reconstructed by the author with reference to ANIR(2022)

The tires that undergo retreading are those used on buses and trucks. There has been a gradual increase in retreading since 2020 to date, however, competitive pressures from cheap imported tires, insufficient enforcement of quality standards for retreaded products, and consumer preference for new items present persistent obstacles. The cluster's experience underlines the importance of legal visibility, public incentives, and consumer education for remanufacturing industries to grow sustainably.

5) Midas Chile

Midas Chile is a pioneer in the recycling of electrical and electronic waste (AEE), which is dedicated to transforming this waste into high purity metals through urban mining processes. Using its own technology and 100% solar energy, Midas converts RAEE as cell phones, refrigerators and computers into metal ingots with a purity of 98%, which it then exports. This company is the only one in Chile recognized by the Ministry of the Environment (MMA) to value RAEE and was highlighted by Minister Maisa Rojas as a model to follow in the imminent implementation of the supreme decree of the REP Law. Currently, only 4% of SARs in Chile are recycled or treated, and the goal of the preliminary project is to achieve 45% collection and valuing in 10 years.

The Midas plant in Lampa voluntarily receives waste from large technology companies, and is prepared to face the new regulations, which will include home collection and regional collection centres. The company has developed partnerships with retail and offers home-retirement services, anticipating the requirements of the decree. In addition, Midas is under testing to recycle lithium batteries and handles hazardous waste such as cooling gases and lead, meeting high environmental standards. The company was the first in Chile and Latin America to obtain R2 certification, which guarantees responsible recycling and data insurance. With 96% of SARs still out of control, Midas represents a critical infrastructure for progress in circular economy and green jobs in the country (González Farfán, 2023).

5. Challenges and Opportunities

1) Challenges

1-1) Limited Awareness and Understanding

Policymakers, consumers, and the business still don't fully understand remanufacturing. There is a gray area of regulatory and reputational issues because it is frequently connected to recycling, second-hand marketplaces, and even informal repair.

1-2) Lack of Specific Legal Recognition and Standards

There is no technical standard or legal definition of remanufactured products in Chile that distinguishes them from recycled or reused goods. The development of quality assurance programs, traceability procedures, and financial incentives is hampered by this regulatory void. As a result, producers and consumers face uncertainty regarding warranties, liability, and performance guarantees (OECD, 2024).

1-3) Insufficient Fiscal and Financial Incentives

There are currently no specific tax benefits or subsidies for remanufacturing activities. While the Recycling Fund and CORFO programs provide general support for circular economy projects, these resources are not tailored to the capital-intensive and technologically demanding nature of remanufacturing. The lack of risk-sharing mechanisms, credit lines, or public procurement criteria further discourages investment (Ministerio del Medio Ambiente, 2021).

1-4) Access to Used Products and Reverse Logistics

A major operational barrier lies in securing consistent volumes of quality used products suitable for remanufacturing. Chile lacks nationwide reverse logistics systems and disassembly infrastructure, especially outside metropolitan regions. The fragmented nature of waste management, largely delegated to municipalities, complicates collection, storage, and transportation of potentially remanufacturable goods (Ministerio del Medio Ambiente, 2021).

1-5) Cultural Resistance and Consumer Perception

As part of The National Circular Economy Roadmap to 2040, an online survey was conducted in which, among other things, various respondents were asked about the main barriers to moving toward the circular economy in the sectors in which the companies they worked operated, differentiating between four types of barriers, as is shown at 〈Figure 7-5〉 (Ministerio del Medio Ambiente, 2021).

〈Figure 7-5〉 Perceived Barriers to Circular Economy Implementation by Sector and Type in Chile (% of responses)

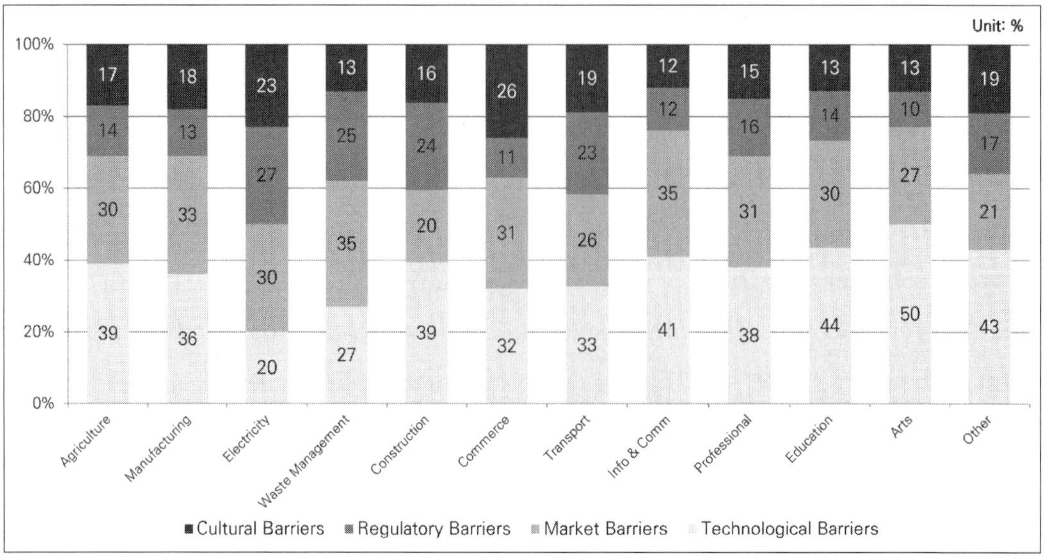

Source: Reconstructed by the author with reference to Ministerio del Medio Ambiente(2021)

The results suggest that the most significant gap of all is cultural. The circular economy requires a change of mindset among all stakeholders in society that redefines what are currently considered “normal” forms of consumption and production.

2) Opportunities

2-1) Economic Diversification and Job Creation

Remanufacturing offers a pathway for industrial diversification, especially in regions with underutilized technical capacity or high unemployment. It enables the development of skilled green jobs in reverse logistics, diagnostics, disassembly, testing, and systems integration. A 2021 CORFO study estimated that the circular economy, including remanufacturing, could generate up to 100,000 jobs by 2040 if fully supported (Ministerio del Medio Ambiente, 2021).

2-2) Resource Conservation and Emissions Reduction

Remanufacturing reduces raw material extraction and energy consumption, both of which have direct implications for Chile's efforts to decarbonize in line with its Long-Term Climate Strategy. According to global studies, remanufactured products can reduce GHG emissions by 50-80% compared to new products (Malooly, L., & Daphne, T., 2023). Factoring these savings into Chile's Nationally Determined Contributions (NDCs) could make them more effective and monitorable.

2-3) Alignment with Global Market Trends

As international markets increasingly adopt green procurement standards and ESG compliance requirements, Chilean industries engaged in remanufacturing may gain access to new export niches. Sectors such as mining equipment, automotive parts, and electronics could benefit from integration into global remanufacturing supply chains if certification schemes are developed.

2-4) Technological Innovation and Industrial Symbiosis

Remanufacturing encourages innovation in materials engineering, predictive maintenance, and disassembly design. Other industries, like digital twins, intelligent logistics, and additive manufacturing, can benefit from these new technology. Additionally, remanufacturing promotes industrial symbiosis, in which trash or byproducts from one business are used as inputs by another, boosting production in the area.

2-5) Potential for Cross-Cutting Policy Integration

Remanufacturing is cross-sectoral in its nature and derives competitive advantages in education (vocational training), innovation (funding of R&D), public procurement (green procurement), and social policy (digital access, job schemes). Positioning remanufacturing within national strategies, such as the Climate Strategy, the Productive Development Policy, or the Green Tax

Reform, would improve policy and financing consistency.

2-6) Public-Private Partnerships and International Cooperation

Chile can develop remanufacturing through public-private partnerships (PPPs) in infrastructure, technology transfer, and clustering. Furthermore, foreign cooperation with Japan, Korea, the EU, or multilateral agencies can provide technical assistance, capacity development, and access to finances. Platforms such as the Circular Economy Coalition for Latin America and the Caribbean, organized through UNEP, are channels for such co-cooperation (Ministerio del Medio Ambiente, 2021).

3) Strategic roadmap

A structured approach, aligning with the National Circular Economy Roadmap to 2040, is envisioned to scale Chile's remanufacturing industry effectively.

〈Figure 7-6〉 Strategic Roadmap for Scaling Remanufacturing in Chile (2025-2040)

2025–2026 Legal Recognition & Foundational Standards
Develop national standards and definitions for remanufactured products.
Establish an interministerial coordination unit and national registry.

2026–2027 Incentives & Green Procurement Activation
Launch fiscal incentives and green public procurement mandates.
Integrate remanufacturing into national green loan programs.

2027–2028 Cluster Development & Initial Certification
Scale public-private remanufacturing clusters.
Design initial certification schemes for quality, safety, and traceability.

2028–2030 System Strengthening & Integration
Implement robust certification. Integrate SMEs, large industries, and academia.
Begin incorporating remanufacturing into national employment and climate strategies.

2031–2035 Scaling & Deepening Circular Culture
Expand successful remanufacturing models nationwide. Foster a strong circular economy culture through education and awareness.
Enhance regulatory frameworks for mature circular practices.

2036–2040 Consolidation & Achieving National Targets
Achieve significant national targets for material productivity, waste reduction, and green job creation as outlined in the Roadmap to 2040.
Ensure remanufacturing is a fully integrated and self-sustaining pillar of Chile's circular economy.
Promote continuous innovation in circular territories.

Source: Reconstructed by the author with reference to Ministerio del Medio Ambiente(2021); Codelco(2023); CORFO(2024)

〈Figure 7-6〉 presents a strategic roadmap for scaling the remanufacturing industry in Chile between 2025 and 2040. It outlines a sequential policy and institutional agenda based on the opportunities and barriers discussed in this chapter. The first priority is the legal recognition of remanufactured products through the development of national standards and definitions, which will provide legal certainty and market legitimacy. This must be followed by the deployment of fiscal incentives and green public procurement mandates to drive early demand and investment.

Consolidating regional public-private clusters to increase technical capacity and economies of scale, as well as establishing certification programs for product quality, safety, and traceability, are examples of medium-term initiatives. Large industrial players, academic institutions, and SMEs should all be integrated into these clusters.

Remanufacturing should be completely incorporated into Chile's national employment strategies and climate frameworks by 2030, especially because of its role in material productivity and the creation of green jobs. In order to guarantee uniform governance, data monitoring, and long-term policy coherence, the roadmap also calls for the establishment of a national remanufacturing registry and a specialized interministerial coordination unit.

REFERENCES

Agencia de Sustentabilidad y Cambio Climático. (2025). Acuerdos de Producción Limpia (APL). Retrieved May 30, 2025 from https://www.ascc.cl/pagina/apl

Antón Cerda, E. (2022, August 9). Chilenter o cómo transformar residuos electrónicos en equipos que se ven y funcionan como nuevos. País Circular. Retrieved from https://www.paiscircular.cl/economia-circular/chilenter-o-como-transformar-residuos-electronicos-en-equipos-que-se-ven-y-funcionan-como-nuevos/

Chilerecicla. (n.d.). Chilerecicla – Nosotros. Retrieved from https://www.chilerecicla.com/nosotros.html (Accessed: May 30th, 2025)

Codelco. (2023a). El avance de nuestros compromisos de desarrollo sustentable 2030. Retrieved May 30, 2025 from https://www.codelco.com/compromisos-2030

Codelco. (2023b, January 23). Unidad de Economía Circular revaloriza residuos de El Teniente. Retrieved from https://www.codelco.com/unidad-de-economia-circular-revaloriza-residuos-de-el-teniente

CORFO. (2024, December 4). Aprueban creación de Centro Tecnológico de Economía Circular en la región de Los Lagos. Retrieved from https://corfo.cl/sites/cpp/sala_de_prensa/regional/movil/05_12_2024_centro_economia_circular

Forti, V., Baldé, C. P., Kuehr, R., & Bel, G. (2020). The Global E-waste Monitor 2020: Quantities, flows and the circular economy potential. Bonn/Geneva/Rotterdam: United Nations University (UNU)/United Nations Institute for Training and Research (UNITAR) – co-hosted SCYCLE Programme, International Telecommunication Union (ITU), & International Solid Waste Association (ISWA). Retrieved from https://ewastemonitor.info/gem-2020/

Fundación Chile. (2024). Pacto Chileno de los Plásticos – Hoja de Ruta 2025. Retrieved from https://pactodelosplasticos.cl/wp-content/uploads/2024/12/Hoja-de-Ruta-Plasticos-Flexibles-PCP.pdf

Gobierno de Chile. (2016). Ley Nº 20.920: Marco para la Gestión de Residuos, Responsabilidad Extendida del Productor y Fomento al Reciclaje. Biblioteca del Congreso Nacional de Chile. Retrieved from https://www.bcn.cl/leychile/navegar?idNorma=1090894

González Farfán, C. (2023, April 4). Midas: minería urbana que valoriza los residuos de aparatos eléctricos y electrónicos. País Circular. Retrieved from https://www.paiscircular.cl/economia-circular/midas-mineria-urbana-aparatos/

IDB Invest. (2023). Unlocking Circular Economy Finance in Latin America and the Caribbean: The Catalyst for a Positive Change. Retrieved from https://idbinvest.org/en/download/19683

Malooly, L., & Daphne, T. (2023, November 9). R-Strategies for a Circular Economy. Circularise. Retrieved from https://www.circularise.com/blogs/r-strategies-for-a-circular-economy

Ministerio de Economía. (2025). Programa Desarrollo Sostenible y CORFO adjudican $10 mil millones para revalorizar pasivos ambientales. Retrieved May 30, 2025, from https://www.economia.gob.cl/2025/03/13/programa-desarrollo-sostenible-y-corfo-adjudican-10-mil-millones-para-revalorizacion-de-pasivos-ambientales-en-mineria-acuicultura-manufactura-y-transportes.htm

Ministerio de Educación. (2023). Equipamiento reacondicionado y educación en economía circular 2023. Retrieved May 30, 2025 from https://www.innovacion.mineduc.cl/iniciativas/transformaci%C3%B3n-digital/infraestructura-digital-educativa/equipamiento-reacondicionado-y-educaci%C3%B3n-en-econom%C3%ADa-circular-2023

Ministerio del Medio Ambiente. (2019). Decreto Supremo N°8/2019 - Reglamento de neumáticos fuera de uso. Retrieved from https://rechile.mma.gob.cl/wp-content/uploads/2020/01/DS8-REP-neumaticos-f.pdf

Ministerio del Medio Ambiente. (2021a). Estrategia Climática de Largo Plazo (ECLP) 2050. Retrieved from https://cambioclimatico.mma.gob.cl/wp-content/uploads/2021/11/ECLP-LIVIANO.pdf

Ministerio del Medio Ambiente. (2021b). Estrategia Nacional de Residuos Orgánicos Chile 2040. Retrieved from https://economiacircular.mma.gob.cl/wp-content/uploads/2022/03/Estrategia-Nacional-Residuos-Organicos-Ingles.pdf

Ministerio del Medio Ambiente. (2021c). Hoja de Ruta Nacional de Economía Circular al 2040. Retrieved from https://economiacircular.mma.gob.cl/wp-content/uploads/2022/01/HOJA-DE-RUTA-PARA-UN-CHILE-CIRCULAR-AL-2040-EN.pdf

Ministerio del Medio Ambiente. (2021d). Ley N° 21.368 que regula los plásticos de un solo uso y las botellas plásticas. Retrieved from https://economiacircular.mma.gob.cl/plasticos/

Ministerio del Medio Ambiente. (2023a). Comunas Circulares. Retrieved from https://economiacircular.mma.gob.cl/comunas-circulares/

Ministerio del Medio Ambiente. (2023b). Memoria Fondo para el Reciclaje 2018-2022. Retrieved from https://economiacircular.mma.gob.cl/wp-content/uploads/2025/01/Memoria-FPR-2018-2022.pdf

Ministerio del Medio Ambiente. (2023c). Reporte del Estado del Medio Ambiente 2022. Retrieved from https://sinia.mma.gob.cl/estado-del-medio-ambiente/reporte-del-estado-del-medio-ambiente-2022/

Orrego, G., Espíndola, L., Pogorelow, B., Leal, J., Morales, C., & Saa, R. (2023). Informe País: Estado del Medio Ambiente en Chile 2022. Resumen para tomadores de decisiones. Santiago, Chile: Universidad de Chile. Retrieved from https://uchile.cl/dam/jcr:687ce301-6934-4def-9a32-eb457c7eebf3/_INFORME%20PAÍS%202022%20-%20Resumen.pdf

OECD. (2024). OECD Environmental Performance Reviews: Chile 2024. OECD Publishing. https://doi.org/10.1787/5bc65d36-en

Recycla Chile. (2023). Servicios. Retrieved May 30, 2025 from https://www.recycla.cl/servicios

SOFOFA Hub. (2022). Territorio Circular en representación de SOFOFA Hub es parte del APL para la circularidad de los embalajes de comercio electrónico. Retrieved May 30, 2025 from https://www.sofofahub.cl/territorio-circular

Superintendencia del Medio Ambiente. (2023, December 28). Instrucción SMA establece nueva instrucción para la implementación de la Ley REP. Retrieved from https://portal.sma.gob.cl/index.php/sma-establece-nueva-instruccion-para-la-implementacion-de-la-ley-rep/

UNITAR, ITU, UNIDO, & UNU. (2022). Regional E-waste Monitor for Latin America 2022. United Nations Institute for Training and Research (UNITAR). Retrieved from https://unitar.org/sites/default/files/media/file/REM_LATAM_2022_ENG_Final.pdf

저자 소개

저자 소개

| 김 연 규

©한양대학교 미디어전략실

- 한양대학교 국제대학장 및 국제대학원 원장
- 한양대학교 일반대학원 글로벌기후환경학과 학과장

- Dean of the College of International Studies and Graduate School of International Studies at Hanyang University
- Professor in the Department of Global Climate and Environmental Studies at the Graduate School

산업통산자원부와 에너지기술평가원의 지원을 받아 국제협력을 기반으로 에너지인력양성사업을 진행하고 있다. 현재 기획재정부공급망안전위원회 민간위원으로 활동중이며, 전기차 배터리, 그린수소, 원자력에너지, 자원순환, 녹색산업, 건축 등 분야에서 학제 간 경계를 넘어서는 창조적, 융복합에너지 및 환경 관련 연구를 수행하고 있다. 대표 저서는 『자원순환(재제조) 글로벌 동향과 쟁점』(2024, 공저) ,『글로벌 전기차 배터리 전쟁: 기술과 정책』(2022, 공저), 『가난한 미국, 부유한 중국』(2022) 등이 있다.

Conducting an energy workforce development project through international cooperation, supported by the Ministry of Trade, Industry and Energy and the Korea Institute of Energy Technology Evaluation and Planning. Serving as a civilian member of the Supply Chain Safety Committee of the Ministry of Economy and Finance. Engaged in interdisciplinary research on energy and environment, spanning electric vehicle batteries, green hydrogen, nuclear energy, resource circulation, green industry, and architecture. Major publications include Global Trends and Issues in Resource Circulation (Remanufacturing) (2024, co-author), The Global Electric Vehicle Battery War: Technology and Policy (2022, co-author), and Poor America, Rich China (2022).

| 목 학 수

- 부산대학교 공과대학 산업공학과 명예교수
- Emeritus Professor Dr.-Ing., Department of Industrial Engineering, College of Engineering, Pusan National University, Korea

부산대학교 공과대학을 졸업하고 KAIST에서 석사학위를, 독일 아헨대학교(RWTH Aachen)에서 공학박사학위를 취득했다. 한국과학기술연구원(KIST) 선임연구원을 거쳐 현재는 부산대학교 공과대학 명예교수이며, 2010년부터 2012년까지 부산대학교 공과대학 학장을 역임했다. 부산대학교 재직 중 독일 베를린 대학교(1991년), 미국 미시간 대학교(2005년), 미국 오하이오 대학교(2012년)에서 방문교수로서 연구를 수행했다. 한국과학기술단체총연합회 제9회 과학기술우수논문상, 대한산업공학회 제1회 사이버학술대회 우수논문상, 부산대학교 공과대학 산학협동상(2003), 국제학회 DAAAM 우수논문상(2008, 2014)을 수상했다. 대표 저서는 『재제조시스템의 이해』(2025), 『자원순환(재제조) 글로벌 동향과 쟁점』(2024, 공저)등이 있다.

He graduated from the College of Engineering at Pusan National University and received his master's degree from KAIST, followed by a Dr.-Ing. in Mechanical Engineering from RWTH Aachen University, Germany. After serving as a senior researcher at the Korea Institute of Science and Technology (KIST), he is currently Emeritus Professor at the College of Engineering, Pusan National University, where he also served as dean of College of Engineering from 2010 to 2012. During his tenure at Pusan National University, he conducted research as a visiting professor at Technical University of Berlin (1991), the University of Michigan (2005), and Ohio University (2012). He has received several honors, including the 9th Excellent Paper Award from the Korean Federation of Science and Technology Societies, the Outstanding Paper Award at the 1st Cyber Conference of the Korean Institute of Industrial Engineers, the PNU College of Engineering Industry-Academic Cooperation Award (2003), and the DAAAM International Best Paper Award (2008, 2014). His major publications include Understanding Remanufacturing Systems (2025) and Global Trends and Issues in Resource Circulation (Remanufacturing) (2024, co-author).

| 강 수 진

- 한양대학교 글로벌순환경제센터 연구원
- Researcher, Global Circular Economy Center, Hanyang University
- Ph.D. Candidate in Environmental Policy, Hanyang University

순환경제를 중심으로 ESG, 기후변화 적응, 탄소중립, 지속가능경영 등 다양한 환경 분야에서 연구를 수행해왔다. 현재 한양대학교 글로벌순환경제센터 연구원으로서 외국인 유학생들과의 교류를 통해 국제적 소통과 협력을 이어가고 있으며, KSP(Knowledge Sharing Program) 사업과 베트남 온실가스 감축 프로젝트 등 해외 환경 협력 분야로 연구 영역을 확장하고 있다. 성균관대학교에서 경제학을 전공하고, 중앙대학교에서 환경경제 석사학위를 취득했으며, 현재 한양대학교 환경정책 전공 박사과정에 재학 중이다. 지속가능한 미래를 위한 실질적인 정책 해법과 기술 적용 방안을 모색하며, 국내외 환경 과제를 연계하는 연구에 집중하고 있다.

Focused on the circular economy, with research interests spanning ESG, climate change adaptation, carbon neutrality, and sustainable management. Currently working as a researcher at the Global Circular Economy Center at Hanyang University, actively engaging in international collaboration through exchanges with international students.

Research scope is expanding into global environmental cooperation initiatives such as the Knowledge Sharing Program(KSP) and the greenhouse gas reduction project in Vietnam. Holds a bachelor's degree in economics from Sungkyunkwan University and a master's degree in environmental economics from Chung-Ang University. Currently pursuing a Ph.D. in environmental policy at Hanyang University, with a focus on developing practical policy solutions and technological applications that address domestic and global environmental challenges toward a more sustainable future.

| 잔타루트 찬데크 (Jantarut Chandech)

- 태국 천연자원환경부 산하 광물자원국 지질조사과 지질학자
- Geologist, Geological Survey Division, Department of Mineral Resources, Ministry of Natural Resources and Environment, Thailand

태국 천연자원환경부 산하 지하수자원국과 광물자원국에서 지질학자로 경력을 시작하였다. 수질 오염 방지 및 국민의 삶의 질 향상을 위한 지하수 보전과 지속 가능한 이용에 기여했으며, 지질조사과에서는 광물, 화석, 천연자원에 대한 지질조사를 수행하여 경제성과 환경보호의 균형 있는 활용을 도모해왔다.

2020년부터 2022년까지 서울시립대학교에서 기반시설계획 및 개발 석사 과정을 수료했으며, 현재 한양대학교 글로벌기후환경학과 박사과정에 재학 중이다. 탄소감축 전략과 지속가능한 경제·사회 발전을 위한 지질학 기반 연구를 수행하고 있다.

Began his career as a geologist at the Department of Groundwater Resources and later at the Department of Mineral Resources under Thailand's Ministry of Natural Resources and Environment. Has contributed to groundwater conservation and sustainable use initiatives to prevent pollution and improve public health, while also conducting geological surveys on minerals, fossils, and natural resources to promote balanced use for both environmental protection and economic development.

Completed a master's degree in Infrastructure Planning and Development at the University of Seoul, and is currently pursuing a Ph.D. in the Department of Global Climate and Environmental Studies at Hanyang University, South Korea. His research focuses on carbon reduction strategies and advancing geoscientific knowledge for sustainable economic and societal development.

| 나와르 빈티 닉 파 (Nawwar Binti Nik Pa)

- 말레이시아 국영전력회사 TNB 수석엔지니어
- Senior Engineer, Tenaga Nasional Berhad (TNB), Malaysia

2011년부터 말레이시아 최대 전력회사인 Tenaga Nasional Berhad에서 수석엔지니어로 재직 중이며, 총 4기의 1000MW 석탄화력발전소 프로젝트에 참여하며 안정적인 전력 생산과 전력망 운영에 기여해왔다. 현재는 지속가능한 에너지 전환을 위한 이니셔티브를 주도하고 있으며, EFB-암모니아-석탄 혼합연료(Co-firing)를 활용한 발전 효율 유지 및 환경영향 저감 방안의 타당성 검토를 수행하고 있다.

또한 석탄 발전소의 직접 탄소 포집 및 고농도 CO_2를 용과 농장에 공급하는 CCUS 파일럿 프로젝트도 함께 추진 중이다. 이러한 활동은 2035년까지 탄소배출집약도 35% 감축, 2050년까지 탄소중립 실현이라는 TNB의 목표에 부합하는 전략이다. 현재 한양대학교 글로벌기후환경학과 석사과정에 재학 중이며, 발전소 운영 및 지속가능 에너지 기술에 대한 모범 사례를 확산하기 위해 산업계 및 학계와의 협력에도 활발히 참여하고 있다.

Serving as a senior engineer at Tenaga Nasional Berhad (TNB) since 2011, with extensive contributions to Malaysia's energy sector through involvement in four 1000MW coal-fired power plant projects, ensuring reliable electricity generation and grid stability. Currently focusing on sustainable energy transition initiatives, including a feasibility study on co-firing technology at coal power plants using an EFB-Ammonia-Coal mix to reduce environmental impact while maintaining operational efficiency.

Also leading a CCUS pilot project aimed at capturing carbon directly from coal plants and supplying high-concentration CO_2 to dragon fruit plantations. These efforts support TNB's carbon reduction targets of a 35% emissions intensity cut by 2035 and net zero by 2050. Currently pursuing a master's degree in the Department of Global Climate and Environmental Studies at Hanyang University, while actively collaborating with industry and academic partners to promote best practices in power plant operations and sustainable energy technologies

| 조흐테트 (ZAW HTET)

- 미얀마 천연자원환경보전부 지질조사·광물탐사국 부국장(수석지질학자)
- Deputy Director (Senior Geologist), Department of Geological Survey and Mineral Exploration, Ministry of Natural Resources and Environmental Conservation, Myanmar

광물자원 분야에서 지질도 제작, 광물 탐사, 채광 분야 전략환경영향평가(SEA) 수행 등 다양한 경험을 보유하고 있으며, 미얀마 최초의 국가지질공원인 포파산 화산지질공원 설립에도 기여했다.

현재 한양대학교 글로벌기후환경학과 박사과정에 재학 중이며, 동남·동아시아 지질과학 프로그램 조정위원회(CCOP), 국제지질조직 등 국내외 기관들과 협력하며 지질과학 관련 활동과 환경 보전 분야에서도 활발히 활동하고 있다.

Extensive experience in geological mapping, mineral exploration, and Strategic Environmental Assessments (SEA) for the mining sector. Contributed to the establishment of Myanmar's first national geopark at Mount Popa, a volcanic geopark.

Currently pursuing a Ph.D. in the Department of Global Climate and Environmental Studies at Hanyang University, South Korea. Has collaborated with various regional and international organizations, including the Coordinating Committee for Geoscience Programmes in East and Southeast Asia (CCOP) and the International Geological Organization, and has actively participated in geoscience initiatives and environmental conservation efforts.

| 자야봉 자이반디스 (XAYAVONG Xaybandith)

- 라오스 산업통상부 부국장
- Deputy Director, Ministry of Industry and Commerce, Lao PDR

쭐라롱꼰대학교에서 원자력 안전·보안·보호 분야 석사학위를, 라오국립대학교에서 국제경제학 석사학위를 취득하였으며, 현재 한양대학교 글로벌기후환경학과에서 환경정책 전공 박사과정에 재학 중이다.

2020년부터 2024년까지 라오스-호주 에너지 안보 프로젝트를 총괄하였으며, 란창-메콩 특별기금(Lancang-Mekong Special Fund) 산하 청년 과학기술인 포럼(Young Scientists, Technologists, and Innovators Forum)의 프로젝트 디렉터로 활동했다. 또한 Marie Skłodowska-Curie Actions, CBRN 이니셔티브, Euratom 프로젝트의 라오스 국가 연락 담당자로서 국제 협력 업무를 수행한 바 있다.

한국에서 연구 활동을 이어가며, 에너지 정책, 순환경제, 지속가능발전 등 ASEAN 지역을 중심으로 한 학술 협력과 정책 연구에 참여하고 있다. 주요 연구 관심 분야는 환경정책, 에너지·광물 분야의 공공관리, 국제무역 및 경제정책, 재생에너지 및 청정에너지 관리, 과학기술혁신 거버넌스 등이다.

Holds dual master's degrees in Nuclear Security, Safety, and Safeguards from Chulalongkorn University, and in International Economics from the National University of Laos. Currently pursuing a Ph.D. in Environmental Policy at the Department of Global Climate and Environmental Studies at Hanyang University, South Korea.

From 2020 to 2024, coordinated the Lao-Australia Energy Security Project and served as Project Director for the Young Scientists, Technologists, and Innovators Forum under the Lancang-Mekong Special Fund. Also acted as National Contact Point for the Marie Skłodowska-Curie Actions, CBRN initiatives, and Euratom projects. While based in Korea, actively engaged in research and academic collaboration focused on energy policy, the circular economy, and sustainable development in the ASEAN region.

Research interests include environmental policy, public management in the energy and mineral sector, international trade and economic policy, renewable and clean energy management, and the governance of science, technology, and innovation.

| 하에라 아데 (Haera Ade)

- 인도네시아 에너지광물자원부 광물석탄총국 수석정책분석관
- Senior Policy Analyst, Directorate General of Mineral and Coal, Ministry of Energy and Mineral Resources, Republic of Indonesia

인도네시아 가자마다대학교 경제경영대학에서 MBA 학위를 취득하였으며 현재 한국 한양대학교 글로벌 기후환경학과 박사과정에 재학 중이다.

에너지광물자원부 산하 광물석탄총국에서 일반탐사·광물탐사 감독 담당 부서장, 광물 생산운영 감독 담당 부서장을 역임했고, 현재는 수석정책분석관으로 재직 중이다.

한양대학교에서는 에너지 정책, 핵심 광물, 전기차 배터리 개발, 순환경제 등과 관련된 연구 및 학술 협력에 참여하고 있다. 주요 연구 관심 분야는 지속가능한 자원 거버넌스, 전략광물 관리, 개발도상국의 에너지 전환 정책 등이다.

MBA graduate from the Faculty of Economics and Business at Universitas Gadjah Mada, Indonesia. Currently pursuing a Ph.D. in the Department of Global Climate and Environmental Studies at Hanyang University, South Korea.

Previously served as Sub-Coordinator for General Survey and Mineral Exploration Supervision (2018-2022) and as Sub-Coordinator for Mineral Production Operation Supervision (2022-2023) at the Directorate General of Mineral and Coal, and currently serves as Senior Policy Analyst at the Ministry of Energy and Mineral Resources (MoEMR), Republic of Indonesia.

At Hanyang University, has contributed to research and academic collaboration focused on energy policy, critical minerals, EV battery development, and the circular economy. Research interests include sustainable resource governance, strategic mineral management, and energy transition policies in developing economies.

| 폰세 델가도 베아트리스 에스테파니아 (Ponce Delgado Beatriz Estefania)

- 에콰도르 환경부 기후변화관리관
- Head of Climate Change Management, Zonal Directorate 4, Ministry of Environment and Energy, Ecuador

사모라노 파나아메리카 농업대학교에서 환경공학을 전공하고, 한림대학교에서 기후변화정책 전공으로 석사 학위를 취득하였다. 현재 한양대학교 글로벌기후환경학과 박사과정에 재학 중이며, 글로벌에너지기술정책전문가 과정 내에서 연구를 수행하고 있다.

산호초에 미치는 기후변화의 영향을 직접 경험한 것을 계기로, 환경 교육, 순환경제, 지속가능발전 분야에 집중해왔다. 에콰도르 환경 및 에너지부에서는 기후변화관리관으로 재직하며 '에콰도르 탄소 중립' 및 '생태계 기반 적응' 등 공공 정책 및 국제 협력 사업을 지원한 바 있다.

환경 정책과 지속가능발전 분야의 실무 경험을 바탕으로 책임 있는 생산과 소비 모델을 촉진하기 위한 학제 간 연구와 협력에 힘쓰고 있으며, 교육과 공동 실천이 전 세계인의 삶의 질을 높일 수 있다는 신념을 가지고 활동하고 있다.

Environmental engineer from the Pan-American Agricultural School Zamorano, with a master's degree in Climate Change Policy from Hallym University. Currently pursuing a Ph.D. in Global Climate and Environmental Studies at Hanyang University, within the Global Energy Technology Professional Policy Program.

Motivated by firsthand experience with the impacts of climate change on coral reefs, research has focused on environmental education, the circular economy, and sustainable development. At Ecuador's Ministry of the Environment and Energy, supported national public policies and international initiatives such as Ecuador Zero Carbon and Ecosystem-based Adaptation, serving as Climate Change Management Officer in Regional Office 4.

Committed to contributing to climate research and action that improve quality of life and advance global sustainability. With a practical experience in environmental and climate change policy and sustainable development, actively engaged in interdisciplinary research and collaboration to promote more responsible production and consumption. Believes that education and joint action are key to improving lives around the world.

| 플로레스 바이세르 알레한드로 세바스티안 (Flores Weisser Alejandro Sebastian)

- 칠레 오히긴스주 SERVIU 정보기술부장
- Head of Information Technology, SERVIU, Region of O'Higgins, Chile

컴퓨터공학을 전공한 토목기술자로, 세종시에 위치한 KDI 국제정책대학원에서 공공관리 및 리더십, 전략경영을 중심으로 한 공공관리학 석사학위를 취득하였다. 현재는 서울 한양대학교 글로벌에너지기술정책 전문가과정(GETPPP) 내 에너지기술정책 박사과정에 재학 중이다.

스페인과 칠레에서 글로벌 IT 솔루션을 개발하는 Everis(현 NTT Data)에서 커리어를 시작하였으며, 이후 칠레 공공부문으로 이직하여 공공사업부(Ministry of Public Works)에서 9년간 근무하였다. 2021년부터는 칠레 오히긴스주 SERVIU의 정보기술부장으로서 디지털 전환과 시스템 현대화를 주도하고 있다.

한국 체류 중에는 '칠레 그린수소 실행계획(2023-2030)'을 포함한 칠레의 주요 에너지 정책을 연구하고, 스페인·네덜란드·칠레의 순환경제 정책 및 시장 동향에 관한 비교 연구를 수행했다. 공공과 민간 분야에서 15년 이상의 경력을 보유하고 있으며, 정보기술, 공공 거버넌스, 지속가능발전 분야에서 전문성을 쌓아왔다. 스페인, 프랑스, 한국 등에서 생활하고 일하며 다문화적 감각 또한 겸비하고 있다. 주요 연구 관심사는 중남미 지역의 에너지 전환, 탄소시장, 순환경제 등이다.

Civil Computer Engineer with a Master's degree in Public Management from KDI School of Public Policy and Management (South Korea), with concentrations in Public Administration and Leadership, and Strategic Management. Currently pursuing a Ph.D. in Energy Technology Policy at Hanyang University in Seoul under the Global Energy Technology Professional Policy Program (GETPPP).

Began his professional career at Everis (now NTT Data), developing IT solutions for international clients in Spain and Chile. Later served for nine years in the Chilean Ministry of Public Works and has led digital transformation as Head of Information Technology at SERVIU, Region of O'Higgins, since 2021.

While based in South Korea, has engaged in research and policy promotion related to Chilean initiatives such as the Chilean Green Hydrogen Action Plan 2023–2030, and comparative studies on circular economy policies in Spain, the Netherlands, and Chile. With over 15 years of experience in both public and private sectors, has developed expertise in public governance, IT systems, and sustainable development. Also brings extensive multicultural experience from working, living, and studying in Spain, France, and South Korea. Research interests include energy transition, carbon markets, and the circular economy in Latin America.